DER EINFACHE DIEBSTAHL IM ENGLISCHEN UND DEUTSCHEN RECHT

Eine rechtsvergleichende Studie

von

KARL HAGEL
Ministerialrat a. D. in Stuttgart

Berlin 1964

WALTER DE GRUYTER & CO.

vormals G. J. Göschen'sche Verlagshandlung · J. Guttentag, Verlagsbuchhandlung
Georg Reimer · Karl J. Trübner · Veit & Comp.

Archiv-Nr. 27 43 64 1

I n h a l t s v e r z e i c h n i s

EINLEITUNG 1

DARSTELLUNG DES EINFACHEN DIEBSTAHLS IM ENGLISCHEN RECHT . 6

I. Die Definition des Diebstahls im Larceny Act von 1916 6

II. Zweckbestimmung der Diebstahlssanktion 6

III. Allgemeine Grundlagen des Common Law-Diebstahls einschließlich der Besitzdoktrin 14

IV. Gesetzliche Tatbestandsmerkmale des einfachen Diebstahls 24

A) Der objektive Tatbestand 24

AA) Der Begriff der Wegnahme (taking) 24

1. Besitzentziehung 24

a) Einfache Wegnahme 34

b) Konstruktive Wegnahme 36

aa) Diebstahl durch Kniff (larceny by a trick) 37

bb) Diebstahl durch Einschüchterung (larceny by intimidation) 56

cc) Diebstahl durch Irrtumsausnützung (larceny by a mistake) 59

dd) Funddiebstahl (larceny by finding) . 67

c) Diebstahl durch Dienstboten und Eheleute 92

aa) Diebstahl durch Dienstboten 92

bb) Diebstahl durch Eheleute 108

2. Besitzerwerb des Entziehenden 116

BB) Der Begriff des Wegbringens (carrying away) . 134

CC) Rechtswidrigkeit der Wegnahme 138

DD) Objekt des Diebstahls 141

EE) Fremdes Eigentum und Diebstahl durch den Eigentümer 152

FF) Eigentum von Wert 166

B) Der subjektive Tatbestand 170
AA) Wegnahme fraudulently and without a claim of right 174
BB) Der animus furandi 181
CC) Der Zeitpunkt des Vorliegens des animus furandi und das continuous trespass 191

V. Statutarische Sonderregelungen 206
A) Bailment 206
AA) Historische Entwicklung des bailment 206
BB) Wesen und Charakter des bailment 214
CC) Begründung eines bailment 222
DD) Die verschiedenen Arten von bailment 225
EE) Identität des zu bailment überlassenen Gegenstandes 227
FF) Beendigung des bailment 236
1. durch Rückgabe 236
2. durch Zueignung 238
B) Teileigentum (part ownership) 249

VERGLEICH DES ENGLISCHEN RECHTS DES EINFACHEN DIEBSTAHLS MIT DEN EINSCHLÄGIGEN BESTIMMUNGEN DES DEUTSCHEN STRAFGESETZBUCHES 254

I. Einleitung 254

II. Vergleich der einzelnen Rechtsgrundsätze der beiden Rechtssysteme 255
A) Zweckbestimmung der Diebstahlssanktion 255
B) Verschiedenheit des Wegnahmebegriffs 257
C) Das Diebstahlsobjekt 290
D) Das Erfordernis der Rechtswidrigkeit 302
E) Die Beraubungs- und Zueignungsabsicht (animus furandi) 306
F) Das bailment und seine Beurteilung nach dem deutschen Strafrecht 311
G) Teileigentum 318

III. Schlußfolgerungen 319

QUELLENNACHWEIS 327

A) Englische und amerikanische Quellen 327
I. Englisches und amerikanisches Schrifttum 327
II. Englische Entscheidungssammlungen 335
III. Englische Statuten und Jahrbücher 343

B) Deutsche Quellen 346
I. Deutsches Schrifttum 346
II. Deutsche Entscheidungssammlungen 350

C) Abkürzungen 351

EINLEITUNG

Der sich anbahnende Zusammenschluß der europäischen Staaten zieht im Lauf der Zeit auch eine Annäherung auf rechtlichem Gebiet nach sich, wobei neben den handelsrechtlichen Bestimmungen insbesondere auch die strafrechtlichen Regelungen eine Angleichung erfahren dürften. Dazu kommt, daß in der laufenden Legislaturperiode des Deutschen Bundestages der Entwurf eines neuen Strafgesetzbuches für die Bundesrepublik Deutschland zur Debatte steht und dies einen Vergleich mit der Strafgesetzgebung der anderen europäischen Staaten nahelegt. Dabei ist das Herausgreifen des Diebstahlsrechts insofern gerechtfertigt, als den Vermögensdelikten, insbesondere dem Diebstahl und dem Betrug, eine besondere Bedeutung dadurch zukommt, daß sie an Häufigkeit der Begehung alle anderen strafbaren Handlungen weit übertreffen.[1] Ein Vergleich des deutschen mit dem englischen Diebstahlsrecht ist aber insofern von besonderem Interesse, als das englische Recht im Gegensatz zu den Rechtssystemen der kontinentalen Länder und auch zu Schottland zwar gleichfalls seinerseits aus dem römischen und kanonischen Recht stammende Rechtsgedanken vielfach übernommen, aber die Rezeption

---

[1] In England sind es annähernd zwei Drittel aller schriftlich anklagbaren Delikte (vgl. Prevezer, S.: Criminal Appropriation, Current Legal Problems (C.L.Pr.) vol.12 (1959) p.160). Ein noch etwas höheres Verhältnis besteht in Deutschland zwischen den Vermögensdelikten (Diebstahl, Unterschlagung, Untreue, Betrug, Begünstigung, Hehlerei) und den übrigen als Verbrechen oder Vergehen strafbaren Delikten bei Ausschaltung der Strassenverkehrsdelikte unter Zugrundelegung der erfolgten Verurteilungen (vgl. Statistisches Jahrbuch für die Bundesrepublik Deutschland, hrsg. vom Statistischen Bundesamt (Wiesbaden), Stuttgart und Mainz 1962, V.Rechtspflege, C.Strafverfolgung, 5.Verurteilte nach ausgewählten Straftaten, S.130/131).

des römischen Rechts als solchen abgelehnt hat.[2] Das Common Law, das, germanischer Wurzel entsprossen,[3] als case law aus der gerichtlichen Praxis heraus sich entwickelt hat, hat so seine eigenen Wege eingeschlagen.[4] Dabei war es bei seiner Biegsamkeit bestrebt, dem Gerechtigkeitsbedürfnis des einzelnen Falles, mitunter sogar auf Kosten einer logischen Fortentwicklung des Rechts, zu entsprechen.[5] Dazu kommt, daß die

---

2 Salmond, John: Jurisprudence on the Theory of the Law, 7th ed., London: Sweet & Maxwell 1924 p.324; Buckland, W.W. and McNair, Arnold D.: Roman Law and Common Law. A Comparison in Outline, 2nd ed. by F.H.Lawson, Cambridge University Press 1952, Introduction XX; Kielwein, G.: Die Straftaten gegen das Vermögen im englischen Recht, Bonn 1955 (Rechtsvergleichende Untersuchungen zur gesamten Strafrechtswissenschaft, Neue Folge H.15) S.4.

3 Buckland, W.W. and McNair, Arnold D. op.cit. Introduction XX.

4 Von den frühesten Zeiten abgesehen, kennt z.B. das englische Recht keine Duplizität von possessorischen und petitorischen Rechtsbehelfen, wie sie sich im römischen Recht und hernach in den kontinentalen Rechtssystemen findet (Buckland, W.W. and McNair, Arnold D. op.cit. p.69; Holmes Jr., Oliver Wendell: The Common Law, 41st ed., Boston: Little Brown & Co. 1948 p.209). Auch hat das kontinentale Recht ein allgemeines Prinzip der Verantwortlichkeit ausgearbeitet, während das englische Recht eine Klage bei gewissen Situationstypen gewährte, wie das action of trespass bei unmittelbarer und gewaltsamer Berührung von Personen oder Sachen (Morier-Genond, Jacques: Le Trespass. Etude de droit anglais. Diss.Lausanne. Lausanne: Imprimerie Henri Jannin 1958 p.9).

5 Paton, G.W.: Bailment in the Common Law, London: Stevens & Sons Ltd.1952 p.435 unter Bezugnahme auf R.v.Poyser, 1851, 2 Den.233; 3 Dig.Bailm.107, 320; The Law Quarterly Review (L.Q.R.) vol.59 (1943) Notes p.199; Kerr, M.R.E.: The Time of Criminal Intent in Larceny, unter Bezugnahme auf Mathew J. in R.v.Ashwell, 1885, 16 Q.B.D.190; 15 Dig.Repl.1048, 10 325, L.Q.R. vol.66 (1950) p.184, p.188 and p.204; Prevezer, S.: Criminal Appropriation, C.L.Pr. vol.12 (1959) p.176; Prevezer, S.: English Criminal Law Reform and The American Model Penal Code, C.L.Pr. vol.11 (1958) pp.82, 83 mit Hinweis auf Smith: Larceny by Finding Out, Criminal Law Review 1956 p.516; Marshall, O.R.: The Problem of Finding, C.L.Pr. vol.2 (1949) p.68; Cross, Rupert: Larceny De Lege Lata, L.Q.R. vol.66 (1950) p.509; Turner, J.W.Cecil: Larceny and Trespass. The Case of Riley, L.Q.R. vol.58 (1942) p.340.

Besonderheiten des englischen Vermögensstrafrechts dadurch besondere Bedeutung besitzen, daß die einschlägigen Strafbestimmungen der einzelnen Staaten des Nordamerikanischen Staatenbundes in weitem Umfang das englische Common Law übernommen haben. Endlich spricht für einen Vergleich des englischen und deutschen Diebstahlsrechts der Umstand, daß in der englischen Strafrechtsliteratur neuerdings im Hinblick auf die komplizierte und nicht immer geradlinige Rechtsentwicklung auf dem Gebiet der Vermögensdelikte - ein Mißstand, dem schon der Stephensche Criminal Code von 1878 sowie der Criminal Code von 1879, der Criminal Amendment Code von 1879 und der Criminal Code von 1880 vergeblich abzuhelfen versuchten - erneut von mehreren Seiten der Ruf nach einer Neuregelung der Vermögensdelikte laut geworden ist, nachdem das Larceny Act von 1916 als lediglich kodifizierendes und vereinfachendes Gesetz diesen Zweck nicht erreichte.[6]

Bei dem Vergleich des englischen und deutschen Diebstahlsrechts soll im Rahmen dieser Abhandlung lediglich der einfache Diebstahl (simple larceny), d.i. das Stehlen, für das keine besondere Strafbestimmung im Larceny Act 1916 selbst oder in einem anderen zur Zeit seines Erlasses bestehenden Gesetz vorgesehen ist (Larceny Act 1916 s.2), behandelt werden und von den Sondertatbeständen, sei es erschwerenden

---

6 L.Q.R. vol.59 (1943), Notes, p.199; Edwards, J.Ll: Possession and Larceny, C.L.Pr. vol.3 (1950) p.151; Prevezer, S.: English Criminal Law Reform and The American Model Penal Code, C.L.Pr. vol.11 (1958) p.83, verweisend auf Lord Goddard, der unter Bezugnahme auf eine Bemerkung von Rupert Cross ("Stealing through a Mistake", L.Q.R. vol.72 (1956) p.183) in Russell v. Smith (1957, 3 W.L.R.515, at p.518 n.18) für die Notwendigkeit einer Neuregelung der Vermögensdelikte eintrat; Prevezer, S.: Criminal Appropriation, C.L.Pr. vol. 12 (1959) p.176; Williams, Glanville: Criminal Law - Larceny - Receiving, M.L.R. vol.15 (1952) p.223 Notes of Cases; Cross, Rupert: Larceny De Lege Lata, L.Q.R. vol.66 (1950) p.510.

Charakters, worunter nach englischem Recht auch der Raub fällt, sei es milderer Art, abgesehen werden, zumal diese Sondertatbestände vielfach auf ganz verschiedenen, örtlich, zeitlich oder gegenständlich bedingten Verhältnissen beruhen. Maßgebend für den Vergleich ist das Larceny Act von 1916 (6 & 7 Geo.V c.50) das als "an Act to consolidate and simplify the law relating to larceny triable on indictment and kindred offences" kein neues Recht geschaffen hat, sondern lediglich das bis dahin für die darin geregelten Vermögensdelikte geltende Common Law und Statute Law, wie es durch richterliche Entscheidungen geklärt war, kodifiziert und vereinfacht hat.[7] Daraus folgt, daß die bisherige die Vermögensdelikte betreffende Literatur und Rechtsprechung auch künftig insoweit herangezogen werden dürfen und müssen, als sich im Larceny Act von 1916 Lücken zeigen sollten, die ergänzt werden müssen.[8] Insoweit allerdings, als das Kodifikationsgesetz bisher zweifelhafte und strittige Rechtsfragen einer zweifelsfreien Lösung zuzuführen bezweckte und diese Zweckbestimmung aus der Fassung des Larceny Act von 1916 klar ersichtlich ist, kann ein Zurückgreifen auf das frühere Recht nicht mehr in Frage kommen. So wies Lord Goddard in Rose v. Matt[9] ausdrücklich darauf hin, daß bei der Auslegung des Larceny Act 1916 da, wo der Wortlaut des Statuts klar ist, die Entscheidung des

---

7 Cross, Rupert: Stealing through a Mistake, L.Q.R. vol.72 (1956) p.183; Scurlock, John: The Element of Trespass in Larceny at Common Law, Temple Law Quarterly vol.22 (1948) No.1 p.12 n.1; Edwards, J.Ll: Possession and Larceny, C.L.Pr. vol. 3 (1950) pp.163 and 166; Carter, P.B.: Taking and the Acquisition of Possession in Larceny, M.L.R. vol.14 (1951) No.1 pp.27 et seq., p.32; Moynes v. Cooper, 1956, (1956) 1 All E. R.450; 3 Dig.Supp.36, 10 329 a, per Lord Goddard: "Das Larceny Act hatte nicht die Absicht, das bisherige Recht zu ändern ... aber es kodifiziert und vereinfacht das ganze Recht, welches das common law, wie es durch richterliche Entscheidungen geklärt ist, einschließt".

8 Edwards, J.Ll: Stealing One's Own Property, M.L.R. vol.14 (1951) No.2 Notes of Cases p.216 and p.219; vgl. auch Russel v. Smith, 1957, (1957) 2 All E.R.796; 3 Dig.Supp.349, 10 329 b, und Moynes v. Cooper, 1956, (1956) 1 All E.R.450; 3 Dig.Supp. 49, 10 329 a; Larceny Act 1916 s.1 (2) (i) (c).

9 1951, (1951) 1 K.B.810; 15 Dig.Repl.1073, 10 584.

Gerichts durch die Bestimmungen des Gesetzes geleitet werden müsse; nur im Falle von Zweifel oder Ungewißheit könne gesetzmässig zu den alten Fällen von Diebstahl Zuflucht genommen werden. Ein solcher Fall ist in der Bestimmung des Larceny Act von 1916 s.1 (2) (d) zu sehen, in der "die Wirkung von R. v. Middleton[10] reproduziert und gesetzlich bestimmt ist".[11]
Zur Durchführung eines Vergleichs zwischen dem englischen und deutschen Diebstahlsrecht erscheint es geboten, zunächst die wesentlichen Grundzüge des englischen Diebstahlsrechts darzulegen und im Anschluß daran die Unterschiede aufzuzeigen, die sich aus den abweichenden Bestimmungen des Deutschen Strafgesetzbuches ergeben.

QUELLENNACHWEIS I

A) Englische und amerikanische Quellen I
   I. Englisches und amerikanisches Schrifttum I
   II. Englische Entscheidungssammlungen IX
   III. Englische Statuten und Jahrbücher XVII

B) Deutsche Quellen XX
   I. Deutsches Schrifttum XX
   II. Deutsche Entscheidungssammlungen XXIV

C) Abkürzungen XXV

DARSTELLUNG DES EINFACHEN DIEBSTAHLS IM ENGLISCHEN RECHT

I. Die Definition des Diebstahls im Larceny Act von 1916

Larceny Act 1916 s.1 (1) bildet den Schlußpunkt der langen Entwicklung der Common Law-Auffassung des Diebstahls, wie sie durch die frühesten Schriftsteller Glanville, Bracton, Britton und durch die Yearbooks verkündet und durch die späteren Autoren Coke, Hale und East zusammengefaßt worden ist, sodaß es bei Prüfung der Definition nötig sein wird, auf den einen oder anderen dieser Schriftsteller und auf früher berichtete Fälle zurückzugreifen, um die Prinzipien zu verstehen, die dem Diebstahlsrecht zugrundeliegen.[12] Die Bestimmung des s.1 (1) Larceny Act von 1916 lautet: "A person steals, who, without the consent of the owner, fraudulently and without a claim of right, made in good faith, takes and carries away anything capable of being stolen with intent at the time of such taking, permanently to deprive the owner thereof".

II. Zweckbestimmung der Diebstahlssanktion

Bevor die einzelnen Elemente des Diebstahlstatbestandes besprochen werden sollen, ist auf die Zweckbestimmung, die mit

---

10 R.v.Middleton, 1873, L.R.2 C.C.R.38; 15 Dig.Repl.1044, 10 282.

11 Cooper v. Moynes, 1956, (1956) 1 All E.R.450; Newsp. The Times L.R. 3.2.1956; vgl. Moynes v. Cooper Anm.8.

12 Edwards, J.Ll: Possession and Larceny, C.L.Pr. vol.3 (1950) p.128.

der Diebstahlssanktion verfolgt wird, einzugehen. Der Diebstahl des englischen Rechts ist im wesentlichen ein Delikt gegen den Besitz und nicht gegen das Eigentum.[13] Freilich scheint es nicht ganz richtig, wenn nach der heutigen Rechtslage der Eigentumsschutz als Zweckbestimmung des Diebstahlsrechts völlig verneint wird, wovon Schinnerer[14] auszugehen scheint, wenn er betont, daß nach dem Larceny Act von 1916 das Tatbestandsmoment der "fremden Sache", wie ein solches in § 242 des Deutschen Strafgesetzbuches enthalten ist, dem englischen Diebstahlsbegriff fehle. Richtig ist, daß im Gegensatz zum römischen Recht und den kontinentalen Rechten, in denen der Begriff des Eigentums und der Unterschied zwischen Eigentum und Besitz klar herausgestellt ist, im englischen Recht sich eine solch scharfe Scheidung nicht findet.[15] Es erklärt sich dies aus der geschichtlichen Entwicklung des Diebstahlsrechts, nach der in England in der alten Zeit zwischen Eigentum und Besitz nicht unterschieden wurde, vielmehr

---

13 Edwards, J.Ll: Possession and Larceny, C.L.Pr. vol.3 (1950) p.128; Salmond, Sir J.W.: Salmond's Law of Torts. A Treatise on the English Law of Liability for Civil Injuries, 10th ed. by W.T.S.Stallybrass, London: Sweet & Maxwell Ltd. 1945 p.319; Prevezer, S.: Criminal Appropriation, C.L.Pr. vol.12 (1959) pp.161-162; Kielwein, G. a. a.O. S.40 unter Bezugnahme auf Coke, Sir Edward: Institutes vol.3 p.108 und S.53 unter Hinweis auf Salmond-Williams: Jurisprudence, 10th ed., London 1947 pp.293, 303 und Philipp, James: Introduction to English Law, London 1950 p.196; Paton, G.W. op.cit. p.431.

14 Schinnerer, E.: Vergleichende Studie zwischen larceny und deutschem Diebstahlsrecht, Zeitschrift für die gesamte Strafrechtswissenschaft Bd.57 (1938) S.356 mit S.353; denselben Standpunkt vertritt Grünhut (Grünhut, Max: Das englische Strafrecht. - In: Das ausländische Strafrecht der Gegenwart. Herausgegeben von Mezger, Schönke und Jescheck. Dritter Band, Berlin 1959 S.234).

15 Buckland, W.W. and McNair, A.D. op.cit. Introduction XIV and p.62.

dem sichtbaren Eingriff in den Besitz eines anderen als Störung des öffentlichen Friedens das ausschließliche Gewicht beigelegt wurde, sodaß der Besitz das Eigentum verschluckte. Dieser Besitzeingriff in der Form des trespass bildete im Common Law das Herzstück des englischen Diebstahlsrechts und ist auch in s.1 Larceny Act 1916 als geltendes Recht übernommen worden. Freilich ist damit nicht gesagt, daß auch nach heutigem Recht Besitz und Eigentum identisch sind. Die Rechtsentwicklung, die seit 1583 einsetzte, ging dahin, daß dem Besitzer im Rechtssinn ein Recht zum Besitz zuerkannt wurde, das gegenüber jedermann geltend gemacht werden konnte, der kein besseres Recht zum Besitz nachzuweisen in der Lage war, gleichgültig, ob der Besitz rechtmässig oder unrechtmässig erworben worden war, sodaß also auch der Dieb mit dem Besitz im Rechtssinn ein solches Recht zum Besitz erwarb. Auf diese Weise bildete sich aus dem Besitz im Rechtssinn das ownership, das etwas Besseres als den blossen Besitz verkörperte,[16] heraus. Es kann als die mit dem Besitz verbundene Befugnis, das volle Interesse an einer Sache auf einen anderen zu übertragen,[17] als das Verfügungsrecht über eine Sache, bezeichnet werden, das den Besitz im Rechtssinn, den tatsächlichen Besitz und das Eigentumsrecht als das Recht zum Besitz einschloß[18] und das in seiner absolutesten Form das Recht auf Besitz, Gebrauch und Genuß einer Sache sowie das Verfügungsrecht unter Ausschluß aller anderen Personen im Rahmen der für alle Eigentü-

---

16 Holmes, Oliver Wendell op.cit. p.239.

17 Lawson, F.H.: Introduction to the Law of Property, Oxford: Clarendon Press 1958 p.88; Phillips, Hood: A First Book of English Law, 4th ed., London: Sweet & Maxwell 1960 p.224.

18 Williams, T.Cyprian: The True Nature of a Pawnee's Interest in Goods Pawned, L.Q.R. vol.31 (1915) p.81 mit der dort angeführten englischen und amerikanischen Literatur: Blackstone, Sir William: Commentaries of the Laws of England, vol.2, pp.195-199, 389-396; Williams, Joshua: Principles of the Law of Personal Property, 17th ed. by T.Cyprian Williams, London: Sweet & Maxwell 1913 pp.47, 48, 52, 59, 68; Ames: The Disseisin of Chattels, Harv.L.Rev. vol.3 (1890) pp.562-563.

mer geltenden gesetzlichen Grenzen umfaßt.[19] Erst seit dem 19.Jahrhundert findet sich in den englischen Lehrbüchern die Bezeichnung "property", womit jedes mögliche Interesse an einer Sache beschrieben wird, das jemand haben kann.[20] Freilich kann dieses property, wie schon vorher das ownership, in verschiedener Weise zugunsten anderer Personen eingeschränkt werden, denen im Hinblick auf ihren beschränkten Rechtstitel ein limited property oder special property im Gegensatz zu dem general property des absoluten Eigentümers, aus dem es herausgehöhlt ist,[21] zugesprochen wird. Hiermit im Einklang steht die Äusserung von Buckland und McNair, daß, weil nach Common Law die rechtswidrige Zurückhaltung des Eigentums eines anderen durch die Gerichte vielfach als ein Angriff auf das Besitzrecht (right of possession) angesehen wurde und in einigen Rechtszweigen gewisse Fälle von Besitz "special property" genannt wurden, dieser Umstand einen Beobachter, der nicht die genügende Sorgfalt walten läßt, fast auf den irrigen Gedanken bringen möchte, daß es dem Common Law gelungen sei, ohne den Begriff des Eigentums auszukommen,[22] wenngleich allerdings richtig ist, daß im Common Law die Unterscheidung zwischen Besitz und Eigentum für praktische Zwecke weitgehend gegenstandslos ist.[23] Daß nach der heutigen Rechtslage das englische Diebstahlsrecht nicht nur auf den Schutz des Besitzes, sondern daneben auch auf den Schutz des Eigentums ab-

---

19 Phillips, Hood op.cit. p.224; Jowitt, Earl: The Dictionary of English Law, edit. by Clifford Walsh, London: Sweet & Maxwell 1959 v. "ownership" and "property"; Holmes, Oliver Wendell op.cit. p.246.

20 Beal, Edward: The Law of Bailments, London: Butterworth & Co. Ltd.1900 p.74.

21 Beal, Edward op.cit. p.39.

22 Buckland, W.W. and McNair, Arnold D. op.cit. Introduction XIV.

23 Kielwein, G. a.a.O. S.39 unter Berufung auf Holmes, Oliver Wendell op.cit. 43rd Printing p.239; Buckland, W.W. and McNair, Arnold D. op.cit. p.80.

zielt, ergibt sich aus der Fassung des Larceny Act von 1916 Proviso zu s.1 (1),[24] wo für den Diebstahl durch einen bailee und einen part owner in Abwandlung vom Diebstahl durch Besitzentzug die Zueignung der im Besitz des bailee befindlichen, ihm zu bailment überlassenen Sache als Tatbestandsmoment festgelegt ist.[25] Es mag allerdings zugegeben werden, daß nach Common Law die Auffassung vertreten wurde, daß, wenn ein bailee bei verpackten Sachen durch Aufbrechen der Masse (breaking bulk) das bailment beendige, damit der Besitz im Rechtssinn auf Seiten des bailee aufhöre und sich in Obhut (custody), d.i. tatsächlichen Besitz, verwandele, sodaß die nachfolgende verbrecherische Zueignung der Sache durch den bailee technisch eine Verletzung des Besitzes des bailor, also ein trespass und damit Diebstahl begründe.[26] Nach anderer Meinung führte die weitgehende Vergeistigung des Besitzbegriffs, durch die der rechtliche Besitz nur noch als ein besserer Titel auf die unmittelbare körperliche Innehabung einer Sache aus gegenwärtiger oder früherer Sachherrschaft über sie - vorbehältlich einer körperlichen Herrschaftsbegründung durch Dritte - angesehen wurde, zu der Annahme, daß der Besitz des bailor durch die Übergabe der Sache zu bailment an den bailee nicht beendigt werde, sondern daß dieser "konstruktive" Besitz des bailor nur suspendiert sei und im Augenblick der Beendigung des bailment unbeschränkt und unbedingt wieder auflebe.[27] Diese Auffassung findet sich u.a. in

24 Die Bestimmung lautet: "Provided that a person may be guilty of stealing any such thing notwithstanding that he has lawful possession thereof, if, being a bailee or part owner thereof, he fraudulently converts the same to his own use or the use of any person other than the owner".

25 Eine nähere Darlegung des "bailment" muß späterer Erörterung vorbehalten bleiben.

26 Scurlock, John: The Element of Trespass in Larceny at Common Law, Temple Law Quarterly vol.22 (1948) No.1 p.16 unter Berufung auf Burdick: Law of Crime, vol.2, 1946, § 534; 2 East P.C.693; R.v.Saward, 1851, 5 Cox C.C.295; hierbei ist also, da der Besitz nur ein einheitlicher sein kann (Paton, G.W. op.cit. p.6 mit Paton, G.W.: Jurisprudence, 2nd ed., p.123), davon ausgegangen, daß der Besitz mit der Beendigung des bailment an den bailor zurückfalle, während die h.M. allerdings dahin geht, daß der bailee nur den Besitz an der Verpackung, nicht aber am Inhalt erlangt habe. So u.a. Holmes, Oliver Wendell op.cit. p.224.

27 Kielwein, G. a.a.O. S.78 f.

R.v.Tunnard.[28] Allein diese Auffassung stellte offenbar das Besitzrecht (right of possession) des bailor mit seinem Recht zum Besitz (right to possession), das vom wirklichen Besitz zu unterscheiden ist,[29] gleich. Das Recht zum Besitz ist allerdings während der Dauer des bailment suspendiert und lebt mit Beendigung des bailment ohne weiteres wieder auf.[30] Williams[31] spricht hier von einem nackten Eigentumsanwartschaftsrecht, das mit Beendigung des bailment wieder wirksam wird. Der Besitz im Rechtssinn auf Seiten des bailor dagegen konnte mit der Beendigung des bailment nicht ipso jure an den bailor zurückfallen, sondern erst mit der Rückgabe der identischen Sache an den bailor oder nach dessen Weisung an einen Dritten. Diese Verwechslung des als "konstruktiven Besitz" bezeichneten unmittelbaren Rechts zum Besitz - das zwar regelmässig vom Besitz begleitet ist, aber auch unabhängig von ihm bestehen kann, in welchem Fall ihm die zivilrechtliche Möglichkeit in trespass zu klagen versagt ist[32] - mit dem Besitzrecht wurde nach Pollock[33] in der Folgezeit aufgegeben. Die Schwierigkeit, die sich aus der Tatsache des Fortbestandes des Besitzes des bailee nach Beendigung des bailment ergab, führte dann zu dem gegen unredliche Mieter gerichteten Statut 3 Will.& Mary c.9 s.5 - jetzt Larceny Act von 1916 s.16 - und sodann in allgemeiner Form gegen unredliche bailees überhaupt zu dem Statute against conversion by bailees (20 & 21 Vict. c.54) s.17,

---

28 Note (a) to R.v.Pear, 1779, 1 Leach 212; 15 Dig.Crim.L.868, 9530.

29 Pollock, Sir F.: The Law of Torts, 13th ed., London: Stevens & Sons Ltd. 1929 p.359.

30 Vgl. auch Scurlock, John: The Element of Trespass in Larceny at Common Law, Temple Law Quarterly vol.22 (1948) No.1 p.16 n.33 mit der dort aufgeführten amerikanischen Rechtsprechung; Underhill, Arthur: A Summary of the Law of Torts or Wrongs, independent of Contract, 15th ed. by Ralph Sutton, London: Butterworth & Co.Ltd. 1946 p.105; L.Q.R. vol.66 (1950), Notes, p.286; North Central Wagon and Finance Co.Ltd. v. Graham, 1950, (1950) 1 All E.R.780, per Asquith L.J. at p.782.

31 Williams, T.Cyprian op.cit. p.82.

32 Winfield, P.H.: A Textbook of the Law of Tort, 3rd ed., London: Sweet & Maxwell Ltd. 1946 p.307.

33 Pollock, Sir F. and Wright, R.S.: An Essay on Possession in the Common Law, Oxford: Clarendon Press 1888 p.133.

wodurch anstatt der zunächst noch künstlich aufrechterhaltenen Besitzentziehung, die in der ungerechtfertigten Zurückhaltung des Besitzes nach Beendigung des bailment erblickt wurde, als nächster Schritt die bewußt rechtswidrige Zueignung der zu bailment überlassenen Sache gesetzt wurde. An die Stelle dieser Bestimmung trat die entsprechende Vorschrift im Larceny Act von 1861 (24 & 25 Vict. c.96) s.3, die ihrerseits wieder durch das Larceny Act von 1916, Proviso zu s.1 (1), als heute geltendes Recht übernommen wurde. Es besteht aber nach Rechtsprechung und Literatur kein Zweifel, daß beim larceny by a bailee wie auch beim larceny by a part owner i.S. des Larceny Act von 1916, Proviso zu s.1 (1), der Grundsatz der Besitzentziehung, des trespass, als wesentlicher Bestandteil des Diebstahls aufgegeben wurde[34] und an seine Stelle die bewußt unrechtmässige Zueignung (conversion) der zu bailment überlassenen Sache durch den bailee getreten ist, die sich nicht gegen den Besitz, sondern gegen des bailor Recht zum Besitz der Sache richtet. Besteht doch das "converting to one's own use of any person other than the owner" i.S. des Larceny Act von 1916, Proviso zu s.1 (1), darin, daß der bailee zum eigenen Nutzen oder zum Nutzen eines anderen als des Eigentümers dem bailment durch eine mit dessen Fortbestand schlechthin unverträgliche Handhabung der zu bailment überlassenen Sache ein Ende setzt[35] und damit den Titel des Eigentümers auf das Recht zum Besitz in

---

[34] Edwards, J.Ll: Possession and Larceny, C.L.Pr. vol.3 (1950) p.139; vgl.auch das vierbändige Werk des Verfassers über "Das Larceny Act 1916, erläutert auf der Grundlage der höchstrichterlichen Rechtsprechung und verglichen mit den Bestimmungen des Deutschen Strafgesetzbuches unter besonderer Berücksichtigung der Entscheidungen des Reichsgerichts und des Bundesgerichtshofs", Archiv ungedruckter wissenschaftlicher Schriften bei der Deutschen Bibliothek, Frankfurt/Main (das Werk wurde durch das Internationale Dokumentationszentrum in Tumba (Schweden) auf Mikrofilm übertragen und ist auch von dort ausleihbar) Bd.I, Kap.3, Abschn.II, 3, B, bb, S.116.

[35] Von dem Unterschied zwischen dem converting to one's own use und des conversion i.S. des zivilrechtlichen law of torts wird bei der Darlegung des larceny by a bailee noch kurz zu sprechen sein.

ungerechtfertigter Weise leugnet.[36] Wenn Edwards[37] als Begründung dafür, daß der Diebstahl im wesentlichen ein Delikt gegen den Besitz und nicht gegen das Eigentum sei, sich auf Larceny Act 1916 s.1 (2) (iii) beruft, wo als Kreis der geschützten Rechtsträger "part owner, or person having possession or control of, or a special property in, anything capable of being stolen" als in den owner-Begriff eingeschlossen aufgeführt ist, so scheint mir dies nur dann richtig, wenn alle diese Ausdrücke, wie schon behauptet wurde,[38] synonym sind. Allein hierfür fehlt es an jeglichem Anhaltspunkt. Es ist vielmehr mit Rupert Cross[39] davon auszugehen, daß prima facie jedem Wort eines Statuts verschiedene Bedeutung gegeben werden muß,[40] sodaß also in genannter Bestimmung als geschützte Rechtsträger nach der allgemein üblichen Bedeutung neben dem rechtlichen und tatsächlichen Besitzer der Inhaber des special property und, was stillschweigend vorausgesetzt ist, selbstverständlich auch der Inhaber des general property, die ein allgemeines oder beschränktes Recht zum Besitz haben, aufgeführt sind und deshalb obige Behauptung von Edwards nicht stichhaltig erscheint. Endlich mag noch darauf hingewiesen werden, daß auch beim Diebstahl durch Fund die Bestimmung in Larceny

36 Clerk and Lindsell: On Torts, 11th ed., London: Sweet & Maxwell Ltd.1954 p.422; Underhill, Arthur op.cit. p.96; Salmond, John W.: Observations on Trover and Conversion, L.Q.R. vol. 21 (1905) pp.43 and 52 unter Bezugnahme auf Common Law Procedure Act 1852 (15 & 16 Vict. c.76) und Fouldes v. Willoughby, 1841, 8 M.& W.540; 43 Dig.Tresp.472, 116, wo gesagt ist, daß die rechtswidrige Wegnahme einer Sache, obwohl natürlich ein trespass, nur dann ein conversion ist, wenn sie in der Absicht erfolgt ist, den gegnerischen Titel auf das Recht zum Besitz zu leugnen; Jowitt, Earl op.cit. v. "conversion"; Winfield, P.H.: A Textbook op.cit. p.337; Pollock, F. op. cit. 13th ed. (1929) p.286 mit Hiort v. Bott, 1874, L.R.9 Exch.86; 3 Dig.Bailm.59, 38 und Wilbraham v. Snow, 1670, 2 Wms Saunders 47; sub nom. Willbraham v. Snow, 1 Mod.Rep.30; 21 Dig.Exon.507, 828; Salmond, J.W.: Law of Torts op.cit. p.279.

37 Edwards, J.Ll: Possession and Larceny, C.L.Pr. vol.3(1950) p.128.

38 Edwards, J.Ll: Possession and Larceny, C.L.Pr. vol.3(1950) p.136.

39 Cross, Rupert: Larceny De Lege Lata, L.Q.R. vol.66 (1950) p.504.

40 Hill v. William Hill (Parke Lane) Ltd., 1949, (1949) A.C.530; 2 Dig.Supp.30, 62 c.

Act von 1916 s.1 (2) (i) (d) den Verlierer nicht bloß als Besitzer schützt, sofern das Fortbestehen des Besitzes beim Verlierer in solchem Falle anzunehmen ist,[41] sondern gleichzeitig auch den Eigentümer unterstützt.[42]

III. Allgemeine Grundlagen des Common Law-Diebstahls einschließlich der Besitzdoktrin

Die einzelnen Tatbestandsmomente des Common Law-Diebstahls waren seit frühester Zeit doppelter Art und bestanden aus einem physischen und einem geistigen Element. Das physische Element setzte sich wiederum aus zwei Bestandteilen zusammen, aus dem einfachen physischen Akt des Ergreifens (cepit) und Wegbringens (asportavit) der Sache und sodann aus einem negativen Bestandteil, der Bedingung, daß dieses Wegnehmen und Wegbringen ohne Zustimmung des Eigentümers (invito domino) geschehen muß. Bei dem Wegnehmen war ursprünglich nur an die Ausübung wirklicher physischer Kontrolle über die Sache gedacht. Erst im Lauf der Zeit führten die Bedürfnisse der Rechtsprechung, denen die engere Lehre des alten Common Law nicht mehr gerecht werden konnte, zu der Lehre vom "constructive" oder "legal" possession, d.i. von dem rechtlich relevanten Besitz, dem Besitz im Rechtssinn oder juristischen Besitz, unterschieden vom natürlichen oder tatsächlichen Besitz.Was das geistige Element (mens rea) anbetrifft, so war dies mit dem Ausdruck "animus furandi" beschrieben. Es besteht kein Zweifel, daß dieser Ausdruck nichts Genaues zu bedeuten hatte,

---

[41] Siehe darüber bei Funddiebstahl (IV, A, AA, 1, b, dd).

[42] Marshall, O.R.: The Problem of Finding, C.L.Pr. vol.2 (1949) pp.68-70; zu dieser Frage vgl. auch noch Cross, Rupert: Larceny De Lege Lata, L.Q.R. vol.66 (1950) p.503, wo gesagt ist: "In der Tat sollte jedoch die Feststellung, daß im Diebstahlsrecht "Eigentum" ("property") "Besitz" ("possession") bedeutet, aus den heutigen Büchern ausgemerzt werden".

vielmehr darunter nichts anderes verstanden wurde, als daß der Übeltäter sich bewußt war, eine unehrliche Handlung vorzunehmen. Von wesentlicher Bedeutung war aber, daß diese unehrliche Geistesverfassung in dem Augenblick vorgelegen haben mußte, in dem die Wegnahmehandlung erfolgte.[43] An dieser grundsätzlichen Regelung hat auch noch das Larceny Act von 1916 in s.1 (1) in einer nur spezifizierteren Form festgehalten. Demzufolge ist auch heute noch der rechtswidrige Besitzeingriff (trespass) das Wesenselement der Wegnahme (taking) i.S. des Larceny Act von 1916 s.1 (1).

Die Erläuterung dieses Tatbestandsmoments macht es notwendig, in kurzen Umrissen auf die Beziehung zwischen dem Diebstahlsrecht und der allgemeinen Theorie des Besitzes einzugehen.[44] Es bestehen im englischen Recht zwei verschiedene Grade von Besitz, der natürliche oder tatsächliche Besitz (physical possession, possession in fact, de facto possession) und der Besitz im Rechtssinn oder im folgenden der Kürze halber als juristischer Besitz (possession, right of possession, legal possession, possession in law) bezeichnet. Für den tatsächlichen Besitz (Obhut) wurden auch die Ausdrücke "custody" oder "care" einerseits und "charge" oder "control" andererseits gebraucht. Doch können diese beiden Begriffe nicht deutlich voneinander geschieden werden und es besteht rechtlich hierfür auch kein Bedürfnis, da sie beide als tatsächlicher Besitz anzusehen sind. Cross-Jones[45] faßt daher sowohl "custody" wie "charge" unter dem Ausdruck "custody" zusammen. Die Unterscheidung ist lediglich tatsächlicher Art, insofern nach manchen Juristen die Bezeichnung "charge" oder "control" einen

---

43 Turner, J.W.Cecil: Larceny and Trespass. The Case of Riley, L.Q.R. vol.58 (1942) pp.340-341.

44 Siehe Edwards, J.Ll: Possession and Larceny, C.L.Pr. vol.3 (1950) p.128.

45 Cross, Rupert and Jones, P.A.: An Introduction to Criminal Law, 2nd ed., London 1949 pp.1-2.

weniger dauerhaften und schwächeren Zusammenhang mit der Sache zum Ausdruck bringt als die Bezeichnung "custody" oder "care". So wird z.B. einem Gast in einem Wirtshaus das zum Gebrauch vorgesetzte Trinkglas als in "charge" von ihm befindlich bezeichnet, während das Geschirr des Gastwirts in "custody" des Kellners sich befindet. Der natürliche Besitz, der dem Gewahrsam des deutschen Strafrechts entspricht, ist die wirksame Innehabung oder Kontrolle einer Sache, wobei als wirksam die Besitznahme anzusehen ist, die nach allgemeiner Anschauung regelmässig und für praktische Zwecke genügt, Fremde von der Einmischung in den Gebrauch und Genuß der Sache durch den Besitznehmer abzuhalten, wobei die Übergabe einer Sache ein günstiges Moment für die Anerkennung natürlichen Besitzes bildet, während die Wegnahme derselben hierfür besonderen Beweises bedarf, insofern die tatsächliche Verfügungsmacht von der Allgemeinheit nach dem umgekehrten Verhältnis zu den Chancen wirksamen Widerstandes bemessen wird.[46] Natürliche Fähigkeit andere auszuschliessen ist nicht notwendig. Auch der Umstand, daß die Sache ausser Sicht- und Reichweite sich befindet, braucht das Vorliegen tatsächlichen Besitzes an der Sache als der auf physischer Innehabung gegründeten Verfügungsmacht über dieselbe nicht zu hindern. Zum Beispiel sind Gartengeräte in einem ausserhalb des Hauses befindlichen Schuppen in meinem natürlichen Besitz trotz des Umstandes, daß sie von einem Unrechttuer ohne meine Kenntnis weggenommen werden könnten.[47] Maßgebend für die de facto-Sicherheit ist hiernach die Unwahrscheinlichkeit eines Eingriffs Fremder in den Besitz der Sache und damit die allgemeine Beruhigung des Publikums gegenüber der bestehenden Sachlage, die sich darauf gründet, daß ein Eingriff in den Besitz so mühsam und ein erfolgreicher Eingriff so wenig hoffnungsvoll ist, daß unter gewöhnlichen Umständen das Risiko des Versuchs ausser Verhältnis zu der

---

[46] Pollock, F. and Wright, R.S. op.cit. pp.12-13; Goodhart, A. L.: Essays in Jurisprudence and the Common Law, ch.IV: Three Cases on Possession, Cambridge University Press 1931 p.79.

[47] Edwards, J.Ll: Possession and Larceny, C.L.Pr. vol.3 (1950) pp.129-130.

zufälligen Chance des Erfolgs stehen möchte. Dabei ist gleichgültig, aus welcher Quelle auch die Sicherheit entsteht, mag sie in der physischen Macht des Besitzers, in der persönlichen Anwesenheit desselben, im Verstecken der Sache, in der Tendenz der Leute, sich bei feststehendem Gebrauch mit der tatsächlichen Lage abzufinden, in einem rechtmässigen Anspruch oder in sonstigen Ursachen ihre Wurzel haben.
Der juristische Besitz ist derjenige Grad von Besitz, der vom Gesetz anerkannt und geschützt ist. Während der natürliche Besitz eine Tatsache ist, nämlich eine physische Beziehung zu einer Sache, ist der juristische Besitz ein Recht.[48] Er unterscheidet sich vom natürlichen Besitz dadurch, daß ein geistiges Element, der animus possidendi oder, wie er auch genannt wird, der animus sibi habendi oder animus domini erforderlich ist, der in den Tatsachen sichtbar realisiert sein muß. Die wirksame Realisation des Besitzwillens erfordert, daß diese Tatsachen auf die wirkliche gegenwärtige Ausschliessung jeden fremden Eingriffs in die besessene Sache, zusammen mit einer vernünftigerweise ausreichenden Sicherheit für den ausschließlichen Gebrauch derselben in der Zukunft hinauslaufen. Juristischer Besitz ist sonach die wirksame tatsächliche Verwirklichung des animus possidendi als der kundgegebenen Absicht, die Sache selbst zu gebrauchen und jeden Eingriff anderer in den Besitz derselben auszuschliessen.[49]
Die Ausschliessungsabsicht kann nicht vorliegen, wenn man von dem Vorhandensein der Sache nichts weiß; aber die weitere Absicht, andere von dem Platz auszuschliessen, wo die Sache sich befindet, kann die Absicht, andere vom Besitz der Sache

---

48 Edwards, J.Ll: Possession and Larceny, C.L.Pr. vol.3 (1950) p.130 unter Bezugnahme auf Keeton, G.W.: The Elementary Principles of Jurisprudence, 2nd ed., London: Pitman & Son Ltd. 1949 p.181.

49 Vgl.hierzu Holmes, Oliver Wendell op.cit. p.234; Jowitt, Earl op.cit. v. "possessio"; Winfield, P.H.: A Textbook op.cit. p.303 mit Pollock, F. and Wright, R.S. op.cit. p.17.

auszuschliessen, enthalten.[50] Der animus possidendi muß kein Anspruch zu eigenen Gunsten sein. Man kann eine Sache auf eigene Rechnung oder auf Rechnung eines anderen besitzen. So kann ein Dienstbote, Vertreter oder trustee den wahren Besitz haben, obwohl er den ausschließlichen Gebrauch der Sache zugunsten eines anderen als sich selbst beansprucht. Der animus possidendi braucht nicht speziell zu sein. Er kann auch allgemein sein, z.B. in Ansehung der Bücher in meiner Bibliothek, der Fische in meinem Teich, des Nachwuchses in der mir gehörenden Herde.[51] Fraglich ist, ob ein Mieter Besitz an den Mieträumen hat. Bei Zuweisung eines speziellen Zimmers hat er regelmässig Besitz, es sei denn, daß der Vermieter die ausschließliche Kontrolle der Haustüre hat oder wenn, wie bei einem Studenten, in einem Mietshaus gleichzeitig "Bedienung" für ihn vorgesehen ist.[52] Da der juristische Besitzer einer Sache nicht derjenige ist, der ein Recht darauf hat oder doch glaubt ein solches zu haben, sondern derjenige, der so zu handeln beabsichtigt, wie wenn er ein solches Recht hätte, so kommt es auf die Rechtmässigkeit oder Unrechtmässigkeit des animus possidendi nicht an, sodaß der Dieb juristischen Besitz genau so haben kann wie der wahre Eigentümer.[53] Bemerkt mag noch werden, daß der Ausdruck

---

50 Vgl. Hibbert v. McKiernan, 1948, 2 K.B.142; 15 Dig.Repl. 1086, 10 752 und Goodeve: Modern Law of Personal Property, 9th ed. by Kersley (1949) p.39.

51 Salmond, John W.: Jurisprudence op.cit. p.300.

52 Winfield, P.H.: A Textbook op.cit. pp.303-304.

53 Salmond, John W.: Jurisprudence op.cit. pp.298-300; Winfield, P.H.: A Textbook op.cit. p.306; Edwards, J.Ll: Possession and Larceny, C.L.Pr. vol.3 (1950) p.130; vgl. auch Rooth v. Wilson, 1817, 1 B.& Ald.59; 3 Dig.Bailm. 62, 59; 112, 363; The Winkfield, 1902, P.42; 3 Dig.Bailm. 105, 309; 111, 357; 113, 373; Swire v. Leach, 1865, 18 C. B. (N.S.) 479; 18 Dig.Distr.292, 279; 388, 1281; Armory v. Delamirie, 1722, 1 Str.505; 22 Dig.Repl.176, 1605; Bridges v. Hawkesworth, 1851, 21 L.J.Q.B.75; 3 Dig.Bailm.64, 77; Sutton v. Buck, 1810, 2 Taunt.308; 3 Dig.Bailm.66, 90; 112, 360; Brown v. Dawson, 1840, 12 A.& E.624; Buckley v. Gross, 1863, 3 B.& S.566; 3 Dig.Bailm.64, 78; 71, 130.

"animus domini" insofern irreführend sein kann, als die Absicht keineswegs darauf abzielen muß, die Sache als Eigentümer zu besitzen,[54] sodaß also auch unter anderem der Entleiher oder der Pfandgläubiger juristischen Besitz haben kann. Neben dem tatsächlichen Besitz (custody) und dem juristischen Besitz (possession) ist noch kurz auf das Recht zum Besitz (right to possession) und in Zusammenhang damit auf die mehrfache Art des Eigentumsrechts einzugehen. Das Recht zum Besitz ist eines der konstituierenden Bestandteile des vollen Eigentumsrechts, von dem es sich meist herleitet, obwohl es auch einem anderen als dem vollen Eigentümer (general owner) zustehen kann und obwohl jemandens Eigentumsrecht während einer zeitweiligen Aufhebung seines Rechts zum Besitz fortdauern kann wie im Falle eines befristeten bailment.[55] Das Recht zum Besitz bedeutet einen rechtmässigen Titel, den schon innegehabten juristischen Besitz zu behalten oder den noch nicht innegehabten juristischen Besitz an einer Sache zu erwerben.[56] Das Recht zum Besitz kann gleichzeitig verschiedenen Personen gegen einen Dritten kraft verschiedener Eigentumsrechte (general property oder special property) zustehen, obwohl untereinander der eine dem anderen untergeordnet sein muß, z.B. einem Eigentümer sein bailee at will beim jederzeit widerruflichen bailment. Daraus geht hervor, daß das Recht zum Besitz eher ein Eigentumsrecht oder Eigentumsinteresse ist als daß es Besitzcharakter aufweist, dessen Wesen nach dem römischen[57] wie nach dem englischen Recht[58] in der Ausschließlichkeit besteht mit der Folge, daß der Besitz nur einer Person oder einer

---

[54] Salmond, John W.: Jurisprudence op.cit. p.300.

[55] Pollock, F. and Wright, R.S. op.cit. pp.120, 145-146.

[56] Winfield, P.H.: A Textbook op.cit. p.307.

[57] Dig. 41.2 de acqu. vel omitt. poss. 3 § 5.

[58] Vaughan, Sir J.: Reports and Arguments in the Common Pleas ... p.169.

Personengemeinschaft als solcher, nicht aber mehreren Personen ohne solches Gemeinschaftsverhältnis, also als Einzelpersonen, zustehen kann.[59] Daraus erklärt sich auch die Verschiedenheit der Rechtsbehelfe, die mit dem Besitzrecht und dem Recht zum Besitz verbunden sind. Denn während die rechtswidrige Besitzentziehung zivilrechtlich ein writ of trespass auslöst und strafrechtlich einen wesentlichen Bestandteil des Diebstahls begründet, macht die Verletzung des Rechts zum Besitz das Wesen der Zueignung (conversion) aus, gegen die zivilrechtlich die Schadensersatzklage (action of trover and conversion oder kurz action of trover genannt) oder die Klage auf Herausgabe einer speziellen Sache (action of detinue),[60] die aber nunmehr seit dem Common Law Procedure Act (15 & 16 Vict. c.76)s.49 von dem action of trover mitumfaßt wird,[61] gerichtet ist,[62] während die Zueignung auf strafrechtlichem Gebiet erst durch die Statutargesetzgebung in der Form des larceny by a bailee or a part owner und in der des embezzlement by clerk or servant unter Strafe gestellt wurde. Auf diese letzteren Fälle wird später zurückzukommen sein.

Wie aus den bisherigen Ausführungen hervorgeht, ist das Recht zum Besitz ein Bestandteil des absoluten Eigentums (general property), das den Gebrauch und Genuß einer Sache sowie das Verfügungsrecht über dieselbe unter Ausschluß aller anderen Personen im Rahmen der für alle Eigentümer geltenden gesetzlichen Grenzen umfaßt, das aber auch ohne das Recht zum Besitz sein kann, wie z.B. beim bailment at value (simple bailment), wo das Recht zum Besitz des bailor als des Eigentümers während der Dauer des bailment zugunsten des bailee

---

59 Pollock, F. and Wright, R.S. op.cit. p.20 and p.146; Winfield, P.H.: A Textbook op.cit. p.306.

60 Underhill, Arthur op.cit. pp.95-96.

61 Salmond, John W.: Observations on Trover and Conversion, L.Q.R. vol.21 (1905) pp.45-47.

62 Winfield, P.H.: A Textbook op.cit. p.334 mit Ward v. Macauley, 1791, 4 T.R.489, 490; 43 Dig.Tresp.421, 459.

suspendiert ist, dem mit dem Besitz auch das Recht zum Besitz zukommt, da der Besitz nicht nur einen schlüssigen Beweis für den Rechtstitel bildet, sondern den Beweistitel selbst gegen jedermann begründet, der kein besseres Recht zum Besitz nachweisen kann.[63] Das Recht zum Besitz ist auch für das Vorliegen des juristischen Besitzes dann maßgebend, wenn der natürliche Besitz unbestimmt ist. Hier steht der juristische Besitz demjenigen zu, der das Recht zum Besitz oder das bessere Recht zum Besitz nachzuweisen in der Lage ist.[64] Wenn z.B. vor einem Mietshaus mit mehreren Mietspartien eine Fuhre Brennholz abgeladen wird, so kann der natürliche Besitz an sich jeder der Mietspartien zustehen. Es kann auch die eine wie die andere den Willen haben, das Holz für sich zu benützen. Hier wird bei der Zweifelhaftigkeit des natürlichen und juristischen Besitzes der letztere demjenigen rechtlich zugesprochen, dem das Recht zum Besitz oder das bessere Recht zum Besitz zukommt. Das Recht zum Besitz umfaßt unter der Bezeichnung "special property"[65] je-

63 Winfield, P.H.: A Textbook op.cit. p.307; Pollock, F. op.cit. p.385; Buckland, W.W. and McNair, A.D. op.cit. p.68; Underhill, Arthur op.cit. p.97; Jeffries v. Great W.Ry Co., 1856, 5 E.& B.802; sub nom. Jeffries v. South Western Ry Co., 43 Dig.Tresp.430, 550; Buckley v. Gross, 1863, 3 B.& S.566; 3 Dig.Bailm.64, 78; 71, 130; The Winkfield, 1902, P.42; 3 Dig.Bailm.105, 309; 111, 357; 113, 373; Glenwood Lumber Co.Ltd. v. Phillips, 1904, (1904) A.C.405; sub nom. Glenwood Lumber Co.Ltd. v. Bishop, 1904, 20 T.L.R.31; 43 Dig.Tresp.382, 81.

64 Jones v. Chapman, 1849, 2 Exch.803; 43 Dig.Tresp.384, 97; 406, 284; 408, 306; Bristow v. Cormican, 1878, (1878) 3 App.Cas.641, 661; 43 Dig.Tresp.382, 80; 385, 105, per Lord Blackburn; Ramsey v. Margrett, 1894, 2 Q.B.18; 27 Dig.Repl. 93, 692; Magnus, Re, 1910, (1910) 2 K.B.1049; 5 Dig.Bkpcy 852, 7160; French v, Gething, 1922, (1922) 1 K.B.236; 27 Dig.Repl.154, 1124; Pollock, F. and Wright, R.S. op.cit. p.24.

65 An deren Stelle wird auch die Bezeichnung "constructive possession", mitunter auch der Ausdruck "qualified property" verwendet, der aber insofern zweideutig ist, als unter "qualified property" auch das Eigentum an Gegenständen verstanden wird, die nicht im absoluten Eigentum jemandens stehen können, wie z.B. Wild in einem Gehege, Fische in einem Teich. Dieses Eigentum hört auf, wenn die Tiere die Freiheit wiedergewinnen, ohne daß sie den animus revertendi haben (Jowitt, Earl op.cit. v. "property"; Beal, Edward op.cit. p.39).

des Recht zum Besitz, das nicht absolutes Eigentum (general property) ist. Das special property schließt so das general property aus,[66] wie z.B. beim Pfandgläubiger gegenüber dem Verpfänder während des Bestehens des Pfandverhältnisses. Dem Verpfänder verbleibt während dieser Zeit nur ein Anwartschaftsrecht auf das Eigentum und damit auf das Recht zum Besitz, das er allerdings nach der Entscheidung des Court of Exchequer Chamber in Franklin v. Neate[67] verkaufen kann.[68] Das Recht zum Besitz schließt nicht nur jenes Recht zum Besitz ein, das sich vom Generaleigentum herleitet und ein special property für zivilrechtliche Zwecke darstellt, sei es, daß es zivilrechtlichen Schutz genießt, wie das Recht zum Besitz seitens des Mieters, Pfandgläubigers u.dgl.,[69] auf welches das Zivilrecht den Begriff des special property begrenzt, sei es, daß ihm ein solcher Schutz versagt wird, wie z.B. beim bailment at will, der unverbindlichen Verwahrung, sondern umfaßt darüberhinaus, mindestens für Zwecke des Strafrechts, auch jenes Interesse am Besitz einer beweglichen Sache, das aus dem irgendwie erlangten Besitz derselben oder gar nur aus einer allgemeinen Aufsichtspflicht darüber[70] fließt und gegen jeden, der kein besseres Recht zum Besitz nachweisen kann, ein Recht zum Besitz begründet, das von dem Recht zum Besitz des Generaleigentümers in Entstehung und Bestand unabhängig, also selbständig, ist[71] und daher auch statt

66 The Odessa, 1916, (1916) 1 A.C.145, at pp.158-159; 37 Dig. Pawns 13, 88; Paton, G.W. op.cit. pp.17-18.

67 Franklin v. Neate, 1844, 13 M.& W.481; 37 Dig.Pawns 9, 39; 10, 55; 11, 65; 39 Dig.S.Goods 361, 23.

68 Williams, T.Cyprian: The True Nature of a Pawnee's Interest in Goods Pawned, L.Q.R. vol.31 (1915) pp.75-83.

69 z.B. Rose v. Matt, 1951, (1951) 1 K.B.810; 15 Dig.Repl. 1073, 10 584; R.v.Vincent, 1852, 2 Den.464; 15 Dig.Repl. 1087, 10 764; Stephen, J.F.: A Digest of the Criminal Law, 9th ed. by L.F.Sturge, London: Sweet & Maxwell 1950 p.311.

70 R.v.Harding, 1929, 21 Cr.App.R.166; 15 Dig.Repl.1087, 10 771.

71 Pollock, F. and Wright, R.S. op.cit. p.166.

mit "special property" mit "special interest" bezeichnet wird.[72] Richtig ist, daß zum Teil auch heute noch das special property als right to possession mit dem Besitzrecht, dem right of possession, gleichgestellt wird.[73] Doch scheint die Tendenz dahin zu gehen, daß das possessorische Interesse eines bailee im Hinblick auf Rechte gegenüber Dritten, die sich in seinen Besitz einmischen, als special property in der Bedeutung eines eingeschränkten Eigentumsrechts bezeichnet wird.[74]

Zum Abschluß der Ausführungen über das englische Besitzrecht mag noch die allgemeine prozessuale Regel angefügt werden, die dahin geht, daß der Eigentümer prima facie zum Besitz berechtigt ist, während der Besitz prima facie Beweis des Eigentums ist. Die Regel gründet sich auf die Tatsache, daß der Besitz die Summe der im Eigentum inbegriffenen Handlungen ist, die der Eigentümer, dessen Eigentum festgestellt ist, grundsätzlich auszuüben berechtigt ist, soweit es sich nicht zeigt, daß er sich eines Teils seiner allgemeinen Befugnisse begeben hat. Andererseits spricht die Tatsache des Besitzes als der sichtbaren Ausübung des Eigentums dafür, daß der Besitzer Eigentümer i.S. des Generaleigentümers ist, obwohl es sich bei näherer Untersuchung ergeben mag, daß er ein begrenztes vom Eigentümer abgeleitetes und mit dessen Rechtstitel zu vereinbarendes Recht (Spezialeigentum) ausübt oder gar eine rechtswidrige Macht, die zum Nachteil des wahren Eigentümers angemaßt ist oder von jemand sich herleitet, der sich rechtswidrig anmaßte, Eigentümer zu sein, oder endlich möglicherweise eine zwar nicht rechtmässige, aber doch gerechtfertigte Macht.[75]

---

72 The Odessa, 1916, (1916) 1 A.C.145, 159; 37 Dig.Pawns 13, 88.

73 Paton, G.W. op.cit. p.17.

74 Jowitt, Earl op.cit. v. "possessio".

75 Nähere Einzelheiten über das Besitzrecht auf der Grundlage der Rechtsprechung finden sich im obenerwähnten Werk des Verfassers Bd.I, Kap.3, Abschn.I-III, S.37 ff.

IV. Gesetzliche Tatbestandsmerkmale des einfachen Diebstahls

Nach diesem für das Verständnis des Diebstahlsrechts notwendigen Exkurs über das Besitzrecht ist auf den gesetzlichen Tatbestand des einfachen Diebstahls i.S. des Larceny Act 1916 s.1 mit s.2 näher einzugehen.

A) Der objektive Tatbestand

AA) Der Begriff der Wegnahme (taking)

1. Besitzentziehung

Was den objektiven Tatbestand betrifft, so ist das "taking" ein wesentliches Element des Diebstahls, das eine rechtswidrige Besitzentziehung (trespass) - von der Ausnahme für bailees und part owners im Larceny Act von 1916, Proviso zu s.1 (1) abgesehen - als Bestandteil in sich schließt. So kann jemand nur dann des Diebstahls für schuldig befunden werden, wenn er in einem zivilrechtlichen action of trespass für schadensersatzpflichtig erklärt werden könnte. Die Voraussetzungen für ein erfolgreiches action of trespass gelten also auch für die rechtswidrige Besitzentziehung des Diebstahlstatbestandes;[76] mit anderen Worten, die Wegnahme muß unter solchen Umständen erfolgen, daß sie ein action of trespass stützen würden.[77] Die Anfänge des trespass sind dunkel und die zahlreichen Erklärungen lassen bei der Unvollständig-

---

76 Scurlock, John: The Element of Trespass in Larceny at Common Law, Temple Law Quarterly vol.22 No.1 (July 1948) p.12 and n.4 unter Hinweis auf R.v.Smith, 1852, 2 Den.449; 15 Dig.Repl.1086, 10 754 und unter Bezugnahme auf 1 Hawkins P. C.142, 8th ed. by Curwood, 1824.

77 Kerr, M.R.E.: The Time of Criminal Intent in Larceny, L.Q. R. vol.66 (1950) p.183 unter Hinweis auf R.v.Ashwell, 1885, 8 Exch.237; 21 Dig.Exon.508, 843, per Smith J. und pp.188, 193 sowie 203 mit R.v.Riley, 1853, Dears.C.C.149; 15 Dig. Repl.1049, 10 333; Turner, J.W.Cecil: Larceny and Trespass. The Case of Riley, L.Q.R. vol.58 (1942) p.345, verweisend auf 2 East P.C.554, wo gesagt ist: "every larceny includes a trespass"; Archbold, J.F.: Criminal Pleading and Evidence and Practice, 32nd ed. by F.Butler and M.Garsia, London: Stevens & Sons Ltd.1952 p.520.

keit der Quellen keine sicheren Schlüsse zu.[78] Das writ of trespass kam um die Mitte des 13.Jahrhunderts unter der Regierung Johanns zum Schutz der persönlichen Integrität und Freiheit auf und wurde rasch volkstümlich, indem es, soweit es den friedlichen Genuß der beweglichen Habe gewährleistete, das alte Rechtsmittel des appeal of larceny ersetzte.[79] Es war eine Klage, die sich ausschließlich gegen die Verletzung unmittelbaren Besitzes richtete.[80] Motiviert wurde die Klage als Bruch des King's peace ("vi et armis contra pacem regis"), der aber bald in jeder gewalttätigen Handlung selbst leichter Art erblickt wurde.[81] Das writ of trespass war halb zivilrechtlichen, halb strafrechtlichen Charakters und endigte mit einer Bestrafung des Schuldigen und einer Entschädigungsleistung an den Kläger. Erst im 15. und 16.Jahrhundert, als durch die Gesetzgebung die statutarischen Vergehen (misdemeanours) geschaffen wurden, wurde die strafrechtliche Seite des trespass zugeschüttet und endgültig durch ein Statut im Jahre 1694 (5 & 6 Will. & Mary) aufgehoben. Geblieben ist das trespass auf strafrechtlichem Gebiet lediglich als Element des Diebstahlstatbestandes.[82] Als solches ist das trespass näherhin als ein willentlicher, rechtswidriger, d.i. gesetzlich nicht gerechtfertigter, unmittelbarer und gewaltsamer Eingriff in die persönliche Un-

---

78 Morier-Genond, Jacques op.cit. p.11 mit Bezugnahme auf Fifoot: History and Sources of Common Law pp.44 et seq.; Plucknett: A Concise History of the Common Law pp.370 et seq.; Winfield: The Province of the Law of Tort, Introduction; und Woodbine: Origines of the action of trespass, Yale L.Jour. vol.33 (1924) pp.799 et seq. and Yale L.Jour. vol.34 (1925) pp.343 et seq.

79 Scurlock, John: The Element of Trespass in Larceny at Common Law, Temple Law Quarterly vol.22 No.1 (July 1948) p.13 mit Ames: Les Lectures on Legal History, 1913, pp.39-40; Kielwein, G. a.a.O. S.33.

80 Paton, G.W. op.cit. pp.16 and 33.

81 Garnier, Renée: La Notion de "Trespass" en droit anglais, Paris: Rousseau & Cie 1927 p.12.

82 Morier-Genond, Jacques op.cit. p.12.

versehrtheit oder den Besitz eines anderen zu bestimmen. Die Eingriffshandlung muß also gewollt sein; eine unfreiwillige Handlung ist ausgeschlossen. Auch muß der Eingriff durch eine positive physische Handlung erfolgen; eine Unterlassung reicht nicht aus.[83] Freilich wurde der Begriff "gewaltsam" - ursprünglich vi et armis - schon frühzeitig sehr stark abgeschwächt und umfaßt heute jeden, auch den geringsten, physischen Eingriff in den Besitz eines anderen.[84] Dabei ist nicht einmal eine Berührung erforderlich. Es genügt z.B. das Aufscheuchen von Tieren durch Erregen von Lärm.[85] Der Eingriff muß "unmittelbar" und nicht bloß folgemässig, also als Teil der Eingriffshandlung und nicht als blosse Folge derselben anzusehen sein; z.B. jemand wirft ein Holzscheit auf die Strasse und verletzt einen Passanten oder jemand stolpert über ein auf die Strasse geworfenes und dort liegengebliebenes Holzscheit und verletzt sich dadurch.[86] Freilich kann es bei einem Kettenkomplex von Ereignissen äußerst schwierig und gekünstelt sein, die direkten herauszulösen.[87] Der Eingriff muß endlich rechtswidrig sein, sodaß kein trespass vorliegt, wenn die Besitzentziehung mit Kenntnis und Zustimmung des Besitzers der beweglichen Sache oder mit gesetzlicher Ermächtigung erfolgt.[88] Auch muß die Rechtswidrigkeit der Besitzentziehung gegenüber demjenigen vorliegen,

---

83 Phillips, Hood op.cit. p.246; Kerr, M.R.E.: The Time of Criminal Intent in Larceny, L.Q.R. vol.66 (1950) p.189; Six Carpenters' Case, 1610, 8 Co.Rep.146 a and 146 b; 43 Dig.Tresp.373, 11; 393, 165.

84 Kirk v. Gregory, 1876, 1 Ex.D.55; 43 Dig.420, 428, 527; Entick v. Carrington, 1765, 19 St.Tr.1029, 1066; 43 Dig. Tresp.378, 55; Pollock, F.: The Law of Torts, 13th ed., London: Stevens & Sons 1929 p.360.

85 Winfield, P.H.: A Textbook op.cit. p.333; Clerk and Lindsell op.cit. p.360.

86 Reynolds v. Clark, 1725, 1 Str.634; 36 Dig.Nuisance 165, 71; Scott v. Shepherd, 1773, 2 Wm Bl.892; 15 Dig.Repl. 987, 9656; Leame v. Bray, 1803, 3 East 593; 43 Dig.Tresp. 420, 429, 435, 625; Cowell v. Laming, 1808, 1 Camp.497; 43 Dig.Tresp.373, 8.

87 Scott v. Shepherd, siehe Anm.86.

88 Clerk and Lindsell op.cit. p.58 mit Leitch v. Leydon, 1931, (1931) A.C.109; Garnier, Renée op.cit. p.52.

dem der Besitz weggenommen wird. So begeht der Empfänger gestohlener Sachen kein trespass, wenn er die Sachen beim Dieb mit dessen Zustimmung wegnimmt.[89] Andererseits begründet ein Eindringen in ein Grundstück, das für bestimmte erlaubte und beabsichtigte Zwecke freigegeben ist, ein trespass, wenn das Eindringen in verbrecherischer Absicht erfolgt.[90] Das trespass ist ein rechtswidriger Besitzeingriff, der vorsätzlich, fahrlässig oder schuldlos erfolgen kann.[91] Daraus dürfte folgen, daß jemand ein trespass auch dadurch begehen kann, daß er die Sache eines anderen, deren Vorhandensein ihm nicht bekannt ist, wegnimmt. Jemand nimmt z.B. in einem Laden einen Gegenstand weg, der ohne seine Kenntnis zufällig unter andere geraten war, die er gekauft hatte, oder einem Kaufliebhaber fällt bei Besichtigung von Ringen durch Abstreifen vom Ladentisch einer derselben unbemerkt in den Umschlag seiner Hose, wo er ihn später bei der Rückkehr in die Wohnung findet. Allerdings sind hierüber die Meinungen geteilt.[92] Frage ist, ob zu dem Besitzerwerb des trespasser, der freilich vielfach mit dem Besitzentzug zusammenfällt, eine solche Kenntnis erforderlich ist.[93] Hierauf wird später zurückzukommen sein. Die Annahme von Stephen J. in R.v.Riley,[94] daß mindestens Fahrlässigkeit zur Begehung eines trespass erforderlich sei, fand in der englischen Rechtsprechung keine Zustimmung.[95] Im Sinne der herrschenden

89 Balme v. Hutton, 1833, 9 Bing.471, at p.477; 22 Dig.Repl. 467, 5150; aber möglicherweise Hehlerei (receiving stolen property) (Larceny Act 1916 s.33).

90 Button "B" Pennies Case, 1947, The Solicitor vol.14 (1947) No.3 pp.50-51.

91 Pollock, F. op.cit. p.9 mit Hollins v. Fowler, 1875, L.R.7 H.L.757; 43 Dig.Trov.471, 102; 3 Dig.Bailm.66, 91.

92 Vgl. Pollock, F. op.cit. Landon's ed., London: Stevens & Sons 1939 pp.106-115 and 140-145 einerseits und Winfield, P.H.: A Textbook op.cit. p.50 andererseits.

93 Vgl. Turner, J.W.Cecil: Larceny and Trespass. The Case of Riley, L.Q.R. vol.58 (1942) pp.344-345.

94 R.v.Riley, 1853, Dears.C.C.149; 15 Dig.Repl.1049, 10 333.

95 Turner, J.W.C.: Larceny and Trespass. The Case of Riley, L.Q.R. vol.58 (1942) pp.353-354 mit n.46, verweisend auf Wharton's Criminal Law, 12th ed., Rochester N.Y. 1932 para. 1125. In den U.S.A. wurde freilich die Stephensche Auffassung akzeptiert; vgl. Scurlock, John op.cit. p.36 mit n.121.

Meinung spricht sich Oliver Wendell Holmes[96] dahin aus, daß trespass darauf gegründet ist, daß jemand durch seine positive Handlung ohne Rücksicht auf Fahrlässigkeit Schaden verursacht. In gleicher Weise ist in Leame v. Bray[97] durch Lord Ellenborough ausgeführt: "If the injury were received from the personal act of another, it was deemed sufficient to make it trespass" und ähnlich ebendaselbst durch Gross J.: "Looking into all the cases from the Yearbook in the 21 Hen.VII down to the latest decision on the subject I find the principle to be that if the injury be done by the act of the party himself at the time, or he be the immediate cause of it, though it happens accidentally or by misfortune, yet he is answerable in trespass". Die gleiche Auffassung ist auch in Holmes v. Mather[98] vertreten. Hiernach ist auch ein Kind, wenn das trespass freiwillig ohne Anweisung oder Billigung des Erziehungsberechtigten erfolgt, oder ein Geisteskranker für ein trespass verantwortlich, es sei denn, daß die Geisteskrankheit jede willentliche Betätigung ausschließt, z.B. im Verlauf eines epileptischen Anfalls oder im Zustand des Somnambulismus. Freilich hat sich im Laufe der Zeit eine Divergenz zwischen der rechtlichen Beurteilung des trespass im Straf- und im Zivilrecht entwickelt, indem von zwei getrennten Betrachtungsweisen des trespass ausgegangen wird, einer deliktischen (tortious aspect) und einer sachlichen (real oder proprietary aspect). Während bei dem deliktischen Charakter des trespass ein Verschulden (Vorsatz oder Fahrlässigkeit) stets verlangt ist, ist bei dem sachlichen Charakter des trespass, bei dem lediglich eine Wiedergutmachung des geschehenen Unrechts bezweckt wird, ein Verschulden nicht erforderlich und nicht wesentlich.[99] Beim

---

96 Holmes, Oliver Wendell op.cit. p.81.

97 Leame v. Bray, 1803, 3 East 593; 43 Dig.Tresp.420, 429; 435, 625.

98 Holmes v. Mather, 1875, L.R.10 Ex.261; 15 Dig.Repl.992, 9725.

99 Treitel, G.H.: The Nature of Trespass, M.L.R. vol.15 (1952) p.85; Holmes, Oliver Wendell op.cit. pp.80, 83; Morier-Genond, Jacques op.cit.pp.27-28.

Diebstahl, bei dem nur die zweite Art von trespass in Betracht kommt, dürfte daher an der strikten Verantwortlichkeit festzuhalten sein,[100] während auf dem zivilrechtlichen Sektor nach der überwiegenden Meinung das trespass durch den Einwand des inevitable accident, das auch denjenigen des act of God umfaßt,[101] entkräftet werden kann[102] und zudem in neuerer Zeit für die Wirksamkeit des action of trespass to goods, wie schon vorher für die des action of trespass to a person[103] ein Verschulden verlangt wird.[104]

100 R.v.Riley, 1853, Dears.C.C.149; 15 Dig.Repl.1049, 10 333; Turner, J.W.Cecil: Larceny and Trespass. The Case of Riley, L.Q.R. vol.58 (1942) p.354; Ruse v. Read, 1949, (1949) 1 All E.R.398; 15 Dig.Repl.1050, 10 340; R.v.Kindon, 1957, 41 Cr.App.R.208; 3 Dig.Supp.49, 10 424.

101 "Act of God" ist die Wirksamkeit von Naturkräften, die so unerwartet ist, daß von keiner menschlichen Voraussicht oder Geschicklichkeit vernünftigerweise erwartet werden konnte, sie vorauszusehen. "Inevitable accident" unterscheidet sich von ersterem nur dadurch, daß es nicht von "Naturkräften" abhängig ist (Winfield, P.H.: A Textbook op.cit. p.45 mit Rylands v. Fletcher, 1868, L.R.3 H.L. 330; 2 Dig.Animals 228, 195; Pollock, F. op.cit. p.107, wo gesagt ist: inevitable accident ist "an accident not avoidable by any such precautions as a reasonable man doing such an act, then and there, could be expected to take"; Beal, Edward op.cit. p.27.

102 Pollock, F. op.cit. pp.149-151; Winfield, P.H.: Inevitable Accident, L.Q.R. vol.42 (1926) pp.50-51; a.A. Blackburn J. in Fletcher v. Rylands, 1866, L.R.1 Exch.265; 2 Dig.Animals 228, 195, der die Ansicht vertritt, daß ein unvermeidbares Ereignis regelmässig keine Entschuldigung für das ist, was prima facie ein trespass begründet. Bei Diebstahl könnten diese Verteidigungseinwände, die ein action of trespass ausschliessen würden, übrigens kaum in Frage kommen.

103 Stanley v. Powell, 1891, 1 Q.B.86; 15 Dig.Repl.992, 9723 in Anlehnung an Weaver v. Ward, 1616, Hob.134; 15 Dig.Repl. 992, 9720, wo gesagt ist: "no man shall be excused of a trespass ... except it may be judged utterly without his fault" (Williams, J.E.Hall: Stanley v. Powell in the Court of Appeal, M.L.R. vol.15 (1952) pp.79-83). So die h.M. - im Gegensatz zu Fletcher v. Rylands, siehe Anm.102 - wie u. a. Pollock, F. op.cit. 13th ed., London: Stevens & Sons Ltd. 1929 pp.149-151; Winfield, P.H.: Inevitable Accident, L.Q. R. vol.42 (1926) pp.50-51; Winfield, P.H. and Goodhart, A. L.: Trespass and Negligence, L.Q.R. vol.49 (1933) pp.368, 370.

104 National Coal Board v. J.E.Evans & Co.(Cardiff) Ltd. and Maberley Parke Ltd., 1951, (1951) 2 T.L.R.415; 2 Dig.Supp. Tresp.57, 430 a unter Hinweis auf Holmes v. Mather, 1875, L.R. 10 Exch.261; 15 Dig.Repl.992, 9725 und Stanley v. Powell, siehe Anm.103.

Freilich hat sich diese von Salmond[105] längst befürwortete Tendenz, die strikte, d.i.schuldlose, Verantwortlichkeit einzuschränken, bisher noch nicht endgültig durchgesetzt, vielmehr ist im neuesten Schrifttum bezweifelt worden, ob sich die Einschränkung der Haftung für schwerere Erfolge, wie sie im Homicide Act von 1957 (5 & 6 Eliz.II c.11) s.1, zunächst auf Fälle von Tötung beschränkt, vorgesehen ist, gegenüber dem sich bereits bemerkbar machenden Widerstand der höchstrichterlichen Rechtsprechung durchzusetzen vermag.[106] Im übrigen wird immer noch an der strikten Verantwortlichkeit des trespasser festgehalten und zwar, mindestens für gewisse Fälle, auch auf zivilrechtlichem Gebiet.[107]

In diesem Zusammenhang muß noch auf die beiden Lehren vom "continuous trespass" und vom "trespass ab initio" kurz eingegangen werden. Die erstere Lehre wurde mit Autorität für die Folgezeit durch das Court for Crown Cases Reserved im Falle R.v.Riley[108] in maßgebender Weise niedergelegt und geht dahin: "Wenn der ursprüngliche Besitz rechtmässig ist, begründet die nachfolgende rechtswidrige Zueignung kein Verbrechen; wenn aber der ursprüngliche Besitz unrechtmässig (wrongful), wenn auch nicht verbrecherisch (felonious), durch trespass erlangt ist und der Wegnehmende hernach die verbrecherische Absicht, den animus furandi, bildet, so begeht er in diesem Zeitpunkt einen Diebstahl".[109] Hierzu gab Parke B. - offenbar in Anlehnung an Hale 1 P.C.507 - seinerseits folgende Begründung: Der Angeklagte beging durch das Wegtreiben der Schafe "ein trespass, welches begann, als er das Feld verließ. Dieses trespass setzte sich die ganze Zeit über fort, ebenso wie ein trespass, das in einer Grafschaft begon-

105 Salmond's Law of Torts op.cit. p.18.

106 Mannheim, Hermann: Deutsche Strafrechtsreform in englischer Sicht, München-Berlin 1960 S.18 mit Anm.26 und 30.

107 Treitel, G.H.: The Nature of Trespass, M.L.R. vol.15 (1952) p.84; Morier-Genond, Jacques op.cit. p.30.

108 R.v.Riley, 1853, Dears.C.C.149; 15 Dig.Repl.1049, 10 333.

109 R.v.Riley, 1853, Dears.C.C. at p.158; 22 L.J.M.C. at p.49.

nen und in einer anderen fortgesetzt wurde".[110] Diese Auffassung, für die sich eine, wenn auch geringe Autorität in einer Anmerkung Williams zu Saunders'Reports[111] findet, wonach jede Fortdauer des trespass ein neues trespass ist, worauf durch Parke B. in Percival v. Stamp[112] hingewiesen ist, wurde auch in der Literatur anerkannt. So weist Kerr[113] darauf hin, daß, wenn die Besitzentziehung ein trespass begründe, dieses trespass die ganze Zeit hindurch fortdauere, während der der Besitzentzieher die Kontrolle des Eigentums habe und daß es ein "felonious trespass" und Diebstahl werde, wenn der Besitzentzieher sich entschließt, sich das Eigentum selbst anzueignen. Auch Cross[114] erklärt R.v.Riley am besten durch den Satz, daß das Wegnehmen fortdauerte, bis das trespass zu einem conversion wurde, da Diebstahl stets sowohl eine Leugnung des Rechts zum Besitz als die Wegnahme des Besitzes von dem bisherigen Besitzer in sich schließt. Auch Prevezer[115] macht geltend, daß in Ruse v. Read[116] die Theorie des continuing trespass bekräftigt wurde. Ebenso Kerr,[117] nach welchem in Ruse v. Read[118] der Entscheidung R.v.Riley[119] gefolgt wurde, sodaß eine weitere Kritik, wie sie von Turner erhoben wurde, wenig Bedeutung haben dürfte. Es war nämlich die in Riley's Case festgelegte Doktrin von J.W.Cecil Turner mit ein-

---

110 R.v.Riley, 1853, Dears.C.C. at pp.155, 156; siehe S.193.

111 Williams' Notes to Saunders' Reports, 6th ed. by E.V.Williams, 1845, p.24.

112 Percival v. Stamp, 1853, 9 Exch.167, at p.174 per Parke B.

113 Kerr, M.R.E.: The Time of Criminal Intent in Larceny, L.Q.R. vol.66 (1950) pp.176, 177.

114 Cross, Rupert: Larceny and the Formation of a Felonious Intent after Taking Possession, M.L.R. vol.12 (1949) Notes of Cases p.230.

115 Prevezer, S.: Criminal Appropriation, C.L.Pr. vol.12 (1959) p.169.

116 Ruse v. Read, 1949, (1949) 1 All E.R.398; 15 Dig.Repl.1050, 10 340.

117 Kerr, M.R.E.: The Time of Criminal Intent in Larceny, L.Q.R. vol.66 (1950) p.177.

118 Ruse v. Read, siehe Anm.116.

119 R.v.Riley, 1853, Dears.C.C.149; 15 Dig.Repl.1049, 10 333.

gehender Begründung scharf angegriffen worden.[120] Jedoch kommt auch er zu dem Schluß, daß angesichts der Tatsache, daß diese Lehre seit nahezu 100 Jahren von der Rechtsprechung angenommen und auch in der englischen[121] und amerikanischen[122] Literatur gebilligt worden ist, nun als bestehendes Recht anerkannt werden muß, auch wenn sie nach Turners Auffassung auf unrichtiger Grundlage aufgebaut worden sein sollte. Zwar ist Turner der Auffassung, daß in dem Larceny Act von 1916, obwohl es ein lediglich konsolidierendes Gesetz ist, keine Unterstützung für die Lehre vom continuous trespass zu finden sei, da in dem erwähnten Gesetz überhaupt keine Erwähnung des trespass in Verbindung mit larceny erfolgt sei. Es sollte daher nach seiner Meinung kein Grund vorliegen, in einem künftigen ähnlichen Fall von der besagten Rechtsregel abzugehen. Aber auch seit Inkrafttreten des Larceny Act von 1916 hielt die Rechtsprechung an der bisherigen Lehre vom continuous trespass fest, wie sich aus den neueren Entscheidungen in Ruse v. Read[123] und R.v.Kindon[124] ergibt. Das Fortbestehen der Lehre vom continuous trespass gab New South Wales Anlaß, im Crime Act von 1900 der Schwierigkeit durch folgende ausdrückliche Bestimmung des s.124 zu begegnen: "Where upon a trial of a person for larceny it appears a) that he had fraudulently appropriated to his own use or that of another, the property in respect of

---

120 Turner, J.W.Cecil: Larceny and Trespass. The Case of Riley, L.Q.R. vol.58 (1942) pp.340-355; Turner, J.W.Cecil: A Modern Approach to Criminal Law, London: Macmillan & Co.Ltd. 1945 (English Studies in Criminal Science, edit. by L.Radzinowicz and J.W.Cecil Turner, vol.IV) pp.374 et seq.

121 Kenny, C.S.: Outlines of Criminal Law, Cambridge University Press 1936 p.244; Paton, G.W. op.cit. p.438; Edwards, J.Ll: Possession and Larceny, C.L.Pr. vol.3 (1950) pp.140, 141.

122 Wharton's Criminal Law, 12th ed. by J.C.Ruppenthal, Rochester, N.Y.: The Lawyers co-operative publishing company 1932 para.1125, wo die Stephensche Auffassung (siehe oben) übernommen wurde.

123 Ruse v. Read, 1949, (1949) 1 All E.R.398; 15 Dig.Repl.1050, 10 340.

124 R.v.Kindon, 1957, 41 Cr.App.R.208; 3 Dig.Supp.49, 10 424.

which he is indicted, although he had not originally taken the property with any fraudulent intent ... he shall be liable ...". Bei der Darlegung des subjektiven Tatbestandes wird auf diese Rechtsregel zurückzukommen sein.
Was das "trespass ab initio" betrifft, so begründet ein Besitzeingriff, der mit gesetzlicher Ermächtigung erfolgt, dann ein trespass ab initio, wenn der Eingreifende die Ermächtigung mißbraucht, wie durch Überschreitung der Ermächtigung. In diesem Falle wird die Ermächtigung nicht nur beendet, sondern sie wird so behandelt, als hätte sie nie bestanden. Der entschuldbare trespasser wird zu einem solchen ohne Entschuldigung von Anfang an, z.B. wenn das Gesetz das Betreten eines Wirtshauses zur Erfrischung gestattet und der Gast daselbst Eigentum stiehlt. Aber der Mißbrauch muß in einer positiven Handlung, nicht in einer blossen Unterlassung bestehen.[125] Die genannte Rechtsregel gilt jedoch nicht bei rechtsgeschäftlicher Ermächtigung. Bei solcher kann der Ermächtigte zwar durch Mißbrauch seiner Machtposition ein Unrecht begehen; aber er ist solchenfalls kein trespasser.[126]
Eine gewisse Ähnlichkeit mit dem trespass ab initio weist die Lehre auf, daß bei einem Nachlaßverwalter oder Testamentsvollstrecker der Besitz von dem Zeitpunkt des Verwaltungs- oder Billigungsbriefs auf den Zeitpunkt des Todes des Verstorbenen zurückbezogen wird, obwohl er zu der Zeit, wo der Besitzeingriff erfolgte, weder juristischen Besitz noch tatsächlichen Besitz noch ein Recht auf den unmittelbaren Besitz hatte.[127]
Wie bereits ausgeführt, ist trespass jeder, auch der geringste Eingriff in den juristischen Besitz eines anderen, sodaß also

---

[125] Six Carpenters' Case, 1610, 8 Co.Rep.146 a and Co.Rep.146 b; 43 Dig.Tresp.373, 11; 393, 165; Smith v. Egginton, 1837, 2 A.& E.167; 41 Dig.Shrffs 103, 536; West v. Nibbs, 1847, 4 C.B.172; 18 Dig.326, 602; 393, 1352.

[126] Pollock, F. op.cit. p.411; Winfield, P.H.: A Textbook op. cit. p.325; Jowitt, Earl op.cit. v. "trespass"; Underhill, Arthur op.cit. p.77; Salmond, J.W.: Law of Torts op. cit. p.208.

[127] Underhill, Arthur op.cit. p.100.

schon ein Berühren oder Anfassen der fremden Sache zur Vollendung des Diebstahls ursprünglich ausreichte. "Obwohl" - bei der Definition des Diebstahls durch Glanville und Bracton, wie auch bei Fleta - "der Ausdruck "contrectatio" (Anfassen, Berühren) gebraucht wurde,[128] kam es doch im Diebstahlsrecht bald dazu, daß er ein Wegnehmen (taking), ein Wegbringen (asportation) aus jemandens Besitz bedeutete, was hauptsächlich auf den engen historischen Zusammenhang mit der quasi-kriminellen action of trespass, aber auch vielleicht teilweise auf die alte angelsächsische Auffassung des Diebstahls zurückzuführen ist, die in erster Linie mit der Unterdrückung des Viehdiebstahls befaßt war".[129]

a) Einfache Wegnahme

Die Wegnahme, die neben der rechtswidrigen Besitzentziehung den Besitzerwerb des Entziehenden nach der herrschenden Meinung in Literatur und Rechtsprechung umfaßt,[130] kann eine tatsächliche oder unmittelbare (actual taking) oder eine konstruktive oder mittelbare (constructive taking) sein. Die tatsächliche Wegnahme bedarf keiner näheren Erläuterung. Es dürfte genügen, neben einigen einfachen auch kompliziertere Beispiele anzufügen. So liegt eine unmittelbare Wegnahme vor,

128 Die Definition des Diebstahls durch Bracton in seiner Darstellung des englischen Rechts (Bracton, Henry de: De Legibus et Consuetudinibus Angliae, 1250-1258, Liber tres, edit. by Sir Travers Twiss, 1648, c.32 f.150) lautet: "Furtum est secundum leges contrectatio rei alienae fraudulenta, cum animo furandi, invito illo domino, cuius res illa fuerit. Cum animo dico, quia sine animo furandi non committitur". Ähnlich die Definition bei Fleta (Fleta: Seu Commentarius Juris Anglicani sic nuncupatus sub Edwardo Rege Primo, Londini 1647, Liber Primus Antiqua Placita Coronae continens, edit. by Sir Samuel Clarke, 1735, c.5, 38 f.54): "Est autem furtum contrectatio rei alienae fraudulenta, animo furandi invito illo, cuius res illa fuerit".

129 Prevézer, S.: Criminal Appropriation, C.L.Pr. vol.12 (1959) pp.161-162.

130 Carter, P.B.: Taking and the Acquisition of Possession in Larceny, M.L.R. vol.14 (1951) p.27.

wo jemand, der an einem Laden vorbeigeht, einen dort zum Verkauf ausgestellten Gegenstand an sich nimmt oder wo jemand Geld aus einer Ladenkasse wegnimmt. Eine solche unmittelbare Wegnahme liegt aber auch in dem Falle vor, wo ein angeblicher Käufer mit den Sachen wegläuft, die ihm der Ladeninhaber zur Ansicht ausgehändigt hat, bevor ein Kaufvertrag zustandegekommen ist. Da hier der Eigentümer nur die Obhut, d.i. den tatsächlichen Besitz an den Sachen, abgeben will und der angebliche Käufer die Absicht verfolgt, sich Besitz, d.h. juristischen Besitz, und Eigentum an denselben zuzueignen, so handelt es sich um eine tatsächliche Wegnahme und nicht um eine konstruktive in der Form des larceny by a trick, über das alsbald zu sprechen sein wird, da in letzterem Falle der Eigentümer beabsichtigen muß, zwar nicht das Eigentum, aber den juristischen Besitz an den Sachen abzulassen und der Erwerber sich juristischen Besitz und Eigentum aneignen will.[131] Gleich liegt der Fall, in welchem ein Gast sich die ihm zur Benützung überlassenen Gegenstände des Gastwirts rechtswidrig zueignet.[132] Dasselbe gilt im Falle R.v.Thompson,[133] wo der Angeklagte an dem von der Anklägerin zur Lösung einer Fahrkarte in Anwesenheit der Anklägerin ihm gegebenen Geld nur Obhut und nicht Besitz erlangte und erst durch die Aneignung des Geldes den Besitz daran der Anklägerin entzog. Zu erwähnen ist auch noch der Fall tatsächlichen Wegnehmens, wo Übergabe oder Gestattung der Wegnahme einer Sache durch den natürlichen Besitzer, den Obhutinhaber, ohne Ermächtigung des juristischen Besitzers erfolgt. So vor allem, wenn jemand von einem Dienstboten oder einer Person in ähnlichen

---

131 R.v.Chissers, 1678, T.Raym.275; 15 Dig.Repl.1039, 10 207; R.v.Johnson and Wright, 1851, 2 Den.310; 15 Dig.Repl.1041, 10 237.

132 R.v.Stephens, 1910, 4 Cr.App.R.52; 15 Dig.Repl.1039, 10 215.

133 R.v.Thompson, 1862, L.& C.225; 15 Dig.Repl.1042, 10 248.

Verhältnissen, sofern ihm bzw. ihr nicht ausnahmsweise juristischer Besitz daran zusteht, ohne Zustimmung des juristischen Besitzers eine Sache erwirbt.[134] Mit der Entziehung des juristischen Besitzes wird zeitlich der Besitzerwerb des Entziehenden vielfach, aber nicht notwendig, zusammenfallen; z.B. wird bei unmittelbarer Verfolgung des Wegnehmenden, wo der bisherige Besitzer sich mit dem Besitzverlust noch nicht abgefunden hat und eine wirksame Verwirklichung des animus possidendi durch den Wegnehmenden noch aussteht, der Besitzerwerb noch nicht gegeben sein.[135]

b) Konstruktive Wegnahme

Eine konstruktive Wegnahme liegt vor, wo der juristische Besitzer einer Sache den juristischen Besitz daran in rechtlich unwirksamer Weise einem anderen überläßt, mag die Rechtsunwirksamkeit darauf beruhen, daß die Besitzübergabe durch Kniff oder daß sie durch Einschüchterung herbeigeführt wird. Sie kann aber auch die Folge eines Irrtums seitens des übergebenden Besitzers sein oder die Zueignung einer Fundsache, die zur Zeit der Wegnahme in Kenntnis eines Schlüssels erfolgt, der bei dem Finder den Eindruck hervorrufen und so bei ihm zur Annahme führen muß, daß der Verlierer ausfindig gemacht werden kann.[136] Die Fälle des constructive taking sind im Larceny Act 1916 s.1 (2) (i) aufgezählt, welches lautet: "the expression "takes" includes obtaining the possession -

(a) by any trick;
(b) by intimidation;

---

[134] R.v.Hornby, 1844, 1 C.& K.305; 15 Dig.Repl.1044, 10 274.
[135] Winfield, P.H.: A Textbook op.cit. pp.306, 307.
[136] R.v.Preston, 1851, 2 Den.353; 15 Dig.Repl.1050, 10 337.

(c) under a mistake on the part of the owner with knowledge on the part of the taker that possession has been so obtained;

(d) by finding, where at the time of the finding the finder believe that the owner can be discovered by taking reasonable steps.

Im einzelnen ist zu diesen Fällen des constructive taking zu bemerken:

aa) Diebstahl durch Kniff (larceny by a trick)

Es handelt sich hierbei in erster Linie um den Fall, wo ein Eigentümer, d.i. ein berechtigter Inhaber (owner), beabsichtigte, unter einem scheinbar rechtswirksamen bailment lediglich den zeitweiligen Besitz an einer beweglichen Sache auf einen anderen zu übertragen und dieser andere, der ein Gauner ist, in unehrlicher Gesinnung zur Zeit der Übergabe beabsichtigt, diese bewegliche Sache zu seinem eigenen Nutzen sich zuzueignen.[137] Der erste und berühmteste Fall dieser Art ist R.v.Pear,[138] in dem erstmals ausgesprochen wurde, daß Übergabe einer Sache Diebstahl nicht ausschließe, auch wo der Empfänger kein Dienstbote war und wo kein breaking bulk, d.i. Erbrechen der Verpackung und Entwenden herausgenommener Sachen, durch einen bailee vorlag.[139] Der Entscheidung lag folgender Sachverhalt zugrunde: Pear wurde wegen Stehlens eines Pferdes angeklagt, das Eigentum des Samuel Finch, eines Mietstallinhabers, war. Der Angeklagte mietete

---

137 Hamson, C.J.: The Effect of a Secret Fraudulent Intent, L.Q.R. vol.51 (1935) p.655.

138 R.v.Pear, 1779, 2 East P.C.652, 686; 15 Dig.Repl.1040, 10 227.

139 Von diesen beiden Tatbeständen wird später zu sprechen sein.

von diesem ein Pferd, um sich nach Sutton zu begeben. Er gab seine Anschrift an und sagte, er würde am Abend des gleichen Tages gegen acht Uhr zurückkommen. Er kehrte aber nicht zurück, sondern verkaufte das Pferd am gleichen Tag, an dem er es gemietet hatte, und er besaß auch keine Wohnung an dem Ort der angegebenen Anschrift. Es wurde die Frage vorbehalten, ob der Besitz sich insoweit geändert hätte, daß die Zueignung durch den Angeklagten nur ein strafloser Vertrauensbruch oder ob sie verbrecherischer Natur war. Da die jury fand, daß die ursprüngliche Absicht des Angeklagten bei dem Mieten des Pferdes unehrlich war, nahm das Gericht an, daß die Überlassung des Eigentumsgegenstandes die Natur des Besitzes nicht verändert habe, sondern daß er unverändert zur Zeit der Zueignung beim Ankläger verblieb, sodaß der Erwerber nur Obhut und nicht Besitz erlangt habe und so bei Zueignung trespass und bei Vorliegen des animus furandi Diebstahl beging.[140] Zum gleichen Ergebnis kam das Gericht in R.v.Semple,[141] R.v.Munday,[142] R.v.Brown[143] und R.v. Kendall.[144] Diese Auffassung, nach der die unehrliche Handlungsweise des Erwerbers den Übergang des Besitzes des Eigentümers verhinderte, wurde in R.v.Janson[145] in Frage gestellt,

---

140 Scurlock, John: The Element of Trespass in Larceny at Common Law, Temple Law Quarterly vol.22 No.1 (July 1948) pp. 19-20; R.v.Pitman, 1826, 2 C.& P.423; 15 Dig.Repl.1038, 10 202; R.v.Charlewood, 1786, 1 Leach 409; 15 Dig.Repl. 1056, 10 404.

141 R.v.Semple, 1786, 1 Leach (4th ed.) 420; 15 Dig.Repl.1040, 10 226.

142 R.v.Munday, 1799, 2 Leach 850; 15 Dig.Repl.1073, 10 579.

143 R.v.Brown, 1856, Dears.C.C.616; 15 Dig.Repl.1037, 10 191.

144 R.v.Kendall, 1874, 30 L.T.345; 15 Dig.Repl.1088, 10 776.

145 R.v.Janson, 1849, 4 Cox C.C.82; 15 Dig.Repl.1040, 10 231, unter Ablehnung von R.v.Brooks, 1838, 8 C.& P.295; 15 Dig.Repl.1040, 10 229; Scurlock, John: The Element of Trespass in Larceny at Common Law, Temple Law Quarterly vol.22 No.1 (July 1948) p.22; Paton, G.W. op.cit. p.437; Pollock, F. and Wright, R.S. op.cit. pp.218-219; Hamson, C.J.: The Effect of a Secret Fraudulent Intent, L.Q.R. vol.51 (1935) p.656.

wonach die zur Zeit des bailment vorliegende durch Trick verschleierte unehrliche Absicht des Erwerbers zwar nicht den Übergang des Besitzes an ihn verhinderte, die Zustimmung des Eigentümers aber, weil nur scheinbar und nicht wirklich erfolgt, verneinte, sodaß der Besitzerwerb nicht in derivativer Weise, sondern im Wege der rechtswidrigen Wegnahme erfolgte und sich der Erwerber bei Vorliegen des animus furandi ohne weiteres des Diebstahls schuldig machte, während er nach der zuvor genannten Auffassung als Inhaber blosser Obhut eine Besitzentziehung und damit einen Diebstahl erst durch nachträgliche Zueignung der Sache begehen konnte. Auch in den U.S.A. wurde die Lehre von Pear's Case als geltendes Recht übernommen. Freilich gingen auch hier die Entscheidungen bezüglich der Täuschungswirkung auseinander, indem die einen die Übergabe völlig verneinten, während die anderen die Notwendigkeit einer nachfolgenden Zueignung betonten.[146] In England unterlag zwar der in R.v.Pear ausgesprochene Grundsatz heftiger Kritik, die sich aus der Unstimmigkeit desselben mit den Regeln des Zivilrechts herleitete, nach denen ein durch Täuschung hervorgerufener Vertrag - von Ausnahmen bei Erweckung eines fundamentalen, Nichtigkeit bewirkenden Irrtums abgesehen - nur vernichtbar, nicht ipso jure nichtig ist.[147] Gleichwohl wurde auch in der Folgezeit auf strafrechtlichem Gebiet an dem Satz festgehalten, daß eine fraudulöse Absicht zur Zeit des bailment das bailment im Sinne von R.v.Pear vereitele, und diese Lehre wurde durch eine Reihe von Entscheidungen bestätigt.[148] Abge-

146 Scurlock, John: The Element of Trespass in Larceny at Common Law, Temple Law Quarterly vol.22 No.1 (July 1948) p.23 mit den daselbst in n.57 und n.58 aufgeführten Entscheidungen.

147 Vgl. hierzu Hamson, C.J.: The Effect of a Secret Fraudulent Intent, L.Q.R. vol.51 (1935) pp.655 et seq.

148 Vgl. u.a. R.v.Buckmaster, 1887, 20 Q.B.D.182; 15 Dig.Repl. 1037, 10 195; R.v.Russett, 1892, 2 Q.B.312; 15 Dig.Repl. 1042, 10 250; R.v.Richards, 1911, 1 K.B.260; 15 Dig.Repl. 1073, 10 580; Heap v. Motorists Advisory Agency Ltd, 1923, 1 K.B.577; 39 Dig.S.Goods 531, 1441; Lake v. Simmons, 1926, 1 K.B.366; 29 Insce 417, 3258; 35 Dig.Mistake 97, 64. Eine im wesentlichen vollständige Beschreibung der einschlägigen Entscheidungen findet sich in Bd.II Teil I Kap.2 Abschn.II, A, b, aa, S.22 ff des schon erwähnten Werks des Verfassers.

sehen von dem Fall einer angeblich beabsichtigten Begründung eines bailment zum Zweck des Stehlens gibt es noch eine Reihe anderer Fälle von larceny by a trick, bei denen der Besitzübergang mit Zustimmung des Besitzers, jedoch nur in bedingter und nicht in endgültiger Weise erfolgt, sodaß mit dem Ausfall der Bedingung der juristische Besitz an den ursprünglichen Besitzer zurückfällt und der Erwerber, dem lediglich die Obhut an den überlassenen Sachen verbleibt, durch rechtswidrige Zueignung sich eines trespass und bei Vorliegen des animus furandi eines Diebstahls schuldig macht. So in den Fällen des sogenannten Ringschwindels (ring dropping), wo bei einer angeblich gemeinsam gefundenen Sache der eine der Finder durch einen Kniff des anderen bestimmt wird, ihm eine Sicherheit zu geben, z.B. seine goldene Uhr und Kette, die von ihm verwahrt werden sollten, bis der Wert der Fundsache ermittelt würde und der Empfänger der Sicherheit hierauf mit derselben verschwindet, die Fundsache sich aber hernach als wertlos erweist. Hier liegt in der Entgegennahme der Sicherheit in der Absicht der Zueignung eine konstruktive Wegnahme, insofern der Geber der Sicherheit den Besitz daran nur vorübergehend aufgeben wollte mit der Bestimmung, daß er an ihn zurückfalle, sobald der Sicherungszweck erreicht, die Versilberung der Fundsache und die Teilung des Erlöses erfolgt sei.[149] In dem ähnlich gelagerten Fall R.v.Bunce[150] bestimmte A den B durch die falsche Behauptung, damit zu zaubern, ihr zehn Goldstücke zu übergeben gegen das Versprechen, diese zehn Goldstücke und dazu 170 Pfund zurückzubringen, worauf sie mit dem Geld verschwand. Da B nur den Besitz an den Goldstücken überließ und nicht auch den Rechtstitel, so war larceny by a trick gegeben.

---

149 R.v.Patch, 1782, 1 Leach 238; 15 Dig.Repl.1042, 10 255; R.v.Moore, 1784, 1 Leach 314; 14 Dig.Repl.102, 651; R.v. Castlewood, 1 Leach 409; R.v.Marsh, 1784, 1 Leach 345; 15 Dig.Repl.1042, 10 257; R.v.Stafford, 1935, Newsp.The Times October 1935; R.v.Watson, 1794, 2 Leach 640; 15 Dig.Repl.1042, 10 258.

150 R.v.Bunce, 1859, 1 F.& F.523; 15 Dig.Repl.1043, 10 260.

Ein anderer Fall des larceny by a trick liegt vor, wo der Besitzer beabsichtigt, Besitz und Rechtstitel (Eigentum) an einen anderen zu übertragen, jedoch nur unter der Bedingung sofortiger vertragsmässiger Gegenleistung. Sofern die Bedingung nicht erfüllt wird, der andere vielmehr die Sache an sich nimmt und sich damit davon macht, bleibt dem Eigentümer sein Rechtstitel erhalten und der andere erlangt den Besitz in unehrlicher Weise nicht durch eine rechtswirksame Übergabe, sondern originär durch Wegnahme und begeht bei Vorliegen des animus furandi Diebstahl. So vor allem bei Barkauf mit der Verpflichtung zur Zug um Zug-Leistung.[151] Bei Hingabe auf Kredit ist es kein trespass und kein Diebstahl, aber möglicherweise obtaining by false pretences oder Verstoß gegen Debtors Act 1869 c.62 s.13 subs.1.[152] So auch in dem Falle, wo bei einer vorschußweisen Geldzahlung ein Eigentumsübergang daran vom Ankläger nicht an die Bedingung geknüpft war, daß die hierfür zugesagten Dienste alsbald geleistet werden, sondern nur in der eitlen Hoffnung, daß sie geleistet würden. Hier liegt kein larceny by a trick vor, möglicherweise aber obtaining money by false pretences, falls zur Weckung der Hoffnung eine bestehende - nicht eine bloß zukünftige-Tatsache vorgespiegelt wurde.[153] In diese Kategorie des larceny by a trick fallen aber auch die Wechselgeldtricks

151 Scurlock, John: The Element of Trespass in Larceny at Common Law, Temple Law Quarterly vol.22 No.1 (July 1948) p.24 mit R.v.Cohen, 1851, 2 Den.C.C.249; 15 Dig.Repl.1039, 10 212; R.v.Slowly and Humphrey, 1873, 12 Cox C.C.269; 15 Dig.Repl.1039, 10 214; R.v.Edmundson, 1912, 8 Cr.App.R.107; 15 Dig.Repl.1039, 11 216; R.v.Pratt, 1830, 1 Mood.250; 15 Dig.Repl.1039, 10 210; vgl. auch Cundy v. Lindsay, 1878, (1878) 3 A.C.459; 14 Dig.Repl.598, 5956; R.v.Gilbert, 1828, 1 Mood.C.C.185; 15 Dig.Repl.1039, 10 209; R.v.Davenport, 1826, Russell, W.O.: On Crime 10th ed. by Turner, London 1950 pp.1092, 1149; 15 Dig.Repl.1039, 10 219; R.v.Campbell, 1827, 1 Mood.179; 15 Dig.Repl.1137, 11 439; R.v.Sharpless and Geatrix, 1772, 1 Leach 92; 15 Dig.Repl.1039, 10 218; Heap v. Motorists Advisory Agency Ltd, 1923, 1 K.B.577; 39 Dig.S.Goods 531, 1441.

152 Scurlock, John: The Element of Trespass in Larceny at Common Law, Temple Law Quarterly vol.22 No.1 (July 1948) p.24 mit R.v.Parkes, 1794, 2 East P.C.671; 15 Dig.Repl.1045, 10 292.

153 R.v.Caslin, 1961, (1961) 1 All E.R.246 et seq.

(ringing changes), bei denen der Gauner Großgeld zum Wechseln anbietet, in der unehrlichen Absicht es zu behalten, und sich mit dem erhaltenen Wechselgeld davonmacht. Auch hier wird das Wechselgeld vom Eigentümer nur unter der Bedingung der sofortigen Gegenleistung ausgehändigt, sodaß bei Ausfall der Bedingung der Eigentümer seinen Rechtstitel (Eigentum) nicht aufgeben will, der Täter den Besitz an dem Geld also in rechtswidriger Weise durch Wegnahme erlangt und animo furandi Diebstahl begeht.[154] Ähnlich ist die Rechtslage beim Mißbrauch eines Warenautomaten, wo z.B. jemand Zigaretten aus einem Automaten mittels eines Metallstücks anstelle des geforderten Geldstücks sich verschafft. Hierbei ist davon auszugehen, daß der Täter durch den Kniff sich den Besitz an den Zigaretten verschafft in der Absicht, sich nicht bloß den Besitz, sondern auch das Eigentum daran zuzueignen, während der Automatenbesitzer das Eigentum nur unter der Voraussetzung abzugeben gewillt ist, daß ein entsprechendes, den Wert der entnommenen Sache deckendes Geldstück eingeworfen wird, er daher hier Eigentümer bleibt und der Täter die durch Kniff erlangte Sache gegen den Willen des Eigentümers animo furandi an sich bringt.[155] Ein larceny

---

154 R.v.Williams, 1834, 6 C.& P.390; 15 Dig.Repl.1041, 10 238; R.v.Oliver, 1811, 4 Taunt.274; 15 Dig.Repl.1041, 10 236, zitiert in R.v.Walsh, 1812, 2 Leach 1054; 15 Dig.Repl.1085, 10 376; R.v.Rodway, 1841, 9 C.& P.784; 15 Dig.Repl.1040, 10 222; R.v.Smith, 1852, 2 Den.449; 15 Dig.Repl.1086, 10 754; R.v.Aickles, 1784, 2 East P.C.675; 15 Dig.Repl. 1042, 10 244; R.v.McKale, 1868, L.R.1 C.C.R.125; 15 Dig. Repl.1041, 10 241; R.v.Greenaway, 1908, 72 J.P.389; 15 Dig. Repl.1041, 10 243. Das Entsprechende gilt bei Herausgabe von Wechselgeld in doppeltem Betrag unter der Bedingung, daß der Fordernde den ihm zustehenden Betrag nicht bereits erhalten haben sollte.

155 R.v.Hands, 1887, 16 Cox C.C.188; 15 Dig.Repl.1039, 10 217; Warburton, Henry and Grundy, Claude H.: A Selection of Leading Cases in the Criminal Law, 5th ed., London: Stevens & Sons Ltd. 1921 p.299; Kenny, C.S.: Outlines of Criminal Law, new ed. by J.W.Cecil Turner, Cambridge University Press 1952 p.224; Turner, J.W.Cecil: A Modern Approach op.cit. pp.374 et seq. Einige Schriftsteller wie Warburton, Henry and Grundy, Claude H. op.cit. pp.299-300 und Russell, W.O.: On Crime, 10th ed. by J.W.Cecil Turner, vol.2, p.1114 möchten in dem Automatenmißbrauch, wie es scheint, eine tatsächliche Wegnahme und keine konstruktive i.S. des larceny by a trick sehen.

by a trick wurde auch bei Hingabe von Geld dann bejaht, wenn der Geber das hinterlegte Geld, wenn auch nicht in den identischen Münzen, so doch im gleichen vom Empfänger zur Rückzahlung bereitzuhaltenden Betrag unter bestimmten Voraussetzungen zurückhaben wollte, während der Empfänger von Anfang an entschlossen war, das Geld keineswegs zurückzugeben, sondern sich dasselbe zu eigenem Nutzen zuzueignen. Der Umstand, daß der Geber nicht die identischen Münzen zurückhaben wollte, sondern sich mit anderen Geldstücken gleichen Werts zufriedengegeben hätte, beweist nicht, daß er sein Recht auf den Besitz des Geldes aufgeben wollte. Dieser Grundsatz wurde in R.v. Buckmaster[156] bestätigt, dessen Sachverhalt dahin ging, daß der Ankläger bei dem Angeklagten, einem Buchmacher, 10 sh. auf ein Pferd namens Bird of Freedom gesetzt hatte, das im Rennen gewann. Als der Wetter seinen Gewinn abholen wollte, war der Buchmacher mit dem Geld verschwunden. Noch am Nachmittag traf der Ankläger den Angeklagten und verlangte von ihm den Gewinn; dieser jedoch leugnete den Abschluß der Wette. Lord Coleridge führte in seiner Urteilsbegründung aus: "Der Ankläger hinterlegte das Geld bei dem Angeklagten nicht in der Absicht, das Eigentum daran aufzugeben, da er sein Geld in einem bestimmten Falle zurückbekommen sollte, während der Angeklagte, als er das Geld erhielt, niemals die Absicht hatte, es in irgendeinem Falle zurückzugeben. Es ist richtig, daß der Ankläger befriedigt gewesen wäre, wenn er nicht die identischen Geldstücke zurückerhalten hätte, die er hinterlegt hatte, sondern andere Geldstücke gleichen Werts; aber dies beweist nicht, daß er der Meinung war, sein Recht auf das Geld "aufzugeben". Er behielt vielmehr sein Eigentum daran und gab nur den Besitz ab, sodaß der Angeklagte ihn durch Trick animo furandi erlangte und so Diebstahl beging."[157] Hiermit stimmten auch die Richter Manistry,

---

156 R.v.Buckmaster, 1887, 20 Q.B.D.182; 15 Dig.Repl.1037, 10 195; Grünhut, Max: Das englische Strafrecht.-In: Das ausländische Strafrecht der Gegenwart. Herausgegeben von Mezger, Schönke und Jescheck. Dritter Band. Berlin 1959 S.236 mit Anm.113.

157 In gleichem Sinne sprechen sich die Entscheidungen in R.v. Walsh, 1812, 4 Taunt.258; 15 Dig.Repl.1085, 10 744 und R.v. Oliver, 1811, 4 Taunt.274; 15 Dig.Repl.1041, 10 236, aus.

Hawkins und A.L.Smith in ihren Urteilsbegründungen im genannten Fall R.v.Buckmaster überein. Im gleichen Sinne wurde in R.v.Robson[158] entschieden. In diesem Falle handelte es sich gleichfalls um eine durch Täuschung hervorgerufene Wette, bei der das Geld vom Getäuschten bei einem Gauner hinterlegt wurde, der alsbald mit dem Geld verschwand. Auch hier ging das Gericht davon aus, daß der Getäuschte nur den Besitz, nicht aber das Eigentum an dem Geld aufgab, letzteres vielmehr nur im Falle etwaigen Verlustes der Wette endigen sollte, sodaß der Empfänger des Geldes, der schon beim Empfang entschlossen war, dasselbe sich sofort zuzueignen, sich in unrechtmässiger Weise durch Täuschung des Besitzes bemächtigte und damit Diebstahl beging. Zu gleichen Ergebnissen kommen die Entscheidungen in R.v.Patch und R.v.Moore.[159] Im letztgenannten Fall nahmen neun der Richter an, daß das Geld, dessen diebische Wegnahme Gegenstand der Anschuldigung war, als Pfand gegeben wurde, sodaß nur der Besitz daran durch den Ankläger aufgegeben wurde und nicht das Eigentum. Anders wäre die Rechtslage nur, wenn der Gebende sowohl Besitz wie Eigentum an dem Geld dem Empfänger überliesse, ihn also lediglich zum Darlehensschuldner machte. Hier läge, auch wenn die Überlassung des Geldes durch Täuschung herbeigeführt worden wäre, kein trespass und damit auch kein Diebstahl vor. Dagegen könnte unter Umständen das Delikt des obtaining by false pretences (Larceny Act 1916 s.32 (1)) oder des Kreditbetrugs nach dem Debtors Act 1869 (32 & 33 Vict. c.62) s.13 subs.1 in Verbindung mit dem Criminal Justice Act 1948 (11 & 12 Geo.VI c.58) s.1 (2) in Frage kommen. Der Grundsatz, daß die erschwindelte Hinterlegung eines Geldbetrags eine rechts-

---

158 R.v.Robson, 1820, R.& R.413; 15 Dig.Repl.1042, 10 251; vgl. auch R.v.Horner, 1783, 1 Leach 270; 15 Dig.Repl. 1037, 10 193.

159 R.v.Patch, 1782, 1 Leach 238; 15 Dig.Repl.1042, 10 255; R.v.Moore, 1784, 1 Leach 314; 14 Dig.Repl.102, 651; vgl. auch Coleridge J. in R.v.Wilson and Martin, 1837, 8 C.& P.111; 15 Dig.Repl.1046, 10 305.

widrige Wegnahme und damit Diebstahl begründe, fand im Hinblick auf eine Vorschußleistung in R.v.Russett[160] erneut Annahme. Der Tatbestand war folgender: Am 26.März 1892 wohnte der Ankläger der Winchcomb-Messe bei, wo ihm der Angeklagte ein Pferd zum Kauf für 24 Pfund anbot. Er kam mit dem Angeklagten hernach überein, das Pferd für 23 Pfund zu kaufen, wovon 8 Pfund sofort anbezahlt, die restlichen 15 Pfund dem Angeklagten ausgehändigt werden sollten, sobald der Ankläger in der Lage war, das erwartete Darlehen von einem Freund auf der Messe zu erhalten oder spätestens im Hause des Anklägers in Little Hampton, wohin der Angeklagte nach seiner Erklärung das Pferd bringen wollte, wenn der Restbetrag auf der Messe nicht mehr erlangt werden sollte. Die Vereinbarung wurde dann schriftlich niedergelegt, worauf der Ankläger 8 Pfund dem Angeklagten aushändigte. Der Angeklagte gab dem Ankläger niemals Gelegenheit zu versuchen, die 15 Pfund zu borgen, noch brachte er das Pferd in das Haus des Anklägers, sondern veranlaßte, daß es von der Messe unter Umständen entfernt wurde, aus welchen die jury schloß, daß er niemals beabsichtigte, es abzuliefern. Der Ankläger erklärte im Verlauf der Beweisaufnahme, daß er nie erwartete, die 8 Pfund wiederzuerhalten, sondern daß es ihm nur darum zu tun war, das Pferd zu besitzen. In der Begründung des Urteils ist unter anderem ausgeführt: Der Ankläger beabsichtigte nie, das Eigentum an 8 Pfund dem Angeklagten zu übertragen mit der Maßgabe, daß derselbe das Geld an sich nehmen und behalten sollte, gleichgültig, ob er das Pferd ablieferte oder nicht. Es war vielmehr die Absicht des Anklägers, daß der Angeklagte das ausgezahlte Geld zeitweilig als bei ihm in Form eines Vorschusses auf den vollen Kaufpreis hinterlegt behalten sollte, bis der Vertrag vollendet sei, und es lag hinreichender Beweis dafür vor, daß der Angeklagte niemals die Absicht hatte, der Vertragsabredung entsprechend das Pferd dem Ankläger zu übergeben. Es waren daher die 8 Pfund von dem Angeklagten nur besitz-

---

160 R.v.Russett, 1892, 2 Q.B.312; 15 Dig.Repl.1042, 10 250.

weise durch die von ihm vorgegebene Vertragsabrede erlangt worden, aber er erwarb kein Eigentum daran, sodaß der Angeklagte sich durch Zueignung des Geldes des Diebstahls und nicht eines Betrugs schuldig machte.[161]

Larceny by a trick liegt auch vor, wo der Verfügende Besitz und Rechtstitel abzugeben beabsichtigt, aber die Übertragung des Rechtstitels rechtlich unwirksam ist, derselbe daher beim Verfügenden verbleibt und der Täuschende nur den Besitz in rechtswidriger Weise erlangt und bei Vorliegen des animus furandi Diebstahl begeht. So wenn die Übergabe durch eine Mittelsperson (agent) erfolgt, die nur die Ermächtigung zur Überlassung des Besitzes, aber nicht zur Übertragung des Rechtstitels hatte[162] oder die, wie z.B. ein Dienstbote oder Angestellter, über eine Sache des Dienst- oder Geschäftsherrn verfügt, ohne überhaupt eine Ermächtigung hierzu zu besitzen;[163] desgleichen bei Verfügung in mißbräuchlicher Überschreitung der bestehenden Ermächtigung,[164] insbesondere durch Abweichung und Zuwiderhandlung gegen besondere Weisungen des Dienst- oder Geschäftsherrn über die Art und die Bedingungen der Rechtstitelübertragung.[165] Hier erlangt der Erwerber den Besitz ohne Rechtstitel und begeht animo furandi Diebstahl. Besaß der Verfügende freilich eine allgemeine Veräusserungsbefugnis, wie z.B. ein Bankkassier in Ansehung

161 Vgl. auch R.v.Wilks, 1914, 10 Cr.App.R.16; 14 Dig.Repl. 622, 6237.

162 Scurlock, John: The Element of Trespass in Larceny at Common Law, Temple Law Quarterly vol.22 No.1 (July 1948) p.24; R.v.Stewart, 1845, 1 Cox C.C.174; 15 Dig.Repl. 1043, 10 270 per Blackburn J.; R.v.Prince, 1868, 32 J.P. 615; 14 Dig.Repl.160, 1234; R.v.Brereton, 1914, 10 Cr.App. R.201; 15 Dig.Repl.1044, 10 272.

163 So bei Abgabe an jemand anderen als den wahren Empfangsberechtigten, da die Ermächtigung nur auf Abgabe an letzteren geht. R.v.Longstreeth, 1826, 1 Mood.C.C.137; 15 Dig. Repl.1038, 10 199; R.v.Simpson, 1847, 2 Cox C.C.235; 15 Dig.Repl.1038, 10 203.

164 R.v.Small, 1837, 8 C.& P.46; 15 Dig.Repl.1043, 10 268; R. v. Webb, 1850, 5 Cox C.C.154; 15 Dig.Repl.1043, 10 269.

165 R.v.Little and Eustace, 1867, 10 Cox C.C.559; 15 Dig.Repl. 1045, 10 283; R.v.Sheppard, 1839, 9 C.& P.121; 15 Dig. Repl.1044, 10 277.

des Geldes, das ihm vom Dienstherrn für Geschäftszwecke anvertraut ist, so führt auch eine durch Täuschung hervorgerufene Verfügung, z.B. Einlösung eines gefälschten Schecks, zu keinem trespass und daher auch nicht zum Diebstahl, wohl aber zu obtaining by false pretences (Larceny Act 1916 s.32 (1)).[166] Ob die Postbediensteten eine allgemeine Ermächtigung zur Auszahlung von Geld des Generalpostmeisters besitzen, die durch sie auf Grund eigenen Irrtums gemacht wird, ist ungewiß, da der genaue Umfang ihrer Ermächtigung noch nicht festgelegt ist.[167]
Da ein Postmeister von London spezielle Ermächtigung für alle Anweisungen auf gekündigte Postsparguthaben erhält, die er einlösen soll, so wird das Geld, das er auf eine gefälschte Anweisung ausbezahlt, da er hierzu keine Ermächtigung besitzt, ihm durch Diebstahl weggenommen.
Ein larceny by a trick kann sich auch daraus ergeben, daß sich Betrügereien als Diebstähle herausstellen, weil rechtliche Gesichtspunkte den Übergang des Eigentums verhindern, z.B. bei Dissens oder Geschäftsunfähigkeit des Getäuschten. Eine solche Schwierigkeit kann insbesondere auch darin liegen, daß die Täuschung sich auf Tatsachen bezieht, die für die beabsichtigte Veräußerung so grundlegend sind, daß der dadurch hervorgerufene Irrtum des Eigentümers das ganze Rechtsgeschäft nichtig macht und so verhindert, daß die Veräusserung eine Übertragung des Eigentums bewirkt.[168] So vor allem bei einem durch die Täuschung hervorgerufenen Irrtum des Eigentümers über die Person der Gegenpartei, wie wenn A Sachen von B dadurch erlangt, daß er sich für

166 R.v.Prince, 1868, L.R.1 C.C.R.150; 15 Dig.Repl.1043, 10 265; R.v.Jackson, 1826, 1 Mood.C.C.119; 15 Dig.Repl. 1046, 10 298.

167 Widersprechende Begründung des Urteils in R.v.Middleton, 1873, L.R.2 C.C.R.38; 15 Dig.Repl.1044, 10 282.

168 Paton, G.W. op.cit. p.442; Kenny, C.S. op.cit. 8th ed. p.207 mit n.3, hinweisend auf R.v.Tideswell, 1905, (1905) 2 K.B.273; 15 Dig.Repl.1044, 10 275.

C[169] oder für einen empfangsberechtigten Angestellten des Eigentümers ausgibt.[170] Wo aber der durch Täuschung hervorgerufene Irrtum des Eigentümers die Eigentumsübertragung an der Sache, deren Veräusserung beabsichtigt ist, nicht nichtig, sondern nur vernichtbar (anfechtbar) macht, da es sich um keinen grundlegenden Irrtum handelt,[171] kann kein trespass und so auch kein Diebstahl vorliegen, vielmehr kann solchenfalls nur das Delikt des obtaining by false pretences (Larceny Act 1916 s.32 (1)) in Frage kommen. Auch eine Anfechtung des Vertrags würde solchenfalls keine Änderung der Rechtslage für das Gebiet des Strafrechts herbeiführen, da der Anfechtung für dieses Gebiet keine Rückwirkung zukommt. Auf die vielfachen Fälle dieser Art kann im Rahmen dieser Abhandlung nicht eingegangen werden.[172] Doch muß im Zusammenhang hiermit über die Abgrenzung zwischen dem larceny by a trick und dem Delikt des obtaining by false pretences noch kurz gesprochen werden. Während nach den bisherigen Ausführungen beim larceny by a trick vorausgesetzt ist, daß der getäuschte Eigentümer keine Absicht hat, sein Eigentum an den überlassenen Sachen abzugeben, sondern lediglich den zeitweiligen Besitz daran in Form eines bailment aufgeben will, muß er im Falle des obtaining by false pretences gewillt sein, sein Eigentum oder

169 Vgl.Cundy v. Lindsay, 1878, (1878) 3 A.C.459; 14 Dig. Repl.598, 5956. Irrtum über grundlegende Tatsachen liegt vor bei error in persona, in negotio, in corpore einschließlich des error in quantitate, d.i. Irrtum über die Person, die Geschäftsbedingungen, das rechtlich zu übermachende Interesse und den Geschäftsgegenstand einschließlich des Irrtums über die Menge des Gegenstandes; vgl.Hamson, C.J.: The Effect of a Secret Fraudulent Intent, L.Q. R. vol.51 (1935) p.665.

170 R.v.Hench, 1810, R.& R.163; 15 Dig.Repl.1038, 10 200.

171 So bei Irrtum in qualitate (über die Eigenschaft des Geschäftsgegenstandes); London Jewellers Ltd. v. Attenborough, 1934, 2 K.B.206; 30 Dig.Repl.214, 561.

172 Bezüglich der eingehenden Rechtsprechung über das larceny by a trick darf ich auf die Ausführungen in meinem obenbezeichneten Werk Bd.II Teil I Kap.2 Abschn.II, 1, A, b, aa, S.22 ff. verweisen.

doch die Befugnis Eigentum zu übertragen[173] und Besitz daran, regelmässig in der Form eines Verkaufs, abzulassen. Dieses Unterscheidungsmerkmal, das sowohl seit langem in einer fortlaufenden Reihe von Entscheidungen[174] festgelegt und auch in der Literatur[175] allgemein anerkannt worden ist, ist heute, wie es scheint, ein unangreifbarer Rechtsgrundsatz.[176] Die Zweckbestimmung des Eigentümers ist sonach die Grundlage der Unterscheidung. Während nach den bisherigen Ausführungen im Falle des larceny by a trick die Täuschung den vom Erwerber bezweckten Übergang von Eigentum und Besitz verhindert, der Erwerber also nur Obhut an der übergebenen Sache erlangt, sodaß er durch seine Zueignung dem Eigentümer den Besitz entzieht

---

173 Whitehorn Bros. v. Davison, 1911, L.R.1 K.B.463; 80 L.J.K.B.425; 15 Dig.Repl.1038, 10 197; Folkes v. King, 1922, 2 K.B.348; 1923, 1 K.L.282; 15 Dig.Repl.1040, 10 234; Lowther v. Harris, 1927, (1927) 1 K.B.393; 34 Dig.Mast.& S.28, 66; London Jewellers Ltd. v. Attenborough, 1934, 2 K.B.206; 30 Dig.Repl.214, 561; R.v. Levine and Wood, 1867, 10 Cox C.C.374; 15 Dig.Repl.1179, 11 911; R.v.Wilkins, 1789, 1 Leach 520; 15 Dig.Repl. 1038, 10 198; Hamson, C.J.: The Effect of a Secret Fraudulent Intent, L.Q.R. vol.51 (1935) p.656.

174 Abgesehen von den bisher erwähnten Fällen ist unter anderem noch auf folgende hinzuweisen: R.v.Parkes, 1794, 2 East P.C.671; 15 Dig.Repl.1045, 10 292; R.v.Barnes, 1850, 2 Den.59; 15 Dig.Repl.1047, 10 311; R.v.Thompson, 1862, L.& C.233; 15 Dig.Repl.1065, 10 512; R.v.Kilham, 1870, L.R.1 C.C.R.261; 15 Dig.Repl.1165, 11 763; R.v. Cooke, 1871, L.R.1 C.C.R.295; 15 Dig.Repl.1065, 10 503; insbesondere auch auf R.v.Solomons, 1890, 17 Cox C.C. 93; 15 Dig.Repl.1046, 10 306; Oppenheimer v. Frazer and Wyatt, 1907, (1907) 2 K.B.50; 15 Dig.Repl.1037, 10 196; R.v.Fisher (Edward), 1910, 5 Cr.App.R.102; 15 Dig.Repl. 1045, 10 290; Heap v. Motorists Advisory Agency Ltd., 1923, 1 K.B.577; 39 Dig.S.Goods 531, 1441; R.v.Essex, 1857, 27 L.J.M.C.20; 15 Dig.Repl.1046, 10 299; R.v.Caslin, 1961, (1961) 1 All E.R.246 et seq.

175 Stephen, H.J.: Commentaries on the Laws of England, 19th ed. by Fifoot, vol.4, London: Butterworth & Co.Ltd.1928 p.115; Russell, W.O.: A Treatise on Crimes an Misdemeanours, 8th ed. by Ross and McClure, London: Stevens & Sons Ltd. 1923 p.1446; Archbold, J.F.: Archbold's Criminal Pleading, Evidence and Practice in Criminal Cases, 20th ed. by Bruce, London: Sweet & Maxwell Ltd.1886 p.691; Kenny, C.S.: Outlines of Criminal Law, 8th ed., Cambridge University Press 1917 p.206.

176 Hamson, C.J.: The Effect of a Secret Fraudulent Intent, L.Q.R. vol.51 (1935) p.660.

und so ein trespass und animo furandi Diebstahl begeht, gibt beim obtaining by false pretences der Eigentümer Eigentum und Besitz an der übergebenen Sache infolge seines durch die Täuschung des Erwerbers hervorgerufenen Irrtums in einer Weise auf, die den Übergang nicht nichtig, sondern nur vernichtbar (anfechtbar) macht und denselben also nicht verhindert, sodaß ein Wegnehmen entfällt.[177] Ein neu entschiedener Fall ist Dennant v. Skinner and Collom,[178] wo bei einer Versteigerung von Motorfahrzeugen der meistbietende Käufer während der Versteigerung eine falsche Angabe über seine Identität dem Auktionator gegenüber machte. Der Auktionator, der dieser falschen Darlegung Glauben schenkte, erlaubte dem Käufer die Fahrzeuge zu übernehmen und nahm einen Scheck in Zahlung an, der von dem Zertifikat des Käufers dahingehend begleitet war, daß das Eigentum an den Fahrzeugen nicht auf ihn übergehen würde, bis der Scheck honoriert worden wäre. Der Käufer verkaufte eines der Motorfahrzeuge an einen Dritten, der es seinerseits an den Angeklagten verkaufte. Es wurde entschieden, daß es kein larceny by a trick war, das den Übergang des Eigentums auf den Käufer verhindert hätte, daß vielmehr das Eigentum mit dem Zuschlag überging und es keine rechtswirksame Bedingung war, daß es erst bei Honorierung des Schecks übergehen sölle. Nachdem das Eigentum mit dem Zuschlag übergegangen war, war es dem Käufer nicht möglich, durch blosse Unterzeichnung jenes Zertifikates sich des Eigen-

---

177 Clough v. London N.W.Ry Co., 1871, L.R.7 Exch.26; 21 Dig.Estpl.357, 1380; 35 Dig.Misrep.69, 669; R.v.Harrey, 1787, 1 Leach 467; 15 Dig.Repl.1045, 10 291; R.v.Adams, 1812, R.& R.225; 15 Dig.Repl.1045, 10 285; R.v.Coleman, 1783, 2 East P.C.672; 15 Dig.Repl.1046, 10 300; R.v. Thomas, 1841, 9 C.& P.741; 15 Dig.Repl.1046, 10 301; R. v. Atkinson, 1778, 1 Leach 302 n; 15 Dig.Repl.1064, 10 493; R.v.Prince, 1868, L.R.1 C.C.R.150; 15 Dig.Repl. 1043, 10 265; R.v.Nicholson, Jones and Chappel, 1794, 2 East P.C.669; 15 Dig.Repl.1046, 10 307.

178 Dennant v. Skinner and Collom, 1948, (1948) 2 K.B.164; 2 Dig. Supp.3 Auction and Auctioneers 2, 277 a.

tums zu entblössen und es dem Verkäufer zurückzuübertragen. Die Schwierigkeit der Unterscheidung zwischen larceny by a trick und obtaining property by false pretences ist vielfach so groß, daß, wie Scurlock[179] ausführt, es, mindestens in den amerikanischen Fällen, nicht mehr möglich ist, eine klare Grenzlinie zwischen den beiden Delikten zu ziehen. Auch das englische Recht hat diesem Umstand insofern Rechnung getragen, als es im Larceny Act 1916 s.44 (3) und (4) bestimmt, daß, wenn auf eine Anklage wegen Diebstahls hin bewiesen wird, daß der Angeklagte die Sachen durch falsche Vorwände erlangte, die jury ihn vom Diebstahl freisprechen und des obtaining by false pretences für schuldig finden kann und daß andererseits, wenn auf eine Anklage wegen obtaining by false pretences hin bewiesen wird, daß der Angeklagte den fraglichen Eigentumsgegenstand gestohlen hat, er deswegen von der Anklage des obtaining by false pretences nicht freigesprochen werden soll. Allerdings sind die Folgen, die sich an eine Verurteilung wegen obtaining by false pretences in Rücksicht auf die Eigentumsrestitution anschliessen, verschieden von denen, die an eine Verurteilung wegen Diebstahls sich knüpfen, insofern im letzteren Falle bei Verfolgung und Schuldigsprechung des Diebes das Eigentum an der gestohlenen Sache - mit Ausnahme der Gegenstände, die in second Proviso zu s.45 (2) Larceny Act 1916 genannt sind - ohne Rücksicht auf bona fide-Zwischenverkäufe auf offenem Markt im Zeitpunkt der Schuldigsprechung auf den Eigentümer zurückfällt und daher von diesem in specie zurückgefordert werden kann,[180] während bei Betrügereien, die keinen Diebstahl bilden, insbesondere bei dem Delikt des obtaining by false pretences, die Verurteilung keinen solchen Rückfall des Eigentums auf den ursprünglichen

---

179 Scurlock, John: The Element of Trespass in Larceny at Common Law, Temple Law Quarterly vol.22 No.1 (July 1948) p.25.

180 Kiralfy, A.K.R.: The Problem of a Law of Property in Goods, M.L.R. vol.12 (1949) p.426.

Eigentümer herbeiführt, daß er bona fide-Zwischenverkäufe nichtig macht.[181]
Endlich mag noch auf den Unterschied zwischen larceny by a trick und larceny by a bailee hingewiesen werden. Der maßgebliche Gesichtspunkt, um das larceny by a trick vom larceny by a bailee zu unterscheiden, ist, wie in Oppenheimer v. Frazer and Wyatt[182] deutlich zum Ausdruck gekommen ist, darin zu erblicken, daß im ersteren Falle zur Zeit der Erlangung des Besitzes an der Sache der Besitzerwerber die Absicht verfolgt, sie zu stehlen, während im letzteren Falle der Besitz der Sachen in rechtmässiger Weise durch die Begründung des bailment erlangt wurde und der bailee erst hernach die ihm zum Besitz überlassenen Sachen zu eigenem Nutzen sich zueignet. So wurde im genannten Falle ein larceny by a trick bejaht und ein larceny by a bailee verneint, da bei den auseinandergehenden Auffassungen der Parteien über den Eigentumsübergang kein Vertrag zustandekam, der Angeklagte vielmehr schon bei Erlangung des Besitzes die Absicht rechtswidriger Zueignung hatte, insofern er die ihm auf sein Angebot zum Verkauf ausgehändigten Diamanten von Anfang an zu seinem eigenen Nutzen sich zuzueignen entschlossen war, d.h. von Anfang an animo furandi und nicht als bailee tätig war. Anders wäre die Rechtslage, wenn der Angeklagte zunächst in ehrlicher Weise beabsichtigt hätte, die ihm auf Grund des bailment vom Ankläger zum Verkauf überlassenen Diamanten auf Rechnung des Anklägers zu veräussern, hernach aber erst nach Erlangung des Besitzes an den Diamanten den Entschluß gefaßt hätte, sie sich rechtswidrig zuzueignen. Solchenfalls läge kein larceny by a trick, wohl aber

---

181 Larceny Act 1916 s.45 (1) mit first Proviso zu s.45 (2); über Geldersatz vgl. s.45 (3).

182 Oppenheimer v. Frazer and Wyatt, 1907, (1907) 2 K.B.50; 15 Dig.Repl.1037, 10 196; Lake v. Simmons, 1926, 1 K.B. 366; 35 Dig.Mistake 97, 64.

ein larceny by a bailee vor. Der Unterschied zwischen larceny by a trick und larceny by a bailee tritt auch in dem Fall in Erscheinung, in dem Eigentümer und beabsichtigter Erwerber übereinstimmend es auf die Begründung eines bailment abgesehen haben, der Erwerber aber die Erlangung des bailment durch Täuschung herbeigeführt hat. Hier frägt es sich, ob die Täuschung die nominelle Übereinstimmung von Eigentümer und Erwerber und damit das bailment nichtig macht oder nicht. Die Beantwortung dieser Frage ist heute nur noch von akademischer Bedeutung, da, wenn das Bestehen eines bailment bejaht wird, ein larceny by a bailee, wenn es verneint wird, ein larceny by a trick gegeben ist. Sollte aber die Frage zu entscheiden sein, so geht für das strafrechtliche Gebiet Cross-Jones,[183] der sich auf R.v. Pear[184] beruft, davon aus, daß auch in diesem Fall die Täuschungshandlung des Erwerbers die Begründung eines bailment vereitelt und der Erwerber daher eines larceny by a trick sich schuldig macht. Das Strafrecht tritt mit dieser Auffassung in direkten Gegensatz zum Zivilrecht, nach welchem eine Täuschungshandlung einen Vertrag und damit auch ein bailment, das für die Regel, wenn auch keineswegs notwendig, ein Vertrag ist,[185] immer dann nichtig macht, wenn durch die Täuschung bei dem Eigentümer ein solcher wesentlicher Irrtum hervorgerufen wird, daß er den Vertrag vereitelt, im übrigen ihn aber nur vernichtbar (anfechtbar) macht, sodaß letzterenfalls der Erwerber Besitz an der zu bailment überlassenen Sache rechtmässig, wenn auch anfechtbar erwirbt und bei Zueignung zu eigenem Nutzen larceny by a bailee begeht. Hieran würde, wie schon ausgeführt, eine vollzogene Anfechtung nichts ändern, da ihr auf strafrechtlichem Gebiet keine rückwirkende Kraft zukommt. Sollte es

---

183 Cross, Rupert and Jones, P.A. op.cit. p.166.
184 R.v.Pear, 1779, 1 Leach 212; 15 Dig.Repl.1040, 10 227.
185 Hierauf wird später einzugehen sein.

sich allerdings um ein bailment ohne Vertragscharakter handeln, wie ein solches nach dem Gesagten möglich ist, so kämen die Vertragsgrundsätze nicht zur Anwendung und insoweit entfiele auch der Widerspruch zwischen den beiden Rechtsgebieten. Bei dieser Sachlage ist es nicht verwunderlich, daß auch für das Gebiet des Strafrechts mitunter schon eine Auffassung vertreten wurde, die im Anschluß an die zivilrechtlichen Grundsätze dafür eintritt, daß die Täuschung im vorliegenden Fall nicht ohne weiteres die Nichtigkeit des bailment, sondern nur dessen Vernichtbarkeit bewirkt und der Erwerber daher durch die nachträgliche rechtswidrige Zueignung ein larceny by a bailee begeht. Als Begründung wird auf alte Entscheidungen hingewiesen, die dahin gingen, daß im genannten Fall die jury einen ursprünglichen animus furandi aus späterem Verhalten schliessen könne, hierzu aber kein Anlaß bestehe, da, wenn die bailments nichtig gewesen wären, der Besitzerwerb von Anfang an ein trespass und nach dem Grundsatz von R.v.Riley[186] larceny by a trick begründet hätte, auch wenn ursprünglich kein animus furandi vorgelegen hätte. Doch ist nach dem Stand der Rechtsprechung davon auszugehen, daß auf dem Gebiet des Strafrechts der Grundsatz, daß die bestehende geheime Täuschungsabsicht einer Partei einen Vertrag von sich aus von Anfang nichtig macht,[187] bis heute aufrechterhalten ist, sodaß das Strafrecht für seine Zwecke spezielle Regeln entwickelt hat, die in Zivilfällen logisch weder auf den Kauf noch auf das bailment angewandt werden können. Nach C.J.Hamson[188] wäre es aber wünschenswert, einen einheit-

---

186 R.v.Riley, 1853, Dears.C.C.149; 15 Dig.Repl.1049, 10 333.

187 Paton, G.W. op.cit. p.440 (Im Strafrecht ist offenbar, daß das "existing secret and fraudulent intent of one party to a contract (is) of itself effective, to make the contract void ab initio"); Hamson, C.J.: The Effect of a Secret Fraudulent Intent, L.Q.R. vol.51 (1935) p.656; Dennant v. Skinner and Collom, 1948, (1948) 2 K.B.164; 2 Dig.Supp.3 Auction and Auctioneers 2, 277 a.

188 Hamson, C.J.: The Effect of a Secret Fraudulent Intent, L. Q.R. vol.51 (1935) p.661.

lichen Grundsatz auf bailment wie auf Kaufverträge anzuwenden, sei es, daß man davon ausgeht, daß die Täuschungsabsicht genügt, um die Schaffung eines Vertrags zu verhindern, sei es, daß man die entgegengesetzte Auffassung annehmen sollte. Freilich wird bei der festgelegten Rechtslage kaum Aussicht bestehen, die vorhandenen Differenzen zwischen Straf- und Zivilrecht auszugleichen.

Zum Schluß bleibt noch die Frage zu erörtern, was unter "trick" zu verstehen ist, insbesondere ob hierunter wie in früherer Zeit ein Kunstgriff[189] oder ein sonstiges Täuschungsmittel zu verstehen ist oder was sonst zur Erfüllung dieses Tatbestandsmoments notwendig ist. Auch hierüber gehen, zumal das Gesetz sich über diesen Punkt nicht ausspricht, die Meinungen auseinander. Nach der einen Auffassung, die unter anderem von Kenny[190] vertreten wird, ist die Verwendung eines Täuschungsmittels, wenn auch die Regel, so doch nicht wesentlich für diese Diebstahlsform. Es solle genügen, wenn der Delinquent den Besitz der Sache von dem Eigentümer in der vollen Absicht erlangt, dieselbe sich zuzueignen und in der gleichzeitigen Kenntnis, daß der Eigentümer nicht beabsichtigt, sie ihm zu Eigentum zu überlassen. Demgegenüber vertritt Archbold[191] unter Hinweis auf R.v.Jones[192] den Standpunkt, daß für einen "trick" eine falsche Darstellung irgendwelcher Art erforderlich ist, mag sie sich auf vergangene oder gegenwärtige Tatsachen oder auch - anders als bei dem Delikt der false pretences - auf künftige Tatsachen beziehen, z.B. ein unwahres Versprechen, sofern es nur den Zweck verfolgt, den Eigentümer zu täuschen und ihn so zur Abgabe des Besitzes zu

189 R.v.Walsh, 1812, R.& R.215; 15 Dig.Repl.1085, 10 744; Hamson, C.J.: The Effect of a Secret Fraudulent Intent, L.Q. R. vol.51 (1935) p.660.

190 Kenny, C.S. op.cit. new ed. by J.W.Cecil Turner (1952) p.224.

191 Archbold, J.F. op.cit. 32nd ed. by F.Butler and M.Garsia, London: Stevens & Sons Ltd. 1952 p.522.

192 R.v.Jones, 1910, 74 J.P.168; 15 Dig.Repl.1037, 10 192.

bestimmen. Ich möchte der letzteren Ansicht aus dem Grunde beipflichten, daß andernfalls das larceny by a trick regelmässig von dem larceny by a mistake, d.i. der rechtswidrigen Besitzerlangung durch Ausnützung eines dem Eigentümer unterlaufenen Irrtums seitens des Erwerbers animo furandi, worüber alsbald zu sprechen sein wird, nicht zu unterscheiden ist.

bb) Diebstahl durch Einschüchterung (larceny by intimidation)

Das larceny by intimidation betrifft einen weiteren Fall des Diebstahls in Form eines constructive taking. Es liegt vor, wo der Eigentümer einer beweglichen Sache unter dem Einfluß von Furcht, die vom Angeklagten animo furandi, d.i. in der Absicht zu stehlen, hervorgerufen ist, den Besitz daran diesem überläßt.[193] Im Gegensatz zum Raub (robbery), bei dem der Wegnahmehandlung solche Drohungen mit Worten oder Gebärden vorausgehen oder sie begleiten, die ausreichen, um die in Furcht versetzte Person nach Vernunft und allgemeiner Erfahrung in wahrscheinlicher Weise dazu zu bringen, ihren vom Drohenden begehrten Eigentumsgegenstand um der Sicherheit ihrer Person oder - wie insbesondere bei wahrscheinlicher Gewalttätigkeit des Pöbels - ihres Vermögens willen ohne Zustimmung oder unter Ablehnung einer solchen herzugeben,[194] liegt ein larceny by intimidation vor, sofern der Grad der erregten Furcht geringer ist, die Hergabe des Gegenstandes aber doch infolge Einschüchterung gegen den Willen des Eigentümers, also durch rechtswidrige Wegnahme (trespass) erfolgt.[195] Man

---

193 Russell, W.O.: A Treatise op.cit. p.1151.

194 Foster's Crown Cases (1743-1761) 128; Blackstone, W.:Commentaries on the Laws of England, 10th ed. vol.4 pp.243-244; Schuster, E.: Großbrittanien und Irland.-In: Die Strafgesetzgebung der Gegenwart in rechtsvergleichender Darstellung; das Strafrecht der Staaten Europas. Bearb. im Auftrag der internationalen kriminalistischen Vereinigung, hrsg. von Fr.von Liszt, Bd.1, Berlin 1894 S.663; Russell, W.O.: A Treatise op.cit. p.1088; R.v.Donnally, 1779, 2 East P.C.713; 15 Dig.Repl.1118, 11 113.

195 R.v.Knewland and Wood, 1796, 2 Leach 721; R.v.Wood and Knewland, 1796, 2 East P.C.732; 15 Dig.Repl.1119, 11 149.

wird daher davon ausgehen müssen, daß beim larceny by intimidation die Einschüchterung und damit die mangelnde Zustimmung des Eigentümers zur Abgabe der Sache durch Drohungen hervorgerufen ist, die nicht ausreichen, um Raub zu begründen. Ein Fall, der für das Vorliegen eines larceny by intimidation als Musterbeispiel angeführt werden kann, ist R.v. McGrath.[196] Der Tatbestand ist folgender: Bei einer Scheinauktion schlug der Versteigerer ein Stück Tuch einer Frau namens Jane Powell für 26 sh. zu, obwohl sie, wie er wußte, kein Steigerungsangebot auf dasselbe gemacht hatte. Trotz ihrer Proteste verlangte er von ihr die Zahlung genannten Betrags und erklärte, daß sie vor der Bezahlung das Versteigerungslokal nicht verlassen dürfe. Als sie gleichwohl versuchte, das Lokal zu verlassen, wurde sie von Komplizen des Versteigerers, die ihr in den Weg traten, daran gehindert, mit der Folge, daß sie schließlich aus Furcht vor dem, was ihr bei weiterer Weigerung passieren möchte, die 26 sh. bezahlte und das Tuch mitnahm. Dies wurde für Diebstahl erachtet, da der Besitz des Geldes durch Einschüchterung erlangt worden sei. In der Begründung der Entscheidung wurde unter anderem ausgeführt: "Die Schuldigsprechung wurde als richtig bestätigt, weil, wenn die Gewalt, die gegenüber der Frau gebraucht wurde, die Wegnahme zu einem Raub macht, Diebstahl in diesem Verbrechen eingeschlossen war, während, wenn die Gewalt nicht genügte, um einen Raub zu begründen, die Wegnahme des Geldes nichtsdestoweniger auf einen Diebstahl hinauslief, da sie dem Angeklagten das Geld gegen ihren Willen und, weil sie Angst hatte, bezahlte". Ebendaselbst führte Blackburn J. unter anderem aus: "Wenn eine Sache mit Gewalt erlangt wird, so ist Raub begangen. Dieser würde Diebstahl einschliessen. Aber Gewalt ist nicht ein notwendiger Bestandteil des Diebstahls. Es genügt, um einen Diebstahl zu begründen, wenn die Sache gegen den Willen des Eigentümers erlangt wird". In ähnlicher Weise betonte Brett J. unter anderem: "Die Geschworenen hatten gefunden, daß das Geld auf Grund von Furcht erlangt wurde, die hinreichte, um

196 R.v.McGrath, 1869, L.R.1 C.C.R.205; 15 Dig.Repl.1047, 10 314.

das Hergeben desselben zu einer ungewollten Handlung zu machen. Daher erfolgte die Wegnahme gegen den Willen von Jane Powell und war daher Diebstahl".[197] Dieser Entscheidung wurde auch in R.v.Lovell[198] gefolgt, wo ein reisender Scherenschleifer von einer Frau für das Schleifen einiger Messer unter Drohungen einen übermässigen Preis abverlangt hatte, den die Frau, durch die Drohungen in Furcht versetzt, ihm bezahlte. Trotz der Drohungen wurde angenommen, daß hierdurch keine genügende Einschüchterung bewirkt wurde, um das Verbrechen des Raubs zu begründen. Zum gleichen Ergebnis kommt die Entscheidung im Falle R.v.Knewland and Wood,[199] wo der Angeklagte dem Ankläger gedroht hatte, ihn der Polizei vorzuführen, falls letzterer ihm die geforderte Sache nicht überlasse. Ein ähnlicher Fall ist R.v. Morgan.[200] In derselben Richtung bewegt sich auch der Fall R.v.Hazell,[201] wo der Angeklagte in der Verhandlung erklärte, er habe die von ihm geforderten fünf Pfund samt Uhr und Kette den Angeklagten lediglich aus Furcht, sie würden ihm etwas antun, und nicht in der Erwartung, sie würden ihm die zugesagten fünf Pfund geben, ausgehändigt.[202] Notwendig ist,

---

197 Vgl.Warburton, Henry and Grundy, Claude H. op.cit. p.304; Archbold, J.F. op.cit. 32nd ed. by F.Butler and M.Garsia, London: Stevens and Sons Ltd.1952 p.531; Harris, S.F.: Principles of the Criminal Law, 17th ed. by A.M.Wilshere, London 1943 p.314.

198 R.v.Lovell, 1881, 8 Q.B.D.185; 15 Dig.Repl.1048, 10 316.

199 R.v.Knewland and Wood, 1796, 2 Leach 721; 15 Dig.Repl. 1119, 11 149.

200 R.v.Morgan, 1854, Dears.C.C.395; 15 Dig.Repl.1042, 10 249; vgl. auch R.v.Hilliard, 1913, 9 Cr.App.R.171; 15 Dig.Repl. 1042, 10 254; Warburton, Henry and Grundy, Claude H. op. cit. p.307; Harris, S.F. op.cit. 17th ed. by A.M.Wilshere p.208; Archbold, J.F. op.cit. 32nd ed. by F.Butler and M.Garsia, London: Stevens & Sons Ltd.1952 p.390.

201 R.v.Hazell, 1870, 11 Cox C.C.597; 15 Dig.Repl.1048, 11 950.

202 Warburton, Henry and Grundy, Claude H. op.cit. pp.307-308; Russell, W.O.: On Crime, 10th ed. by J.W.Cecil Turner, vol. 2, London: Stevens & Sons Ltd.1950 p.1147.

daß, wie aus dem Ausgeführten schon erhellt, die Drohung zu der Hingabe der Sache geführt hat, was bei der Unwirksamkeit der Zustimmung des Übergebenden ein constructive taking bildet. Wo es zu einer solchen Verfügung nicht kommt, liegt daher larceny by intimidation nicht vor. Da Raub im englischen Recht als qualifizierter Diebstahl anzusehen ist, kann der Angeklagte nach allgemeinen Rechtsgrundsätzen des larceny by intimidation für schuldig befunden werden, wenn die Drohung nicht ausreicht, um Raub zu begründen.[203] Angefügt mag noch werden, daß der Begriff des "intimidation" im Sinne des Conspiracy and Protection of Property Act von 1875 (38 & 39 Vict. c.86) s.7 subs.1 in ähnlicher Weise eine durch Drohung hervorgerufene Besorgnis des Bedrohten vor einer Schädigung bedeutet, unter deren Einfluß der Bedrohte im Sinne des Drohenden tätig wird oder von einer Handlung absteht, zu deren Vornahme er berechtigt ist.[204]

cc) Diebstahl durch Irrtumsausnützung (larceny by a mistake)

Wie schon angeführt, unterscheidet sich das larceny by a mistake vom larceny by a trick dadurch, daß bei ersterem die rechtswidrige Besitzerlangung animo furandi durch Ausnützung eines dem Eigentümer unterlaufenen Irrtums[205] durch

---

[203] R.v.McGrath, 1869, L.R.1 C.C.R.205; 15 Dig.Repl.1047, 10 314; Warburton, Henry and Grundy, Claude H. op.cit. pp.304 et seq.; Stephen, H.J. op.cit. 17th ed. by E.Jenks and V.R.M.Gattie, vol.4, p.393; vgl. auch R.v.Taylor, 1911, 1 K.B.674; 15 Dig.Repl.1054, 10 384.

[204] R.v.Jones, 1928, Newsp. The Times L.R. 18.12.1928; vgl. auch Judge v. Bennett, 1887, 36 W.R.103; 15 Dig.Repl. 917, 8810; Gibson v. Lawson, 1891, 2 Q.B.545; 15 Dig.Repl. 917, 8812.

[205] Irrtum ist der positive Glaube an das Vorliegen von etwas, was in Wirklichkeit nicht vorliegt oder auch die blosse Unwissenheit von etwas, das für das vorliegende Handeln maßgebend ist (Winfield, P.H.: Mistake of Law, L. Q.R. vol.59 (1943) p.327).

den Erwerber und nicht durch eine Täuschungshandlung desselben erfolgt. So z.B. wenn der Eigentümer eine Sache einem anderen in dem Irrtum, sie ihm nur auszuleihen, überläßt, während der Erwerber in Kenntnis des Irrtums sich dieselbe animo furandi zueignet oder wenn der Eigentümer irrigerweise eine falsche Sache, z.B. ein Goldstück anstelle einer geringwertigen Gedenkmünze, einem anderen überläßt, der sich dasselbe in Kenntnis des Irrtums des Eigentümers animo furandi zueignet, oder wenn der Geber sich in der Person des Empfängers irrt und so die Sache einer anderen als der von ihm gewollten Person überträgt und diese in Kenntnis des Irrtums sie animo furandi sich zueignet. Die Begründung des larceny by a mistake durch die Gerichtspraxis rechtfertigt sich aus dem kriminalpolitischen Grund, einen offensichtlichen Übeltäter nicht ungestraft lassen zu müssen. Dies wäre aber der Fall gewesen, da einmal ein Kniff im Sinne einer positiven Täuschungshandlung nicht vorgelegen hätte, ein blosses Schweigen bei Fehlen einer Aufklärungspflicht, wie eine solche ohne besondere gesetzliche Bestimmung oder vorausgehendes Handeln nicht bestehen dürfte, aber nicht als Täuschungshandlung hätte angesehen werden können. Sodann käme auch das Delikt des obtaining by false pretences nicht in Frage, da es auch hier an einer Täuschungshandlung sowohl wie an dem Übergang des Eigentums gemangelt hätte. Die grundlegende Entscheidung, durch die das larceny by a mistake geschaffen wurde, ist R.v.Middleton.[206] Der Angeklagte hatte bei einer Postsparkasse ein Guthaben von 11 sh. stehen. Er kündigte in der üblichen Form die Abhebung von 10 sh. an. Es wurde ihm daher eine auf diesen Betrag lautende Empfangsvollmacht ausgehändigt und gleichzeitig von der Direktion (Postmaster General) ein Avisbrief an das Postamt in N. gesandt, der dahin lautete, es solle dem Angeklagten von seinem Guthaben 10 sh. ausbezahlen. Der Angeklagte ging auf jenes Postamt und händigte sein Sparkassenbuch und die Empfangsvollmacht dem amtierenden Postbeamten aus. Der

[206] R.v.Middleton, 1873, L.R.2 C.C.R.38; 42 L.J.M.C.73; 15 Dig. Repl.1044, 10 282.

Beamte nahm, anstatt den richtigen Avisbrief über 10 sh. zu beachten, irrtümlicherweise auf einen anderen ihm vorliegenden Avisbrief Bezug, der auf 8 Pfund 16 sh. 10 d. lautete und sich auf einen anderen Deponenten bezog, legte den letzteren Betrag auf den Zahltisch, trug den ausbezahlten Betrag von 8 Pfund 16 sh. 10 d. in das Sparkassenbuch des Angeklagten ein und stempelte den Eintrag ab. Der Angeklagte nahm, obwohl er sich des Versehens des Beamten und des Umstandes bewußt war, daß ihm das ausbezahlte Geld nicht gehöre, sondern Geld des Generalpostmeisters sei, dasselbe, das in einer 5 Pfundnote, 3 sovereigns, 1/2 sovereign, 6 sh., 10 d. in Silber und Kupfer bestand, in der Absicht, es für sich zu verwenden, an sich und ging damit weg. Als der Irrtum entdeckt wurde, wurde der Angeklagte zurückgeholt. Dabei erklärte er, er habe sein Sparkassenbuch verbrannt. Der Angeklagte wurde des Diebstahls von 8 Pfund 16 sh. 10 d. angeklagt. Die jury fand, daß der Angeklagte den animus furandi in dem Moment gehabt habe, als er das Geld vom Zahltisch wegnahm. Er wurde des Diebstahls für schuldig befunden. Diese Verurteilung wurde durch das Obergericht bestätigt, wobei 11 Richter das Vorliegen eines Diebstahls bejahten, während 4 es verneinten. Von den 11 Richtern waren 7 der Meinung, daß der Postbeamte die Ermächtigung besaß, das Eigentum und den Besitz an dem Geld zu übertragen, daß aber durch die blosse Übergabe des Geldes, wenn auch in der auf Irrtum beruhenden Absicht das Eigentum und den Besitz daran zu übertragen, das Eigentum und der Besitz mangels rechtsgültiger Absicht nicht übergegangen sei und daß, da das Eigentum und der Besitz trotz der bestehenden Absicht der Übertragung nicht überging, der Angeklagte das Geld vielmehr animo furandi mit der Wegnahme vom Zahltisch an sich nahm, eine rechtswidrige Besitzentziehung und animo furandi ein Diebstahl vorgelegen habe. Ihre Argumentation war also doppelter Art. Einmal ging sie dahin, daß der Postbeamte zwar die Ermächtigung besaß, das Eigentum an dem Geld zu übertragen, daß aber ein Vertrag zwischen dem Generalpostmeister und dem Angeklagten nicht bestanden habe, nach welchem das Eigentum, wenn auch durch Anfechtung vernichtbar, auf den Angeklagten übergegangen wäre, und daß durch die blosse Aushändigung aus reinem Irrtum -

ohne Bestehen eines Vertrags (Kauf oder Schenkung) - das Eigentum nicht auf den Angeklagten übertragen wurde. Sodann ging die Argumentation dahin, daß, auch wenn der Postbeamte beabsichtigte, den Besitz an dem Geld auf den Angeklagten zu übertragen, der Angeklagte doch, wenn er nachweislich von Anfang an die Absicht zu stehlen hatte, nur die Obhut daran erlangte und durch Zueignung in genannter Absicht eine rechtswidrige Besitzentziehung und damit Diebstahl beging.[207] Zu dem von der Beweisführung angeführten Fall, in dem ein Kutscher von einem Fahrgast einen sovereign versehentlich statt eines shilling ausgehändigt erhielt, erklärten die 7 Richter in der Urteilsbegründung, sie seien nach sorgfältiger Abwägung der gegenteiligen Meinungen entschieden der Auffassung, daß das Eigentum an dem sovereign auf den Kutscher nicht übergehen würde und daß die Frage, ob der Kutscher des Diebstahls schuldig wäre oder nicht, davon abhängen würde, ob er zu der Zeit, wo er den sovereign an sich nahm, des Irrtums gewahr war und in diesem Zeitpunkt die schuldhafte Absicht, den animus furandi, hatte.[208] Drei der die Verurteilung begründenden Richter vertraten demgegenüber die Auffassung, daß der Postbeamte kein Eigentum an dem Geld noch die Ermächtigung besessen habe, dasselbe an den Angeklagten abzugeben, sondern lediglich den Besitz daran und daß ausserdem die Ermächtigung des Beamten eine Spezialermächtigung gewesen sei, dahingehend, das Eigentum des Generalpostmeisters und den Besitz daran nur an die durch den Avisbrief als empfangsberechtigt legitimierte und tatsächlich berechtigte Person zu übertragen. Da diese nicht eingehalten worden sei, sei weder Eigentum noch Besitz auf den Angeklagten übergegangen, sodaß der Angeklagte sich durch die Wegnahme eines trespass und damit animo furandi eines Diebstahls schuldig gemacht habe.[209] Einer der 11 Richter vertrat den

207 R.v.Middleton, 1873, 42 L.J.M.C. at p.76.

208 Damit ist aber die Frage offengelassen, in welchem Zeitpunkt die Annahme und somit Erlangung des Besitzes als vorliegend zu erachten sei, ob schon mit der physischen Aushändigung der Sache an den Erwerber oder erst bei Kenntnis ihrer Identität - eine Frage, die später in R.v.Ashwell, 1885, L.R.16 Q.B.D.190; 15 Dig.Repl.1048, 10 325 zur Entscheidung stand.

209 R.v.Middleton, 1873, 42 L.J.M.C. at pp.79-80.

Standpunkt, daß die Besitzüberlassung an dem Geld überhaupt nie erfolgt sei, daß vielmehr die Besitzübertragung dadurch unterbrochen worden sei, daß, solange das Geld noch auf dem Zahltisch gelegen sei und bevor der Angeklagte Besitz daran erworben habe, er den animus furandi gefaßt und so sich durch einseitige Wegnahme in den Besitz des Geldes animo furandi gesetzt und damit Diebstahl begangen habe.[210] Nur die vier übrigen Richter begründeten ihr freisprechendes Urteil damit, daß beim Diebstahl die Wegnahme invito domino - gegen oder ohne Willen des Eigentümers - erfolgen müsse und daß, wo eine Übergabe in arglistiger Weise von jemand erlangt werde, der keine Ermächtigung über das Eigentum zu verfügen besitze, es eine Wegnahme sei, daß aber im vorliegenden Fall der Postbeamte eine allgemeine Ermächtigung besessen habe, zu entscheiden, unter welchen Umständen er das ihm anvertraute Geld abgeben dürfe, daß er in Ausführung dieser Ermächtigung gehandelt und, obwohl auf Grund eines Irrtums, beabsichtigt habe, Eigentum und Besitz an dem Geld zu der Zeit abzugeben, als er es dem Angeklagten aushändigte, sodaß keine verbrecherische Wegnahme durch den Angeklagten ohne Zustimmung und ohne Willen des Eigentümers vorgelegen habe und der Angeklagte daher keiner Besitzentziehung und damit auch keines Diebstahls im Sinne des Common Law-Diebstahlsbegriffs sich schuldig gemacht habe.[211] Einer der vier Richter lehnte eine Verurteilung auch aus dem Grund ab, daß der Diebstahl die Wegnahme spezieller Gegenstände voraussetze und sich nicht mit dem unehrlichen Erwerb wirtschaftlicher Werte befasse und daß daher kein Diebstahl an dem Unterschied zwischen zwei Geldbeträgen, sondern nur an den speziellen Geldstücken oder Noten, die den Unterschiedsbetrag ausmachen, möglich sei.[212] Nach dem Urteil der Mehrheit der

---

210 R.v.Middleton, 1873, 42 L.J.M.C. at p.81.

211 R.v.Middleton, 1873, 42 L.J.M.C. at pp.83, 89, 91 and 92.

212 R.v.Middleton, 1873, 42 L.J.M.C. at p.93.

Richter bestand also im Fall R.v.Middleton Übereinstimmung darüber, daß der Irrtum des Beamten über einen wesentlichen Bestandteil des Geschäftes, mag es sich um die Identität des Beziehers oder der ausgehändigten Summe handeln, verhinderte, daß das Eigentum überging. Ausserdem hat jetzt Larceny Act 1916 s.1 (2) (i) (c) den weiterhin in R.v.Middleton gezogenen Schluß verkörpert, daß jemand Besitz an einer Sache wegnehmen kann, die ihm vom Eigentümer auf Grund eines Irrtums übergeben wird, sofern der Erwerber bei der Übertragung von dem Irrtum des Eigentümers Kenntnis hatte.[213] Freilich muß auch der Irrtum, auf den in Larceny Act 1916 s.1 (2) (i) (c) Bezug genommen ist, ein solcher sein, daß er des Eigentümers Absicht, sein ganzes Interesse an der Sache dem Erwerber zu überlassen, vereitelt. Das in R.v.Middleton ausgesprochene,in genannter Bestimmung verkörperte Prinzip ist so nur auf Fälle anwendbar, in denen kein Eigentum als Ergebnis eines dem Erwerber bekannten Irrtums des Eigentümers erlangt wird. Dies ergibt sich schon aus der Erwägung, daß sonst praktisch alle Fälle des obtaining by false pretences durch Larceny Act 1916 s.1 (2) (i) (c) umfaßt wären.[214] Es muß sich also um einen wesentlichen Irrtum handeln, der die Übertragung des Eigentums wie des juristischen Besitzes zunichtemacht, sodaß der Erwerber nur natürlichen Besitz oder Obhut erlangt[215] und bei Vorliegen des animus furandi in dem Zeitpunkt der Erlangung des natürlichen

---

213 Prevezer, S.: Criminal Appropriation, C.L.Pr. vol.12 (1959) p.172; Cross, Rupert: Larceny De Lege Lata, L.Q.R. vol.66 (1950) p.507; Kerr, M.R.E.: The Time of Criminal Intent in Larceny, L.Q.R. vol.66 (1950) p.194; Moynes v. Cooper, 1956, (1956) 1 All E.R.450; 3 Dig.Supp.15 Crim.49, 10 329 a per Lord Goddard, der ausführt, daß nach Meinung des Gerichts es die Wirkung der Entscheidung in R.v.Middleton ist, die als s.1 (2) (i) (c) Larceny Act 1916 reproduziert und gesetzlich bestimmt ist.

214 Cross, Rupert: Larceny De Lege Lata, L.Q.R. vol.66 (1950) p.504; Cross, Rupert: Stealing through a Mistake, L.Q.R. vol.72 (1956) p.182.

215 Kerr, M.R.E.: The Time of Criminal Intent in Larceny, L.Q. R. vol.66 (1950) p.178.

Besitzes eine Wegnahme ohne Zustimmung des Eigentümers vollzieht und so sich des Diebstahls schuldig macht. In Übereinstimmung hiermit führt Kerr[216] aus: "In R.v.Middleton wurde argumentiert und ist jetzt statutarisch bestätigt (Larceny Act 1916 s.1 (2) (i) (c)), daß, wo der Eigentümer unter einem Irrtum gehandelt hatte, der dem Angeklagten zu der Zeit bekannt war, als er die physische Kontrolle an dem Eigentum erlangte, und vorausgesetzt, daß er den animus furandi im gleichen Augenblick hatte, sein "taking" so angesehen wurde, als sei es ausreichend "without the consent of the owner" erfolgt, um den Erfordernissen des Diebstahls angepaßt zu sein". An die Frage des wesentlichen Irrtums knüpft unter anderem die Kritik Turners an dem Mehrheitsurteil in R.v.Middleton[217] an.[218] Eines seiner Hauptargumente gegen die Verurteilung Middletons ging dahin, daß sich der Irrtum des Postbeamten, der rechtlich nicht erheblich war, auf die Gründe seines Tuns bezogen habe und nicht auf das Tun selbst, worüber der Irrtum rechtserheblich gewesen wäre. Demgegenüber sah Literatur und Praxis auch in der Folgezeit in den Fällen, in denen aus Irrtum Überzahlungen erfolgten, diesen Irrtum als so wesentlich an, daß er mangels rechtswirksamer Zustimmung die Übertragung von Besitz und Eigentum verhinderte und so Diebstahl möglich machte.[219] Der weitere Einwand Turners gründete

---

216 Kerr, M.R.E.: The Time of Criminal Intent in Larceny, L.Q.R. vol.66 (1950) p.203.

217 R.v.Middleton, 1873, L.R.2 C.C.R.38; 42 L.J.M.C.73; 15 Dig.Repl.1044, 10 282.

218 Turner, J.W.Cecil: A Modern Approach op.cit. pp.356 et seq., 370 et seq.; vgl.auch Russell, W.O.: On Crime op.cit. vol. 2 p.1152; Scurlock, John: The Element of Trespass in Larceny at Common Law, Temp.L.Q. vol.22 No.1 pp.40-42, der auch das Vorliegen eines Identitätsirrtums bezweifelt.

219 Prevezer, S.: Criminal Appropriation, C.L.Pr. vol.12 (1959) p.172; Cross, Rupert: Larceny De Lege Lata, L.Q.R. vol.66 (1950) p.507; Cross, Rupert: Stealing through a Mistake, L.Q.R. vol.72 (1956) p.182; Kerr, M.R.E.: The Time of Criminal Intent in Larceny, L.Q.R. vol.66 (1950) p.203; Scurlock, John: The Element of Trespass in Larceny at Common Law, Temp.L.Q. vol.22 No.1 p.42, der die Verurteilung trotz seiner sonst abweichenden Auffassung aus praktischen Gründen billigt.

sich auf R.v.Story,[220] demzufolge von der Frau eines stellvertretenden Postmeisters ein Brief, der eine Postanweisung enthielt und an einen gewissen Storer adressiert war, dem Angeklagten ausgehändigt wurde, der unmittelbar die Anweisung mit seinem Namen quittierte, wobei er sich voll vergegenwärtigte, daß er nicht der beabsichtigte Empfänger war, und sie einkassierte. Aus der Verurteilung wegen Betrugs im Sinne des False Pretences Act von 1757 (30 Geo.II c.24) s.1 ist nach Turner zu folgern, daß die Postmeistersehefrau sowohl Eigentum als Besitz übertragen habe, also hierzu ermächtigt gewesen sei, da sonst kein Betrug hätte festgestellt werden können. Turner übersieht dabei, daß in R.v.Story der Angeklagte sich den irrtümlich übergebenen Eigentumsgegenstand nicht einfach zueignete, sondern ihn dazu benützte, ihn zur Grundlage eines falschen Vorwandes zu machen, um etwas zu erlangen, sodaß die Verurteilung wegen Betrugs nicht auf der Übertragung des Besitzes und des Eigentums an der Postanweisung beruhte, sondern auf der Benützung der ihm tatsächlich ausgehändigten Postanweisung zu einem betrügerischen Zweck.[221] Zum gleichen Ergebnis wie R.v.Middleton kommt auch R.v.Young,[222] wo einem Bettler irrigerweise statt eines halben penny ein sovereign zugeworfen wurde, der dies sofort erkannte und ihn sich zueignete. Die Folgerungen, die sich aus R.v.Middleton[223] ergeben, entsprechen denjenigen des larceny by a trick. Tritt doch beim larceny by a mistake nur anstelle der Täuschungshandlung die Kenntnis des wesentlichen Irrtums des Eigentümers durch den Erwerber in der Absicht des Stehlens. Sofern also der Eigentümer unter dem Einfluß eines Irrtums handelt, der nach seiner Beschaffenheit den Übergang des Eigentums bzw. von Besitz und Eigentum infolge der rechtlichen Unwirksamkeit der

---

220 R.v.Story, 1805, R.& R.81; 15 Dig.Repl.1175, 11 865.

221 Vgl.auch Kerr, M.R.E.: The Time of Criminal Intent in Larceny, L.Q.R. vol.66 (1950) p.175.

222 R.v.Young, 1908, 72 J.P.114.

223 R.v.Middleton, 1873, L.R.2 C.C.R.38; 42 L.J.M.C.73; 15 Dig. Repl.1044, 10 282.

Zustimmung des Eigentümers ausschließt, sei es aus Irrtum über das zu übertragende Interesse, sei es aus Irrtum über die Person des Empfängers oder über den Gegenstand der Übertragung, wie dies in den eingangs erwähnten Fällen zutrifft, so liegt larceny by a mistake vor. Bei Handeln unter einem unwesentlichen Irrtum dagegen,[224] ohne daß eine Täuschungshandlung des Erwerbers vorliegt, ist eine strafbare Handlung nicht gegeben. Wie beim larceny by a trick, so ist entsprechend auch beim larceny by a mistake bei irrtümlicher Abweichung des beschränkt Verfügungsberechtigten von der ihm zustehenden Ermächtigung die Übertragung von Besitz und Eigentum an einer Sache unwirksam und der Erwerber, der den Irrtum des Gebers kennt, begeht bei Annahme ein trespass und bei gleichzeitigem Vorliegen des animus furandi Diebstahl. So z.B. bei Übergabe eines Briefes durch den Postboten an einen anderen als den richtigen Adressaten oder bei Ablieferung durch einen Angestellten einer Speditionsfirma an einen falschen Empfänger, sofern der Empfänger den Irrtum des Ablieferers kennt.[225] In diesen Fällen dürfte zugleich ein wesentlicher Irrtum in der Person des Empfängers und die Kenntnis des Irrtums durch den letzteren vorliegen.

dd) Funddiebstahl (larceny by finding)

Um die Lehre vom Funddiebstahl (larceny by finding) zu verstehen, muß kurz auf die historische Entwicklung eingegangen werden, die das englische Recht in der Frage des Diebstahls durch Fund eingeschlagen hat. Nach Zivilrecht ist seit Mitte des 15. Jahrhunderts jeder, der eine Sache im Wege eines Fun-

---

224 Ein solcher unwesentlicher Irrtum ist nach englischem Recht der error in qualitate oder in substantia, sofern er nur einseitig vorhanden ist. Er macht nur bei beiderseitigem Irrtum über eine verkehrswesentliche Eigenschaft des Vertragsgegenstandes das Rechtsgeschäft nichtig. Über einen unwesentlichen Motivirrtum vgl. London Jewellers Ltd. v. Attenborough, 1934, 2 K.B.206; 30 Dig.Repl.214, 561.

225 R.v.Little and Eustace, 1867, 10 Cox 559; 15 Dig.Repl.1045, 10 283.

des an sich nimmt und sich weigert, sie dem Eigentümer auf Anforderung herauszugeben, ein trespasser, gleichgültig, was seine Motive waren.[226] Eine Ausnahme wurde nur schrittweise für den Fall anerkannt, daß der Finder die verlorene und gefundene Sache "aus Barmherzigkeit" an sich genommen hat, "um sie dem Eigentümer zu erhalten", also mit konkludenter Zustimmung des Eigentümers.[227] Eine Übernahme dieser Lehre auf das strafrechtliche Gebiet fand aber nach älteren Autoritäten nicht statt. So stellte East[228] fest: "... where one finds a purse in the highway which he takes and carries away; it is no felony; although it may be attended with all these circumstances which usually prove a taking with a felonious intent; such as denying or secreting it". Dieselbe Auffassung wird von Coke,[229] Hale[230] und Hawkins[231] ausgedrückt.[232] Die meisten autoritativen Entscheidungen, auf die sich die genannten Schriftsteller berufen, betreffen allerdings nicht Verlust und Fund, sondern Wrack, Schatzfund, Aneignung herrenloser Sachen und verlaufene Tiere. Sie sind von Verlust und Fund insofern verschieden, als sie Sachen betreffen, die, weil besitzlos, nicht Gegenstand einer Besitzentziehung (trespass) und damit eines Common Law-Diebstahls sein konnten.[233] Sie fielen mit der Besitzergreifung kraft könig-

---

226 Scurlock, John: The Element of Trespass in Larceny at Common Law, Temp.L.Q. vol.22 No.1 (July 1948) p.29 n.89 mit Street: Foundations of Legal Liability vol.3 p.244, zitierend Y.B.33 Hen.VI f.26 pl.12 (1455).

227 Pollock, F. and Wright, R.S. op.cit.pp.172 et seq.; Turner, J.W.Cecil: Larceny and Trespass. The Case of Riley, L.Q.R. vol.58 (1942) pp.348-349.

228 2 East P.C.663.

229 3 Coke Inst.108.

230 1 Hale P.C.505.

231 1 Hawkins P.C.142 (Curwood ed., 1824) oder 1 Hawkins c.33 s.2 (London ed., 1762).

232 Scurlock, John: The Element of Trespass in Larceny at Common Law, Temp.L.Q. vol.22 No.1 (July 1948) p.29.

233 Pollock, F. and Wright, R.S. op.cit. p.173 mit Y.B.1348 Edw.III 22 Ass. p.107 pl.99.

lichen Privilegs an die Krone und ihre unberechtigte Zueignung war nur als Verletzung jenes Privilegs strafbar. Freilich zitiert East auch mehrere Fälle, in denen Kutscher wegen Verbergens von Eigentumsgegenständen, welche Passagiere unachtsamerweise in den Droschken des Angeklagten zurückgelassen hatten, für schuldig befunden wurden.[234] Aber hier handelt es sich, wie Scurlock[235] mit Recht betont, mehr um verlegte als um verlorene Sachen. So blieb es bis zu Beginn des 19. Jahrhunderts dabei, daß dem Finder verlorener Sachen rechtmässiger Besitz zuerkannt wurde und so die Begehung eines Diebstahls durch den Finder mangels eines trespass verneint blieb. Der erste Fall des Diebstahls verlorener Sachen ist, wie Russell erwähnt, im Jahre 1804 entschieden worden.[236] Der Bericht ist, wie Scurlock[237] betont, ziemlich dürftig, aber man kann daraus entnehmen, daß der Richter davon ausging, es sei keine Frage, daß verlorene Sachen gestohlen werden könnten. Die Begründung für diesen Wechsel der Rechtsauffassung, die nach Scurlock[238] möglicherweise aus dem kriminalpolitischen Gesichtspunkt, unehrliche Finder nicht ungestraft zu lassen, hervorgegangen sein möchte, dürfte, wie die Entwicklung zeigt, aus der Gleichsetzung der Besitzergreifung verlorener und gefundener Sachen mit derjenigen herrenloser Sachen in solchen Fällen entsprungen sein, in denen der Eigen-

---

234 Scurlock, John: The Element of Trespass in Larceny at Common Law, Temple Law Quarterly vol.22 No.1 (July 1948) p.29 n.94 mit Lamb's Case, 1694, 2 East P.C.664; 15 Dig.Repl. 1052, 10 367, und Wynne's Case, 1786, 2 East P.C.664; 15 Dig.Repl.1052, 10 368.

235 Scurlock, John: The Element of Trespass in Larceny at Common Law, Temple Law Quarterly vol.22 No.1 (July 1948) p.29.

236 Scurlock, John: The Element of Trespass in Larceny at Common Law, Temple Law Quarterly vol.22 No.1 (July 1948) p.30 n.96.

237 Scurlock, John: The Element of Trespass in Larceny at Common Law, Temple Law Quarterly vol.22 No.1 (July 1948) p.30.

238 Scurlock, John: The Element of Trespass in Larceny at Common Law, Temple Law Quarterly vol.22 No.1 (July 1948) p.37.

tümer der verlorenen Sache nicht feststellbar ist (dominus non apparet) mit der Folge, daß umgekehrt dort, wo der Eigentümer der verlorenen Sache dem Finder bekannt ist oder durch ihn ausfindig gemacht werden kann (dominus apparet), die Ansichnahme der Sache durch den Finder den Besitz des Eigentümers beenden und so ein trespass und animo furandi einen Diebstahl begründen kann. Dem erwähnten Fall folgten andere, die dessen Rechtsstandpunkt beitraten, wie R.v.James and Barnabas Walters,[239] Milburne's Case,[240] R.v.Kerr[241] und R.v.Moore.[242] Der führende Fall über den Funddiebstahl ist R.v.Thurborn,[243] wo ausgeführt ist: "If a man finds goods that have been actually lost, or are reasonably supposed by him to have been lost, and appropriates them, with intent to take the entire dominion over them really believing when he takes them that the owner cannot be found, it is not larceny. But, if he takes them, with like intent, though lost, or reasonably supposed to be lost, but reasonably believing that the owner can be found, it is larceny". Diese Feststellung ist mit geringen Modifikationen auch von den amerikanischen Gerichten angenommen worden.[244] Im Anschluß an die Entscheidung in R.v.Thurborn,[245] die auch in Chowne v. Baylis[246] und R.v.Glyde[247] bestätigt wurde, ist also die Rechtsregel dahin formuliert worden, daß, wenn jemand Sachen

---

239 R.v.James and Barnabas Walters, Cor.Gibbs, J., 1812, Warwick Ass., berichtet in Russell Crimes, 6th Am.ed., vol.2 p.13 n.96.

240 R.v.Milburne, Carlisle Ass., 1829, 1 Lew.251, 2 East 665.

241 R.v.Kerr, 1837, 8 C.& P.176; 15 Dig.Repl.1052, 10 363.

242 R.v.Moore, 1861, L.& C.1; 15 Dig.Repl.1050, 10 335.

243 R.v.Thurborn, 1849, 1 Den.C.C.387; 15 Dig.Repl.1049, 10 332.

244 Scurlock, John: The Element of Trespass in Larceny at Common Law, Temp.L.Q. vol.22 No.1 (July 1948) p.30 mit n.100.

245 R.v.Thurborn, siehe Anm.243.

246 Chowne v. Baylis, 1862, 31 Beav.351; 3 Dig.67, 94.

247 R.v.Glyde, 1868, L.R.1 C.C.R.139; 15 Dig.Repl.1050, 10 336.

findet, die wirklich verloren gewesen sind oder die er vernünftigerweise als verloren angesehen hat, auch wenn sie tatsächlich nicht verloren waren, und sie sich zueignet in der Absicht, die ganze Herrschaft über dieselben auszuüben, wobei er zur Zeit der Wegnahme wirklich glaubt, daß der Eigentümer nicht ausfindig gemacht werden kann, es kein Diebstahl ist; daß aber Diebstahl vorliegt, wenn der Finder sie in der gleichen Absicht wegnimmt und er, obwohl sie verloren gewesen oder doch vernünftigerweise als verloren angesehen worden sind, gleichwohl vernünftigerweise annimmt, daß der Eigentümer ausfindig gemacht werden kann.[248] Aus dieser Rechtsregel könnte der Schluß gezogen werden, daß zwar Diebstahl vorliegt, wenn der Finder zur Zeit des Fundes vernünftigerweise annimmt, daß der Eigentümer ausfindig gemacht werden könne und gleichwohl animo furandi sich die Fundsache zueignet; daß aber andererseits Diebstahl zu verneinen ist, wenn der Finder zur Zeit des Fundes und der Ansichnahme der Sache wirklich, wenn auch ohne berechtigten Grund, lediglich irrtümlicherweise glaubt, daß der Eigentümer der Fundsache nicht ausfindig gemacht werden könne. Allein die nähere Begründung der Entscheidung läßt zweifelsfrei erkennen, daß nicht jede Annahme des Finders über die mögliche Bestimmbarkeit des Eigentümers der Fundsache für das Vorliegen eines Diebstahls entscheidend sein kann, sondern lediglich die vernünftige Annahme des Finders, das heißt eine Annahme, die sich auf Umstände stützt, die jene Annahme rechtfertigen, mit anderen Worten es muß zur Zeit des Fundes ein Schlüssel zur Bestimmbarkeit des Eigentümers vorliegen, dessen Kenntnis in dem Finder den Eindruck hervorruft, daß der Eigentümer ausfindig gemacht werden kann, sei es daß dieser Schlüssel in der Zeit oder dem Ort des Fundes, in den Umständen, unter denen der Fund erfolgte, in der Beschaffenheit der Fundsache, der Kennzeichnung derselben oder der früheren Bekanntschaft mit ihr zu finden ist.[249] So wird auch beim Finden eines Schecks

---

248 Vgl.auch Winfield, P.H.: A Textbook op.cit. p.350; Beal, Edward op.cit. pp.70-71.

249 R.v.Rowe, 1859, 28 L.J.M.C.128; 15 Dig.Repl.1086, 10 751; R. v.White, 1912, 107 L.T.528; 15 Dig.Repl.1142, 11 498.

regelmässig das Vorliegen eines Schlüssels gegeben sein, da der Scheck mindestens den Namen des Ausstellers und des Bezogenen tragen muß und diese Namen auf der Urkunde im allgemeinen für den Finder ein Mittel begründen, um den Eigentümer des Schecks ausfindig zu machen.[250] Nur bei Kenntnis des Schlüssels und dem dadurch beim Finder hervorgerufenen Eindruck, daß der Eigentümer ausfindig gemacht werden könne, begeht der Finder durch Zueignung animo furandi Diebstahl, während, wenn er nur irrtümlicherweise zur Zeit des Fundes an die Bestimmbarkeit des Eigentümers glaubte, ein berechtigter Grund zu dieser Annahme aber nicht vorlag, der Irrtum ihm nicht schaden dürfte. Dieser Auffassung ist auch Pollock,[251] der erklärt: "Wenn in Wahrheit kein Schlüssel vorlag, so sollte, wie es scheint, der Finder nicht durch den Nachweis geschädigt werden können, daß er irrtümlicherweise einen solchen annahm". Eine abweichende Ansicht vertritt allerdings Archbold in einer der früheren Auflagen seines Werkes [252] unter Bezugnahme auf R.v.Moore.[253] In diesem Fall hatte ein Kunde in dem Laden des Angeklagten versehentlich eine Banknote fallengelassen, die der Angeklagte fand und aufhob und sie sich in der Absicht zueignete, den Eigentümer, wer immer er sein möge, derselben zu berauben. Archbold will aus dieser Entscheidung die Rechtsregel herauslesen, daß der zur Zeit des Fundes vorhandene Glaube des Finders an die Bestimmbarkeit des Eigentümers der Fundsache als ausreichend erachtet werden müsse, auch wenn die Umstände des Falles zur Zeit des Findens keine Rechtfertigung für jene Annahme begründen möchten, mit anderen Worten, wenn kein Schlüssel zur Bestimmung des Eigentümers vorliegen sollte, der jene Annahme rechtfertigte. Dies ist aber aus der genannten Entscheidung nicht zu entnehmen, da der Finder in Fällen wie dem vorliegenden zur Zeit des Fundes vernünftigerweise damit rechnen mußte und - wie unterstellt wer-

---

250 Russell, W.O.: On Crime op.cit. vol.2 p.1188.
251 Pollock, F. and Wright, R.S. op.cit. p.183.
252 Archbold, J.F. op.cit. 20th ed. by W.Bruce p.379.
253 R.v.Moore, 1861, L.& C.1; 15 Dig.Repl.1050, 10 335.

den darf - auch tatsächlich damit gerechnet hat, daß der Verlierer, ein Kunde von ihm, der in der dem Fund vorausgehenden Zeit in dem Laden gewesen war, sich erinnern werde, wo ihm die Note herausgefallen sein könnte, und daher wiederkommen und nach der Note fragen werde, wie es auch tatsächlich der Fall war, der Finder also sich des Vorliegens der Umstände, die in ihm den Eindruck der Bestimmbarkeit des Eigentümers hervorrufen mußten, zur Zeit des Fundes jedenfalls insolange bewußt war, als sich nicht nachträglich das Vorliegen des Schlüssels als unrichtig und die darauf gegründete Annahme als trügerisch erweisen sollte. Daß die Annahme der Bestimmbarkeit des Eigentümers der Fundsache zur Zeit des Fundes eine vernünftige sein muß, das heißt sich auf das Vorhandensein eines Schlüssels stützen muß, um Diebstahl zu begründen, ist ausser in R.v.Thurborn[254] in einer Reihe weiterer Entscheidungen zum Ausdruck gekommen, so unter anderem in R.v.Knight,[255] R.v.Preston,[256] R.v.Christopher,[257] R.v.Glyde,[258] R.v.Deaves[259] und R.v.Dixon.[260] Aus dem letztgenannten Fall ist auch zu entnehmen, daß der Schlüssel zur Feststellung des Eigentümers zur Zeit des Fundes unmittelbar vorgelegen haben muß, um auf Seiten des Finders das Vorliegen eines Diebstahls bejahen zu können.[261] Es genügt auch nicht, wenn der Finder bei einigem Zuwarten einen Schlüssel zur Bestimmung des Eigentümers der Fundsache gefunden hätte.[262] Es genügt ferner auch nicht, daß es dem Finder zur Zeit des Fundes möglich gewesen wäre, durch irgendwelche Bemühungen seinerseits einen Schlüssel zu entdecken, der ohne diese Bemühungen unbekannt geblieben wäre. Wenn also der Finder auch nicht für verpflichtet

254 R.v.Thurborn, 1849, 1 Den.C.C.387; 15 Dig.Repl.1049, 10 332.
255 R.v.Knight, 1871, 12 Cox C.C.102; 15 Dig.Repl.1052, 10 361.
256 R.v.Preston, 1851, 2 Den.353; 15 Dig.Repl.1050, 10 337.
257 R.v.Christopher, 1858, Bell C.C.27; 15 Dig.Repl.1049, 10 334.
258 R.v.Glyde, 1868, L.R.1 C.C.R.139; 15 Dig.Repl.1050, 10 336.
259 R.v.Deaves, 1869, 11 Cox C.C.227; 15 Dig.Repl.1051, 6427 (Ir.).
260 R.v.Dixon, 1855, Dears.C.C.580; 15 Dig.Repl.1052, 10 362.
261 Vgl. auch R.v.Pope, 1834, 6 C.& P.346; 15 Dig.Repl.1052, 10 350; R.v.Mole, 1844, 1 C.& K.417; 15 Dig.Repl.1052, 10 354; R.v.Wood, 1849, 3 Cox C.C.453; 15 Dig.Repl.1049, 10 332.
262 R.v.Knight, 1871, 12 Cox C.C.102; 15 Dig.Repl.1052, 10 361; R.v.Deaves, 1869, 11 Cox C.C.227; 15 Dig.Repl.1051, 6427 (Ir.).

erachtet werden darf, etwas zu tun, um nach einem Schlüssel zu suchen, sofern bei der Untersuchung der Sache zur Zeit des Fundes kein vernünftiger Schlüssel sich zeigen sollte, muß er doch andererseits die Fundsache selbst vor ihrer Zueignung nach einem Schlüssel (Kennzeichen und dergleichen), an dem der Eigentümer erkannt werden möchte, in üblicher Weise untersuchen und, wenn ein solcher Schlüssel sich zeigen sollte, vernünftige Mittel gebrauchen, um den Eigentümer ausfindig zu machen.[263] Sollte der Finder dieser Verpflichtung nicht nachkommen, sondern sich die Sache, ohne sie nach einem Schlüssel zu untersuchen, schlechthin zueignen, so ist Diebstahl zu bejahen, sofern er nicht Grund zu der Annahme hatte, daß die Sache derelinqiert sei. Es ist also eine der Handlungsweise eines ehrenhaften Mannes widersprechende Zueignung der Sache, ohne sie nach dem Vorliegen eines Schlüssels zu untersuchen, der Kenntnis des Schlüssels gleichzusetzen,[264] wobei freilich das tatsächliche Vorliegen eines Schlüssels vorausgesetzt ist. Denn da nach dem Ausgeführten die irrtümliche Annahme eines Schlüssels dem Finder, der sich die Sache animo furandi zueignet, nicht schaden kann, so folgt daraus, daß derjenige, der ohne Rücksicht auf das Vorliegen oder Fehlen eines Schlüssels die gefundene Sache sich animo furandi zueignet, gleichfalls bei Fehlen des Schlüssels nicht wegen Diebstahl belangt werden kann. Nach R.v.Coffin[265] freilich möchte solchenfalls auch bei Fehlen eines Schlüssels Diebstahl gegeben sein. Der Untersuchungspflicht wird mitunter auch eine Nachfragepflicht gleichzusetzen sein, sodaß derjenige, der in pflichtwidriger Unterlassung der durch die Sachlage gebotenen Nachfrage sich die Sache animo furandi zueignet, einen Diebstahl begeht, indem er unbekümmert um den aus den Umständen sich ergebenden Schlüssel, dessen Vorliegen ihm nicht unbekannt geblieben sein konnte, die Zueignung vollzieht. Dies steht in Einklang mit

---

263 Pollock, F. and Wright, R.S. op.cit. p.183 mit R.v.Scully, 1845, 1 Cox C.C.189; 15 Dig.Repl.1052, 10 355; Marshall, O.R.: The Problem of Finding, C.L.Pr. vol.2 (1949) p.73.

264 Beal, Edward op.cit. p.71.

265 R.v.Coffin, 1846, 2 Cox C.C.44; 15 Dig.Repl.1052, 10 366; Marshall, O.R.: The Problem of Finding, C.L.Pr. vol.2 (1949) p.72.

R.v.Kerr,[266] wo ein Dienstmädchen wegen Diebstahls von Banknoten - Eigentum ihres Dienstherrn - in dessen Wohnhaus angeklagt war. Sie machte zu ihrer Verteidigung geltend, sie habe die Noten in dem Flur gefunden und, da sie nicht gewußt habe, wem sie gehören, habe sie dieselben behalten, um abzuwarten, ob ein Ausschreiben ihres Verlustes erfolgen würde. Es wurde entschieden, daß sie ihren Dienstherrn hätte fragen sollen, ob die Noten ihm gehörten, und sie hätte sich des Diebstahls dadurch schuldig gemacht, daß sie in Unterlassung der genannten Frage die Noten in dem Hause weggenommen habe. Da nach dem Ausgeführten notwendig ist, daß der Finder von dem vorhandenen Schlüssel nicht nur Kenntnis hat, sondern diese Kenntnis auch bei dem Finder den Eindruck hervorrufen und so zur Annahme führen muß, daß der Eigentümer ausfindig gemacht werden kann, so wäre das Vorliegen eines Diebstahls in dem Falle zu verneinen, daß der vorgelegene Schlüssel als solcher vom Finder nicht erkannt werden konnte. Ein Beispiel hierfür ist R.v.Preston,[267] wo es sich um eine Note handelte, die giriert war und so für einen Gebildeten einen Schlüssel zur Feststellung des Eigentümers enthielt, der aber für den Angeklagten nicht schlüssig war, da derselbe nach der Feststellung des Gerichts nicht lesen konnte. Die Kenntnis oder die vernünftige Annahme der Bestimmbarkeit des Eigentümers der Fundsache durch den Finder muß ebenso wie die Zueignungsabsicht zur Zeit der Wegnahme, d.h. der ohne Zustimmung des Eigentümers erfolgten Besitzerlangung des Finders an der Fundsache, vorhanden sein,[268] wobei die Ansichnahme der Fundsache und die sich unmittelbar anschliessende, durch Kennzeichen ermöglichte Identifizierung des Eigentümers als eine einheitliche Handlung anzusehen ist.[269] Bei Fehlen einer dieser beiden Voraussetzungen ist Diebstahl

266 R.v.Kerr, 1837, 8 C.& P.176; 15 Dig.Repl.1052, 10 363.
267 R.v.Preston, 1851, 2 Den.353; 15 Dig.Repl.1050, 10 337.
268 Scurlock, John: The Element of Trespass in Larceny at Common Law, Temp.L.Q. vol.22 No.1 (July 1948) p.31.
269 Kerr, M.R.E.: The Time of Criminal Intent in Larceny, L.Q.R. vol.66 (1950) p.194.

zu verneinen.[270]

Von dem Vorliegen eines larceny by finding bei Vorhandensein eines Schlüssels zur Feststellung des Eigentümers der Fundsache durch den Finder zur Zeit der Besitzerlangung an derselben gibt es jedoch mehrere Ausnahmen, die durch das Fehlen des animus furandi bedingt sind. Die erste ist gegeben, wenn die Wegnahme der Fundsache in der Absicht erfolgt, sie für den Eigentümer vorläufig in sichere Verwahrung zu nehmen, um sie ihm sodann zurückzugeben. Dabei ist es dem Finder auch gestattet, Sicherungsmaßnahmen bis zur Entdeckung des Eigentümers der Fundsache zu treffen. Es liegt hier kein conversion und kein trespass vor.[271] Hier entfällt ein Verbrechen des Diebstahls, auch wenn der Finder sich hernach entschliessen sollte, die Fundsache sich selbst rechtswidrig zuzueignen. Es fehlt solchenfalls an einer unehrlichen Absicht, dem animus furandi, zur Zeit der Ansichnahme der Fundsache[272] und es kommt daher Diebstahl nicht in Frage.[273] Möglich wäre höchstens ein trespass ab initio bei unbefugter Zurückhaltung, vorausgesetzt daß die Wegnahme auf Grund Mißbrauchs einer gesetzlichen Ermächtigung zur Wegnahme erfolgen sollte.[274] Dabei ist strittig,

---

270 Cross, Rupert: Larceny De Lege Lata, L.Q.R. vol.66 (1950) p.505; Stephen, J.F. op.cit. 9th ed. by Sturge art.364 p. 313; Turner, J.W.C.: Larceny and Trespass. The Case of Riley, L.Q.R. vol.58 (1942) p.349 und eine fortlaufende Reihe von Entscheidungen, die großenteils schon erwähnt worden sind, wie R.v.Thurborn, 1849, 1 Den.C.C.387; 15 Dig.Repl. 1049, 10 332; R.v.Christopher, 1858, Bell C.C.27; 15 Dig. Repl.1049, 10 334; R.v.Glyde, 1868, L.R.1 C.C.R.139; 15 Dig. Repl.1050, 10 336; R.v.Preston, 1851, 2 Den.353; 15 Dig. Repl.1050, 10 337; R.v.Matthews, 1873, 12 Cox C.C.489; 15 Dig.Repl.1050, 10 339; indirekt auch R.v.Shea, 1856, 7 Cox C.C.147; 15 Dig.Repl.1053, 6435 (Ir.); vgl. ferner R.v. Wynne, 1786, 2 East P.C.664; 15 Dig.Repl.1052, 10 368 mit Russell, W.O.: On Crime 10th ed. by J.W.C.Turner vol.2 op. cit. p.1193 und Warburton, H. and Grundy, C.H. op.cit.p.326.

271 Paton, G.W. op.cit. p.121 mit Hollins v. Fowler, 1875, L.R.7 H.L.757; 3 Dig.Bailm.66, 91.

272 Scurlock, John: The Element of Trespass in Larceny at Common Law, Temp.L.Q. vol.22 No.1 (July 1948) p.31.

273 Cross, Rupert: Larceny De Lege Lata, L.Q.R. vol.66 (1950) p.508 mit R.v.Matthews, 1873, 12 Cox C.C.489; 15 Dig.Repl. 1050, 10 339 und eod. n.86; Paton, G.W. op.cit. p.118.

274 Scurlock, John: The Element of Trespass in Larceny at Common Law, Temp.L.Q. vol.22 No.1 (July 1948) p.31 mit n.102.

ob in solchem Falle der Finder ein bailee auf Grund schlüssiger Zustimmung des Eigentümers wird (conclusive bailment) und daher nach Common Law sich eines Diebstahls nur durch breaking bulk oder Zerstörung der Fundsache schuldig machen konnte,[275] oder ob er - was richtiger sein dürfte - trotz seines originären Besitzerwerbs nur für genannten Zweck einem bailee gleichzusetzen sein möchte, ohne aber die Rechtsstellung eines bailee zu erhalten, sodaß er kein Recht zum Besitz gegenüber dem Eigentümer der Fundsache und auch kein Zurückbehaltungsrecht wegen Ausgaben auf Erhaltung der Sache erlangen kann.[276] Ein Funddiebstahl ist wegen Fehlens des animus furandi auch zu verneinen, selbst wenn die sonstigen Voraussetzungen eines Funddiebstahls vorliegen sollten, sofern die Zurückhaltung der Fundsache lediglich in der Hoffnung geschieht, einen Finderlohn zu erhalten. Anders wäre es, wenn die Absicht des Finders dahin ginge, die gefundene Sache nur gegen einen angemessenen Finderlohn wieder zurückzugeben.[277] Ein Funddiebstahl entfällt auch, wenn die Ansichnahme der Fundsache durch den Finder nur zu dem Zweck erfolgt ist, sie zu besichtigen.[278] Aus den Erwägungen, daß zwischen den Fällen des larceny by finding, bei denen der Finder zur Zeit des Fundes den Eigentümer der Fundsache kennt oder doch vernünftige Mittel zur Feststellung des Eigentümers hat, die in ihm den Eindruck der Bestimmbarkeit des Eigentümers hervorrufen, und den Fällen verlegter oder zurückgelas-

---

275 Paton, G.W. op.cit. p.118 n.1; Scurlock, John: The Element of Trespass in Larceny at Common Law, Temp.L.Q. vol.22 No. 1 (July 1948) p.31 mit n.103 unter Hinweis auf Armory v. Delamirie, 1722, 1 Str.505; 22 Dig.Repl.176, 1605.

276 Pollock, F. and Wright, R.S. op.cit. p.187 mit Nicholson v. Chapman, 1793, 2 Hy Bl.254; 3 Dig.Bailm.66, 89; Paton, G.W. op.cit. p.10 n.24.

277 R.v.Yorke, 1848, 1 Den.335; 15 Dig.Repl.1050, 10 344; R.v. Gardner, 1862, L.& C.243; 15 Dig.Repl.1177, 11 895; R.v. Swinson, 1900, 64 J.P.72; 15 Dig.Repl.1088, 10 786; R.v. Spurgeon, 1846, 2 Cox C.C.102; 15 Dig.Repl.1050, 10 343; vgl. auch R.v.Peters, 1843, 1 C.& K.245; 15 Dig.Repl.1050, 10 342.

278 Beal, Edward op.cit. p.71 mit R.v.Wood, 1849, 3 Cox C.C.453, at pp.458-459; 15 Dig.Repl.1049, 10 332.

sener Sachen, auf die in Kürze einzugehen sein wird, kein Unterschied im Wesen, sondern nur darin besteht, daß in den letztgenannten Fällen der Finder regelmässig solch vernünftige Mittel besitzt und daher wissen muß, daß der Eigentümer ausfindig gemacht werden kann,[279] folgt, daß auch hier, wie bei verlegten Sachen, der Eigentümer der Fundsache nur den natürlichen Besitz daran verloren hat, aber im juristischen Besitz derselben geblieben ist, sodaß der Finder, der die Sache an sich bringt, ein trespass und bei gleichzeitigem Vorliegen des animus furandi Diebstahl begeht. So sah man fortan auch in der Kenntnis des Eigentümers der Fundsache durch den Finder oder doch in dessen vernünftiger Annahme von der Feststellbarkeit des Eigentümers nicht mehr ein subjektives Tatbestandsmerkmal des Diebstahls, sondern in den Mitteln zur Feststellung des Eigentümers der Fundsache, die im Finder vernünftigerweise die Annahme der Bestimmbarkeit des Eigentümers hervorrufen, ein den Fortbestand des juristischen Besitzes des Eigentümers an der Fundsache begründendes Moment, dessen in der Ansichnahme der Sache durch den Finder gelegene Entziehung ein trespass und bei gleichzeitigem Vorliegen des animus furandi einen Diebstahl begründet. Eine Bestätigung dieser Rechtslage findet sich unter anderem in Merry v. Green,[280] wo ausgeführt ist: "Es wird gesagt, daß das Delikt kein Diebstahl sein kann, wenn die Wegnahme keine Besitzentziehung darstellen würde. Dies ist richtig. Aber wenn der Finder aus den Umständen des Falles gewußt haben muß, wer der Eigentümer ist, und anstatt die Sache für ihn zu verwahren, von Anfang an die Absicht verfolgt, sie sich zu eigenem Nutzen zuzueignen, so erwirbt er sie nicht auf Grund rechtmässigen Titels und der wahre Eigentümer könnte Besitzentziehung geltend machen". Dahingehend spricht sich auch Scurlock aus, wenn er sagt: "Wo

---

279 Stephen, J.F.: A Digest of the Criminal Law, 6th ed. by Herbert Stephen, London: Macmillan & Co.1904 p.266; Turner, J.W.Cecil: A Modern Approach op.cit. p.385.

280 Merry v. Green (and Dawes), 1841, 7 M.& W.623; 15 Dig.Repl. 1048, 10 323.

der Finder Besitz in verbrecherischer Absicht wegnimmt mit der zu diesem Zeitpunkt vorliegenden Kenntnis, wem die Sachen gehören, oder wo er unmittelbare Gründe für die Annahme hatte, daß der Eigentümer vernünftigerweise ausfindig gemacht werden könne, so ist ein solcher Finder des Diebstahls schuldig. Wurde einmal angenommen, daß der Besitz des Verlierers solange fortdauerte, bis durch den Finder rechtmässiger Besitz erworben wird, so konnte kein gesetzlicher Einwand gegen eine Verurteilung erhoben werden. Das Verbrechen ist im Augenblick der Wegnahme oder, wenn der Gegenstand in einem Paket oder Behältnis verborgen ist, sobald er entdeckt wird, vollendet. Ein Beweis der Zueignung ist nur notwendig, um die ursprüngliche Absicht festzustellen ... Daß der Finder den Namen des Eigentümers tatsächlich nicht kennt, ist unwesentlich".[281] Wo Sachen unachtsamerweise mit anderen Gegenständen übergeben werden, ist, wie behauptet wird, das Problem genau dasselbe, wie wenn der Angeklagte verlorene oder verlegte Sachen entdecken sollte.[282] Das in den bisherigen Ausführungen geschilderte Common Law-Prinzip wurde unverändert in das Larceny Act von 1916 s.1 (2) (i) (d) übernommen, dessen einschlägige Bestimmung lautet: "the expression "takes" includes obtaining the possession - (d) by finding, where at the time of the finding the finder believes that the owner can be discovered by taking reasonable steps".[283] "Diese Bestimmung", so führt Stephen aus, "umfaßt, wie es scheint, vollständig, wie es zweifellos auch beabsichtigt war, alles Fallrecht (case law), von welchem die Frage früher abhing. Es ist daher nicht notwendig, Entscheidungen mitzuteilen, die vor 1916 getroffen worden sind, und seither sind keine mehr getroffen worden".[284] Freilich ist der letzte Teil die-

---

281 Scurlock, John: The Element of Trespass in Larceny at Common Law, Temp.L.Q. vol.22 No.1 (July 1948) p.33.

282 Scurlock, John: The Element of Trespass in Larceny at Common Law, Temp.L.Q. vol.22 No.1 (July 1948) p.38 mit Merry v. Green (and Dawes), 1841, 7 M.& W.623; 15 Dig.Repl.1048, 10 323.

283 Kerr, M.R.E.: The Time of Criminal Intent in Larceny, L.Q.R. vol.66 (1950) p.176.

284 Stephen, J.F. op.cit. 9th ed. by Sturge p.325 n.2.

ser Feststellung, der, als sie gemacht wurde, richtig war, heute nicht mehr richtig. Inzwischen sind zwei Fälle, nämlich der Button "B" Pennies Fall[285] und Hibbert v. McKiernan[286] zur Entscheidung gekommen, in denen der Rechtssatz aufgestellt wurde, daß, wenn jemand zum Zweck des Stehlens in ein Grundstück eindringt und auf diese Weise trespasser to land ist, er keinen Rechtstitel durch Finden erwerben kann, seine Handlung also eine unrechtmässige Besitzentziehung darstellt und bei dem Vorliegen des animus furandi Diebstahl begründet.[287] Auf diese beiden Fälle werde ich noch in anderem Zusammenhang zurückkommen. Die Fassung des s.1 (2) (i) (d) Larceny Act von 1916 (obtaining the possession by finding) bestätigt auch die allgemeine Auffassung, daß das larceny by finding voraussetzt, daß der Besitz des Eigentümers an der Fundsache solange fortbesteht, bis der Finder ihm den Besitz daran durch die Ansichnahme im Wege eines trespass entzieht[288] und damit animo furandi Diebstahl begeht. Abweichend hiervon stellt Kenny nicht auf das objektive Vorliegen eines trespass, sondern lediglich auf die Zustimmung des Eigentümers und das Fehlen des animus furandi beim ehrlichen Finder ab.[289]

Kein Diebstahl durch Finden liegt, wie schon aus den bisherigen Ausführungen zu entnehmen ist, in den Fällen des "reinen Findens" (pure finding) vor, d.h. in jenen Fällen des Findens, wo zur Zeit des Fundes und der in einer Handlung damit verbundenen Prüfung der Fundsache durch den Finder weder der Fundort[290] noch

---

285 Button "B" Pennies Case, The Solicitor vol.14 (1947) No.3 p.50.

286 Hibbert v. McKiernan, 1948, (1948) 2 K.B.142; 15 Dig.Repl. 1086, 10 752.

287 Marshall, O.R.: The Problem of Finding, C.L.Pr. vol.2 (1949) p.80.

288 Holmes, Oliver Wendell op.cit. 43rd Printing (1949)pp.237 et seq.

289 Kenny, C.S. op.cit. new ed. by J.W.Cecil Turner, Cambridge University Press 1952 pp.226-227.

290 Vgl. Button "B" Pennies Case, The Solicitor vol.14 (1947) No.3 p.50.

die Fundzeit noch die Umstände, unter denen der Fund erfolgt, noch die Fundsache selbst[291] noch die Kenntnis des Finders einen vernünftigen Schlüssel abgeben, um in dem Finder den Eindruck hervorzurufen, daß der Eigentümer durch Ergreifung vernünftiger Schritte ausfindig gemacht werden kann, noch solche Umstände vorliegen, die in dem Finder einen vernünftigen Schluß darauf zulassen, daß der Eigentümer weiß, wo er die Sache suchen muß. Dieser Fall hat strafrechtlich keine Bedeutung, da unter solchen Umständen dem Eigentümer der Besitz an der Fundsache endgültig verloren gegangen ist und der Finder mit der Ansichnahme der Fundsache nach gebührender erfolgloser Nachforschung, deren Genauigkeit sich nach dem Wert der Fundsache zu richten hat,[292] selbst rechtmässigen Besitz daran erworben hat, auch wenn hernach der Eigentümer ausfindig gemacht werden sollte.[293] Zivilrechtlich freilich unterliegt der Finder der Herausgabeklage (action of trover) des Eigentümers. Diese letztere strafrechtlich vielfach unbefriedigende Rechtslage ist allerdings praktisch mit der Zeit insofern abgeschwächt worden, als für öffentliche Verkehrsmittel gesetzlich festgelegt wurde, daß die in ihnen verlorengegangenen Sachen in den Besitz der Transportgesellschaft übergehen und die Aneignung dieser Sachen durch Unbefugte ein trespass und animo furandi Diebstahl begründet.[294] Aber auch bei privaten Verkehrsmitteln wird meist ein ausreichender Schlüssel zur Feststellung des Eigentümers vorliegen und damit Straflosigkeit entfallen.[295] Im

291 Vgl. Elwes v. Brigg Gas Co., 1886, 33 Ch.D.562; 31 Dig.Repl. 93, 2427.
292 Pollock, F. and Wright, R.S. op.cit. p.183; Paton, G.W. op. cit. p.119.
293 Scurlock, John: The Element of Trespass in Larceny at Common Law, Temp.L.Q. vol.22 No.1 (July 1948) p.32; Kerr, M.R.E.: The Time of Criminal Intent in Larceny, L.Q.R. vol.66 (1950) p.176.
294 R.v.Pierce, 1852, 6 Cox C.C.117; 15 Dig.Repl.1053, 10 371; jetzt: London Hackney Carriage Act 1853 (16 & 17 Vict. c.33) s.11; Metropolitan Public Carriage Act 1869 (32 & 33 Vict. c.115) s.9 (5) and s.10; Civil Aviation Act 1946 (10 & 11 Geo.VI c.70) s.45 (c); Transport Act 1946 (10 & 11 Geo.VI c. 49) s.119 (c); vgl. auch Marshall, O.R.: The Problem of Finding, C.L.Pr. vol.2 (1949) p.78; Russell, W.O.: A Treatise op. cit. 8th ed. p.1158.
295 Beal, Edward op.cit. p.70 mit Wynne's Case, 1786, 1 Leach C. C.413; 15 Dig.Repl.1052, 10 368.

übrigen freilich bleibt der Finder im Falle reinen Findens straflos. Zivilrechtlich ist allerdings strittig, ob in diesen Fällen der Finder oder der Inhaber des Fundorts den Besitz an der Fundsache erwirbt.[296]
Von den verlorenen Sachen sind die bloß verlegten oder versehentlich zurückgelassenen Sachen zu unterscheiden. Eine Sache ist verloren, wenn ihr Eigentümer den Besitz derselben, ohne es zu wissen und unfreiwillig durch Fahrlässigkeit oder Unachtsamkeit aufgibt, z.B. wenn er zufällig und unabsichtlich die Sache an einem öffentlichen Platz zurückläßt. Eine Sache ist dagegen im rechtlichen Sinne verlegt, wenn der Eigentümer freiwillig und vorsätzlich die Sache irgendwo hingelegt hat und vergißt, wohin er sie gelegt hat.[297] Versehentlich zurückgelassene Sachen sind Sachen, die der Eigentümer aus Unachtsamkeit liegengelassen hat, von denen er jedoch weiß, wo sie liegen und wo er sie daher wieder zu holen hat, z.B. in einem Laden oder Verkaufsstand, wo der Eigentümer kurz zuvor einen Einkauf gemacht hatte, oder in einer Bank oder einem Postschalterraum, in denen der Eigentümer die Sache, z.B. eine Brieftasche oder einen Füllfederhalter auf dem Zahltisch liegen ließ, oder in einer Gastwirtschaft, die er kurz vorher besucht hatte. In diesen Fällen ging man davon aus, daß es sich überhaupt nicht um verlorene Sachen handele und daß daher auch eine Besitzerlangung durch Fund nicht in Frage komme, sondern daß der Besitz dem Eigentümer gar nicht verloren gegangen sei

---

296 Winfield, P.H.: A Textbook op.cit. pp.350-351 mit Pollock, F. and Wright, R.S. op.cit. p.41 und Elwes v. Brigg Gas Co., 1886, 33 Ch.D.562; 31 Dig.Repl.93, 2427; sowie South Staffordshire Waterworks Co.Ltd v. Sharman, 1896, 2 Q.B.44; 3 Dig.Grat.Bailm.65, 80 einerseits und Bridges v. Hawkesworth, 1851, 21 L.J.Q.B.73, 75; 3 Dig.Bailm.64, 77; sowie Hannah v. Peel, 1945, (1945) K.B.509; 2 Dig.Supp.3 Bailm.5, 78 a andererseits; Beal, Edward op.cit. pp.72-73 mit Kritik der letzteren Fälle durch Goodhart, Arthur L.: Three Cases on Possession.-In: Essays in Jurisprudence and the Common Law, Cambridge University Press 1931 c.IV; vgl. auch L.Q.R. vol. 61 (1945) "Notes" pp.333-334.

297 Paton, G.W. op.cit. p.126 and eod. n.33 (amerikanische Entscheidungen); Scurlock, John: The Element of Trespass in Larceny at Common Law, Temple Law Quarterly vol.22 No.1 (July 1948) p.33.

und deshalb derjenige, der die Sache an sich nehme, ein trespass und bei Vorliegen des animus furandi Diebstahl begehe.[298] Im Falle R.v.Moore[299] hatte ein Kunde seinen Geldbeutel in einem Friseursalon fallengelassen und hatte, da er jederzeit zurückkommen und ihn wieder abholen konnte, den Besitz daran noch nicht verloren. Der Angeklagte nahm so zur Zeit, als er den Geldbeutel aufhob, nach Feststellung der jury an, daß der Eigentümer ausfindig gemacht werden könne. Es wurde daher Diebstahl bejaht. Im Falle R.v.West,[300] wo der Eigentümer seine Geldbörse bei einem Einkauf auf einem Marktstand versehentlich liegengelassen hatte, ohne daß auch der Verkäufer es bemerkt hatte, welcher aber nach Hinweis durch einen Fremden die Geldbörse animo furandi an sich nahm und dem Eigentümer gegenüber, als derselbe zurückkam, um nach dem Verbleib der Geldbörse zu fragen, jede Kenntnis davon ableugnete, wurde der Verkäufer des Diebstahls für schuldig befunden. Jewis J. führte dazu in der Urteilsbegründung unter anderem aus: "Aber es ist in diesem Falle kein Grund für die Annahme, daß die Sache überhaupt verloren war oder daß der Verkäufer vernünftigerweise wenigstens annehmen durfte, daß sie verloren war. Es besteht ein klarer Unterschied zwischen Eigentum, das verloren ist und Eigentum, das ... wie in diesem Falle hingelegt und irrtümlicherweise unter Umständen zurückgelassen ist, die den Eigentümer in die Lage versetzen, den Platz, wo er es zurückgelassen hatte und an den er natürlicherweise zurückkehren würde, wieder zu finden. Die Frage der Besitzerlangung durch Fund entsteht also hier gar nicht."[301] Liegt in solchen Fällen eine verlorene Sache überhaupt nicht vor, so bedeutet dies, daß der Eigentümer nur den physischen Besitz (die Obhut) daran verloren hat und nicht den juristischen Besitz, sodaß derjenige,

---

298 R.v.Moore, 1861, L.& C.1; 15 Dig.Repl.1050, 10 335; R.v.West, 1854, Dears.C.C.402; 15 Dig.Repl.1052, 10 370.

299 R.v.Moore, siehe Anm.298.

300 R.v.West, siehe Anm.298.

301 Russell, W.O.: A Treatise op.cit. p.1159; Archbold, J.F. op. cit. 32nd ed. p.534; Journal of Criminal Law vol.XV (1951) p.20.

der solche Sachen ohne Zustimmung des Eigentümers an sich nimmt, trespass und bei Vorliegen des animus furandi Diebstahl begeht.[302] Ein bailment und damit eine zeitweise Besitzüberlassung kann infolge Fehlens der notwendigen Absicht seitens des Eigentümers nicht als vorliegend angesehen werden. Nur bezüglich von Sachen, die bei einem Gastwirt zurückgelassen werden, wird im allgemeinen ein stillschweigendes bailment (conclusive bailment) bejaht, sodaß hier ein larceny by a bailee in Frage käme, falls der Gastwirt selbst die zurückgelassene Sache sich zueignen würde.[303] Aus der Annahme des conclusive bailment folgt andererseits auch, daß dem Gastwirt Besitzschutz gegen Dritte zuerkannt wird.[304] Ähnlich dürfte es in den schon erwähnten Fällen liegen, bei denen der Besitz an den Fundsachen kraft gesetzlicher Bestimmung auf die Transportgesellschaft, z.B. Eisenbahnverwaltung, übergeht, sodaß derjenige, der sie unbefugt animo furandi an sich nimmt, sich eines Diebstahls durch unmittelbare Wegnahme beim bailee schuldig macht.[305]

Von diesen Fällen versehentlich zurückgelassener Sachen unterscheiden sich die Fälle verlegter Sachen dadurch, daß hier der Eigentümer nicht mehr weiß, wo er sie hingelegt hat. Sie unterscheiden sich, wie schon oben ausgeführt, von den Fällen des Findens, in denen der Finder den Eigentümer kennt oder doch unmittelbare Gründe für die Annahme hat, daß der Eigentümer ausfindig gemacht werden kann, nicht dem Wesen nach, sondern nur darin, daß bei ersteren der Finder regelmässig vernünftige Mittel besitzt und daher wissen muß, daß der Eigentümer ausfindig gemacht werden kann. Auch hier verliert also der Eigentümer nur den physischen Besitz (Obhut) an der verlegten Sache, bleibt aber konstruktiv im juristischen Besitz derselben,[306] wie auch

---

302 Pollock, F. and Wright, R.S. op.cit. p.186.
303 Pollock, F. and Wright, R.S. op.cit. p.186.
304 Holmes, Oliver Wendell op.cit. p.190.
305 R.v.Pierce, 1852, 6 Cox C.C.117; 15 Dig.Repl.1053, 10 371; Journal of Criminal Law vol.XV (1951) pp.20, 21-23.
306 Scurlock, John: The Element of Trespass in Larceny at Common Law vol.22 No.1 (July 1948) p.33 und eod. n.113 mit den dort aufgeführten Entscheidungen.

das Recht zum Besitz der Sache ihm trotz des Verlegens der Sache ungeschmälert zusteht. Eine verbrecherische Zueignung der verlegten Sachen zu irgendeiner Zeit wird Diebstahl begründen. Wo jemand im ersten Augenblick in verbrecherischer Absicht die Sache wegnimmt, ist der Diebstahl klarerweise vollendet. Aber auch eine nachfolgende Zueignung wird aus dem Grunde genügen, daß der Finder der verlegten Sache in gleicher Weise wie der Dienstbote nur Obhut, d.i. natürlichen Besitz, hat.[307] Ein wesentlicher Unterschied zwischen den verlorenen Sachen im Sinne des Larceny Act von 1916 s.1 (2) (1) (d) und den verlegten Sachen liegt darin, daß bei den ersteren der Finder die Diebstahlsabsicht zur Zeit der Wegnahme haben muß, während bei den verlegten Sachen die Zueignungsabsicht auch dann zur Bestrafung wegen Diebstahls ausreicht, wenn erst nach erfolgtem Besitzerwerb ihr Vorhandensein nachweisbar ist.[308] Auch bei den verlegten Sachen ist das Vorliegen eines Diebstahls zu verneinen, wenn der Finder die verlegte oder versehentlich zurückgelassene Sache nur zu Gunsten des Eigentümers zu sicherer Verwahrung an sich nimmt, um sie dem Eigentümer zurückzugeben. Während aber bei den verlorenen und zurückgelassenen Sachen eine nachträgliche Änderung der Gesinnung und so der hernach gefaßte Entschluß des Finders sich die Sache rechtswidrig zuzueignen strafrechtlich ohne Bedeutung ist, begründet nach den obigen Ausführungen bei den verlegten Sachen auch der nachträglich gefaßte animus furandi Diebstahl. Sowohl bei den verlorenen wie bei den verlegten oder zurückgelassenen Sachen ist das Vorliegen eines Diebstahls zu verneinen, wenn es sich um herrenlose oder um derelinqierte, also beidesfalls besitzlose, Sachen handelt, da an ihnen eine rechtswidrige Besitzentziehung nicht in Frage kommen kann. Dies gilt selbst dann, wenn der Finder eine derelinquierte Sache in der irrigen Annahme, sie sei das Ei-

307 Scurlock, John: The Element of Trespass in Larceny at Common Law, Temp.L.Q. vol.22 No.1 pp.33-34, eod. n.114 bezugnehmend auf R.v.West, 1854, Dears.C.C.402; 15 Dig.Repl.1052, 10 370, und State v. Courtsol, 1915, 89 Conn.564; 94 Atl.973; L.R.A. 465.

308 Scurlock, John: The Element of Trespass in Larceny at Common Law, Temp.L.Q. vol.22 No.1 pp.34, 37.

gentum eines anderen, und animo furandi an sich nimmt. Es käme lediglich ein versuchter Diebstahl am untauglichen Objekt in Betracht. Aber darüber hinaus entfällt das Verbrechen des Diebstahls wegen Fehlens des animus furandi auch dann, wenn der Finder, wie z.B. bei geringwertigen Sachen, vernünftigerweise, d.h. mit Grund annehmen durfte, daß die gefundene und von ihm in Besitz genommene Sache herrenlos oder vom Eigentümer derelinquiert worden sei, auch wenn seine Annahme auf Irrtum beruhte,[309] nicht aber wenn die verbrecherische Wegnahme nur mit diesem Vorwand beschönigt werden soll. So wurde die Dereliktionsabsicht des Eigentümers und eine begründete Annahme der Finder für das Vorliegen einer Dereliktion in R.v.Edwards and Stacey[310] verneint, wo der Eigentümer drei von einem tollen Hund gebissene Schweine erschossen und vergraben hatte, die von den Angeklagten gesucht, wieder ausgegraben und an eine Fleischwarenhandlung verkauft wurden, da die Absicht des Eigentümers gerade dahin ging, eine Verwendung der Schweine zu verhindern und diese Absicht anderen erkennbar gewesen sein mußte, eine ehrenhafte Annahme erfolgter Dereliktion also zu verneinen war. Den Fällen verlegter oder versehentlich zurückgelassener Sachen möchten auch die Fälle herumstreifender Haustiere gleich zu erachten sein, insofern auch bei ihnen aus den Umständen ersichtlich ist, daß der juristische Besitz vom Eigentümer nicht aufgegeben ist und daher derjenige, der sie an sich bringt, ein trespass und bei Vorliegen des animus furandi Diebstahl begeht.[311] Wird eine Sache vom Eigentümer nicht ver-

309 R.v.Dixon, 1855, Dears.C.C.580; 15 Dig.Repl.1052, 10 362; Turner, J.W.Cecil: Larceny and Trespass. The Case of Riley, L.Q.R. vol.58 (1942) p.349; R.v.Peters, 1843, 1 C.& K.245; 15 Dig.Repl.1050, 10 342 per Rolfe B.; Scurlock, John: The Element of Trespass in Larceny at Common Law, Temp.L.Q. vol. 22 No.1 p.32; Beal, Edward op.cit. p.71 mit R.v.Glyde, 1868, L.R.1 C.C.R.139; 15 Dig.Repl.1050, 10 336.

310 R.v.Edwards and Stacey, 1877, 13 Cox C.C.384; 15 Dig.Repl. 1077, 10 638.

311 Russell, W.O.: On Crime op.cit. vol.2 p.1192 mit n.10; R.v. Cook, Gloucester Spring Ass. 1842 M.S.C.C.6; R.v.Hutchinson, 1 Lew.C.C.195; Scurlock, John: The Element of Trespass in Larceny at Common Law, Temp.L.Q. vol.22 No.1 p.36.

sehentlich, sondern absichtlich an einem bestimmten Ort zurückgelassen in einer Weise, daß aus den Umständen erhellt, daß sie dort von ihm wieder abgeholt werden will, so kann es sich bei demjenigen, der die Sache an sich nimmt, nicht um Besitzerwerb durch Fund handeln, da der Eigentümer den juristischen Besitz an der Sache gar nicht verloren hat, sondern höchstenfalls den physischen Besitz. Derjenige, der unter diesen Umständen die Sache an sich nimmt, begeht ein trespass und bei Vorhandensein des animus furandi Diebstahl. So z.B., wo jemand seine Geldbörse in einem Kornfeld verborgen hat und sein Dienstbote sie gefunden und einen Teil des Inhalts weggenommen hat, obwohl aus den Umständen hervorging, daß der Dienstbote wußte, daß sein Dienstherr die Börse an den Fundort hingelegt hatte.[312] Es dürfte sich dieser Fall von den Fällen versehentlich zurückgelassener Sachen nicht qualitativ, sondern nur quantitativ unterscheiden, indem hier der Fortbestand des juristischen Besitzes beim Eigentümer stärker und deutlicher in die Erscheinung tritt, als bei den Fällen versehentlich zurückgelassener Sachen.
Die Rechtsgrundsätze über Diebstahl durch Fund können klarerweise auf solche Fälle keine Anwendung finden, in denen der Verlust der Fundsache nur ein scheinbarer ist, der Eigentümer vielmehr im juristischen Besitz der Sache geblieben ist und der Wegnehmende ein trespasser ist, der bei Hinzutritt des animus furandi im Zeitpunkt der Wegnahme Diebstahl begeht.[313] Ein Beispiel dafür bietet Cartwright v. Green,[314] wo der Angeklagte, ein Schreiner, in einem geheimen Schubfach des ihm zur Reparatur überlassenen Schreibtisches Geld fand und es sich rechtswidrigerweise zueignete. Hier erlangte der Angeklagte mit dem übergebenen Schreibtisch nur natürlichen Besitz an dem im ge-

312 1 Hale 507.

313 Vgl.Grueber, Erwin: A Difficulty in the Doctrine of Consideration, L.Q.R. vol.2 (1886) p.238 mit Isaack v. Clark, 1615, 2 Bulstr.306; 3 Dig.Bailm.66, 87; 108, 335; 43 Dig. Trov.467, 53.

314 Cartwright v. Green, 1802, 8 Ves.jun.405; 15 Dig.Repl.1049, 10 330.

heimen Schubfach befindlichen Geld, dessen juristischer Besitz ihm mit dem Schreibtisch nicht übergeben wurde, sondern beim Eigentümer des Schreibtisches verblieb, sodaß der Angeklagte mit der rechtswidrigen Ansichnahme des Geldes ein trespass und bei Vorliegen des animus furandi Diebstahl beging. Hier liegt ein Diebstahl durch unmittelbare Wegnahme und nicht durch Fund vor. Diese Auffassung dürfte auch aus der Urteilsbegründung des Lordkanzlers zu entnehmen sein, der unter anderem ausführte: "Um ein felony" - das ist ein Verbrechen - "zu begehen, muß notwendigerweise ein verbrecherisches Wegnehmen vorliegen ... Nach allen Fällen bei Hawkins kann es nicht zweifelhaft sein, daß dieser Schreibtisch dem Schreiner G. zu keinem anderen Zweck als zur Reparatur übergeben worden ist. Wenn er einen Teil davon aufbrach, den er für Zwecke der Reparatur nicht zu berühren brauchte, mit der Absicht, zu seinem eigenen Vorteil an sich zu nehmen und sich zuzueignen, was er finden sollte, so wäre dies ein verbrecherisches Wegnehmen nach dem Grundsatz aller neueren Fälle, da es nicht durch den Zweck, für den die Sache übergeben worden ist, gerechtfertigt gewesen ist. Wenn eine Brieftasche mit Banknoten in der Tasche einer Jacke gelassen wurde, die zum Ausbessern weggeschickt worden ist und der Schneider die Brieftasche aus der Tasche herausnimmt und sie sich zueignet, so besteht nicht der geringste Zweifel, daß es" - in gleicher Weise - "ein felony ist". Auch Paton[315] teilt diese Auffassung, während Archbold,[316] Stephen[317] und Beal[318] zwar zu demselben Ergebnis kommen, aber einen Funddiebstahl des Schreiners bejahen, weil er gewußt habe, wem der Schreibtisch gehörte, gleichgültig, ob er irrtümlicherweise eine andere Person als den wirklichen Eigentümer als den Eigentümer des Schreibtisches ansah. Diese Auffassung läßt sich aber nur halten, wenn man die Grundsätze über Funddiebstahl analog anwendet, da ja ein wirklicher Verlust des

---

[315] Paton, G.W. op.cit. p.120.

[316] Archbold, J.F. op.cit. 32nd ed. p.534.

[317] Stephen, J.F. op.cit. 6th ed. art.328 p.265.

[318] Beal, Edward op.cit. p.70.

Geldes durch den Eigentümer des Schreibtisches nicht eingetreten war. Ähnlich liegt der Fall in Merry v. Green and Dawes,[319] wo jemand bei einer öffentlichen Versteigerung einen Schreibtisch ersteigerte, in welchem er hernach ein geheimes Schubfach entdeckte, das eine Geldbörse und Geld enthielt. Zur Zeit des Verkaufs wußte niemand, daß der Schreibtisch etwas enthielt; er wurde so ausgeboten, wie er dastand. Parke B. behandelte diesen Fall als einen solchen des Findens. Er ging in der Urteilsbegründung davon aus, daß, wenn dem Erwerber bekanntgegeben worden wäre, daß er den Inhalt des Schreibtisches nicht bekommen solle, es ein klarer Fall des Diebstahls wäre. Aber auch ohne solchen Vorbehalt ist nach dem Urteil Diebstahl zu bejahen. Hierzu führt Parke B. unter anderem aus: "Aber es scheint uns, daß, obwohl eine Übergabe des Schreibtisches erfolgte und ein rechtmässiges Eigentum daran auf den Erwerber überging, es keine Übergabe von der Art war, daß sie einen rechtmässigen Besitz an der Geldbörse und dem Geld verschaffte. Der Verkäufer hatte keine Absicht sie zu übergeben, noch der Käufer sie zu erhalten. Beide wußten nichts von ihrer Existenz und als der Erwerber entdeckte, daß ein geheimes Schubfach vorhanden war, das die Börse und das Geld enthielt, war es ein gewöhnlicher Fall des Findens, und das Recht, das auf alle Fälle des Findens anwendbar ist, gilt auch für diesen Fall". "Wenn so" - so fährt der Richter weiter fort - "der Erwerber den Eigentümer kannte oder wenn er aus irgendwelchen Kennzeichen auf der Fundsache oder aus anderen Umständen vernünftigerweise annehmen mußte, daß der Eigentümer ausfindig gemacht werden könne und sich gleichwohl die Sache arglistigerweise zueignete, so liegt Diebstahl vor. Nur wenn der Schreibtisch mit seinem bekannten und unbekannten Inhalt verkauft worden wäre, hätte der Erwerber auch Besitz und Eigentum an der Geldbörse und dem Geld erworben und dann käme eine strafbare Handlung des Erstehers nicht in Frage".[320] Ein interessanter Fall schein-

---

319 Merry v. Green and Dawes, 1841, 7 M.& W.623; 15 Dig.Repl. 1048, 10 323.

320 Archbold, J.F. op.cit. 32nd ed. (1952) p.534; Warburton, Henry and Grundy, Claude H. op.cit. p.327.

baren Fundes ist Hibbert v. McKiernan.[321] Der Angeklagte betrat unbefugt den bewachten Golfspielplatz, der Mitgliedern eines Golfklubs gehörte, und fand dort acht Golfbälle, die er mitnahm und sich zueignete. Die Spieler hatten die Bälle nach erfolglosem Suchen liegengelassen. Es wurde entschieden, daß der Angeklagte die Bälle animo furandi weggenommen habe und deshalb des Diebstahls schuldig sei. In der Urteilsbegründung führte Lord Goodard unter anderem aus: "Jeder Hausbesitzer und Grundeigentümer ist der Auffassung und beabsichtigt, Diebe und Unrechttuer von dem Eigentum auszuschliessen, das von ihm innegehabt wird, und dies verleiht ihm an den Sachen, die auf seinem Grund und Boden gefunden werden, ein special property, das ausreicht, eine Anklage wegen Diebstahls zu stützen, wenn die Sachen daraus ohne Vorliegen eines Rechtsanspruchs mit verbrecherischer Absicht weggenommen werden". Selbstverständlich war keine Erlaubnis der Wegnahme der Bälle seitens des Golfklubs vorhanden; vielmehr meinte der Klub die Bälle wieder zu erhalten, wenn das Gras des Platzes abgemäht sein werde. Es war daher keine Aufgabe der Bälle in dem Sinne, daß sie eigentums- und besitzlos geworden wären. Zwar erstreckt sich der Besitz an Grund und Boden nach Pollock und der auf seine Auffassung gestützten Rechtsprechung,[322] die allerdings nicht unbestritten[323] und insbesondere von Goodhart[324] scharf kritisiert und abgelehnt wird, ipso jure nur auf solche Sachen, die mit dem Grund und Boden fest verbunden oder im Boden unter der Oberfläche gelegen sind,[325] nicht aber notwendigerweise auf solche, von niemand

---

321 Hibbert v. McKiernan, 1948, (1948) 2 K.B.142; 15 Dig.Repl. 1086, 10 752.

322 Pollock, F. and Wright, R.S. op.cit. p.41; Bridges v. Hawkesworth, 1851, 21 L.J.K.B.75; 3 Dig.Bailm.64, 77; bestätigt durch Hannah v. Peel, 1945, (1945) K.B.509; 2 Dig.Supp.3 Bailm.5, 78 a.

323 Beal, Edward op.cit. p.72; Holmes, Oliver Wendell op.cit. p.224.

324 Goodhart, Arthur L.: Three Cases on Possession.-In: Essays in Jurisprudence and the Common Law, Cambridge University Press 1931 c.IVpp.75 et seq.

325 South Staffordshire Waterworks Co.Ltd v. Sharman, 1896, 2 Q. B.44; 3 Dig.Grat.Bailment 65, 80; Elwes v. Brigg Gas Co., 1886, 33 Ch.D.562; 3 Dig.Bailm.65, 79.

sonst besessene Sachen, die nur unverbunden auf der Oberfläche liegen und dem Zugriff von Passanten offenstehen. Hier ist darauf abzustellen, ob das Grundstück der Öffentlichkeit nicht zugänglich ist, sodaß schon das Betreten des Grundstücks ein trespass darstellt. Solchenfalls liegt ohne weiteres Besitz des Grundstückeigentümers an den darauf befindlichen beweglichen Sachen vor. Ist dagegen das Grundstück der Öffentlichkeit zugänglich, so steht dem Grundstückseigentümer der Besitz an den auf dem Grundstück befindlichen beweglichen Sachen nur zu, wenn die Einwilligung des Berechtigten zum Betreten des Grundstücks ausnahmsweise als ausgeschlossen zu betrachten ist; so stets, wenn jemand das Grundstück in rechtswidriger Absicht, insbesondere des Stehlens wegen, betritt. Ein solcher Fall ist der "Button "B" Pennies Fall",[326] wo ausgesprochen ist, daß ein trespasser keinen Rechtstitel durch Finden erwerben kann[327] und daß er, wenn er in unehrlicher Weise Besitz an den Fundsachen durch rechtswidrige Wegnahme erwirbt, des Diebstahls schuldig ist. In Übereinstimmung hiermit steht die alternative Urteilsbegründung in Hibbert v. McKiernan. Freilich ist im letzteren Fall diese Begründung nicht erforderlich, da hier die Klubmitglieder von vornherein, wie aus dem Sachverhalt erhellt, beabsichtigten, andere von der Einmischung in die auf dem bewachten Golfplatz befindlichen Bälle auszuschliessen (animus possidendi) und auch die Macht über sie hatten, um einer solchen Absicht im Klageweg Wirksamkeit zu verleihen (corpus possessionis). Sie hatten so nach wie vor juristischen Besitz an den Bällen. Der Umstand, daß sie von der augenblicklichen Lage der Bälle keine Kenntnis hatten, verhinderte das Vorhandensein des zum juristischen Besitz erforderlichen animus possidendi bei ihnen nicht, da dieser in der weitergehenden Absicht, andere von dem Ort, wo die Bälle lagen, auszuschliessen,

---

326 Button "B" Pennies Case, The Solicitor vol.14 (1947) No.3 p.50.

327 Marshall, O.R.: The Problem of Finding, C.L.Pr. vol.2 (1949) p.82; Salmond, John W.: Jurisprudence on the Theory of the Law, 9th ed., p.384; siehe auch Elwes v. Brigg Gas Co., 1886, 33 Ch.D.562; 3 Dig.Bailm.65, 79.

enthalten war.[328] Der Angeklagte machte sich daher durch rechtswidrige Entziehung des juristischen Besitzes animo furandi des Diebstahls schuldig.

c) Diebstahl durch Dienstboten und Eheleute

Im Zusammenhang mit dem einfachen Diebstahl durch rechtswidrige Besitzentziehung animo furandi kann auch die Frage des Dienstboten- und Ehegattendiebstahls nicht ausser Betracht gelassen werden.

aa) Diebstahl durch Dienstboten

Hierbei ist zunächst zu prüfen, was das englische Recht unter einem Dienstboten, Bediensteten oder Diener (servant) versteht. Ein Prüfstein für das Vorliegen eines Dienerverhältnisses ist darin zu erblicken, ob die in Dienst gestellte Person nach ausdrücklichem oder schlüssigem Dienstvertrag oder kraft tatsächlicher Beschäftigung,[329] z.B. bei Nichtigkeit des Dienstvertrags oder bei Fehlen jeglicher vertraglicher Bindung, unter der Kontrolle des Dienstherrn steht und verpflichtet ist, dessen rechtmässigen Anweisungen, die ihm in Zusammenhang mit dem Beschäftigungsverhältnis erteilt werden, Folge zu leisten, sowohl in Bezug darauf, was zu tun als wie es zu tun ist, und sich dessen Aufsicht zu unterwerfen.[330] Die Verwendung braucht nicht von dauernder Art zu sein; auch bei bloß gelegentlicher Verwendung

---

328 Vgl. die Urteilsbegründung durch Pritchard J. in Hibbert v. McKiernan, 1948, (1948) 2 K.B.142; 15 Dig.Repl.1086, 10 752; Salmond, John: Jurisprudence op.cit. 9th ed. p.306; Goodhart, Arthur L.: Three Cases on Possession.-In: Essays in Jurisprudence and the Common Law, Cambridge University Press 1931 c.IV p.79.

329 R.v.Foulkes, 1875, L.R. 2 C.C.R.150; 15 Dig.Repl.1095, 10 854.

330 R.v.Turner, 1870, 11 Cox C.C.551; 15 Dig.Repl.1096, 10 865; R.v.Negus, 1873, L.R. 2 C.C.R.34; 15 Dig.Repl.1095, 10 851; Kenny, C.S. op.cit. new ed. by J.W.Cecil Turner (1952) p.264; Pollock, F. op.cit. c.3 § 3 d; Stephen, J.F. op.cit. 9th ed. by Sturge (1950) art.373 pp.325-326.

kann ein Bedienstetenverhältnis vorliegen.[331] Zweifelhaft, aber wohl zu bejahen, ist dies bei bloß einmaliger Beauftragung.[332] Die Vergütungsart ist unerheblich.[333] Auch steht nichts im Wege, daß der Bedienstete zu mehreren Personen in einem Dienstverhältnis steht.[334] Bei häuslichen Dienstboten kann kein Zweifel über die Dienstboteneigenschaft bestehen.[335] Eine Beschränkung auf Bedienstete von Gewerbetreibenden ist weder früher noch im Larceny Act von 1916 s.17 festgelegt.
Die Rechtsstellung des Dienstboten hat im Laufe der Zeit eine grundsätzliche Wandlung erfahren. Ursprünglich wurde dem Dienstboten Besitz an den Sachen zugestanden, die ihm vom Dienstherrn zur Erfüllung der Dienstpflicht überlassen waren, insbesondere dann, wenn die Sache einem Dritten zu übergeben war.[336] Im 12.Jahrhundert und noch bei Bracton[337] kannte man den Unterschied zwischen bailee und servant nicht, sodaß auch der Dienstbote ein trespass und damit einen Diebstahl an diesen Sachen nur bei Aufbrechen der Masse begehen konnte. Da ein solches breaking bulk durch unehrliche Dienstboten vielfach nicht in Frage kam, weil kein Erbrechen der Masse möglich war,[338] so war man, um solche Dienstboten nicht straflos ausgehen zu lassen, gezwungen, ihnen juristischen Besitz an den ihnen vom

---

331 R.v.Spencer, 1815, R.& R.299; 15 Dig.Repl.1095, 10 856; R. v. Hughes, 1846, 2 Cox C.C.104; 15 Dig.Repl.1097, 10 877.

332 R.v.Winnall, 1851, 5 Cox C.C.326; 15 Dig.Repl.1095, 10 860; R.v.Lynch, 1854, 6 Cox C.C.445; 15 Dig.Repl.1108, 6722 (Ir.); R.v.Spencer, siehe Anm.331; R.v.Negus, 1873, L.R.2 C.C.R.34; 15 Dig.Repl.1095, 10 851; vgl. auch Larceny Act 1916 s.17 ("employed in the capacity of a servant"); bejahend auch Stephen, J.F. op.cit. 9th ed. by Sturge (1950) art.373 p.325.

333 R.v.Tite, 1861, L.& C.29; 15 Dig.Repl.1096, 10 864.

334 R.v.Carr, 1811, R.& R.198; 15 Dig.Repl.1095, 10 861; R.v. White, 1839, 8 C.& P.742; 15 Dig.Repl.1096, 10 867; R.v.Turner, 1870, 11 Cox C.C.551; 15 Dig.Repl.1096, 10 865.

335 R.v.Smith, 1814, R.& R.267; 15 Dig.Repl.1095, 10 852.

336 Staundford P.C. I, 25.

337 Kielwein, G. a.a.O. S.43 mit Anm.23, bezugnehmend auf Bracton f.151 a.

338 The Carrier's Case, 1473, Y.B.13 Edw.IV pasch. fol.9 pl.5; T.& A.221; Kenny S.C.I.223.

Dienstherrn überlassenen Sachen zu versagen und ihnen lediglich Obhut daran zuzugestehen, sodaß sie dadurch, daß sie sich die Sachen des Dienstherrn rechtswidrig zueigneten, dem Dienstherrn den juristischen Besitz daran entziehen und so trespass und animo furandi Diebstahl begehen konnten. Eine solche Rechtsregel findet sich schon in den Year-Books[339] und fand stets in den Fällen Anwendung, in denen der Bedienstete im Hause des Dienstherrn oder in dessen Anwesenheit sich befand. Dagegen wurde dem Dienstboten nach wie vor juristischer Besitz insbesondere dann zugesprochen, wenn dem Diener aufgetragen wurde, in Ausübung des Dienstes eine Sache vom Grundstück wegzubringen, wie wenn der Dienstherr dem Diener ein Pferd übergibt, um damit zum Markt zu reiten, oder ihm einen Sack aushändigt, um denselben nach auswärts zu transportieren.[340] Diesem unbefriedigenden Zustand wurde aber durch ein Statut Heinrichs VIII.[341] in allen Fällen, in denen Dienstboten Sachen des Dienstherrn, die ihnen in Ausübung ihres Dienstes zum Gebrauch anvertraut worden waren, sich zueigneten, dadurch abgeholfen, daß sie nicht mehr im Besitz dieser Sachen befindlich erachtet wurden, sondern nur in deren Obhut. Auf diese Weise entzogen sie mit der Zueignung den juristischen Besitz, der bis dahin dem Dienstherrn zukam, ihm in rechtswidriger Weise, also durch trespass, und begingen animo furandi hiermit Diebstahl.[342] Seit dem 18.Jahrhundert wurde diese Rechtsregel schlechthin auf alle Fälle ausgedehnt, in denen dem Bediensteten in dieser seiner Eigenschaft von dem Dienstherrn Sachen übergeben werden, also nicht nur zum Gebrauch, sodaß fortan der juristische Besitz an solchen Sachen dem Dienst-

---

339 Y.B.13 Edw.IV f.9, 10 pl.5 (1473); 21 Hen.VII Hil. f.14 pl. 21 (1506); vgl. auch 3 Hen.VII f.12 pl.9 (1486); 3 Co.Instit.108; Hale P.C.56; Com. Dig. Justices O 6; Holmes, Oliver Wendell op.cit. p.226; Kenny S.C.I. 216; vgl. auch 2 East P.C.565/66 mit R.v.Robinson, 1755, 2 East P.C.565; 15 Dig.Repl.1063, 10 476 (Obhut des Fuhrmanns am Fuhrwerk des Dienstherrn); Russell, W.O.: On Crime op.cit. vol.2 pp.1075-1076.

340 Holmes, Oliver Wendell op.cit. p.226; Kielwein, G. a.a.O. S.43; Prevezer, S.: Criminal Appropriation, C.L.Pr. vol.12 (1959) p.164.

341 21 Hen.VIII c.7(1529).

342 Marshall, O.R.: The Problem of Finding, C.L.Pr. vol.2 (1949) p.77; Cross, Rupert: Larceny De Lege Lata, L.Q.R. vol.66 (1950) p.502.

herrn als constructive possession verbleibt und der Diener stets nur Obhut daran erlangt und so durch rechtswidrige Entziehung des bis dahin dem Dienstherrn zustehenden Besitzes animo furandi Diebstahl begeht.[343] Eine Ausnahme hiervon besteht, wo der Dienstherr aus besonderen Gründen, z.B.bei weiten Reisen, dem Dienstboten juristischen Besitz ausdrücklich oder stillschweigend in der Form eines bailment einräumt.[344] Desgleichen auch bei Hingabe von Geld, selbst für Zwecke des Arbeitsverhältnisses, wenn der Dienstherr den Diener als Schuldner behandeln will, ihm also Besitz und Eigentum an dem Geld überträgt;[345] anders freilich, wenn der Dienstherr den Bediensteten zum bailee des Geldes macht, der das identische Geld nach Weisung des Dienstherrn einem Dritten auszahlen soll. Eine weitere Ausnahme von der allgemeinen Rechtsregel ist gegeben, wo eine Sache des Dienstherrn vom Bediensteten nicht in Zusammenhang mit dem Dienstverhältnis erlangt und an sich gebracht wird, sondern deren Zweckbestimmung und Benützung ganz ausserhalb der Reichweite des Anstellungsverhältnisses gelegen ist. Hier steht der Dienstbote jedem Dritten gleich und begeht, da er weder Besitz noch Obhut daran hat, durch rechtswidrige Wegnahme animo furandi Diebstahl, aber einen einfachen Diebstahl und nicht Dienstbotendiebstahl im Sinne des Larceny Act 1916 s.17.[346] Ist ihm der juristische Besitz vom Dienstherrn

---

343 Pollock, F. and Wright, R.S. op.cit. pp.138-140; 1 Hale 505, 506; 2 East P.C.682; 1 Hawk. c.33 s.6; Paton, G.W. op.cit. p.9; Clerk and Lindsell op.cit. p.454; Prevezer, S.: Criminal Appropriation, C.L.Pr. vol.12 (1959) p.164; Scurlock, John: The Element of Trespass in Larceny at Common Law, Temple Law Quarterly vol.22 No.1 (July 1948) p.14; Underhill, Arthur op.cit. p.99; Marshall, O.R.: The Problem of Finding, C.L.Pr. vol.2 (1949) p.77.

344 The Carrier's Case, 1473, Y.B.13 Edw.IV pasch. f.9 pl.5; Kenny S.C.I. 223, 225; vgl. auch 1 Hale 505, 506; 2 East P. C. 682; Turner, J.W.Cecil: A Modern Approach op.cit. c.XIX p.357 n.8.

345 R.v.Barnes, 1850, 2 Den.59; 15 Dig.Repl.1047, 10 311; R.v. Thompson, 1862, 9 Cox C.C.222; 15 Dig.Repl.1065, 10 512; vgl. auch Savage v. Walthew, 1708, 11 Mod.Rep.135; 8 Dig.Carr. 218, 1382; 34 Dig. Mast.& S.117, 887; Glosse v. Hayman, 1587, Leon.Cases 110.

346 R.v.Smith, 1844, 1 C.& K.423; 15 Dig.Repl.1066, 10 522; R.v. Haydon, 1836, 7 C.& P.445; 15 Dig.Repl.1098, 10 895.

überlassen, so ist er straflos, es sei denn, daß ihm der juristische Besitz nur zeitweilig in Form eines bailment übergeben wurde und so die Möglichkeit eines larceny by a bailee unter den Voraussetzungen des Proviso zu s.1 (1) Larceny Act 1916 besteht. Erhält ein Diener die Sache nicht unmittelbar vom Dienstherrn, sondern von einem anderen Diener, dem sie in Zusammenhang mit dem Anstellungsverhältnis vom Dienstherrn anvertraut war, so erlangt der zweite Diener, sofern der erste nur Obhut daran hatte, auch nur Obhut und der juristische Besitz des Dienstherrn wird hierdurch nicht berührt, es sei denn daß der erste Diener durch rechtswidrige Zueignung der Sache den juristischen Besitz des Dienstherrn beendigt und so selbst auf dem Weg des trespass und animo furandi auf dem Weg des Diebstahls sich den juristischen Besitz daran verschafft gehabt hätte. Solchenfalls könnte auch der zweite Diener juristischen Besitz daran erwerben, würde sich aber eventuell des Delikts des receiving stolen property, d.i. der Hehlerei, schuldig machen.[347] Als Begründung für die obengenannte allgemeine Rechtsregel wird neuerdings das Fehlen der Ausschliessungsabsicht und der Macht ihrer Durchführung beim Dienstboten sowie die ausschließliche Herrschaft des Dienstherrn darüber bezeichnet.[348] Als im Jahre 1857 eine allgemeine Bestimmung eingeführt wurde, die alle unehrlichen bailees ohne weiteres erfaßte, wäre offenbar die Fiktion der Obhut in grossem Umfang überflüssig geworden. Aber nachdem einmal die Unterscheidung zwischen tatsächlichem und juristischem Besitz gemacht worden war, war es nicht leicht, sie aufzugeben und so tritt sie auch ständig in den neuen Fällen auf.[349]

---

347 Kielwein, G. a.a.O. S.47 unter Bezugnahme auf Pollock, F. and Wright, R.S. op.cit. p.191 und R.v.Spears, 1798, 2 Leach 825; 15 Dig.Repl.1063, 10 483; R.v.Masters Orlando, 1848,1 Den.332; 15 Dig.Repl.1086, 10 747.

348 Winfield, P.H.: A Textbook op.cit. p.303; Edwards, J.Ll: Possession and Larceny, C.L.Pr. vol.3 (1950) p.130.

349 Vgl.z.B. Williams v. Phillips, 1957, 41 Cr.App.R.5; 3 Dig. Supp.49, 10 336 a; Prevezer, S.: Criminal Appropriation, C. L.Pr. vol.12 (1959) pp.59-60; siehe auch S. 101.

Während nach den bisherigen Darlegungen der Diener im allgemeinen keinen juristischen Besitz, sondern nur Obhut an den Sachen hat, die ihm auf Grund des Anstellungsverhältnisses vom Dienstherrn anvertraut sind, kommt dem Diener andererseits Besitz an solchen Sachen zu, die er nicht vom Dienstherrn, sondern für den Dienstherrn zu dessen Gunsten von einem Dritten erhalten hat, auch wenn seine Berechtigung nicht weiter reichen sollte, als die erhaltene Sache dem Dienstherrn abzuliefern.[350] Wurde ein Dienstbote vom Dienstherrn mit einer Fünfpfundnote weggeschickt, um sie in Silbergeld umwechseln zu lassen und der Dienstbote eignete sich das erhaltene Münzgeld zu, so wurde Diebstahl verneint, weil das Münzgeld noch nicht im Besitz des Dienstherrn gewesen sei;[351] wohl aber wäre Unterschlagung möglich. Anders verhielte es sich, wenn er die Fünfpfundnote sich rechtswidrig zueignete; hier läge Diebstahl vor.[352] Der Dienstbote bleibt in rechtmässigem und ausschließlichem Besitz, bis dieser Besitz vom Dienstboten auf den Dienstherrn übertragen wird. Dies ist der Fall, sobald die fortschreitende Bewegung zum Dienstherrn hin sich in eine Innehabung des Dienstboten verwandelt, die den Weisungen des Dienstherrn unterworfen ist, wozu notwendig ist, daß der Dienstbote in einer nach Aussen erkennbaren Weise zum Ausdruck bringt, daß er den Besitz an der Sache zugunsten des Dienstherrn aufgeben und die Sache fortan nur in der Obhut innehaben wolle. Dies wird regelmässig der Fall sein, wenn der Diener die erhaltene Sache dem Dienstherrn übergibt, beispielsweise durch Legen des vom Bediensteten eingenommenen Geldes in die Ladenkasse oder durch Verbringen der erhaltenen Sache in dessen Räume, z.B. in den Keller.[353] Auch bei Übergabe an den Dienstboten durch den

350 Scurlock, John: The Element of Trespass in Larceny at Common Law, Temp.L.Q. vol.22 No.1 (July 1948) p.26 and n.79 mit R. v. Bull, 1797, 2 Leach 841; 15 Dig.Repl.1085, 10 742.

351 R.v.Sullens, 1826, 1 Mood.129; 15 Dig.Repl.1086, 10 745.

352 Vgl.Scurlock, John: The Element of Trespass in Larceny at Common Law, Temp.L.Q. vol.22 No.1 (July 1948) p.26.

353 arg.R.v.Waite, 1743, 1 Leach 28; 15 Dig.Repl.847, 8135; R. v.Bull, 1797, 2 Leach 841; 15 Dig.Repl.1085, 10 742, sowie Begründung in R.v.Reed, 1854, Dears.C.C.168; 15 Dig.Repl. 1063, 10 487; Scurlock, John op.cit. p.28.

Dritten in Anwesenheit des Dienstherrn wird man Erwerb des juristischen Besitzes durch den Dienstherrn durch Vermittlung des Dienstboten anzunehmen haben;[354] nicht aber bei blosser Übergabe an den Dienstboten im Hause des Dienstherrn, wie Schinnerer unter Bezugnahme auf R.v.Traeswell[355] meint, der juristischen Besitz des Dienstherrn stets annimmt, wo eine für den Dienstherrn bestimmte Sache dem Dienstboten durch einen Dritten im Hause des Dienstherrn übergeben wird. Diese Auffassung läßt sich mit R.v.Bazeley[356] und der darauf fussenden statutarischen Regelung schwerlich vereinbaren und ist ausserdem jedenfalls dann als zu weitgehend anzusehen, wo es sich um eine Sache handelt, die dem Dienstboten nicht auf Grund seines Anstellungsverhältnisses zukommt. Auch das Niederlegen der Sache auf dem Grundstück des Dienstherrn, z.B. einer Ladung Heu, nach der der Dienstherr den Dienstboten geschickt hatte, vor der Stalltüre des Dienstherrn wird zur Besitzübertragung auf den Dienstherrn ausreichen.[357] Das Legen auf den Wagen oder in ein Boot des Dienstherrn wird zwar nicht notwendig eine Besitzübertragung an den darauf- oder hineingelegten Sachen mit sich bringen, wohl aber dann, wenn der Dienstbote mit dem Wagen oder Boot zur Entgegennahme der Sachen geschickt wurde und er sie in Ausführung seines Dienstverhältnisses in Empfang nahm und sie auf den Wagen oder in das Boot legte.[358] Sofern aber die Niederlegung auf dem Grundstück des Dienstherrn nur zufällig und nicht in Ausführung des Anstellungsverhältnisses

---

354 Schinnerer, E.: Vergleichende Studie zwischen larceny und deutschem Diebstahlsrecht, Zeitschrift für die gesamte Strafrechtswissenschaft Bd.57 (1938) S.353 ff.

355 R.v.Traeswell, 1905, (1905) K.B.276.

356 R.v.Bazeley, 1850, 2 Den.59; 15 Dig.Repl.1047, 10 311.

357 R.v.Hayward, 1844, 1 C.& K.518; 15 Dig.Repl.1063, 10 485.

358 R.v.Robinson, 1755, 2 East P.C.565; 15 Dig.Repl.1063, 10 476; R.v.Reed, 1854, Dears.C.C.168; 15 Dig.Repl.1063, 10 487; R.v. Abrahat, 1798, 2 Leach 824; 15 Dig.Repl.1063, 10 482; R.v. Spears, 1798, 2 Leach 825; 15 Dig.Repl.1063, 10 483; R.v.Harding, 1807, R.& R.125; 15 Dig.Repl.1065, 10 505; R.v.Chipchase, 1795, 2 Leach 699; 15 Dig.Repl.1063, 10 478; R.v.Stock, 1825, 1 Mood.C.C.87; 15 Dig.Repl.1066, 10 518; Edwards, J.Ll: Possession and Larceny, C.L.Pr. vol.3 (1950) p.135.

noch für den Dienstherrn erfolgt, ist damit der transitus, d.i. der Übergang des juristischen Besitzes vom Dienstboten auf den Dienstherrn, nicht notwendig beendigt und so der juristische Besitz nicht notwendig auf den Dienstherrn übergegangen. Auch wenn die Sachen durch die Hände mehrerer Diener gehen, endigt damit der transitus nicht, sofern nicht die Annahme des einen oder anderen dieser Dienstboten in der obenbezeichneten Weise den juristischen Besitz des Dienstherrn begründet, in welchem Fall derselbe auch den nachfolgenden Dienern gegenüber wirksam ist.[359] Es bleibt hiernach während der ganzen Dauer des transitus der juristische Besitz an den ihm vom Dritten für den Dienstherrn übergebenen Sachen beim Dienstboten. Da der Dienstherr in diesen Fällen regelmässig mit der Besitzübertragung an den Dienstboten durch den Dritten ein Recht zum Besitz (right to possession) auf die übergebenen Sachen erlangt, so geben die Zivilgerichte schon während des transitus in konsequenter Weise dem Dienstherrn ein action of trespass gegen einen Fremden, der die Sache dem Dienstboten vor der Übergabe an den Dienstherrn wegnimmt. Sie stellen also zivilrechtlich in diesem Falle das Recht zum Besitz dem Besitzrecht gleich.[360] In Waite's Case[361] führte Dennison J. aus, daß, obwohl dies ein solcher Besitz sein möchte, eine Zivilklage aufrechtzuerhalten, doch ein grosser Unterschied zwischen einem solchen Besitz und einem Besitz wäre, auf den eine strafrechtliche Anklage gestützt werden kann.[362] Die Strafrechtler billigen das Anklagerecht diesfalls nur dem Dienstboten zu.[363]

---

359 Stephen, J.F. op.cit. 9th ed. by Sturge art.359 p.305.

360 Pollock, F. and Wright, R.S. op.cit. p.130; 1 Hale P.C.668; Kenny, C.S. op.cit. 8th ed. (1917) p.228; Scurlock, John: The Element of Trespass in Larceny at Common Law, Temple Law Quarterly vol.22 No.1 (July 1948) p.27.

361 R.v.Waite, 1743, 2 East P.C.576; 15 Dig.Repl.847, 8135.

362 Scurlock, John: The Element of Trespass in Larceny at Common Law, Temple Law Quarterly vol.22 No.1 (July 1948) p.27 n.82.

363 Kenny S.C.I. 304.

Die Folge des obengenannten Grundsatzes ist, daß der Dienstbote nach Common Law durch die rechtswidrige Zueignung der ihm vom Dritten übergebenen Sache vor der Übergabe an den Dienstherrn sich des Diebstahls nicht schuldig machte[364] und daher bei Zueignung nach Common Law straflos blieb, es sei denn, daß der Dienstbote von Anfang an die Absicht hatte, die Sache nicht dem Dienstherrn zu übergeben, sondern sie sich zuzueignen. Hier kann larceny by a trick in Frage kommen.[365] Anlaß zur Beseitigung dieses unbefriedigenden Rechtszustandes gab der Fall R.v.Bazeley,[366] wo ein Bankkassier namens Bazeley des Diebstahls einer Hundertpfundnote angeklagt wurde, die er von einem Deponenten erhalten hatte und die er in seine Tasche anstatt in das Behältnis, das hierfür vorgesehen war, steckte. Das Gericht war der Auffassung, gestützt auf R.v. Waite,[367] daß diese Banknote niemals im juristischen Besitz der Ankläger war und daher kein Verbrechen begangen worden sei.
So entstand das erste gegen Dienstboten und Angestellte gerichtete Embezzlement-Statut (Unterschlagungs-Statut) vom Jahre 1799 (39 Geo.III c.85), das durch 52 Geo.III c.63 auf Postbeamte, Angestellte der Bank von England und der Südseegesellschaften, Makler, Rechtsanwälte und Kaufleute ausgedehnt wurde, bis durch 7 & 8 Geo.IV c.29 (Larceny Act von 1827) eine allgemeine Unterschlagungsbestimmung geschaffen wurde, die durch das Fraudulent Trustees Act (20 & 21 Vict. c.54) ergänzt wurde. Diese Regelung wurde von dem Larceny Act von 1861 (24 & 25 Vict. c.96) übernommen, an dessen Stelle heute Larceny Act 1916 s.17 getreten ist. Dabei wurde, wiewohl nach den Yearbooks-Entscheidungen[368] im Fall Bazeley der Besitz beim Dienstherrn geblieben sein müßte, weil die Note im Hause des Dienstherrn übergeben wurde, die in R.v.Bazeley ausgesprochene Regel unterschiedslos auf alle Fälle angewendet, in denen eine Übergabe an einen Dienstboten durch einen anderen als den Dienstherrn erfolgte, und nicht bloß auf solche, wo die Übergabe ausserhalb des Hauses des Dienstherrn

364 2 East P.C.568.
365 R.v.Abrahat, 1798, 2 Leach 824; 15 Dig.Repl.1063, 10 482.
366 R.v.Bazeley, 1850, 2 Den.59; 15 Dig.Repl.1047, 10 311.
367 R.v.Waite, 1743, 2 East P.C.576; 15 Dig.Repl.847, 8135.
368 Y.B.21 Hen.VII f.14 pl.21 (1506).

vor sich ging.[369]
Zusammenfassend kann gesagt werden, daß ein unehrlicher Dienstbote Unterschlagung (embezzlement) an Sachen begeht, die er für seinen Dienstherrn erhalten hat, bevor der Dienstherr juristischen Besitz daran erlangt hat, Diebstahl aber an Sachen, die er in der Eigenschaft als Dienstbote vom Dienstherrn in Obhut erhalten hat und die er sich in rechtswidriger Weise dadurch zueignet, daß er zu seinen Gunsten dem Dienstherrn den juristischen Besitz entzieht. Ein instruktives Beispiel bietet der schon erwähnte Fall Williams v. Phillips,[370] wo Müllfuhrleute wegen Stehlens von Abfallmetall angeklagt wurden, das aus Mülleimern stammte, die sie in Ausführung ihrer Pflichten entleert hatten. Es bestand, wie den Müllfuhrleuten bekannt war und worauf sie von der Reinigungsgesellschaft noch besonders hingewiesen waren, zwischen der Reinigungsgesellschaft und der Vereinigung der Müllfuhrleute ein Übereinkommen, das vorsah, daß irgendwelche Summen, die aus dem Verkauf des Abfalls durch die Reinigungsgesellschaft erzielt werden sollten, verhältnismässig zwischen der Reinigungsgesellschaft und den Müllfuhrleuten verteilt werden sollten. Dieses Übereinkommen war auf dem Grundstück der Reinigungsgesellschaft angeschlagen und war mit der Bemerkung versehen, daß, wenn die Müllfuhrleute entgegen dem Übereinkommen sich Abfall zueigneten, ein Strafverfahren eingeleitet werde. All dies war den Müllfuhrleuten bekannt. Gleichwohl eigneten sich die Müllfuhrleute bei Leerung des Müllwagens solchen Abfall an und veräusserten ihn zu ihren eigenen Gunsten. Sie wurden des Diebstahls für schuldig befunden. Die Gründe des Urteils gingen dahin, daß die Haushaltsvorstände dadurch, daß sie den Abfall in die Mülltonnen zwecks Einsammlung durch die lokale Gesellschaft gelegt hätten, den Abfall nicht dereliquiert hätten, derselbe vielmehr in ihrem Eigentum und Besitz bis zum Zeitpunkt der Abholung verblieb; daß ferner mit dem Einwerfen des Abfalls in den der Reinigungsgesellschaft gehörenden Müllwagen die Gesellschaft juristischen Besitz an dem Abfall

[369] Scurlock, John: The Element of Trespass in Larceny at Common Law, Temple Law Quarterly vol.22 No.1 (July 1948) p.27.

[370] Williams v. Phillips, 1957, 41 Cr.App.R.5; 3 Dig.Supp.49, 10 336 a.

als constructive possession erlangte und die Müllfuhrleute trotz der tatsächlichen Kontrolle über den Wagen und seinen Inhalt nur tatsächlichen Besitz hatten, sodaß sie, als sie hernach animo furandi den Abfall sich rechtswidrig zueigneten, den juristischen Besitz der Reinigungsgesellschaft entzogen und animo furandi Diebstahl begingen und sich so des larceny by a servant (Larceny Act 1916 s.17) schuldig machten. Hätten die Müllfuhrleute schon beim Einsammeln sich den Abfall, bevor sie ihn in den Müllwagen schütteten, zugeeignet, so hätten sie, da sie mit dem Einsammeln juristischen Besitz an dem zur Ablieferung an die Reinigungsgesellschaft bestimmten Abfall erwarben, durch die rechtswidrige Zueignung eine Unterschlagung (embezzlement) begangen.[371] Freilich sind die beiden Delikte, larceny by a servant und embezzlement eng miteinander verwandt, in derselben Bestimmung nebeneinander geregelt[372] und unter dieselbe Strafsanktion gestellt. Auch kann bei Anklage wegen des einen Delikts Verurteilung wegen des anderen nach Larceny Act 1916 s.44 (2) erfolgen. Gleichwohl aber bestehen einige nicht unwichtige Unterschiede, die unter anderem darin bestehen, daß Diebstahl eine Absicht dauernder Beraubung des Eigentümers verlangt, während Unterschlagung dies nicht erfordert. Ferner muß bei larceny by a servant, technisch mindestens, die rechtswidrige Absicht zur Zeit der Wegnahme des Besitzes vorliegen, während dies im Falle der Unterschlagung nicht der Fall ist.[373]

Der Grundsatz, daß dem Dienstboten an den ihm vom Dienstherrn anvertrauten Sachen kein Besitz, sondern nur Obhut zukommt, macht es logisch schwierig, die Interessen ehrlicher Dienstboten gegen unehrliche Dritte zu schützen. Diese Schwierigkeit

---

371 Prevezer, S.: Criminal Appropriation, C.L.Pr. vol.12 (1959) p.165 und Urteilsbegründung von Williams v. Phillips, 1957, 41 Cr.App.R.5; 3 Dig.Supp.49, 10 336 a.

372 Larceny Act 1916 s.17 (1) (a) und (b).

373 Prevezer, S.: Criminal Appropriation, C.L.Pr. vol.12 (1959) p.165.

zeigte sich im Falle R.v.Harding,[374] dessen Entscheidung folgender Sachverhalt zugrundelag: Die Angeklagten brachen in die Ivybank in Portland, Grafschaft Dorset, dem Sitz des Commander Basil Hartpole Bowen ein. Letzterer befand sich zu dieser Zeit im Garten und der einzige Bewohner des Hauses war das Dienstmädchen namens Valetta Mary Matthews. Beide Angeklagten nahmen an dem Angriff auf das Mädchen teil, im Verlauf dessen sie mit einem Wagenbolzen geschlagen wurde und schwere Verletzungen erlitt. Als die Männer Geld und Kleider verlangten, händigte sie einem von ihnen einen Regenmantel, der dem Commander Bowen gehörte, aus. Einige Zeit später gelang es ihr, die Treppe in den oberen Stock zu entkommen und Commander Bowen herbeizurufen, der die Festnahme der Angeklagten veranlaßte. Die Verteidigung machte geltend, der Regenmantel sei im Eigentum des Commander Bowen gestanden und das Dienstmädchen sei weder bailee in Ansehung desselben gewesen noch habe sie ein special custody darüber gehabt. Demgegenüber machte die Anklage geltend, das Dienstmädchen sei die einzige Person gewesen, die im Hause zurückgelassen worden sei. Da sie eine Pflicht gehabt habe, die Sachen ihres Dienstherrn zu schützen, so habe sie ein special property an dem Mantel gehabt, das unter Berufung auf R.v.Denkin and Smith[375] ausreichend sei, um dem Larceny Act 1916 s.23 mit s.1 (2) (iii) zu genügen. Der Lord Oberrichter schloß sich in seinem Urteil der letzteren Auffassung an, indem er ausführte, daß eine Rechtsfrage im vorliegenden Fall darüber entstanden sei, ob es richtig sei, zu sagen, daß Fräulein Matthews, die zu der Zeit die einzige Person im Hause gewesen sei, ein special property an dem Regenmantel gehabt habe, der ihr abgenommen worden sei, sodaß dieser Umstand es möglich gemacht habe, daß sie desselben habe beraubt werden können. Die Aufmerksamkeit des Gerichts sei durch den Kronanwalt auf den ähnlichen Fall R.v.Denkin and Smith gelenkt worden. Angesichts der Entscheidung in jenem Fall schiene es dem Gericht, daß es im vorliegenden Fall richtig

---

374 R.v.Harding, 1929, 21 Cr.App.R.166; 15 Dig.Repl.1087, 10 771.

375 R.v.Denkin and Smith, 1800, 2 East 653; 15 Dig.Repl.1087, 10 760.

gewesen sei, zu behaupten, daß der appellierende Angeklagte das Dienstmädchen beraubt habe. Das Gericht sei der Meinung gewesen, daß die Verurteilung richtig gewesen sei und keine Neuerwägung verlange. Diese Entscheidung ist auf vielseitige scharfe Kritik gestossen und unter anderem wurde eingewendet, daß damit die 600 Jahre alte Unterscheidung zwischen Obhut und Besitz eines Dienstboten durch das Court of Criminal Appeal in summarischer Weise weggefegt worden sei,[376] insofern nach der bisherigen Rechtslage dem Dienstboten an Sachen des Dienstherrn nur Obhut und nicht Besitz zustehe und, da Raub wie Diebstahl mit der Wegnahme Entziehung des Besitzes erfordere, ein Raub oder Diebstahl also nicht gegenüber dem Dienstmädchen, sondern nur gegenüber ihrem Dienstherrn habe begangen werden können. Auch sei die Berufung auf R.v.Denkin and Smith[377] nicht gerechtfertigt, da die beiden Fälle sich wesentlich von einander unterschieden. Dieser Kritik wird zugestanden werden müssen, daß sie einer gewissen Berechtigung nicht entbehrt. Es läßt sich nicht in Abrede ziehen, daß bei der gegebenen Sachlage die Stellung des Dienstmädchens mit der des Postkutschers nicht ohne weiteres gleichzusetzen ist. Auch ist geltendes Recht, daß Raub und Diebstahl Entziehung des juristischen Besitzes zur Voraussetzung haben. Es kann sich also nur um die Frage handeln, ob und aus welchen Gründen im Falle R.v.Harding[378] dem Dienstmädchen Besitz an dem Regenmantel ihres Dienstherrn zugeschrieben und damit die Verurteilung gerechtfertigt werden kann. Eine Lösung möchte vielleicht aus der Analyse des Falles R.v.Denkin and Smith durch R.S.Wright gefunden werden, auch wenn man der Erklärung des Falles aus der rein praktischen Erwägung der Entscheidung ab inconvenienti nicht bei-

---

376 L.Q.R. vol.46 (1930) Notes pp.135-137; Prevezer, S.: Criminal Appropriation, C.L.Pr. vol.12 (1959) p.164; M.L.R. vol.14 (1951) Notes pp.217-218; Buckland, W.W. and McNair, Arnold D. op.cit. p.361; Marshall, O.R.: The Problem of Finding, C.L. Pr. vol.2 (1949) p.77; Edwards, J.Ll: Possession and Larceny, C.L.Pr. vol.3 (1950) pp.136-138.

377 R.v.Denkin and Smith, 1800, 2 East 653; 15 Dig.Repl.1087, 10 760.

378 R.v.Harding, 1929, 21 Cr.App.R.166; 15 Dig.Repl.1087, 10 771.

pflichten will, da bei der Stellung des nicht unter der Kontrolle des Dienstherrn stehenden Postkutschers, der für das Reisegepäck der Fahrgäste während der Fahrt habe besorgt sein müssen, ihm der Besitz an dem Reisegepäck und damit an dem unterwegs gestohlenen Paket und nicht dem Dienstherrn, einer aus einer grossen Zahl von Personen bestehenden Gesellschaft, zuzuschreiben war,[379] während dies für das Dienstmädchen Matthews, welcher der Mantel des Dienstherrn nicht besonders anvertraut war, deren Verpflichtung also über die für alle Dienstboten bestehende allgemeine Pflicht das Eigentum des Dienstherrn zu schützen nicht hinausging, nicht geltend gemacht werden kann, umsoweniger als der Dienstherr nur in Rufweite war.[380] Diese Analyse schreibt ausnahmsweise auch dem Dienstboten Besitz an den Sachen des Dienstherrn Fremden gegenüber dann zu, wenn des Dieners Auftrag in einer grösseren Entfernung vom Dienstherrn auszuführen ist und wo die Art der Ausführung notwendig in hohem Grad dem Ermessen des Dieners überlassen ist.[381] Wenn auch die letztgenannten Voraussetzungen

379 Pollock, F. and Wright, R.S. op.cit. pp.138-139; Hobkinson v.Gibson, 1805, 2 Smith 202; 34 Dig.Mast.& S.193, 1578; Cross, Rupert: Larceny De Lege Lata, L.Q.R. vol.66 (1950) p.502 n.43.

380 L.Q.R. vol.46 (1930) p.136 mit Poland v. John Paw & Sons, 1927, 1 K.B.236, 244; 34 Dig.Mast.& S.117, 890.

381 Pollock, F. and Wright, R.S. op.cit. p.139 betr.R.v.Denkin and Smith, zitiert nach L.Q.R. vol.46 (1930) Notes p.136: "The decision of the judges seems to have been based on the argument ab inconvenienti in the particular case, the servant being a coach-driver and the masters a numerous partnership, and it being in those times necessary to join all persons sharing in the "property" laid: and the judgement appears to be expressly limited to the case of a coach-driver. In any view the language of this decision is a strong authority against holding that a servant's custody is in general sufficient to support an action or prosecution as for taking of the thing from his possession, even as against a mere wrongdoer (cf. Hopkinson v. Gibson, 1805, 2 Smith 202); thought it may be that it will sometimes as against strangers be treated as a possession in cases where the servant's charge is to be executed at a distance from the master and where the manner of the execution is necessarily left in a great degree to the discretion of the servant".

im Falle R.v.Harding nicht zutreffen möchten, so wird, zumal eine starke Tendenz dahin geht, dem Diener Besitz zuzuschreiben, wo immer es merklich bequem für praktische Zwecke ist,[382] eine Erweiterung dieses Gedankengangs auch auf sonstige Fälle sich nahelegen, bei denen es sich um Wahrung einer dem Eigentümer gegenüber bestehenden, aus dem Anstellungsverhältnis entspringenden Aufsichts- und Schutzverpflichtung gegenüber Fremden handelt, sodaß in solchem Falle dem Dienstboten im Verhältnis zu Fremden Besitz zuzuschreiben ist[383] und der Dienstherr auf sein jederzeit realisierbares Recht zum Besitz wie beim bailment at will beschränkt ist, während im Verhältnis zum Dienstherrn der Dienstbote nach wie vor an den Sachen des Dienstherrn nur Obhut besitzt. Auf Grund seines auf der Schutzverpflichtung beruhenden Besitzes steht dem Dienstboten ein besseres Interesse an der Sache als dem Fremden und so ein special property gegenüber demselben - wenn auch nicht gegenüber dem Dienstherrn - zu.[384] Als Inhaber des special property ist er auch als owner i.S. des Larceny Act 1916 s.1 (2) (iii) anzusehen, demgegenüber - ebenso wie dem Eigentümer als general owner - Raub begangen werden kann.[385] Bei dieser Auffassung, welche die Verurteilung in R.v.Harding gerechtfertigt erscheinen läßt, wird die alte Rechtsregel, nach der dem Dienstboten in Ansehung der ihm vom Dienstherrn anvertrauten Sachen diesem gegenüber nur Obhut zukommt, nicht berührt.

Angefügt soll noch werden, daß in der Praxis gewisse Verhältnisse dem Dienstbotenverhältnis gleichgeachtet werden und daher die

---

382 Buckland, W.W. and McNair, A.D. op.cit. p.72.

383 Williams, Glanville: Mistake as to Quantity in the Law of Larceny, Crim.L.Rev. 1958 pp.221-232, 307-313, at p.312, zitiert bei Prevezer, S.: Criminal Appropriation, C.L.Pr. vol.12 (1959) p.171; Begründung von Hotham J. in R.v.Denkin and Smith, zitiert bei Paton, G.W. op.cit. p.443; Marshall, O.R.: The Problem of Finding, C.L.Pr. vol.2 (1949) p.77.

384 Beal, Edward op.cit. p.40; Edwards, J.Ll: Possession and Larceny, C.L.Pr. vol.3 (1950) p.136 n.33; Goodeve, L.A. op.cit. p.34 n.h; Stephen, J.F. op.cit. c.XXXIII art.283.

385 Buckland, W.W. and McNair, A.D. op.cit. p.361; Paton, G.W. op.cit. p.443.

oben dargelegten Grundsätze über das Dienerverhältnis auch auf sie in Anwendung gebracht werden. Es handelt sich vor allem um die sogenannten Erlaubnisempfänger, die sich in derselben Rechtslage wie Dienstboten befinden. Ihnen ist eine Sache zum blossen Gebrauch für einen bestimmten besonderen Zweck ausgehändigt und kein Besitz daran, auch kein solcher auf jederzeitigen Widerruf, vielmehr nur Obhut überlassen.[386] Hier begeht der Empfänger, der sich die übergebene Sache rechtswidrig animo furandi zueignet, Diebstahl; z.B. ein Gast, der ein ihm im Restaurant zum Essen der bestellten Mahlzeit überlassenes silbernes Eßbesteck in Diebstahlsabsicht einsteckt und mitnimmt, oder wenn jemand aus freien Stücken sich ohne vertragliche Bindung erbietet, das Gepäck eines anderen, der ihn begleitet, auf den Bahnhof zum Zug zu bringen oder es in der Garderobe abzulegen und sich dasselbe rechtswidrigerweise animo furandi zueignet,[387] oder wenn jemand bei Anprobe eines Mantels in einem Kleidergeschäft, wo der Eigentümer die Macht und die Absicht hat, den Mantel jederzeit wieder zurückzunehmen, denselben sich diebischerweise zueignet,[388] oder wo jemand in einem Laden sich Wäsche zeigen ließ und mit der zur Ansicht ausgehändigten Wäsche davonlief.[389] Es dürfte in diesen Fällen keinen Unterschied machen, ob der Gebrauch der Sache zugunsten des Eigentümers oder des Empfängers erfolgt, solange als kein bailment, das auch bei ständiger Anwesenheit des Eigentümers nicht ausgeschlossen ist, vorliegt; z.B. jemand behilft sich bei einem Platzregen mit dem Schirm seines Begleiters und gibt seinen Schirm einem Dritten zur Über-

---

386 White v. Bayley, 1861, 2 F.& F.385; 30 Dig.Repl.547, 1809.

387 1 Hale 506; 1 Hawk. c.33 ss.2, 6, 9 and 10; R.v.Chissers, 1678, T.Raym.275; 15 Dig.Repl.1039, 10 207; R.v.Rodway, 1841, 9 C.& P.784; 15 Dig.Repl.1040, 10 222; R.v.Johnson and Wright, 1851, 2 Den.310; 15 Dig.Repl.1041, 10 237; Milligan v. Wedge, 1840, 12 Ad.& E.737; 34 Dig.Mast.& S. 29, 76; R.v.Campbell, 1792, 2 Leach 564; 15 Dig.Repl.1137, 11 439; Quarman v. Burnett, 1840, 6 M.& W.499; 34 Dig.Mast. & S.23, 29; 126, 966; Holmes, Oliver Wendell op.cit. p.227.

388 Goodeve op.cit. p.34.

389 R.v.Chissers, 1678, T.Raym.275; 15 Dig.Repl.1039, 10 207.

querung der Strasse, der mit dem Schirm in der Menge verschwindet und ihn sich zueignet. Bei Begründung eines bailment würde larceny by a bailee (Larceny Act 1916 Proviso zu s.1 (1)) in Betracht kommen. Den Fällen der Erlaubnisempfänger ist auch der Fall gleichzustellen, in welchem jemand in unverbindlicher Weise zur Erledigung eines Auftrags gelegentlich bestellt und ihm eine Sache des Auftraggebers hierfür überlassen wird; z.B. wo jemand gelegentlich ohne vertragliche Bindung dazu verwendet wird, Vieh an einen bestimmten Platz zu bringen und dieser sich dasselbe durch Veräusserung und Übergabe an einen Dritten rechtswidrig zueignet, auch wenn die Absicht der Verwendung zu eigenem Gebrauch erst nach der Überlassung der Tiere gefaßt wurde.[390] Trotz der Gleichbehandlung dieser Fälle mit dem Diebstahl durch Diener kommt bei ihnen, da ein wirkliches Dienerverhältnis nicht vorliegt, kein Diebstahl nach Larceny Act 1916 s.17, sondern nur ein solcher nach Larceny Act 1916 s.1 (1) in Betracht.[391]

bb) Diebstahl durch Eheleute

Nach der im Common Law geltenden Theorie des ehelichen Lebens waren im Verhältnis der Ehegatten zueinander Ehemann und Ehefrau rechtlich als eine Person anzusehen mit der Folge, daß Besitz der Ehefrau Besitz des Ehemannes und umgekehrt war. Die Zueignung von Sachen des Ehemannes durch die Ehefrau wie auch die Zueignung von Sachen der Ehefrau durch den Ehemann konnten so mangels Besitzänderung keinen Diebstahl begründen.[392] Der Ehemann konnte

390 R.v.Stock, 1825, 1 Mood.C.C.87; 15 Dig.Repl.1066, 10 518; R.v.Jackson, 1838, 2 Mood.C.C.32; 15 Dig.Repl.1064, 10 498; R.v.McNamee, 1832, 1 Mood.C.C.368; 15 Dig.Repl.1066, 10 524.

391 Über die Rechtsprechung des Diebstahls durch Dienstboten und Personen in ähnlichen Verhältnissen vgl. das obengenannte Werk des Verfassers Bd.II, Teil I, Kap.3, Abschn.I, 3, A, S.353 ff.

392 Kenny, C.S. op.cit. new ed. by J.W.C.Turner (1952) p.227; 3 Co.Instit.110; 1 Hale P.C.514; Harris, S.F. op.cit. p.203; R.v.Harrison, 1756, 1 Leach 478; 15 Dig.Repl.1076, 10 610; Russell, W.O.: A Treatise op.cit. p.1194; Eversley, W.P.: Law of the Domestic Relations, 6th ed. by L.J.Strange, London: Sweet & Maxwell 1951 p.174; Edwards, J.Ll: Possession and Larceny, C.L.Pr. vol.3 (1950) p.138; Holdsworth, Sir W.S.: A History of English Law, 2nd ed., London: Methuen & Co. vol.3 p.361.

übrigens Sachen der Ehefrau auch deshalb nicht stehlen, weil dem englischen Recht eine communio bonorum fremd war,[393] vielmehr die Sachen der Ehefrau bei der Verehelichung Eigentum des Ehemanns wurden,[394] sodaß die Sachen im Besitz der Ehefrau als solche des Ehemanns dargelegt werden mußten.[395] Dies gilt nach Common Law auch von Sachen, die dem Ehemann von Dritten zu bailment überlassen werden. Da der mit dem bailment erlangte Besitz des Ehemanns gleichzeitig Besitz der Ehefrau wird, ist eine rechtswidrige Besitzentziehung durch Wegnahme seitens der Ehefrau und daher auch ein Diebstahl durch sie nicht möglich.[396] Selbst ein Ehebruch änderte an dem Grundsatz der Einheit des Besitzes durch Ehemann und Ehefrau nichts, sodaß ein Ehebruch der Frau ihrem Ehemann nicht das Recht gab, eine Anklage wegen Diebstahls gegen sie zu erheben.[397] Wenn also eine Ehefrau mit dem Geld ihres Ehemanns davonlief, hernach ihren Ehebrecher traf und ihm jenes Geld aushändigte, so konnte dieser auch bei Kenntnis dieses Umstandes wegen Hehlerei (receiving stolen property) nach Larceny Act 1916 s.33 nicht verurteilt werden, da die Sachen von der Ehefrau nicht "gestohlen" worden waren.[398] Ebenso konnte ein Dritter, der Sachen des Ehemanns durch Übergabe seitens der Ehefrau oder mit deren Zustimmung oder Mitwisserschaft durch Wegnahme erwarb oder der der Ehefrau bei der Wegnahme der Sachen des Ehemanns in der Weise behilflich war, daß er keinen eigenen Besitz an den weggenommenen Sachen des

---

393 Eversley, W.P. op.cit. p.158.

394 Blackstone, W.: Commentaries of the Laws of England, 4th ed. by R.M.Kerr, vol.2, London: Murray Publ.Ltd. 1876 p.388; Cross, R. and Jones, P.A. op.cit. p.154; Archbold, J.F. op.cit. 20th ed. by W.Bruce p.377.

395 Russell, W.O.: A Treatise op.cit. p.1225. Eine Ausnahme gilt nur für solche Sachen, die ihr bei oder nach der Verehelichung "for her separate use" überlassen worden waren.

396 1 Hawk.P.C.93; R.v.Willis, 1833, 1 Mood.C.C.375; 1 Hale P.C.514; 15 Dig.Repl.1075, 10 599.

397 R.v.Kenny, 1877, 2 Q.B.D.307; 15 Dig.Repl.1075, 10 603.

398 R.v.Streeter, 1900, 2 Q.B.601; 15 Dig.Repl.1075, 10 604; R.v.Kenny, siehe Anm.397.

Ehemanns erlangte, sich des Diebstahls nicht schuldig machen.[399] Dieser Grundsatz wurde aber durch zwei Ausnahmen durchbrochen. Einmal machte sich der Dritte unter den bezeichneten Umständen des Diebstahls schuldig, wenn zur Zeit der Wegnahme der Dritte und die Ehefrau ein ehebrecherisches Verhältnis unterhielten oder wenn sie den Ehebruch in unmittelbare Erwägung gezogen hatten.[400] Dasselbe galt sodann auch, wenn der Dritte unter derselben Voraussetzung des Ehebruchs oder der unmittelbaren Erwägung desselben der Ehefrau bei der Wegnahme der Sachen des Ehemanns in der Weise behilflich war, daß er eigenen, also getrennten, Besitz an den dem Ehemann von der Ehefrau und ihm gemeinsam weggenommenen Sachen erwarb.[401] Der Grund für diese Ausnahmen von der obengenannten Regel lag darin, daß solchenfalls dem Erwerber bekannt war, daß bei dieser Sachlage die Rechtsstellung oder Autorität eines Ehegatten durch die Ehefrau mit Fug und Recht nicht mehr ausgeübt werden konnte, d.h. in der Kenntnis des Dritten vom Fehlen einer wirklichen oder mindestens scheinbaren Ermächtigung der Ehefrau zur Übergabe von Sachen des Ehemanns an einen Dritten oder zur Zustimmung zur Wegnahme derselben seitens des Dritten. In diesem Sinne

399 R.v.Harrison, 1756, 1 Leach 478; 15 Dig.Repl.1076, 10 610; R.v.Avory, 1859, Bell C.C.150; 15 Dig.Repl.1076, 10 613; R.v.Tolfree, 1829, 1 Mood.C.C.243; 15 Dig.Repl.1076, 10 615; R.v.Flatman, 1880, 14 Cox C.C.396; 15 Dig.Repl.1077, 10 625; R.v.Bloom, 1910, 4 Cr.App.R.30; 15 Dig.Repl.1077, 10 626; R.v.Prince, 1868, 32 J.P.615; 11 Cox C.C.145; 14 Dig.Repl. 160, 1234; R.v.Payne, 1906, (1906) 1 K.B.97; 15 Dig.Repl. 1076, 10 609; R.v.Fitch, 1857, Dears.& B.187; 15 Dig.Repl. 1077, 10 628; R.v.Rosenberg, 1843, 1 C.& K.233; 15 Dig.Repl. 1077, 10 622; Russell, W.O.: On Crime op.cit. 10th ed. by J.W.C.Turner vol.2 p.1212; Pollock, F. and Wright, R.S. op. cit. p.217; Stephen, H.J. op.cit. 19th ed. by Fifoot p.73.

400 R.v.Tolfree, 1829, 1 Mood.C.C.243; 15 Dig.Repl.1076, 10 615; R.v.Tollett, 1841, Car.& M.112; 15 Dig.Repl.1075, 10 601; R.v.Thompson, 1850, 1 Den.549; 15 Dig.Repl.1076, 10 619; R. v. Featherstone, 1854, Dears.369; 15 Dig.Repl.1075, 10 602; R.v.Berry, 1859, Bell C.C.95; 15 Dig.Repl.1076, 10 612; R. v. Flatman, 1880, 14 Cox C.C.396; 15 Dig.Repl.1077, 10 625; R.v.Avory, 1859, Bell C.C.150; 15 Dig.Repl.1076, 10 613.

401 R.v.Mutters, 1865, L.& C.511; 15 Dig.Repl.1076, 10 620; R. v. Featherstone, siehe Anm.400.

sprach sich auch Lord Campbell C.J. in R.v.Featherstone[402] aus, wo er unter anderem ausführte: "So ist bei Dalton p.353 ausgeführt: "Aber es ist zu beachten, daß, wenn die Ehefrau die Sachen ihres Ehemanns stehlen und sie dem B. übergeben sollte, der sie in Kenntnis hiervon wegbringt, sofern der B. der Ehebrecher der Frau ist, es nach sehr guter Meinung ein felony in Form eines Diebstahls bei B. wäre; denn in solchem Falle kann keine Zustimmung des Ehemanns vermutet werden, vielmehr muß die Wegnahme als invito domino geschehen angesehen werden".[403] Hieraus folgte also, daß grundsätzlich für die Handlungen der Ehefrau in Ansehung der zur ehelichen Gemeinschaft gehörenden Gegenstände die Zustimmung des Ehemanns als vorliegend rechtlich vermutet wurde, diese Vermutung aber bei Ehebruch oder doch beabsichtigtem Ehebruch entfiel. Hiermit stand auch in Einklang, daß, selbst wo Ehebruch vorlag, die Ausnahme von der allgemeinen Regel dann nicht galt, sondern die letztere wieder Platz griff, wenn die einzigen Sachen, die weggenommen wurden, Kleidungsstücke der Ehefrau waren, weil insoweit auch solchenfalls das Fortbestehen der Ermächtigung der Ehefrau angenommen werden durfte. Eine grundsätzliche Änderung brachte das Married Women's Property Act von 1882 (45 & 46 Vict. c.75), durch das die Möglichkeit der Begründung von Sondereigentum für jeden der Ehegatten geschaffen wurde. Hiernach hatten fortan alle Frauen das Recht, jegliche Art von Eigentum als Sondereigentum, frei von ehemännlichen Rechten, mit vollem Verfügungsrecht zu besitzen, gleichgültig, ob sie es schon zur Zeit der Verehelichung hatten oder ob sie es während der Ehe erwarben, einschließlich des Ertrags selbständiger Berufstätigkeit. Zum Schutze dieses Sondereigentums konnte also die Ehefrau gegen jedermann, auch gegen ihren Ehegatten - in gleicher Weise wie der Ehemann in Ansehung seines Sondereigentums gegen die Ehefrau - ein Strafverfahren wegen Diebstahls einleiten. Auch konnte sich die Ehefrau bezüglich

402 R.v.Featherstone, 1854, Dears.369; 15 Dig.Repl.1075, 10 602.
403 Kenny S.C.I. 274/5; Russell, W.O.: On Crime op.cit. 10th ed. by J.W.Cecil Turner (1950) vol.2 p.1209.

ihres Sondereigentums durch Übergabe an einen Dritten sowenig eines Diebstahls schuldig machen, wie der Dritte, der es erwarb. Was das Sondereigentum des Ehemanns anbetrifft, so machte sich die Ehefrau, die es einem Dritten überließ oder mit der Wegnahme durch denselben sich einverstanden erklärte, eines Diebstahls oder einer Teilnahme daran schuldig, während der Dritte, je nachdem vollendeter Diebstahl seitens der Ehefrau vorlag oder nicht, sich der Hehlerei (Larceny Act 1916 s.33) oder der Teilnahme am Diebstahl (Larceny Act 1916 s.35) schuldig machte. Freilich bestanden schon im Married Women's Property Act gewisse prozessuale Einschränkungen. So konnte nach s.12 genannten Gesetzes eine Ehefrau kein Strafverfahren gegen ihren Ehemann wegen Wegnahme ihres Sondereigentums einleiten, solange sie zusammenlebten, noch auch, während sie getrennt lebten, in Ansehung und in Beziehung auf eine Handlung, die durch den Ehemann erfolgte, solange sie zusammenlebten und die Eigentum betraf, das durch die Ehefrau als ihr Sondereigentum beansprucht wurde, es sei denn, daß jenes Eigentum durch den Ehemann weggenommen wurde, als er seine Frau verließ oder im Stiche ließ oder im Begriff war, sie zu verlassen oder im Stiche zu lassen. Entsprechend bestimmte s.16 genannten Gesetzes, daß eine Ehefrau, die eine Handlung in Ansehung des Sondereigentums ihres Ehemanns beging, die, wenn sie in Ansehung des Sondereigentums der Ehefrau durch den Ehemann begangen worden wäre, den Ehemann einem Strafverfahren durch die Ehefrau auf Grund dieses Gesetzes unterworfen haben würde, der Strafverfolgung durch ihren Ehemann unterlag.[404] Die genannten Bestimmungen wurden in das Larceny Act von 1916 s.36 übernommen, jedoch noch durch das Law Reform (Married Women and Tortfeasors) Act 1935 (25 & 26 Geo.V c.30) dahin ergänzt, daß in dem Ausdruck "separate property" das Wort "separate" gestrichen wurde, sodaß sich heute s.36 Larceny Act 1916 auf alles Eigentum bezieht, das dem Ehemann oder der Ehefrau gehört. Es umfaßt daher nicht bloß Eigentum, das vor Annahme des vorgenannten Gesetzes Sondereigentum einer

---

404 Stephen, J.F. op.cit. 9th ed. by L.F.Sturge (1950) art.369 p.351 n.5.

verheirateten Frau war oder von ihr "zu ihrer besonderen Verwendung nach Billigkeitsrecht" besessen wurde, sondern auch alles Eigentum, das zur Zeit der nach Inkrafttreten des Gesetzes von 1935 erfolgten Verehelichung einer Frau gehört oder durch sie erworben wird oder auf sie übergeht, wie wenn sie eine ledige Frau wäre. Es können also heute Ehemann wie Ehefrau in gleicher Weise an dem Eigentum des anderen Ehegatten Diebstahl begehen, freilich in der in Larceny Act 1916 s.36 Proviso zu (1) - in Verbindung mit Law Reform Act von 1935 - für die Ehefrau und entsprechend in Larceny Act s.36 (2) für den Ehemann getroffenen Einschränkung, daß ein Strafverfahren wegen rechtswidriger Zueignung von Eigentum des anderen Ehegatten weder vom Ehemann noch von der Ehefrau eingeleitet werden kann, solange sie zusammenleben noch auch nach Aufhebung des ehelichen Zusammenlebens, sofern die Handlungen des einen Ehegatten in Beziehung auf das Eigentum des anderen zu einer Zeit vollzogen wurden, wo die Ehegatten noch zusammenlebten, es sei denn, daß jener Ehegatte zu dieser Zeit bereits die Absicht hegte, das eheliche Zusammenleben auf die Dauer aufzugeben. Eine bloß langdauernde, durch Beruf oder Krieg bedingte Abwesenheit eines Ehegatten begründet keine Aufhebung der ehelichen Gemeinschaft.[405] Wenn Ehegatten nach erfolgter Aufhebung des ehelichen Zusammenlebens dasselbe wiederherstellen, kann während des Bestandes des Zusammenlebens ein Strafverfahren nicht eingeleitet werden, auch wenn dies zur Zeit des Getrenntlebens möglich gewesen wäre, also wenn die Wegnahmehandlung während des Getrenntlebens oder zwar während des früheren Zusammenlebens aber zu einer Zeit erfolgt wäre, wo die Desertionsabsicht des weggehenden Ehegatten schon bestanden hätte.[406] Es kann also auch heute noch jeder Ehegatte straflos Diebstahl an den Sachen des anderen Ehegatten begehen, solange er keine Absicht hat, das eheliche Zusammenleben mit dem anderen Ehegat-

---

405 R.v.Creamer, 1919, 14 Cr.App.R.19; 15 Dig.Repl.1157, 11 660.
406 Kenny, C.S. op.cit. new ed. (1952) by J.W.C.Turner p.228.

ten aufzugeben.[407] Sofern die Ehefrau sich vor dem Ehemann zeitweilig verborgen halten und einiges von seinem Eigentum mitgenommen haben sollte, jedoch in der Absicht wieder zu ihm zurückzukehren und es dann wieder mitzubringen, so käme Diebstahl nicht in Frage, da die für den Diebstahl erforderliche Absicht dauernder Beraubung - wovon noch später zu sprechen sein wird - fehlen würde. Die Absicht auf bloß zeitweilige Aufhebung des ehelichen Zusammenlebens zur Zeit der Wegnahme der Sachen des Ehemanns wird allerdings dann Diebstahl begründen können, wenn die entlaufene Ehefrau die mitgenommenen Sachen des Ehemanns nicht wieder zurückzubringen, sondern sie zur Erlangung der Subsistenzmittel während der zeitweiligen Trennung veräussern will. Das Entsprechende gilt umgekehrt für den Ehemann. Da sich Larceny Act 1916 s.36 von dem Married Women's Property Act ss.12 und 16 inhaltlich nicht unterscheidet, behalten die seit dem Statut von 1882 ergangenen Entscheidungen auch nach dem neuen Recht ihre Bedeutung bei, soweit nicht durch das schon erwähnte Married Women and Tortfeasors Act von 1935 eine Modifikation eingetreten ist.
Wenn nach Larceny Act 1916 s.36 gegen jeden Ehegatten bei Wegnahme der Sachen des anderen Ehegatten während des Zusammenlebens der Ehegatten und ohne das Vorliegen einer Desertionsabsicht ein Strafverfahren nicht eingeleitet und daher auch eine Schuldigsprechung nicht erfolgen kann, so erhebt sich die Frage, ob dieser Ausschluß der Strafverfolgung nur für den betreffenden unehrlichen Ehegatten oder auch für etwaige sonstige Beteiligte, insbesondere den ehebrecherischen Dritten gilt, mit anderen Worten, ob es sich dabei lediglich um einen subjektiven Strafausschliessungsgrund oder Prozeßhinderungsgrund zugunsten des diebischen Ehegatten oder ob es sich um einen objektiven

---

407 Kenny, C.S. op.cit. new ed. (1952) by J.W.C.Turner p.228; Kenny S.C.I. p.275 n.2; R.v.James and Johnson, 1902, (1902) 1 K.B.540; 15 Dig.Repl.1076, 10 608; R.v.Creamer, 1919, 14 Cr.App.R.19; 15 Dig.Repl.1157, 11 660; Stephen, J.F. op.cit. 9th ed. (1950) by L.F.Sturge art.369 p.320; vgl.auch Walters v. Lunt, 1951, (1951) 2 All E.R.645; 15 Dig.Repl.1142, 11 501; Harris, S.F. op.cit. 13th ed. (1919) by A.M.Wilshere p.318; Edwards, J.Ll: Possession and Larceny, C.L.Pr. vol. 3 (1950) p.139.

Strafausschliessungsgrund handelt, der sich zugunsten aller Beteiligten auswirkt. Da der Beweggrund für diese gesetzliche Sondermaßnahme in der Erwägung zu finden sein dürfte, das Zusammenleben der Ehegatten nicht zu gefährden oder, soweit es bereits aufgegeben war, die Wiedervereinigung der Ehegatten nicht unbilligerweise zu erschweren oder unmöglich zu machen, scheint mir die Annahme eines objektiven Strafausschliessungsgrundes trotz der Fassung des s.36 (1) bzw. (2) Larceny Act 1916, die mehr für einen subjektiven Ausschliessungsgrund lediglich zugunsten des einzelnen Ehegatten spricht, richtig; denn nur so ist durch die Nichtverfolgbarkeit aller Beteiligten die Erreichung des gesetzlichen Zwecks sichergestellt. Im anderen Fall würde der Verfolgung der Teilnehmer bei dem Vorliegen eines strafbaren, nur zugunsten des Haupttäters nicht verfolgbaren Delikts nach s.35 Larceny Act 1916 nichts im Wege stehen. Damit würde aber der Zweck der Sondermaßnahme bei der notwendigerweise mit dem Strafverfahren gegen Teilnehmer verbundenen öffentlichen Kompromittierung des betreffenden Ehegatten vereitelt. Freilich spielt diese Frage nur eine verhältnismässig bescheidene Rolle. Der Dritte nämlich, der Sachen eines Ehegatten, die der andere Ehegatte während des Zusammenlebens und ohne Absicht des Entlaufens weggenommen und dem Dritten ausgehändigt hat, an sich nimmt, macht sich durch deren Annahme der Hehlerei (receiving stolen property; Larceny Act 1916 s.33) nicht schuldig; denn die Hehlerei setzt nach s.33 (3) Larceny Act 1916 voraus, daß der Haupttäter auf alle Fälle für schuldig befunden werden kann, auch wenn er noch nicht für schuldig befunden ist und er voraussichtlich in absehbarer Zeit von der Rechtspflege auch nicht erreichbar ist. Da aber der Ehegatte, der nicht im Begriff steht davonzulaufen, des Diebstahls an Sachen des anderen Ehegatten nach s.36 Larceny Act 1916 nicht für schuldig befunden werden kann, insofern die Einleitung eines Strafverfahrens überhaupt ausgeschlossen ist, so sind die von dem einen Ehegatten unter diesen Umständen weggenommenen Sachen des anderen Ehegatten auch nicht als "gestohlene" Sachen anzusehen, wie solche die Begriffsbestimmung der Hehlerei nach s.33

Larceny Act 1916 voraussetzt. Diese Auffassung wird auch von Kenny[408] unter Berufung auf R.v.Creamer[409] und von Russell[410] geteilt. Aber auch, wenn der Dritte unter denselben Umständen bei der Wegnahme der Sachen des einen Ehegatten durch den anderen als Teilnehmer i.S. von Larceny Act 1916 s.35 mitgewirkt hätte, könnte er hierwegen nicht bestraft werden. Da der betreffende Ehegatte wegen der Wegnahme der Sachen nicht für schuldig befunden und daher auch nicht bestraft werden könnte, wäre nach Larceny Act 1916 s.35, das ein strafbares Delikt voraussetzt, auch die Teilnahme Dritter nicht verfolgbar und nicht strafbar. Daß aber der Dritte, der sich bei der Wegnahme der Sachen des einen Ehegatten durch den anderen als Mittäter beteiligt und als solcher mit der Wegnahme selbständigen Besitz an den Sachen des bestohlenen Ehegatten sich verschafft, animo furandi sich eines Diebstahls schuldig machen kann, ist wohl nicht zu bezweifeln. In diesem Falle aber, und wohl nur in diesem, würde nach obigen Darlegungen unter den dort bezeichneten Voraussetzungen der objektive Strafausschliessungsgrund des Larceny Act 1916 s.36 praktische Bedeutung erlangen.

2. Besitzerwerb des Entziehenden

Neben der rechtswidrigen Besitzentziehung umschließt der Begriff des "Wegnehmens" ("taking") auch den Besitzerwerb des Entziehenden, mag er - was die Regel ist - mit dem Besitzentzug zeitlich zusammenfallen oder nicht. Diese beiden Bestandteile machen also den Begriff des "taking" aus. Zwar wird dies von Carter[411] - auf dessen Ausführungen noch weiter unten einzugehen sein wird - in Abrede gezogen; doch muß er selbst einräumen, daß "die Geschichte des Diebstahlsrechts, der allgemeine Inhalt des Larceny Act 1916 und insbesondere der Wortlaut von s.1 (2) Larceny Act

---

408 Kenny S.C.I. 274 n.2 zu R.v.Featherstone, 1854, Dears.369; 15 Dig.Repl.1075, 10 602.

409 R.v.Creamer, 1919, 14 Cr.App.R.19; 15 Dig.Repl.1157, 11 660.

410 Russell, W.O.: A Treatise op.cit. p.1199.

411 Carter, P.B.: Taking and the Acquisition of Possession in Larceny, M.L.R. vol.14 (1951) p.27.

1916" gegen seine Auffassung sprechen, "daß der Wert des Besitzerwerbs als Bestandteil der diebischen Wegnahme in Zweifel gezogen werden mag".[412] Der größte Teil des reichen Schrifttums über diesen Gegenstand vertritt aber die Lehre, daß das taking beim Diebstahl seinem Wesen nach dem Erwerb des Besitzes gleichkommt, und, wie Stephen[413] besonders noch betont, "der wichtigste Punkt beim Diebstahl nicht das Nehmen a u s dem Besitz, sondern das Nehmen i n den Besitz des Diebes ist". Diese Annahme ist in einer grossen Zahl autoritativer Entscheidungen für die Zeit vor Inkrafttreten des Larceny Act von 1916 zum Ausdruck gekommen, und die Rechtsprechung, die seither ergangen ist, liefert reichlichen Beweis dafür, daß dieser Rechtsgrundsatz auch das Larceny Act 1916 überlebt hat, in dessen Fassung er m. E. selbst arg. s.1 (2) (i) - "the expression "takes" includes obtaining possession" - ausdrücklich bestätigt ist. Ein solcher Besitzerwerb liegt beispielsweise schon darin, daß ein Kunde einen Verkaufsgegenstand vom Ladentisch weg- und ansichnimmt, in der Absicht den Eigentümer desselben zu berauben. Der Diebstahl ist solchenfalls vollendet, sobald der Kunde den Gegenstand von seiner Lage in dem Kaufladen entfernt hat, nicht erst beim Verlassen des Ladens, da er schon im ersteren Zeitpunkt den Besitz daran erwarb und in diesem Zeitpunkt die Diebstahlsabsicht hatte. Umstritten ist weniger der Umstand, daß Besitzerwerb des Wegnehmenden zum "taking" erforderlich ist, als die Frage, was zum Besitzerwerb als Bestandteil des taking notwendig ist, insbesondere ob der Dieb Kenntnis davon haben muß, daß er besitzt und was er besitzt. Die Beantwortung dieser Frage ist insofern von grundlegender Bedeutung für das Vorliegen eines Diebstahls, weil die Diebstahlsabsicht in dem Augenblick, in dem das "Wegnehmen" durch den Besitzerwerb des Wegnehmenden vollendet wird, vorhanden sein muß, da nach alter unangefochtener Rechtsregel Diebstahl ausgeschlossen ist, wenn der animus furandi erst nach Vollendung des

412 Carter, P.B.: Taking and the Acquisition of Possession in Larceny, M.L.R. vol.14 (1951) p.32.

413 Stephen, J.F. op.cit. 8th ed. p.513.

"Wegnehmens" und nicht gleichzeitig mit demselben gebildet wird. Hierauf wird bei Darlegung des subjektiven Tatbestandes zurückzukommen sein. Das Problem, ob Besitz an einem Gegenstand jemandem zugeschrieben werden kann, von dessen Vorhandensein er nichts weiß, beschäftigte die englischen Gerichte seit Jahren. Auf zivilrechtlichem Gebiet ist in den schon früher erwähnten Fällen Elwes v. Brigg Gas Co.,[414] South Staffordshire Waterworks Co.Ltd. v. Sharman[415] und Hibbert v. McKiernan[416] das Prinzip aufgestellt worden, daß der Besitz an Grund und Boden Besitz an allem in sich schließt, was mit ihm verbunden oder unter ihm oder auf ihm sich befindet, soweit in letzterem Falle das Betreten des Grundstücks durch Fremde, sei es allgemein, sei es ausnahmsweise durch den Grundstückseigentümer als verboten, also seine Einwilligung als ausgeschlossen zu betrachten ist, wie z.B. bei Betreten zu unehrlichen Zwekken.[417] Es dürfte auch kein Grund bestehen im law of tort dieses Prinzip auf Sachen zu erstrecken, die in anderen beweglichen Sachen enthalten sind, selbst wenn der Eigentümer der letzteren von der darin verborgenen Sache keine Kenntnis hat. So in den Fällen Cartwright v. Green[418] und Merry v. Green,[419] in denen in einem einem Schreiner zur Reparatur übergebenen Schreibtisch bzw. in einem bei einer Versteigerung zum Verkauf gebrachten Schreibtisch ein in einem geheimen Schubfach befindlicher Geldbetrag bzw. eine Geldbörse mit Geldmünzen, von denen der Eigentümer des Schreibtisches keine Kenntnis hatte, als im Besitz des Schreibtischeigentümers erachtet wurde, sodaß der Schreiner, der sich den Geldbetrag rechtswidrig zueignete, sich eines trespass und animo furandi eines Diebstahls schuldig machte, während in Merry v. Green and Dawes ein Diebstahl nur um

414 Elwes v Brigg Gas Co., 1886, 33 Ch.D.562; 31 Dig.Repl.93, 2427.
415 South Staffordshire Waterworks Co.Ltd. v. Sharman, 1896, 2 Q.B.44; 3 Dig.Grat.Bailment 65, 80.
416 Hibbert v. McKiernan, 1948, (1948) 2 K.B.142; 15 Dig.Repl. 1086, 10 752.
417 Button "B" Pennies Case, 1947, The Solicitor vol.14 (1947) No.3 pp.50/51.
418 Cartwright v. Green, 1802, 8 Ves.jun.405; 15 Dig.Repl.1049, 10 330.
419 Merry v. Green and Dawes, 1841, 7 M.& W.623; 15 Dig.Repl. 1048, 10 323.

deswillen verneint wurde, weil der Schreibtisch so, wie er war, also mit seinem Inhalt, versteigert wurde und der Ersteigerer daher Eigentum und Besitz auch an der im Schreibtisch verborgenen Geldbörse erlangte und so sich nicht strafbar machte. Nicht anders ist der strafrechtliche Fall R.v.Rowe[420] zu beurteilen, wo ein Kanalreiniger ein im entleerten Kanalbett gelegenes Eisenstück sich rechtswidrig aneignete und sich so durch taking animo furandi eines Diebstahls zu Lasten der Kanalgesellschaft, die als Besitzer des Fundgegenstandes anzusehen war, schuldig machte (Larceny Act 1916 s.1). Zu demselben Ergebnis käme man hier übrigens auch, wenn man in dem Sachverhalt einen Fall des Findens mit einem Schlüssel zur Erkennbarkeit des Eigentümers sehen würde, da auch in diesem Falle die Kanalgesellschaft als Besitzer der Fundsache anzusehen wäre, sodaß solchenfalls Diebstahl in der Form des larceny by finding gegeben wäre (Larceny Act 1916 Proviso zu s.1). In dem law of tort möchte dieser Grundsatz auch auf Fälle beweglicher Sachen ausgedehnt werden, die sich bei der Person befinden, wie eines Kleinkindes Besitz an seiner Klapper oder eines Geisteskranken Besitz an seinem Rock, obwohl mangelnder Intellekt in beiden Fällen eine Kenntnis, Besitz an den genannten Gegenständen erhalten zu haben, ausschliessen möchte.[421] Diese letzteren Fälle kommen für das strafrechtliche Gebiet nicht in Betracht. Im übrigen handelt es sich auch bei den sonst erwähnten Fällen um zivilrechtliche Entscheidungen, die für das Gebiet des Strafrechts nicht verbindlich sind. Auch dreht es sich bei allen genannten Fällen nicht um Besitzerwerb, sondern um die Feststellung eines bestehenden Besitzstandes, der sich auf den Besitz des Grund und Bodens oder einer beweglichen Sache und die Tatsache stützt, daß der allgemeine, das Grundstück oder die bewegliche Sache betreffende Besitzwille (animus possidendi) sich ohne weiteres auch auf die im obenbezeichneten Sinne damit verbundenen Sachen miterstreckt, ohne daß es einer besonderen Kenntnis in Ansehung dieser Sachen bedarf. Es darf aber

---

420 R.v.Rowe, 1859, 28 L.J.M.C.128; 15 Dig.Repl.1086, 10 751.
421 Winfield, P.H.: A Textbook op.cit. p.304.

auch nicht ausserachtgelassen werden, daß bei den verschiedenen Folgen der Beurteilung, zivile Verantwortlichkeit einerseits und Kapitalstrafe andererseits, die Strafgerichte an den Besitzerwerb einen strengeren Maßstab anzulegen sich gezwungen sahen als die Zivilgerichte. Freilich haben auch die Strafgerichte in den älteren Entscheidungen den Besitzerwerb nicht von der Kenntnis des Besitzerwerbs abhängig gemacht. So wurde in R.v.Muclow[422] mit dem Besitz an dem Briefumschlag eines irregeleiteten Briefes auch Besitz an dem darin enthaltenen Scheck, von dem der Empfänger vor der Öffnung des Briefumschlags keine Kenntnis hatte, angenommen. In gleicher Weise wurden R.v.Davies[423] und R.v.Fish[424] - eine Entscheidung, die in R.v.Hudson[425] angeführt ist - entschieden. Abgesehen von R.v.Fish, das als Magistratsgerichtsurteil der Überprüfung der Rechtsfrage nicht unterlag und so nicht als autoritativ angesehen werden kann, wurde schon in R.v.Davies[426] durch Erle J. unter Hinweis auf die Rechtsgrundsätze über Fund auf das Erfordernis der Kenntnis des Besitzgegenstandes für den Besitzerwerb mit den Worten hingewiesen "that the law of larceny laid down in respect of articles found was applicable to the article here in question ... The finder is guilty, if, after he has ascertained what the article is, and what are the marks of ownership, he determines to appropriate it wrongfully to himself; and so in respect of article enclosed in a misdirected letter the question of wrongful appropriation cannot arise until it has been ascertained whether the letter has been misdelivered or not".[427] Damit war auch zum Ausdruck gebracht, daß bei einem fehlgeleiteten Brief der animus possidendi sich zwar nicht nur auf den Briefumschlag, sondern auch auf den Inhalt insofern

422 R.v.Muclow, 1827, 1 Mood.C.C.160; 15 Dig.Repl.1048, 10 322 mit Billigung zitiert in R.v.Vincent, 1852, 2 Den.464; 15 Dig.Repl.1087, 10 764.
423 R.v.Davies, 1856, Dears.C.C.640; 15 Dig.Repl.1048, 10 324.
424 R.v.Fish, 1900, 64 J.P.137; 15 Dig.Repl.1049, 10 327.
425 R.v.Hudson, 1943, (1943) K.B.458; 15 Dig.Repl.1049, 10 329.
426 R.v.Davies, siehe Anm.423.
427 R.v.Davies, 1856, Dears.C.C. at p.641; 15 Dig.Repl.1048, 10 324.

bezog, als der Empfänger davon ausgehen durfte, daß der Briefumschlag nicht leer sein werde, sondern ein Stück Papier enthalte;[428] allein dieser Besitzwille erstreckte sich m.E. auf Briefumschlag wie Inhalt nur, wenn der Brief in Wirklichkeit nicht für jemand anderen bestimmt war,[429] was, wenn nicht ausnahmsweise aus der Anschrift ersichtlich, nur nach Öffnung des Briefumschlags und Kenntnisnahme des Inhalts feststellbar sein kann. Da neben dem corpus possessionis der animus possidendi zum Besitzerwerb notwendig ist, ist daher regelmässig Kenntnis vom Inhalt des Briefes Voraussetzung für den Besitzerwerb. So auch Cross, der geltend macht, daß Fälle des breaking bulk nahelegen, daß die tatsächliche Erlangung des irrtümlich übergebenen Briefes dem Empfänger im Hinblick auf Merry v. Green[430] den erforderlichen Besitz am Inhalt nicht verleiht, wenn bekannt wird, daß das im Umschlag enthaltene Stück Papier ihm nicht gehört. Bei Identitätsirrtum ist rechtlich eine Übergabe des Umschlags wie des Inhalts nicht erfolgt.[431] In der gleichen Richtung bewegten sich auch der ebenerwähnte Fall Merry v. Green wie der gleichfalls schon angeführte Fall Cartwright v. Green.[432] Auch in diesen Fällen wurde davon ausgegangen, daß, wenn in einem beiden Parteien unbekannten Geheimfach des zur Reparatur oder zum Kauf übergebenen Schreibtisches sich Geld findet, der Besitz daran dem Eigentümer des Schreibtisches verbleibt, sodaß sich der Schreiner, der sich dasselbe im Zeitpunkt der Entdeckung rechtswidrigerweise zueignet, sich des Diebstahls schuldig macht,

428 So Salmond, John W.: Jurisprudence op.cit. 10th ed. by Williams p.293, nach dem es auf die Natur des Papiers nicht ankommen soll. Ebenso Kerr, M.R.E.: The Time of Criminal Intent in Larceny, L.Q.R. vol.66 (1950) p.179.

429 Vgl. auch L.Q.R. vol.59 (1943) Notes p.139 mit Charles J. in R.v.Hudson, 1943, (1943) K.B.458; 15 Dig.Repl.1049, 10 329, wo er ausführte: "There after he opened the envelope and when he opened it discovered this cheque, a thing which was palpably valuable and which equally palpably belonged to someone else. At that moment for the first time he allowed his intelligence to operate and he was then in a position which he had not been in before, of forming his intent".

430 Merry v. Green and Dawes, 1841, 7 M.& W.623; 15 Dig.Repl.1048, 10 323.

431 Cross, Rupert: Larceny De Lege Lata, L.Q.R. vol.66 (1950) pp. 504-505.

432 Cartwright v. Green, 1802, 8 Ves.jun.405; 15 Dig.Repl.1049, 10 330.

da er erst nach Kenntnisnahme von dem Vorhandensein des Geldes Besitz daran im Weg der Wegnahme animo furandi erlangt, auch wenn man davon ausgeht, daß ihm an dem Schreibtisch Besitz und nicht bloß Obhut überlassen worden sein sollte. Dasselbe muß auch im Falle Merry v. Green[433] gelten, wo zweifellos durch die Übergabe Eigentum an dem ersteigerten Schreibtisch auf den Käufer überging, nicht aber rechtmässiger Besitz an der in dem geheimen Schubfach gelegenen Geldbörse und dem Geld überlassen wurde, da der Verkäufer keine Absicht hatte, sie zu übergeben noch der Käufer sie anzunehmen, weil sie beide von deren Vorhandensein nichts wußten. Es handelte sich, wie Parke B. ausführte, bei der Entdeckung des Geheimfaches samt Inhalt um einen einfachen Fall des Findens mit Schlüssel, sodaß durch die rechtswidrige Zueignung der Erwerber sich eines trespass und animo furandi eines Diebstahls schuldig gemacht hätte, sofern er nicht mit vernünftigem Grunde annehmen durfte, daß er den Schreibtisch, wie er war, also samt etwaigem Inhalt gekauft habe. In solchem Falle hatte er scheinbares Eigentum (colourable property) und es war daher kein Diebstahl.[434] Ausser den bisher erwähnten Fällen, den "letter cases" und "bureau cases", in denen Kenntnis vom Besitz und vom Besitzgegenstand als Voraussetzung des Besitzerwerbs gefordert wurde, wurde dieses Prinzip in dem grundlegenden Fall R.v.Ashwell[435] auch auf die "coin cases" angewandt. Es handelt sich hierbei um folgenden Sachverhalt: Ashwell und Keogh trafen sich in einem Wirtshaus am Abend des 9.Januar. Ashwell bat Keogh ihm auf den Hof zu folgen, wo er ihn ersuchte, ihm einen shilling zu leihen, den er, da er am nächsten Tag Geld bekomme, ihm alsbald wieder zurückzuzahlen versprach. Keogh war damit einverstanden und zog aus seiner Tasche eine Münze heraus, die er in der Dunkelheit für

433 Merry v. Green and Dawes, 1841, 7 M.& W.623; 15 Dig.Repl. 1048, 10 323.

434 Scurlock, John: The Element of Trespass in Larceny at Common Law, Temp.L.Q. vol.22 No.1 (July 1948) pp.37-38; Warburton, H. and Grundy, C.H. op.cit. p.327.

435 R.v.Ashwell, 1885, L.R.16 Q.B.D.190; 15 Dig.Repl.1048, 10 325.

ein shilling-Stück hielt, während es in Wirklichkeit ein Goldstück (sovereign) war, und ging weg. Ashwell begab sich nun in ein anderes Wirtshaus und, als er das Geldstück wechseln ließ, entdeckte er, daß es ein Goldstück war und entschloß sich sofort, das erhaltene Wechselgeld sich zuzueignen. Als am anderen Morgen Keogh Ashwell in seinem Haus aufsuchte und ihm erklärte, daß er den Irrtum entdeckt habe, leugnete Ashwell ein Goldstück von ihm erhalten zu haben und machte am gleichen Abend widersprechende Angaben darüber, wie er in den Besitz des Wechselgeldes gekommen sei. Später räumte er den Empfang des Goldstücks ein. Ashwell wurde des Diebstahls für schuldig befunden, wobei die gleiche Zahl von Richtern für Verurteilung wie für Freispruch stimmten und so nach dem Grundsatz "praesumitur pro negante" die vorinstanzliche Verurteilung bestehen blieb. Im Hinblick auf die weitere Rechtsentwicklung muß auf die Urteilsbegründungen von Cave J. und Lord Coleridge C.J., die sich für Verurteilung aussprachen, einerseits und von Stephen J., der für Freispruch besonders intensiv eintrat, andererseits kurz eingegangen werden. Aus Cave's Begründung ist hervorzuheben, daß der Besitz, der nicht vom Eigentum begleitet ist, von zweifelhaftem Vorteil ist, da er zwar gewisse Rechte, aber auch Verbindlichkeiten gegenüber dem Eigentümer mit sich bringt, sodaß man nicht vermuten darf, daß jemand dem Besitz einer beweglichen Sache zustimmt, sondern daß tatsächliche Zustimmung nachgewiesen werden muß. Nun stimmt aber niemand dem zu, von dem er ganz und gar keine Kenntnis hat. Unter Hinweis auf Merry v. Green and Dawes,[436] fährt Cave fort, "denke ich daher nicht, daß Ashwell dem Besitz des Goldstücks zustimmte, bis er wußte, daß es ein Goldstück war. Zur Zeit der Übergabe übernahm er nicht die Verantwortlichkeit als Besitzer der Münze. Daher hatte er auch keinen Anspruch auf die Rechte, die mit dem rechtmässigen Besitz eines geborgten Goldstücks verbunden sind. Im Augenblick der Entdeckung war er verpflichtet zu wählen, ob er die Verantwortlichkeiten eines Be-

436 Merry v. Green and Dawes, 1841, 7 M.& W.623; 15 Dig.Repl. 1048, 10 323.

sitzers übernehmen wolle; aber in diesem Augenblick entschloß er sich, sich das Goldstück zu eigener Verwendung zuzueignen. Der Angeklagte fiel daher", wie Cave J. seine Urteilsbegründung schloß, "unter den in R.v.Middleton[437] aufgestellten Grundsatz und war des Diebstahls nach common law schuldig". Lord Coleridge C.J. trat der Auffassung von Cave bei, indem er unter anderem ausführte: "Es ist feststehendes Recht, daß, wo kein trespass gegeben ist, nach common law auch kein Diebstahl vorliegen kann. Ich halte es auch für einen festbegründeten Rechtssatz, daß, wo eine Übergabe einer beweglichen Sache von einer Person an eine andere stattgefunden hat, die nachfolgende rechtswidrige Zueignung dieser Sache durch denjenigen, dem sie übergeben worden ist, ihn, ausser nach Statut, womit ich mich hier nicht befasse, nicht des Diebstahls schuldig machen wird. Aber es scheint mir sehr klar, daß Übergabe und Annahme Handlungen sind, die mit verstandesmässigem Wollen verbunden sind, und daß keine Übergabe und Annahme gegeben ist, wenn nicht Geber und Empfänger beabsichtigten, das zu geben bzw. anzunehmen, was gegeben bzw. angenommen wird. Es ist verstandesmässige Übergabe, denke ich, wovon das Gesetz spricht, nicht eine bloß natürliche Handlung, der Einsicht und sogar Bewußtsein fehlt. Ich hoffe nicht zuviel zu sagen oder eine zuweitgehende Feststellung zu treffen, wenn ich sage, daß alle Handlungen, um gesetzliche Folgen nach sich zu ziehen, Handlungen des Geistes sein müssen. In diesem Falle war daher, wie mir scheint, keine Übergabe des Goldstücks durch Keogh an den Angeklagten erfolgt, da keine Absicht zu übergeben bestand und keine Kenntnis davon, daß übergeben worden war".[438] "Das Goldstück", so führte Lord Coleridge weiter aus, "wurde, wie mir scheint, von dem Angeklagten angenommen und durch ihn in demselben Augenblick rechtswidrig zugeeignet. Es scheint mir, daß er es nicht wegnahm, bis er wußte, was er erhalten hatte und als er wußte, was er erhalten

---

437 R.v.Middleton, 1873, L.R.2 C.C.R.38; 15 Dig.Repl.1044, 10 282.

438 Kenny S.C.I. pp.292 et seq., at pp.294-296 and pp.299-300.

hatte, stahl er es im gleichen Augenblick. Wenn der Empfänger im Augenblick der Annahme einer beweglichen Sache beabsichtigt, sich dieselbe rechtswidrig anzueignen und dies auch ausführt, so ist er gemäß allen Entscheidungen des Diebstahls schuldig". Dies trifft auf den Angeklagten zu. "Ich schrecke nicht vor dem Schluß zurück ..., daß manchmal die Entdeckung eines Irrtums und das Stehlen einer beweglichen Sache dasselbe sein kann oder richtiger zwei Ausdrucksformen, die in gleicher Weise dieselben Tatsachen beschreiben, wenn, wie hier, die bewegliche Sache tatsächlich in ein und demselben Augenblick entdeckt und gestohlen wird ... Ich denke, wir können die Verurteilung nicht umstossen, ohne daß wir uns praktisch über Lord Eldon in Cartwright v. Green,[439] das Court of Exchequer in Merry v. Green and Dawes[440] und die von Cave zitierten dicta aus dem Mehrheitsurteil in R.v.Middleton[441] hinwegsetzen".[442] Gegen diese Auffassung, daß die irrtümliche Übergabe weder das Eigentum an dem Goldstück noch das Besitzrecht an demselben übertrug und daß der Angeklagte so angesehen werden muß, als habe er es weggenommen, nicht als er es im Irrtum über seinen Wert annahm, sondern als er in Kenntnis seines Wertes sich entschloß, es sich selbst zuzueignen und als er es sich dadurch zueignete, daß er es wechseln ließ und das Wechselgeld für sich behielt, wandte sich Stephen J. mit der Behauptung, daß sie im Weg einer gesetzlichen Fiktion das Prinzip umgehe, wonach eine unehrliche Zueignung, die auf eine schuldlose Wegnahme folgt, kein Diebstahl ist, wobei sie das Wort "possession" oder das Wort "taking" künstlich interpretiere, indem unter possession etwas verstanden werden soll, das über die tatsächliche Herrschaft (control) über die besessene Sache hinausgehe, nämlich tatsächliche Herrschaft, ver-

---

439 Cartwright v. Green, 1802, 8 Ves.jun.405; 15 Dig.Repl.1049, 10 330.

440 Merry v. Green and Dawes, 1841, 7 M.& W.623; 15 Dig.Repl. 1048, 10 323.

441 R.v.Middleton, 1873, L.R.2 C.C.R.38; 15 Dig.Repl.1044, 10 282.

442 Warburton, Henry and Grundy, Claude H. op.cit. pp.320-321; Scurlock, John: The Element of Trespass in Larceny at Common Law, Temp.L.Q. vol.22 No.1 (July 1948) p.43.

bunden mit einer Kenntnis, die vorhanden sein kann oder nicht. Das Wort "taking" aber werde so ausgelegt, als bedeute es nicht eine tatsächliche physische Wegnahme, sondern eine nachfolgende Sinnesänderung, die auf jene physische Wegnahme sich zurückbezieht. Hierfür, so erklärt Stephen, bestehe keine Autorität. Demgegenüber muß aber darauf hingewiesen werden, daß eine Trennung des tatsächlichen Besitzes vom juristischen Besitz nach den bisherigen Ausführungen schon lange Zeit auch im Common Law sich findet und daß eine Wegnahme durch bloß nach aussen erkennbare Zueignung seit langem Anerkennung gefunden hat; es soll nur an das Verhältnis des Dienstboten zum Dienstherrn[443] und des bailee zum bailor oder an das larceny by a trick erinnert werden, wo überall das taking by trespass durch Beweis verbrecherischer Zueignung hinreichend dargetan wird.[444] Eine vermittelnde Auffassung vertrat Pollock, wonach in solchem Falle der Erwerber Besitz zwar ohne Zustimmung des Eigentümers, aber in gleicher Weise erwarb, wie wenn der Erwerb mit gesetzlicher Ermächtigung erfolgt wäre. Der Besitzerwerb ist besitzentziehenden Charakters, aber insolange entschuldbar, als er in gutem Glauben ausgeübt wird (excusable trespass). Der Erwerber hat die Wahl. Entschließt er sich, den Besitz zu eigenem Vorteil zu verwenden, so ist er als ein trespasser ab initio anzusehen, sodaß er bei Vorliegen des animus furandi Diebstahl begeht. Geht dagegen seine Wahl dahin, das rechtliche Interesse des bisherigen Besitzers dadurch zu wahren, daß er Maßnahmen trifft, um dem bisherigen Besitzer die Sache wiederherzustellen, so wird sein Besitz zu einem rechtmässigen; er ist dann in der Lage eines unfreiwilligen bailee mit der Verantwortung jener Stellung, frei von jeder anderen. Allein diese Auffassung vom excusable trespasser ist durch keine Autorität gestützt und hat sich nicht durchgesetzt.[445] Die Rechtspre-

443 R.v.Hehir, 1895, (1895) 2 Ir.R.709; 18 Cox C.C.267; Kenny S.C. I. pp.300 et seq., at p.302; 15 Dig.Repl.1049, 6418 (Ir.).

444 Scurlock, John: The Element of Trespass in Larceny at Common Law, Temp.L.Q. vol.22 No.1 (July 1948) p.14 and n.22; Kielwein, G. a.a.O. S.113 f.

445 Cross, Rupert: Larceny De Lege Lata, L.Q.R. vol.66 (1950) p. 509.

chung war anfänglich nicht ganz einheitlich. Zwar wich R.v. Flowers,[446] wo ein Arbeiter aus der Grafschaft Leicester Geld schuldlos erhielt, aber es sich hernach unehrlicherweise zueignete, von dem in R.v.Ashwell aufgestellten Grundsatz nicht ab, wie Lord Coleridge ausdrücklich mit folgenden Worten hervorhob: "Wenn das Urteil der sieben Richter, die die Verurteilung in R.v.Ashwell bestätigten, sorgfältig gelesen wird, so ist zu sehen, daß ein wesentlicher Unterschied zwischen diesem Fall und R.v.Flowers besteht und daß jene Richter der Meinung waren, daß, um eine Verurteilung wegen Diebstahls zu rechtfertigen, Annahme" - d.i. Besitzerwerb - "und Zueignung gleichzeitig vorliegen müssen". In R.v.Flowers aber gründete der Vorderrichter die Verurteilung wegen Diebstahls auf die Tatsache, daß der Angeklagte das Geld schuldlos annahm und es erst später sich zu eigenem Nutzen zueignete, sodaß hier der Sachverhalt ein ganz anderer war, der eine Bezugnahme auf R.v.Ashwell gar nicht zuließ. Dagegen schloß sich allerdings das irische Court of Criminal Appeal bei den Munster Assizes in Cork im Jahre 1894 im Falle R.v.Hehir,[447] wo jemand dem Angeklagten irrtümlicherweise eine Zehnpfundnote statt einer Einpfundnote aushändigte, der Angeklagte sie in der Annahme, es sei eine Einpfundnote an sich nahm und, als er plötzlich den Irrtum entdeckte, die Zehnpfundnote für sich behielt, der Auffassung von R.v. Ashwell nicht an. Freilich trat ein Teil der Richter, darunter vor allem Madden J. der Argumentation in R.v.Ashwell bei, während die Mehrzahl derselben der abweichenden Stephenschen Auffassung zustimmten und ein "felonious taking" in Abrede zogen. Dabei machte Andrews J. geltend, daß zwar kein Eigentum übertragen worden sei, wohl aber der Besitz, dessen Übertragung verstandesmässig bei unerheblichem Irrtum über Qualität oder Wert der Sache mit der Übergabe der Zehnpfundnote erfolgt sei, sodaß der Angeklagte rechtmässigen Besitz in schuldloser Weise erhal-

---

446 R.v.Flowers, 1886, 16 Q.B.D.643; 15 Dig.Repl.1049, 10 326.
447 R.v.Hehir, 1895, (1895) 2 Ir.R.709; 15 Dig.Repl.1049, 6418 (Ir.).

ten habe.[448] Die englische Rechtsprechung hielt aber auch in der Folge an dem in R.v.Ashwell festgelegten Grundsatz fest, der laut Larceny Act 1916 s.1 (2) (i) (c) die Kodifikation überlebte. Der nächste Fall, bei dem das in R.v.Ashwell behandelte Problem zur Entscheidung stand, war R.v.Hudson,[449] in welchem das in R.v.Ashwell aufgestellte Prinzip gebilligt wurde.[450] Der Tatbestand war folgender: Ein gewisser Lewis Hutson von 96 Scotter Road, Scunthorpe Lincs hatte drei Schweine an das Landwirtschaftsministerium verkauft. Ein Scheck über 23 Pfund 2 sh. 7 d. war durch das Ministerium ausgestellt worden, aber der Name des Zahlungsempfängers war unachtsamerweise als "Mr.Hudson" sowohl auf dem Scheck als auf dem Briefumschlag, der ihn enthielt, getippt worden. Der Briefumschlag wurde dem Appellanten Mr.J.Hudson, der in North Farm, Yaddlethorpe, Scunthorpe, eine geringe Entfernung von Scotter Road weg, wohnte, abgegeben. Wie es scheint, behielt der Angeklagte den Brief in seinem Haus, ohne ihn zu öffnen, einige Tage - wie lange ist nicht klar bewiesen. Eine Woche später aber gab er den Scheck dem Ministerium zurück mit folgendem Schreiben: "Dear Sir, just a line to tell you that I have received a cheque from the Ministry of Food and there was no initial on it, so I have sent it back to you. My name is Mr.J.Hudson. Yours truly, J.Hudson". Drei Tage später gab das Ministerium den Scheck dem Appellanten zurück mit dem Anfangsbuchstaben "J." zwischen "Mr." und "Hudson" eingefügt. Der Appellant eröffnete mittels des Schecks ein Konto bei einer Lokalbank, nachdem er ihn zuvor mit "J.Hudson" indossiert hatte. Diese Unterschrift wurde über einem zwei Pence-Stempel auf die Rückseite des Schecks unter den Worten "Received from the Ministry of Food ... the sum shown on the face thereof

448 Kenny S.C.I. pp.300 et seq. and pp.303-304; Scurlock, John: The Element of Trespass in Larceny at Common Law, Temp.L.Q. vol.22 No.1 (July 1948) p.43.

449 R.v.Hudson, 1943, (1943) 1 K.B.458; 15 Dig.Repl.1049, 10 329.

450 Scurlock, John: The Element of Trespass in Larceny at Common Law, Temp.L.Q. vol.22 No.1 (July 1948) p.44.

in settlement of fat stock purchased" gesetzt. Ungefähr sechs Wochen später zog der Appellant zwanzig Pfund von diesem Konto ab. Als er hernach durch die Polizei ausgefragt wurde, machte er die Feststellung, daß ihm kein Geld vom Ernährungsministerium geschuldet wurde. Die Anklage lautete 1. auf Diebstahl des Schecks, 2. auf Fälschungen und andere Anklagepunkte nach dem Forgery Act 1913 in Verbindung mit dem Scheck und 3. auf Erlangung von zwanzig Pfund von der Bank durch falsche Vorwände. Der Angeklagte wurde in allen drei Punkten verurteilt und das Urteil vom Court of Criminal Appeal bestätigt. Das Appellationsurteil hat sich nur mit der ersten Frage befaßt. Das Appellationsgericht ging bei seinem Urteil davon aus, daß Hudson vom rechtlichen Standpunkt aus betrachtet in derselben Lage war, wie es Ashwell gewesen war und daß er daher sich des Diebstahls in dem Augenblick schuldig machte, als er den Scheck entdeckt und gleichzeitig den Entschluß gefaßt hatte, ihn sich zuzueignen. Die maßgebende Stelle in der Urteilsbegründung lautet: "The appellant received an envelope. What he did with it for some days was not disclosed by the evidence. Eventually he opened the envelope and he discovered the cheque, a thing which was palpably valuable and which equally palpably belonged to someone else. At that moment, for the first time he was in a position - in which he had not been before - to form an intent ... As soon as he saw what he had got he made up his mind to steal it. He then did all that what was necessary for him to complete the offence of larceny ...".[451] Der Angeklagte erwarb hiernach mit der irrtümlichen Übergabe des Briefes an ihn zwar den tatsächlichen Besitz am Briefumschlag, den juristischen Besitz an dem im Umschlag enthaltenen Scheck aber, dessen Entziehung für die rechtswidrige Wegnahme wesentlich ist, erst in dem Augenblick, als er in Kenntnis von dem Vorhandensein des eingelegten Schecks sich entschloß, sich denselben zuzueignen, und ihn zu eigener Verwendung behielt. Die Kritik Kerrs[452] an der Entschei-

451 R.v.Hudson, 1943, (1943) 1 K.B.458, at p.461; 15 Dig.Repl. 1049, 10 329.

452 Kerr, M.R.E.: The Time of Criminal Intent in Larceny, L.Q. R. vol.66 (1950) pp.198 et seq.

dung R.v.Hudson scheint mir nicht stichhaltig. Wenn er geltend macht, daß Hudson ja den Scheck dem Ernährungsministerium zurückgeschickt habe und daraus hervorgehe, daß er bei Empfang des Schecks nicht die Absicht gehabt habe, das Ernährungsministerium des Schecks zu berauben, so ist dem entgegenzuhalten, daß er damit keineswegs den Zweck verfolgte, den Scheck an den Aussteller wieder zurückzugeben, sondern daß er nur beabsichtigte, eine Ergänzung des von ihm angeeigneten Schecks durch den Aussteller zu veranlassen, um Schwierigkeiten bei der künftigen Einlösung des Schecks zu vermeiden. Es war also keine Aufgabe des juristischen Besitzes an dem Scheck und eine neue Besitzergreifung bei Rückgabe desselben durch das Ministerium. Kerr ist zuzugeben, daß Hudson bei Rücksendung des Schecks an das Ministerium durch seine falsche Behauptung, einen Anspruch auf den Scheck zu haben, sich eines Delikts des obtaining by false pretences (Larceny Act 1916 s.32) schuldig gemacht hätte, falls in der ersten Ansichnahme des Schecks durch ihn kein Diebstahl vorgelegen hätte. Richtig ist auch die Auffassung Kerrs, daß unter der letztgenannten Voraussetzung sich Hudson bei der Rückgabe des Schecks durch das Ministerium entsprechend dem Vorgang in R.v.Middleton eines Diebstahls nach Larceny Act 1916 s.1 (2) (i) (c) schuldig gemacht hätte. Zwar beabsichtigte das Ministerium bei der Rücksendung an Hudson ihm das Eigentum am Scheck zu übertragen, aber nur unter der von Hudson veranlaßten irrigen Annahme, daß er der anspruchsberechtigte Hutson sei. Diese Rechtsprechung hat sich seither, trotz der Bedenken, die von verschiedenen Seiten dagegen vorgebracht wurden,[453] durchgesetzt. So wurde in Ruse v. Read,[454] wo der stark betrunkene Angeklagte ein fremdes Fahrrad zu dem Zweck an sich nahm, damit nach Hause zu

---

[453] Kerr, M.R.E.: The Time of Criminal Intent in Larceny, L.Q.R. vol.66 (1950) pp.203-204; Edwards, J.Ll: Possession and Larceny, C.L.Pr. vol.3 (1950) p.148; vgl.auch die schon erwähnte Urteilsbegründung von Stephen J. in R.v.Ashwell und die gleichfalls erwähnte Mehrheitsbegründung in R.v.Hehir.

[454] Ruse v. Read, 1949, (1949) 1 All E.R.398; 15 Dig.Repl.1050, 10 340.

fahren und am folgenden Tag das Rad mit der Eisenbahn nach York zu schicken versuchte, ohne die Absicht es wieder in Empfang zu nehmen, davon ausgegangen, daß der Angeklagte zwar zur Zeit der Ansichnahme des Rades zu betrunken gewesen sein mochte, um eine die etwaige Rückgabe ausschliessende Diebstahlsabsicht zu fassen, nicht aber so betrunken, daß er nicht gewußt hätte, daß er ein spezielles, ihm nicht gehörendes Fahrrad in Besitz nahm und in Kenntnis dieses Umstandes auch die rechtswidrige Wegnahme vollendete, worauf einer der Richter, Humphrey, unter Bezugnahme auf Charles J. in R.v.Hudson hinwies. Daß der Angeklagte, obwohl in diesem Augenblick der animus furandi bei ihm, wenigstens feststellbar, nicht gegeben war, dennoch des Diebstahls sich dadurch schuldig machte, daß er am anderen Morgen sich entschloß, über das Rad in der Absicht dauernden Ausschlusses des Eigentümers zu verfügen, stützt sich auf den Grundsatz in R.v.Riley,[455] wonach bei ursprünglich rechtswidriger, wenn auch nicht verbrecherischer, Wegnahme einer Sache und hernach erfolgter Verfügung über dieselbe animo furandi Diebstahl vorliegt. Ferner wurde R.v.Hudson in Russell v. Smith[456] bestätigt. In diesem Fall war ein Lastwagenfahrer, der bei einem Schlepperlieferanten beschäftigt war, angewiesen worden, eine Tonne Futtermittel bei X zu holen und sie an Y abzuliefern. Wegen Irrtums des Dienstboten des X wurden acht Säcke zuviel auf den Lastwagen geladen und als der Fahrer den Irrtum beim Ausladen des Lastwagens entdeckte, entschloß er sich, den Überschuß sich zuzueignen, was er auch tat. Er wurde des Diebstahls von acht Säcken angeklagt. Aber die Magistrate wiesen die Anklage aus dem Grund zurück, daß der Angeklagte, als er den Besitz an den acht Säcken wegnahm, nicht beabsichtigte, sie zu stehlen. Das Divisional Court entschied, daß der Fahrer schuldig sei, da er den Besitz an den acht Säcken nicht eher wegnahm, als bis er von ihrem Vorhandensein Kenntnis erlangte, in welchem Augen-

---

455 R.v.Riley, 1853, Dears.C.C.149; 15 Dig.Repl.1049, 10 333.

456 Russell v. Smith, 1957, (1957) 2 All E.R.796; 3 Dig.Supp. 349, 10 329 b.

blick er auch die Absicht sie zu stehlen faßte. Gegen diese Entscheidung wendet sich Prevezer, indem er sie zwar nicht ablehnte, aber für überflüssig erklärte. Wenn der Angeklagte juristischen Besitz an allen Säcken hatte, als er sie auf den Lastwagen lud, wie die Magistrate annahmen, so wäre, wie Prevezer meint, sein einziges Interesse an ihm das eines bailee gewesen, sodaß er sich bei rechtswidriger Zueignung eines larceny by a bailee schuldig gemacht hätte. Es erscheint mir aber zweifelhaft, daß hier ein bailment begründet worden sein sollte, vielmehr erlangte der Angeklagte durch die Übergabe der Säcke an ihn unbeschränkten juristischen Besitz, der ihm in transitu verblieb, bis er ihn auf seine Dienstherrn übertrug; wenn er sie sich vorher rechtswidrig zueignete, hätte er sich eines embezzlement schuldig gemacht. Nur wenn die Säcke mit dem Aufladen auf den Lastwagen juristischer Besitz der Dienstherrn geworden sein sollten, so hätte der Angeklagte nur Obhut an ihnen erlangt und durch rechtswidrige Zueignung Diebstahl durch Wegnahme begangen. Das letztere könnte aber nur gelten, wenn der Wagen dem Dienstherrn gehörte, nicht wenn der Wagenführer auch den Wagen selbst gestellt hätte.[457] Im Zusammenhang hiermit muß auch noch Moynes v. Cooper[458] erwähnt werden. In diesem Falle war dem Arbeiter M. auf sein Verlangen am 29.4.1955 ein Lohnvorschuß von 6 Pfund 19 sh. und 6 1/2 d. auf den am 2.5.1955 fälligen Lohn von 7 Pfund 3 sh. und 4 d. ausbezahlt worden. Am letztgenannten Tage legte der Lohnbuchhalter, der von dem Vorschuß nichts wußte, ohne Bemerkung den vollen Lohnbetrag von 7 Pfund 3 sh. und 4 d. in die für M. bestimmte Lohntüte und händigte sie ihm am gleichen Tag aus. Als der Arbeiter die Tüte erhielt, wußte er nicht, daß sie die volle Lohnsumme von 7 Pfund 3 sh. und 4 d. enthielt. Als er später am Tag die Lohntüte öffnete, entdeckte er erst, daß sie den vollen Lohn - ohne Abzug des Vorschusses - enthielt und entschloß

---

457 Prevezer, S.: Criminal Appropriation, C.L.Pr. vol.12 (1959) pp.170-171.

458 Moynes v. Cooper, 1956, (1956) 1 All E.R.450; 3 Dig.Supp. 15 Crim.L.36, 10 329 a.

sich nun im gleichen Moment den ganzen Inhalt der Tüte mit 7 Pfund 3 sh. und 4 d. sich unehrlicherweise zuzueignen, wodurch er zu seinem eigenen Nutzen 6 Pfund 19 sh. und 6 1/2 d. mehr erhielt, als den Betrag, auf den er einen Rechtsanspruch hatte. Stable J. ging in seiner Urteilsbegründung davon aus, daß die Annahme der Lohntüte und die Öffnung derselben eine einheitliche Handlung bilde und daß entsprechend R.v.Hudson[459] der Angeklagte die Lohnüberzahlung erst weggenommen habe, als er von ihr mit der Öffnung der Tüte Kenntnis erhalten und sie sich dann animo furandi zugeeignet und damit Diebstahl begangen habe. Die übrigen Richter allerdings lehnten diese Auffassung von Stable J. ab und sprachen den Angeklagten arg. Larceny Act 1916 s.1 (2) (i) mit der Begründung frei, daß im vorliegenden Fall im Gegensatz zu R.v.Middleton der Angeklagte von dem Irrtum des Lohnbuchhalters bei der Übergabe der Lohntüte an ihn keine Kenntnis gehabt habe, sodaß die Wegnahme nicht animo furandi erfolgt sei. Zwar, so wird weiter betont, wäre eine zivilrechtliche Klage zugunsten des Arbeitgebers auf das Geld gegeben, das unter tatsächlichem Irrtum (error in quantitate) ausbezahlt worden war; aber andererseits sei der Angeklagte, obwohl er sich einer schweren Unehrlichkeit schuldig gemacht habe, nach Meinung des Gerichts eines Diebstahls, ja nach geltendem Gesetz eines strafbaren Delikts überhaupt, nicht schuldig. Auch sei R.v.Hudson keine Autorität für Moynes v. Cooper, da in R.v.Hudson weder der Scheck noch der Umschlag für den Angeklagten bestimmt gewesen sei, während es hier zweifelsfrei sei, daß die Lohntüte für den Angeklagten bestimmt war und ihm auch so übergeben wurde.

Zum Abschluß der Ausführungen über das Tatbestandsmoment des "taking" soll noch angeführt werden, daß bei "trespassory taking" - ob tatsächlich oder fiktiv - eine nachfolgende Zueignung nicht Teil des Verbrechens ist, sondern Beweis der Absicht bei der Wegnahme.[460]

---

[459] R.v.Hudson, 1943, (1943) 1 K.B.458; 15 Dig.Repl.1049, 10 329.

[460] Scurlock, John: The Element of Trespass in Larceny at Common Law, Temp.L.Q. vol.22 No.1 (July 1948) p.44.

BB) Der Begriff des Wegbringens (carrying away)

Neben der Wegnahme verlangt das englische Diebstahlsrecht auch noch ein Wegbringen (carrying away), weil der Ausdruck "trespass" heute nur eine Handlung bedeutet, die unmittelbar den Besitz verletzt und nicht notwendigerweise ein Wegbringen einschließt. Nach der gesetzlichen Definition in s.1 (2) (ii) Larceny Act 1916 schließt der Ausdruck "carry away" irgendein Wegbewegen von etwas von dem Platz ein, den es einnimmt, im Falle einer festgemachten Sache aber nur, wenn sie vollständig losgetrennt worden ist.[461] Diese Definition, welche die Praxis des Common Law übernommen hat, verlangt so ein Wegbewegen der Sache von ihrem bisherigen Standort in der Weise, daß jedes Atom den Platz verlassen hat, den dieses spezielle Atom bisher einnahm.[462] So wurde in R.v.Cherry[463] ein Wegbringen und damit Diebstahl verneint, wo der Angeklagte bei einem biegsamen Ballen Tuch, der der Länge nach in einem Wagen niedergelegt war, der Bequemlichkeit halber den Ballen an seinem Ende senkrecht aufrichtete, die Umhüllung der Länge nach entzweischnitt, um das Tuch herauszunehmen, aber entdeckt wurde, bevor er etwas herausgenommen hatte. Der Grund war, daß der Ballen nicht von dem Platz, wo er zuerst lag, in der Weise wegbewegt worden war, daß jede Partikel desselben einen von dem bisherigen abweichenden Platz einnahm, sondern ein Teil derselben den bisherigen Platz nicht wechselte, wiewohl Diebstahlsabsicht offensichtlich war. Anders läge allerdings der Fall, wenn es anstelle des biegsamen Ballens eine feste Kiste gewesen wäre. Solchenfalls würde die Aufrichtung von der waagrechten in die senkrechte Lage ein ausreichendes Wegbringen begründet ha-

---

461 Larceny Act 1916 s.1 (2) (ii): "the expression "carries away" includes any removal of anything from the place which it occupies, but in the case of a thing attached, only if it has been completely detached".

462 Kenny, C.S. op.cit. new ed. by J.W.Cecil Turner (1952) p.207; Stephen, J.F. op.cit. 9th ed. by L.F.Sturge (1950) art.365 p.315.

463 R.v.Cherry, 1781, 2 East P.C.556; 15 Dig.Repl.1054, 10 387.

ben, da hier ein voller Lagewechsel stattgefunden hätte.[464] Ein Wegbringen i.S. des Gesetzes wurde in R.v.Walsh[465] bejaht, wo der Angeklagte einen Ledersack von dem Boden eines Wagens aufgehoben hatte und entdeckt wurde, bevor er ihn mit Hilfe eines Komplizen ganz aus dem Wagenkasten herausbrachte. Das Aufheben des Sacks von dem Boden hatte vollständig jeden Teil desselben von dem Platz weggebracht, den jener spezielle Teil vorher einnahm. Ebenso wurde in R.v.Wallis[466] ein Wegbringen bejaht, wo der Angeklagte ein Loch in ein Faß gebohrt hatte, durch das das Bier in eine auf dem Boden stehende Kanne floß, die jemand, solange das Bier hineinlief, in Anwesenheit des Angeklagten wegschnappte. Es wurde ein ausreichendes Wegbringen des herausgelaufenen Bieres angenommen. Ein Wegbringen wurde auch in R.v.Lapier[467] ausgesprochen, wo der Angeklagte einer Frau ihren Ohrring von der Ohrmuschel zog, obwohl der Ohrring sich in ihren Locken verfing und dort hängen blieb. Ein hinreichendes Wegbringen kann übrigens auch nach dem bisher Ausgeführten dann vorliegen, wenn ein Teil der Sache noch den Platz einnimmt, den ein anderer Teil derselben vorher innehatte, z.B. bei teilweisem Herausziehen einer Brieftasche aus der Rocktasche[468] oder einer Geldbörse aus der Manteltasche bis zum Rand der Tasche.[469] In den beiden letztgenannten Fällen liegt einfacher Diebstahl und kein Diebstahl von der Person (larceny from the person; Larceny Act 1916 s.14) vor, weil die Sache in keinem Augenblick völlig von der Person des Angegriffenen weggebracht war, im Gegensatz zu dem obenerwähnten Fall R.v.Lapier,[470] wo larceny from the person bejaht wurde, weil hier, wenn auch nur für einen Augenblick, eine vollständige Trennung von der Person stattgehabt hatte. Eine räumliche Entfernung

464 Kenny S.C.I. p.219 n.; T.& A.215.
465 R.v.Walsh, 1824, 1 Mood.C.C.14; 15 Dig.Repl.1053, 10 376.
466 R.v.Wallis, 1848, 3 Cox C.C.67; 15 Dig.Repl.1054, 10 380.
467 R.v.Lapier, 1784, 2 East 557, 708; 15 Dig.Repl.1072, 10 569.
468 R.v.Thompson, 1825, 1 Mood.C.C.80; 15 Dig.Repl.949, 9160.
469 R.v.Taylor, 1911, 1 K.B.674; 15 Dig.Repl.1054, 10 384.
470 R.v.Lapier, siehe Anm.467.

der Sache ist für das Wegbringen nicht erforderlich. So liegt z.B. ein Wegbringen vor, wo jemand in der Absicht, ein Tafelgeschirr zu stehlen, es aus einer Truhe herausnahm und auf den Boden legte, aber überrascht wurde, bevor er es wegschaffen konnte.[471] Dasselbe gilt von R.v.Coslet,[472] wo in dem Verbringen eines Pakets vom vorderen zum hinteren Teil eines Eisenbahnwagens ein Wegbringen in Diebstahlsabsicht gesehen wurde. Ebenso in R.v.Amier,[473] in welchem Falle der Angeklagte in das Haus des Mr.Smith einbrach, aus dessen Schreibtisch in diebischer Absicht zwei Goldstücke entwendete und sie alsbald, als dies entdeckt wurde, im gleichen Raum unter den Rost warf. Auch wurde ein Wegbringen darin gefunden, daß der Angeklagte, ein Geldbriefträger, einen Geldbrief, den er zur Ablieferung erhalten hatte, aus der amtlichen Tasche herausnahm und nicht ablieferte, sondern in seine Rocktasche steckte.[474] Wegnehmen und Wegbringen in Diebstahlsabsicht wurde auch darin gesehen, daß der Angeklagte mittels Anbringens eines Abschlußhahnens, durch den das Strömen des Gases durch den Gasmesser verhindert wurde, Gas der Gas liefernden Gesellschaft entzog.[475] Dasselbe gilt für den als larceny by a trick sich darstellenden Sachautomatendiebstahl durch Verwendung eines Messingstücks in Form und Umfang eines Pennystücks nach R.v.Hands.[476] Kein Wegbringen und so kein Diebstahl liegt nach der schon oben angeführten Bestimmung des Larceny Act 1916 s.1 (2) (ii) bei festgemachten Sachen vor, sofern sie nicht vollständig losgetrennt werden. Diese Bestimmung wiederholt lediglich einen schon im Common Law geltenden Rechtsgrundsatz, sodaß auch die nach Common Law hierüber ergangenen Entscheidungen ihre Gültigkeit behalten ha-

471 R.v.Simson, 1664, Kel.(J.)31; 15 Dig.Repl.1053, 10 373.
472 R.v.Coslet, 1782, 1 Leach 236; 15 Dig.Repl.1053, 10 375.
473 R.v.Amier, 1834, 6 C.& P.344; 15 Dig.Repl.1053, 10 376.
474 R.v.Poynton, 1862, 32 L.J.M.C.29; 15 Dig.Repl.1054, 10 381.
475 R.v.White, 1853, Dears.C.C.203; 15 Dig.Repl.1054, 10 385.
476 R.v.Hands, 1887, 16 Cox C.C.188; 15 Dig.Repl.1039, 10 217.

ben. So lag z.B. ein Wegbringen und damit ein Diebstahl nicht vor, wenn der Angeklagte eine Schere, die in einem Laden an ihrem unteren Ende mit einer Schnur an dem Ladentisch angebunden war, wegnahm und sie zur Türe trug, soweit die Schnur es zuließ, aber dann angehalten wurde, weil hier keine Trennung stattgehabt hatte.[477] Ebenso wurde Diebstahl in R.v.Wilkinson[478] verneint, wo der Angeklagte in der Tasche des Eigentümers einen Geldbeutel wegnahm, an dessen Schnüre einige Schlüssel gebunden waren, und er mit dem Geldbeutel in der Hand, aber mit den Schlüsseln noch in der Tasche des Eigentümers hängend gefaßt wurde. Dagegen wurde ein ausreichendes Wegbringen und Diebstahl von der Person (larceny from the person) in R.v. Simpson[479] bejaht, wo eine Taschenuhr in einer Westentasche getragen wurde, die an einer Kette festgemacht war, welche durch ein Knopfloch der Weste ging, wobei sie durch einen Uhrenschlüssel gesichert war, und wo der Angeklagte die Uhr aus der Tasche nahm und die Kette mit Gewalt aus dem Knopfloch zog, aber Uhr und Kette hängen blieben, da der Uhrenschlüssel sich in einem Knopf der Weste verfangen hatte. Nicht notwendig ist, daß der Wegnehmende die Sache selbst wegbringt. Er kann sich auch eines Dritten, selbst eines Kindes oder sogar eines Tieres, als Werkzeug bedienen. So wurde es in R.v.Pitman[480] für ein zur Begründung eines Diebstahls genügendes Wegbringen angesehen, daß der Angeklagte die Vorführung der Stute aus dem Stall in der Absicht, sie zu besteigen und zu stehlen, veranlaßte.[481]
Was die rechtliche Bedeutung des Wegbringens anbelangt, so war dieses Diebstahlselement ursprünglich ein rein prozessuales Beweismerkmal für die Schuld des Angeklagten. Im Lauf der Zeit aber wurde es zum materiellen Bestandteil der Diebstahlsdefini-

---

477 Anonymous, undated, 2 East P.C.558; 15 Dig.Repl.900, 9879.
478 R.v.Wilkinson, 1598, 1 Hale P.C.508; 15 Dig.Repl.1072, 10 567.
479 R.v.Simpson, 1854, 6 Cox C.C.422; 15 Dig.Repl.1072, 10 570.
480 R.v.Pitman, 1826, 2 C.& P.423; 15 Dig.Repl.1038, 10 202.
481 Vgl.auch Stephen, J.F. op.cit. 6th ed. by Herbert Stephen (1904) art.209 n.3.

tion.[482] In den neuen Fällen des einfachen Diebstahls (simple larceny) ist Beweis eines Wegbringens gefordert, um festzustellen, ob der Angeklagte die bewegliche Sache in seinen Besitz übergeführt und damit das "taking" vollendet hat. Bei den spezialisierten Arten des Diebstahls, wie larceny by a servant oder larceny by a trick sind die Wegnahme im Wege des trespass und das Wegbringen hinreichend durch Beweis einer verbrecherischen Zueignung nachgewiesen. Eine Wegnahme oder eine Zueignung ist aber verbrecherisch, wenn sie animo furandi, d.h. in der speziellen Absicht, den Eigentümer dauernd seines Eigentums zu berauben, erfolgt.[483]

CC) Rechtswidrigkeit der Wegnahme

Wie aus den bisherigen Ausführungen hervorgeht, erfordern das Wegnehmen und Wegbringen einer Sache als Diebstahlstatbestand, daß, um ein trespass zu begründen, auf das ein action of trespass gestützt werden kann, die Besitzentziehung rechtswidrig und daher ohne oder gegen den Willen des Eigentümers, d.h. ohne seine Zustimmung,[484] erfolgt ist.[485] Wenn der Eigentümer der Wegnahme zustimmt, wenn er also wünscht, daß seine Sachen vom Dieb weggenommen werden, er sie also z.B. dem Dieb durch einen anderen aushändigen läßt oder noch mehr, jemand dazu gebraucht, dem Dieb die Begehung des Diebstahls einzureden, so würde diese Handlung eine ausreichende Zustimmung ausmachen, um der Wegnahme den

---

482 Kielwein, G. a.a.O. S.70.

483 Scurlock, John: The Element of Trespass in Larceny at Common Law, Temp.L.Q. vol.22 No.1 (July 1948) p.14 and eod. n.22. Auf den Begriff der Zueignung wird noch bei späterer Gelegenheit einzugehen sein.

484 Williams, Glanville: Criminal Law - Larceny - Receiving, M. L.R. vol.15 (1952) p.222.

485 R.v.McDaniel, 1756, Fost.121; 15 Dig.Repl.934, 8949; R.v. Middleton, 1873, L.R.2 C.C.R.38; 15 Dig.Repl.1044, 10 282 per Bramwell B.

Diebstahlscharakter zu nehmen, auch wenn es sein einziges Ziel war, die Entdeckung des Übeltäters sicherzustellen.[486] Dagegen ist die blosse Erleichterung der Wegnahme für Zwecke der Entdeckung des Täters keine Zustimmung des Eigentümers.[487] Bei Zustimmung des Eigentümers liegt auch dann kein Diebstahl vor, wenn der Täter der Meinung ist, der Eigentümer habe nicht zugestimmt. Aber selbst wenn der Eigentümer tatsächlich nicht zustimmte, so liegt kein Diebstahl vor, wenn der Täter bona fide aus vernünftigen Gründen glaubte, daß der Eigentümer zugestimmt habe. Die Zustimmung muß aber, um Diebstahl auszuschliessen, eine wahre, d.i. freie und volle Zustimmung sein und darf nicht durch Einschüchterung, Arglist oder wesentlichen Irrtum herbeigeführt sein.[488] Eine Zustimmung des Eigentümers liegt auch vor, wenn der Eigentümer das Eigentum an der Sache auf alle Fälle ohne Rücksicht auf einen bei ihm etwa vorliegenden Irrtum überträgt, wenn er also die Übertragung des Eigentums auch bei Kenntnis des Irrtums vorgenommen hätte. Keine Zustimmung des Eigentümers kann natürlich bei heimlicher Wegnahme der Sache vorliegen. Ebensowenig, wenn ein Dritter den Dieb zum Diebstahl ohne Kenntnis und Einverständnis des Eigentümers in der Absicht bestimmt, daß der Täter hernach des Diebstahls überführt werden kann. Ein solcher agent provocateur ist nach R.v.Dannelly[489] der Beihilfe zum Diebstahl schuldig und wie ein Haupttäter zu bestrafen (Larceny Act 1916 s.35). Zwar war er - was allerdings nicht unbestritten ist - auch bei Anwesenheit zur Zeit der Tat kein accessory before the fact, da er nicht anwesend war, um zu helfen und zu unterstützen, sondern um zu entdecken und, da er mit seiner Handlung nicht bezweckte, daß das Verbrechen erfolgreich sein sollte, so hatte er

---

486 Kenny, C.S. op.cit. 8th ed. (1917) p.205; R.v.Turvey, 1946, 31 Cr.App.R.154; 15 Dig.Repl.1056, 10 403; L.Q.R. vol.62 (1946), Notes, p.320.

487 R.v.Egginton and Others, 1801, 2 Leach 913; 15 Dig.Repl.1055, 10 394.

488 R.v.McGrath, 1869, L.R.1 C.C.R.205; 15 Dig.Repl.1047, 10 314; R.v.Hench, 1810, R.& R.163; 15 Dig.Repl.1038, 10 200.

489 R.v.Dannelly, 1816, R.& R.310; 14 Dig.Repl.88, 501.

auch nicht die Absicht, die für einen Haupttäter vorausgesetzt ist. Lord Ellenborough und Holroyd JJ. waren daher der Meinung, daß zwar eine klare Absicht vorgelegen habe, daß das Verbrechen entdeckt werden sollte, daß aber eine hiermit unvereinbare Absicht bestanden habe, daß das Verbrechen auf alle Fälle begangen werden sollte und daß die Anwesenheit des agent provocateur tatsächlich half und unterstützte und zur Begehung des Verbrechens behilflich war.

Die Rechtswidrigkeit der Wegnahme entfällt auch, wenn das öffentliche Wohl eine solche unbedingt verlangt, z.B. zur Verhinderung eines schweren Verbrechens, wie bei Wegnahme der Waffe eines Amokläufers durch einen Passanten (salus populi suprema lex),[490] und ferner, wenn die Wegnahme zur Durchführung der Rechtspflege erforderlich ist.

Was den Begriff des "owner" anbelangt, so ist dieser nunmehr in s.1 (2) (iii) Larceny Act 1916 gesetzlich folgendermassen festgelegt: "the expression "owner" includes any part owner, or person having possession or control of, or a special property in, anything capable of being stolen". Der Begriff "owner" umfaßt also neben dem Inhaber des allgemeinen oder absoluten Eigentums (general property), der als solcher in der genannten Begriffsbestimmung nicht besonders genannt zu werden brauchte, den Teileigentümer, den juristischen Besitzer, den tatsächlichen Besitzer und den Inhaber eines Spezialeigentums (special property), sodaß der Ausdruck "owner" nach Schuster[491] am besten mit "berechtigter Inhaber" wiedergegeben werden kann, d.i. jeder, der ein besseres Recht auf den Besitz der Sache hat, als der Wegnehmende. Hiernach schützt die genannte Bestimmung nicht nur den General- und Spezialeigentümer, sondern als juristischen Besitzer auch den bailee und sogar als tatsächli-

---

490 R.v.Pinney, 1832, 5 C.& P.254; 15 Dig.Repl.812, 7754.

491 Schuster, E.: Großbrittanien und Irland.-In: Die Strafgesetzgebung der Gegenwart in rechtsvergleichender Darstellung; das Strafrecht der Staaten Europas. Bearbeitet im Auftrag der internationalen kriminalistischen Vereinigung. Herausgegeben von Fr.v.Liszt. Bd.1, Berlin 1894 S.660.

chen Besitzer den Dienstboten in Ansehung von Sachen seines Dienstherrn.[492]

DD) Objekt des Diebstahls

Objekt des Diebstahls ist alles, was stehlbar ist (Larceny Act 1916 s.1 (1)).[493] Die Frage aber, was stehlbar ist, ist zu verschiedenen Zeiten verschieden beantwortet worden. Das Common Law knüpft an die Unterscheidung zwischen Personal- und Realeigentum an. Realeigentum, das nach Common Law nicht Diebstahlsobjekt sein konnte, sind Grund und Boden, Besitzrechte an demselben und Teile des Grund und Bodens, wie Erze und sonstige Mineralien oder Sand als Bestandteil einer Sandgrube sowie mit dem Grund und Boden fest verbundene Sachen (fixtures), wie insbesondere Gebäude. Eine Ausnahme bilden solche Bauwerke, die, wie z.B. eine Holzhütte, nur zu vorübergehendem Zweck mit dem Grund und Boden verbunden sind und auch keinen Bestandteil desselben bilden, sodaß sie als bewegliche Sachen gestohlen werden können. Die für den Diebstahl von Grundstücksbestandteilen getroffene Sonderbestimmung des s.1 (3) Proviso (a) Larceny Act 1916 findet daher auf sie keine Anwendung.[494] Nicht stehlbar ist ferner als Grundstücksbestandteil alles, was integraler Bestandteil eines Hauses geworden ist, wie Holzteile, Bleiröhren, eingebaute Schränke und dergleichen. Endlich aber können auch nach Common Law alle Anpflanzungen des Grund und Bodens, wie Bäume, Gras, stehendes Getreide, hängende Früchte u.ä. nur dann zum Diebstahlsgegenstand werden, wenn sie abgetrennt sind. Infolge der Abneigung

---

492 Vgl. R.v.Swinson, 1900, 64 J.P.72; 15 Dig.Repl.1088, 10 786; R.v.Harding, 1929, 21 Cr.App.R.166; 15 Dig.Repl.1087, 10 771.

493 Larceny Act 1916 s.1 (1): "... anything capable of being stolen ... ".

494 Billing v. Pill, 1953, (1953) 2 All E.R.1061; 15 Dig.Repl. 1083, 10 716; Holland v. Hodgson, 1872, L.R.7 C.P.328; 31 Dig.Repl.206, 3376.

der Richter gegenüber der Todesstrafe entzog das Common Law der Reichweite des Diebstahlsbegriffs sogar Sachen, die in Wirklichkeit beweglich waren, sofern nur ein blosser technischer Zusammenhang mit dem Grund und Boden - ohne feste Verbindung - bestand, wie auf dem Feld ausgebreiteter Dünger. Dies bestätigt Carrer v. Pierce,[495] wo Rolle J. ausführte: "Dünger kann eine bewegliche Sache sein oder nicht; ein Haufen Dünger ist eine bewegliche Sache, aber wenn er auf das Grundstück ausgebreitet ist, ist er keine bewegliche Sache, wie eine solche der Begriff des Stehlens verlangt". Kraft besonderer Ausnahmevorschrift, die auf ihre rechtliche Verbundenheit mit dem Grundstück, nach der sie bei einer Übertragung des Grundstücks ohne besondere Erwähnung mitübergehen,[496] zurückgeht, waren vom Diebstahl auch solche bewegliche Sachen ausgeschlossen, "die den Geruch des Realeigentums an sich tragen" ("savour of realty"), wie versiegelte, auf Grundstükke bezügliche private Rechtstitelurkunden (title deeds)[497] und sogar die Kassetten, in denen solche Urkunden verwahrt werden.[498]

Aus der rechtswidrigen Besitzentziehung (trespass) und dem Wegbringen (carrying away) einer Sache als wesentlichem Bestandteil des Common Law-Diebstahls folgt, daß der Diebstahlsgegenstand eine greifbare und bewegliche Sache sein muß. Unkörperliche Gegenstände, wie Forderungsrechte oder immaterielle Rechte, können also nicht Gegenstand des Diebstahls sein.

---

495 Carrer v. Pierce, 1647, Sty.66; sub nom. Yearworth v. Pierce, 1647, Aleyn 31; 37 Dig. Pers. Prop.155, 11.

496 Harrington v. Price, 1832, 3 B.& Ad.170; sub nom. Harrington v. Glenn, 1 L.J.K.B.122; 35 Dig.Real Prop.709, 535; Philips v. Robinson, 1827, 4 Bing.106; 38 Dig.Real Prop.709, 534.

497 1 Hale P.C.510; 1 Hawk. c.33 s.35; R.v.Westbeer, 1739, 1 Leach 12; 14 Dig.Repl.353, 3421.

498 1 Hale 510; 3 Co.Inst.109; Y.B.10 Edw.IV (1470) f.14 pl. 9; Dalton, M.: The County Justice, containing the Practice, Duty and Power of the Justices of the Peace, 1742, c.156 s.8; Kenny, C.S. op.cit. new ed. by J.W.C.Turner (1952) p.239; Harris, S.F. op.cit. 17th ed. by A.M.Wilshere (1943) p.298.

Dies gilt nach Common Law auch von solchen Urkunden, die lediglich zum Beweis bestehender Forderungen dienen; ihnen versagte das Common Law strafrechtlichen Schutz, da es ihnen keinen inneren Wert, d.i. Eigenwert, zuerkannte,[499] wie z.B. einem Eigenwechsel oder einem Kaufvertrag über eine Menge nicht bestimmter Ware. Dagegen ist schon nach Common Law eine Urkunde über einen Rechtstitel auf bestimmte stehlbare Fahrnisgegenstände nach dem Grundsatz "Die Nebensache muß ihrer Hauptsache folgen" selbst stehlbar, z.B. eines Pfandleihers Pfandscheinduplikat.[500] Zu den unkörperlichen Gegenständen rechnete die Rechtsprechung auch die Elektrizität, weshalb sich der Gesetzgeber gezwungen sah, die rechtswidrige Entziehung elektrischen Stromes, sofern sie in böswilliger oder arglistiger Weise erfolgt, in 45 & 46 Vict. c.56 s.23 zu einem eigenen statutarischen Delikt zu machen. Diese Bestimmung ist in das Larceny Act 1916 s.10 übernommen worden.[501] Dasselbe dürfte künftig von der Entwendung von Atomkraft gelten, die dem elektrischen Strom gleichgesetzt werden möchte. Sofern die Sache greifbar und beweglich ist, ist es unerheblich, welchen Aggregatzustand sie aufweist, sofern sie nur in jemandens Besitz und Eigentum steht; also sind auch zum Gebrauch gefaßtes Gas, Wasser in Röhren und ähnliche Stoffe Gegenstand des Diebstahls.[502] Objekt des Diebstahls sind aber nicht nur leblose Gegenstände wie z.B.

---

[499] Dalton, M. op.cit. p.501; Williams, Joshua: Principles of the Law of Personal Property, 17th ed. (1913) Introd. § 3.

[500] R.v.Morrison, 1859, Bell C.C.158; 15 Dig.Repl.1081, 10 699; Kenny, C.S. op.cit. 8th ed. (1917) p.202 and eod. n.3; Stephen, H.J.: New Commentaries on the Laws of England, 11th ed. by Serjeant Stephen (1890) pp.155-156.

[501] Larceny Act 1916 s.10: "Every person who maliciously or fraudulently abstracts, causes to be wasted or diverted, consumes or uses any electricity shall be guilty of felony, and on conviction thereof liable to be punished as in the case of simple larceny".

[502] R.v.Firth, 1869, L.R.1 C.C.R.172; 15 Dig.Repl.1085, 10 734; R.v.White, 1853, Dears.C.C.203; 15 Dig.Repl.1054, 10 385; Ferens v. O'Brien, 1883, 11 Q.B.D.21; 15 Dig.Repl.1085, 10 735.

eine Uhr, eine Vase, ein Rundfunkgerät u.ä., sondern auch zahme Tiere,[503] insbesondere Haustiere jeder Art, sofern sie eine bleibende Heimstätte haben, wie z.B. Pferde und Ochsen, und bei freier Bewegung zu dieser jeweils kraft ihres animus revertendi zurückkehren, wie z.B. Geflügel, mit der, allerdings nicht allgemein anerkannten, Einschränkung, daß sie zur Nahrung, Arbeitsleistung und dem Gewinn und nicht bloß dem Vergnügen dienen, wie Hunde[504] und Katzen. Obwohl sie nur zum Vergnügen gehalten zu werden pflegen, wurde Pfauen in dem Case of Peacocks, Falken und Schwänen schon zuvor durch 1 Hen. VII (1484) c.17 Stehlbarkeit zuerkannt.[505] Ausserdem sind Diebstahlsgegenstand auch ursprünglich wilde Tiere, die gezähmt oder zahm geworden sind, es sei denn, daß sie zur Nahrung oder Dienstleistung unbrauchbar waren und daher als wertlos erachtet wurden, wie z.B. Frettchen oder in Käfig gehaltene Singvögel.[506] Diebstahlsobjekt sind ferner die Jungen von Haustieren[507] und die Produkte von Haustieren, selbst wenn diese Erzeugnisse von dem lebenden Tier selbst weggestohlen werden, wie z.B. Milch durch Melken einer Kuh, Wolle durch Scheren von Schafen, Eier von der legenden Henne oder Entnahme von Honig aus dem Bienenstock, bevor der wahre Eigentümer Besitz daran als an einer selbständigen Sache erworben hat.[508] Bei einem solchen Fall der accessio fructuum handelt es sich nicht um originären Besitzerwerb, weil das Produkt vor seiner Tren-

---

503 R.v.Head, 1857, 1 F.& F.350; 15 Dig.Repl.1078, 10 653; R. v. Shicle, 1868, L.R.1 C.C.R.158; 15 Dig.Repl.1079, 10 656.

504 R.v.Robinson, 1859, Bell C.C.34; 15 Dig.Repl.1163, 11 747.

505 Peacocks' Case, 1526, Y.B.18 Hen.VIII pl.11; T.& A.265; Kenny S.C.I. 250; Kielwein, G. a.a.O. S.58 Anm.39.

506 R.v.Searing, 1818, R.& R.350; 2 Dig.Animals 210, 63; a.A. Pollock, F. and Wright, R.S. op.cit. p.232.

507 R.v.Cory, 1864, 10 Cox C.C.23; 15 Dig.Repl.1079, 10 655.

508 R.v.Martin, 1777, 1 Leach 171; 15 Dig.Repl.1079, 10 661; Tibbs v. Smith, T.Raym.33; 2 Blackst.392; Hannam v. Mockett, 1824, 2 B.& C.934; 2 Dig.Animals 209, 48.

nung als im Besitz desjenigen angesehen wird, der das Tier besitzt, sodaß der Täter, der dasselbe rechtswidrig animo furandi wegnimmt, ein trespass und damit Diebstahl begeht.[509] Anders ist die Rechtslage bei den mit dem Grund und Boden festverbundenen Sachen (fixtures). Sie werden durch die Trennung bewegliche Sachen und fallen, wenn die Trennung durch den Grundstücksberechtigten vorgenommen wird, regelmässig in dessen Besitz. Die spätere rechtswidrige Wegnahme durch einen Dritten animo furandi ist daher Diebstahl. Bei Trennung der Sache durch einen anderen erwirbt dieser mit der Abtrennung der Sache vom Grund und Boden und deren Ansichnahme, allerdings in rechtswidriger Weise, originären Besitz daran, z.B. bei Umhauen und Mitnahme eines Baumes.[510] Da er damit niemand den Besitz entzieht und so kein trespass begeht, so macht er sich auch keines Diebstahls schuldig. Anders aber, wenn er nach erfolgter Lostrennung den hierbei erlangten Besitz aufgegeben hat und erst dann die Sache holt und animo furandi wegschafft, z.B. wenn jemand rechtswidrigerweise Kartoffeln seines Nachbarn ausgräbt, jedoch dabei gestört wird und sie liegen läßt, sie aber später auf Grund neu gefaßten Entschlusses wegholt.[511] Solchenfalls ist davon auszugehen, daß der Eigentümer des Grund und Bodens, dessen Teil die abgetrennte und nunmehr selbständige bewegliche Sache gewesen war oder mit dem sie in fester Verbindung stand, auf Grund jenes Eigentums am Grund und Boden einen aus jenem entspringenden akzessorischen Eigentumsanspruch auf die abgetrennte und nunmehr verselbständigte Sache und so ein Recht zum Besitz derselben hat, dem der Besitz in dem Augenblick folgt, wo er von

---

509 R.v.Martin, 1777, 1 Leach 171; 15 Dig.Repl.1079, 10 661.

510 The Forester's Case, 1338, Y.B. 11 & 12 Edw.III Lib.Assiz. ann.12 fol.37 pl.32; Kenny S.C.I. 238; T.& A.260.

511 Vgl.auch Lonsdale (Earl of) v. Rigg, 1856, 11 Exch.654; sub nom. Rigg v. Lonsdale (Earl of), 1 H.& N.923; 2 Dig. Animals 209, 52; 211, 75; 25 Dig.Game 350, 22; 351, 27; 11 Comns 27, 320 per Bramwell B.

dem originären Besitzer aufgegeben wird.[512] Der Zeitraum, der zwischen der Abtrennung durch den Nichtberechtigten und dem Besitzerwerb des Grundstücksberechtigten gelegen ist, wird durch den Zeitpunkt bestimmt, in dem der Abtrennende seinen originären Besitz nach der Feststellung des Gerichts aufgibt.[513] Hat allerdings der Trennende den Besitz an der abgetrennten Sache nicht aufgegeben, vielmehr seinen Besitzwillen daran aufrechterhalten, z.B. durch Verstecken derselben zur Sicherstellung des künftigen Wegschaffens oder durch eine andere die Aufrechterhaltung des Besitzwillens bekundende Handlung, bildet also die Trennung und das spätere Wegbringen ein continuing act, d.i. eine Handlung, die nur unterbrochen und in mehreren Etappen ausgeführt worden ist, so besteht der originäre Besitzerwerb des Abtrennenden fort und es entfällt eine Besitzentziehung zum Nachteil des Grundstücksberechtigten und daher auch Diebstahl. Zu diesem Ergebnis kommt das Urteil in dem bekannten Fall R.v. Townley,[514] der allerdings nicht den Diebstahl von fixtures, sondern von getötetem Wild betrifft, wo eine entsprechende Rechtslage gegeben ist. Hier hatten die Täter die von ihnen in Netzen gefangenen 126 toten Kaninchen, teils in Säcken teils in an den Beinen zusammengebundenen Bündeln, offensichtlich in einen Graben im Wald als Verwahrungsplatz gelegt, von wo sie dieselben mit einem hernach mitgebrachten Fuhrwerk wegzuschaffen beabsichtigten. Nach Beginn des Wegschaffens wurden sie von den Aufsehern des Jagdberechtigten, die die Kaninchen entdeckt und sich auf die Lauer gelegt hatten, überrascht. Diebstahl wurde aus besagtem Grunde verneint. Entsprechende Entscheidungen ergingen in R.v.Petch [515] und R.v.Read.[516]

---

512 R.v.Foley, 1889, 26 L.R.Ir.299; 15 Dig.Repl.1084, 6592 (Ir.).

513 Vgl. Lee v. Risdon, 1816, 7 Taunt.188; 15 Dig.Repl.905, 9933.

514 R.v.Townley, 1871, L.R.1 C.C.R.315; 15 Dig.Repl.1079, 10 659.

515 R.v.Petch, 1878, 14 Cox C.C.116; 15 Dig.Repl.1079, 10 658.

516 R.v.Read, 1878, 14 Cox C.C.17; 15 Dig.Repl.1102, 10 945.

Kein Diebstahl ist nach dem erwähnten Grundsatz, wonach ein trespass als wesentlicher Bestandteil des Diebstahls vorliegen muß, an eigentums- und besitzlosen Sachen möglich. So sind die freie Luft, laufendes und stehendes Wasser oder an das Meeresufer angeschwemmtes Seegras [517] nicht Diebstahlsgegenstand. Dagegen war schon nach Common Law Leucht- oder Kochgas, das in Röhren oder Reservoirs zum Zwecke des Verkaufs oder Gebrauchs gesammelt ist und daher einen bestimmten Eigentümer hat, stehlbar.[518] Dasselbe gilt von dem in gleicher Weise gefaßten und gesammelten Wasser einer Wassergenossenschaft oder Gemeinde.[519] Kein Diebstahlsobjekt sind aus obengenanntem Grund der lebende menschliche Körper und der menschliche Leichnam.[520] Leichentücher und Grabtücher dagegen bleiben im Eigentum des Testamentsvollstreckers oder derjenigen, die sie gekauft und die den Verstorbenen beerdigt hatten; sie können daher Gegenstand eines Diebstahls sein.[521] An Skeletten oder ähnlichen anatomischen Präparaten, an Mumien sowie an Gegenständen, die früher einen Körperteil bildeten, wie Zähne, die zur Herstellung von Zahnersatz verwendet werden, dürfte Eigentum anerkannt werden.[522] Nicht stehlbar sind nach dem Gesagten derelinquierte Sachen.[523] Nicht derelinquiert sind aber solche Sachen, die für den Eigentümer von Wert sind, auch wenn er nicht beabsichtigt, von

517 R.v.Clinton, 1869, (1869) I.R.4 C.L.6; 15 Dig.Repl.1078, 6560 (Ir.).

518 R.v.Firth, 1869, L.R.1 C.C.R.172; 15 Dig.Repl.1085, 10 734; R.v.White, 1853, Dears.C.C.203; 15 Dig.Repl.1054, 10 385.

519 Ferens v. O'Brien, 1883, 11 Q.B.D.21; 15 Dig.Repl.1085, 10 735.

520 R.v. Lynn, 1788, 2 T.R.733; 7 Dig.Burial 559, 352; R.v. Gilles, 1818, R.& R.366 n.; 15 Dig.Repl.891, 8592.

521 R.v.Haynes, 1614, 12 Co.Rep.113; 15 Dig.Repl.1077, 10 633.

522 Kenny, C.S. op.cit. new ed. by J.W.Cecil Turner (1952) p. 231 n.13; Stephen, J.F. op.cit. 6th ed. (1904) art.318 p. 252; Harris, S.F. op.cit. 17th ed. by A.M.Wilshere (1943) p.299.

523 Blackstone, W. op.cit. vol.2 p.9; 2 East P.C.606; R.v.Peters, 1843, 1 C.& K.245; 15 Dig.Repl.1050, 10 342; R.v. Reed, 1842, C.& M.306; 15 Dig.Repl.1052, 10 364; R.v.Chrystal, 1894, (1894) A.C.508, 532.

ihnen weiteren Gebrauch zu machen.[524] Stehlbar sind auch nicht solche Sachen, an denen zwar einmal Eigentum und Besitz bestanden haben, die aber wieder erloschen sind, z.B. eingesperrte wilde Tiere, die wieder ihre natürliche Bewegungsfreiheit erlangt haben, oder gefaßtes Gas, das wieder entwichen ist, während auch wilde Tiere stehlbar sind, wenn sie tot[525] oder eingesperrt sind, sodaß sie jederzeit nach Belieben ergriffen werden können,[526] wie z.B. Rotwild in einem umschlossenen Park, Kaninchen in einem Gehege, Fische in einem Behälter oder Netz,[527] ebenso wie auch deren Fell oder Haut, sofern sie verwertbar sind. Dagegen sind die Tiere ferae naturae nicht Diebstahlsobjekt, soweit sie sich in ihrer natürlichen Freiheit befinden und in niemandens Eigentum und Besitz stehen, wie Wild im Wald oder Fische in offenem Fluß oder Teich. Sie unterliegen aber, soweit es sich um jagdbare Tiere handelt, dem absoluten Aneignungsrecht des Grundeigentümers oder sonstigen Aneignungsberechtigten (Game Act 1831, 1 & 2 Will.IV c.32). Dieses Aneignungsrecht wird auch possessorisches Eigentumsrecht genannt, weil von dem Besitz am Grund und Boden der Besitz des Wildes, das sich darauf aufhält, abhängt. Es hört auf, sobald das Wild den Grund und Boden, auf dem es sich aufhält, aus eigenem Antrieb verläßt. Der Grundeigentümer hat also Eigentum an dem Wild, das auf seinem Grund und Boden aufgescheucht und getötet wird, ratione soli.[528] Das Recht des Aneignungsberechtigten als Nut-

524 Digby v. Heelan, 1952, (1952) 102 L.J.R.287; 15 Dig.Repl. 1057, 10 424.

525 3 Co.Inst.110; 1 Hale 511.

526 R.v.Roe, 1870, 11 Cox C.C.554; 15 Dig.Repl.1078, 10 647.

527 R.v.Head, 1857, 1 F.& F.350; 15 Dig.Repl.1078, 10 653; R.v.Shicle, 1868, L.R.1 C.C.R.158; 15 Dig.Repl.1079, 10 656.

528 Game Act 1831, 1 & 2 Will.IV c.32 s.36; Lonsdale (Earl of) v. Rigg, 1856, 11 Exch.654; sub nom. Rigg v. Lonsdale (Earl of), 1 H.& N.923; 25 Dig.Game 350, 22; 351, 27; Blades v. Higgs, 1861, 10 C.B.N.S.713; subsequent proceedings, 1862, 12 C.B.N.S.501; 15 Dig.Repl.996, 9807; Kenyon v. Hart, 1865, 6 B.& S.249; 25 Dig.Game 367, 152 and 156; Williams, J. op. cit. p.169.

zungsberechtigten ist lediglich ein Ausfluß des Rechts des Grundeigentümers und leitet sich von diesem ratione privilegii her.[529] Die rechtswidrige Verletzung dieses Aneignungsrechts begründet ein Jagd- oder Fischereivergehen.[530] Verendetes Wild fällt in das Eigentum und in den Besitz des Grundstückseigentümers oder des sonstigen Aneignungsberechtigten, soweit er den animus possidendi hat - was gegenüber Unbefugten stets anzunehmen sein wird - und die Möglichkeit besitzt, seinen Besitzwillen auch durchzusetzen. Anders verhält es sich bei angeschossenem Wild, das noch lebt, wenn auch am Verenden ist, und von einem Nichtberechtigten aufgehoben und mitgenommen wird. Hier ist kein Diebstahl, sondern nur ein Jagdvergehen gegeben. So R.v.Roe,[531] wo ein Rebhuhn bei einer Jagd nur verletzt und in einem fast verendeten Zustand von einem Unbefugten an sich gebracht wurde. Es wurde entschieden, daß es nicht Gegenstand eines Diebstahls war, da es ferae naturae und noch lebend und nicht in Besitz genommen war. Bei Tötung von Wild durch einen Nichtberechtigten und Mitnahme desselben durch ihn erwirbt er - in entsprechender Weise wie dies bei den vom Grundstück abgetrennten fixtures nach dem oben Ausgeführten dargetan ist - mit der Ansichnahme originären Besitz und begeht daher durch die Wegnahme keine rechtswidrige Besitzentziehung und daher auch keinen Diebstahl. Anders liegt der Fall, wenn er nach Tötung des Wildes den Besitz daran aufgegeben hat, der im gleichen Augenblick dem Grundstückseigentümer

---

529 R.v.Townley, 1871, L.R.1 C.C.R.315; 15 Dig.Repl.1079, 10 659.

530 Threlkeld v. Smith, 1901, (1901) 2 K.B.531; 2 Dig.Animals 211, 78; 25 Dig.Game 391; 411, 416; siehe auch Larceny Act 1861 (24 & 25 Vict. c.96) ss.12 and 17 und Ground Game Act 1880 (43 & 44 Vict. c.47) in der Neufassung von 1906 (6 Edw.VII c.21) sowie Larceny Act 1861 s.24; vgl. weiterhin Night Poaching Acts von 1828 (9 Geo.IV c.69) und von 1844 (7 & 8 Vict. c.29) s.1 und Poaching Prevention Act von 1862 (25 & 26 Vict. c.114) ss.1 and 2.

531 R.v.Roe, 1870, 11 Cox C.C.554; 15 Dig.Repl.1078, 10 647.

oder sonstigen Aneignungsberechtigten zufällt, sodaß, wenn der Erleger des Tieres hernach auf Grund neuen Entschlusses die Wegnahme des getöteten Tieres animo furandi vornimmt, er sich des Diebstahls schuldig macht. Aber auch in diesem Fall tritt - wie bei den fixtures - die genannte Rechtslage dann nicht ein, wenn der Täter durch eine die Aufrechterhaltung des Besitzwillens an dem getöteten Tier bekundende Handlung den Besitz daran nicht aufgegeben hat, die Tötung des Wildes und die spätere Wegnahme desselben sonach als eine einheitliche, nur vorübergehend unterbrochene, etappenweise vorgenommene Handlung anzusehen ist. Es mag hierfür auf die schon erwähnten Entscheidungen in R.v.Foley,[532] Lee v. Risdon,[533] R. v. Townley,[534] Blades v. Higgs,[535] Lonsdale (Earl of) v. Rigg,[536] R.v.Petch,[537] R.v.Read[538] und auf Kenny[539] Bezug genommen werden. Dieser Rechtsstandpunkt ist auch vom Larceny Act 1916 in s.1 (3) Proviso (b) übernommen worden, wo gesagt ist, daß "der Kadaver eines von Natur wilden Geschöpfes, der, solange es lebte, nicht in Besitz genommen worden ist, nicht durch denjenigen gestohlen werden kann, der jenes Geschöpf getötet hat, es sei

---

532 R.v.Foley, 1889, 26 L.R.Ir.299; 15 Dig.Repl.1084, 6592 (Ir.).

533 Lee v. Risdon, 1816, 7 Taunt.188; 15 Dig.Repl.905, 9933.

534 R.v.Townley, 1871, L.R.1 C.C.R.315; 15 Dig.Repl.1079, 10 659.

535 Blades v. Higgs, 1861, 10 C.B.N.S.713; subsequent proceedings, 1862, 12 C.B.N.S.501; 15 Dig.Repl.996, 9807.

536 Lonsdale (Earl of) v. Rigg, 1856, 11 Exch.654; 2 Dig.Animals 209, 52; 211, 75; 25 Dig.Game 350, 22; 351, 27; 11 Dig.Comns 27, 320.

537 R.v.Petch, 1878, 14 Cox C.C.116; 15 Dig.Repl.1079, 10 658.

538 R.v.Read, 1878, 14 Cox C.C.17; 15 Dig.Repl.1102, 10 945.

539 Kenny, C.S. op.cit. new ed. by J.W.Cecil Turner (1952) p.234.

denn, daß er nach dessen Tötung den Besitz an dem Kadaver aufgegeben hat".[540] Die geschilderten Common Law-Grundsätze wurden aber seit langem durch eine Reihe von Statuten durchlöchert. Sie wurden mit wichtigen Änderungen im Larceny Act 1827 (7 & 8 Geo.IV c.29) zusammengefaßt und unter Ergänzung durch weitere Statuten im Larceny Act 1861 (24 & 25 Vict. c.96) kodifiziert. Die wichtigsten einschlägigen Bestimmungen befaßten sich mit Stehlen von wertbaren Sicherheiten (valuable securities), d.h. jeder Art von Wertpapieren (s.27), von gesetzlichen Urkunden (s.30), von letztwilligen Verfügungen (s.29) und von Wild in umhegtem Gelände (s.13), ferner mit dem Hundediebstahl (s.18), mit dem Stehlen von pflanzlichen Erzeugnissen in Gärten (ss.36 and 37) und von nach Common Law nicht stehlbaren Tieren, die gewöhnlich eingesperrt sind, wenn und solange dies zutrifft, wie z.B. ein Kanarienvogel, oder die für häusliche Zwecke gehalten werden, wie beispielsweise Katzen (s.21). Diese Bestimmungen sind zu einem grossen Teil im Larceny Act von 1916 neu gefaßt worden, soweit nicht heute die allgemeine Bestimmung des einfachen Diebstahls die in s.46 (1) einzeln aufgezählten wertbaren Sicherheiten mitumfaßt (Larceny Act 1916 ss.1 (3), 2 and 46 (1)). So regelt das Larceny Act 1916 in s.7 den Diebstahl von gesetzlichen Urkunden und in s.6 denjenigen von letztwilligen Verfügungen. Über das Stehlen von fixtures und stehenden pflanzlichen Erzeugnissen sind in s.8 eingehende Bestimmungen getroffen. Soweit das Larceny Act 1916 nicht eingreift, sind die Bestimmungen des Larceny Act 1861 (24 & 25 Vict. c.96) in Kraft geblieben, so s.18 betreffend den Hundediebstahl bei erstmaliger Begehung und ss.36 und 37 betreffend das Stehlen

---

540 Larceny Act 1916 s.1 (3) und Proviso (b): "Everything which has value and is the property of any person, and if adhering to the realty then after severance therefrom, shall be capable of being stolen: Provided that - ... (b) the carcase of a creature wild by nature and not reduced into possession while living shall not be capable of being stolen by the person who has killed such creature, unless after killing it he has abandoned possession of the carcase".

pflanzlicher Erzeugnisse (Pflanzen, Gemüse, Früchte) aus einem Garten bei erstmaliger Begehung. Bei Rückfall gelten in den beiden letzten Fällen die Bestimmungen s.5 und s.8 (3) des Larceny Act 1916. Ferner bleibt Diebstahl von Rotwild in umhegtem Gelände nach s.13 Larceny Act 1861 strafbar und endlich ist das Stehlen der nach Common Law nicht stehlbaren, eingesperrten oder für häusliche Zwecke gehaltenen Tiere nach s.21 Larceny Act 1861 Diebstahl. Nachdem das Larceny Act 1916 auch noch das Stehlen von Erzen und Metallen aus einem Bergwerk in s.11 und von Gegenständen im Prozeß der Herstellung in s.9 unter Strafe gestellt hat, ist so gut wie jede bewegliche oder beweglich gemachte Sache Gegenstand des Diebstahls, sofern sie jemand gehört und einen Wert aufweist (s.1 (3) Larceny Act 1916), worüber noch zu sprechen sein wird. Die Rechtsprechung über das Diebstahlsobjekt, die heute zum großen Teil überholt ist, und vielfach nur noch historische Bedeutung besitzt, ist im schon erwähnten Werk des Verfassers eingehend dargelegt.

EE) Fremdes Eigentum und Diebstahl durch den Eigentümer

Da nach den früheren Ausführungen als Schutzobjekt der Diebstahlssanktion nicht bloß der Besitz, sondern auch das Eigentum anzusehen ist,[541] so ist hieraus zu folgern, daß der Diebstahlsgegenstand einem bestimmten Eigentümer gehören muß, der von der Person des Diebes verschieden sein muß.[542] Der Eigen-

---

541 Marshall, O.R.: The Problem of Finding, C.L.Pr. vol.2 (1949) p.68; Underhill, Arthur op.cit. p.95; Pollock, F. op.cit.pp.370 et seq.

542 Kenny, C.S. op.cit. 8th ed.(1917) p.192; Buckland, W.W. and McNair, A.D. op.cit. p.354; Prevezer, S.: Criminal Appropriation, C.L.Pr. vol.12 (1959) p.166; Holmes, O.W. op.cit. p.71 unter Hinweis auf die Definition des Diebstahls durch Bishop: "the taking and removing, by trespass, of personal property which the trespasser knows to belong either generally or specially to another with the intent to deprive such owner of his ownership therein" (Bishop's Criminal Law, 6th ed. § 758).

tümer muß aber kein Alleineigentümer (sole owner) noch sogar ein Volleigentümer (general owner) sein. Da heute, im Gegensatz zum Common Law, nach welchem ein Miteigentümer (co-owner) auf den Besitz der ganzen Sache Anspruch hatte und daher kein trespass und so auch kein Diebstahl begehen konnte, sich auch ein co-owner trotz seines rechtmässigen Besitzes des Diebstahls an der gemeinsamen Sache schuldig machen kann, so genügt als Voraussetzung für Diebstahl jetzt auch ein part ownership.[543] Nach Larceny Act 1916 s.1 (2) (iii) kann Bestohlener auch jemand sein, der sogar weniger als ein co-owner ist, nämlich nur irgendeine "person having possession or control of, or a special property" an dem gestohlenen Gegenstand, z.B. ein bailee, ja sogar ein Dieb, der den Gegenstand selbst gestohlen hat.[544] Aber obwohl es kein Diebstahl von Sachen geben kann, die überhaupt keinen Eigentümer aufzuweisen haben, so steht doch der Umstand, daß der Eigentümer unbekannt und unentdeckbar ist, der Annahme eines Diebstahls gegenüber dem Besitzer nicht entgegen, wie z.B. im Falle von Erzplatten, die aus alten Särgen in einer Gruft gestohlen werden, indem hier der Besitzer der Gruft auch Besitz an den darin befindlichen Gegenständen hat, auch wenn kein Eigentümer sollte festgestellt werden können. In der Anklage kann dargelegt werden, daß die gestohlenen Sachen Sachen einer unbekannten Person sind.[545] So spricht sich ausdrücklich Humphries J. in Hibbert v. McKiernan[546] aus, der erklärte: "Es ist nicht wesentlich, jemand als den Eigentümer der gestohlenen Sachen in einer Anklage wegen Diebstahls zu

---

543 Larceny Act 1916 s.1 Proviso.

544 Kenny, C.S. op.cit. 8th ed. (1917) p.196; Edwards, J.Ll: Possession and Larceny, C.L.Pr. vol.3 (1950) p.131.

545 1 Hale 512; 2 Hale 181 and 290; Stephen, H.J.: New Commentaries op.cit. 14th ed. p.103; 1 Hawk. c.33 s.44; 2 East P.C.651.

546 Hibbert v. McKiernan, 1948, (1948) 2 K.B.142; (1948) 1 All E.R.860 at p.863; 15 Dig.Repl.1086, 10 752.

nennen, obwohl es in der Praxis üblich ist", wobei als Autorität auf Rule 6 (I) der Regeln, die in Schedule I zum Indictments Act von 1915 (5 & 6 Geo.V c.90) enthalten sind, hinzuweisen ist, welche lautet: "The description of property in a count in an indictment shall be in ordinary language and such as to indicate with reasonable clearness the property referred to, and if the property is so described, it shall not be necessary (except when required for the purpose of describing an offence depending on any special ownership of property or special value of property) to name the person to whom the property belongs". Der Gebrauch des Wortes "belongs" ist nicht ganz zweifelsfrei; er beantwortet nicht eindeutig die Frage, ob Eigentum im strengen Sinn gemeint ist, wofür das Musterformular Nr.9 für eine Anklage wegen Diebstahls spricht, das in dem Anhang zu demselben Statut abgedruckt ist und das den Namen des "owner of the property" enthält, oder ob die freiere Auslegung des Wortes, die in dem ein Jahr später ergangenen Larceny Act 1916 gebraucht wird, maßgebend sein soll.[547] Freilich besteht im englischen Recht - wie auch schon im römischen Recht[548] - in Zusammenhang mit der bestehenden Besitzlehre die paradoxe Ausnahme, daß ein Eigentümer seine eigenen Sachen stehlen kann. Der Grund liegt in der Tatsache, daß schon nach Common Law zwischen dem general owner und dem von diesem sich herleitenden special owner mit der Maßgabe unterschieden wurde, daß das special ownership während seines Bestandes das general ownership verdrängte, und daß ferner das Larceny Act 1916 den Begriff des "owner" noch weiter ausdehnte und neben dem general owner auch jeden einschloß, der juristischen Besitz oder tatsächlichen Besitz oder Spezialeigentum aufzuweisen hat (Larceny Act 1916 s.1 (2) (iii)). Hierunter fällt vor allem der bailee for value, wie z.B. der Pfand-

---

547 Edwards, J.Ll: Possession and Larceny, C.L.Pr. vol.3 (1950) pp.131-132.

548 Buckland, W.W. and McNair, A.D. op.cit. p.354.

leiher oder der Mieter mit Kaufrecht (hire-purchaser), der nur Besitz an der Miet-Kaufsache hat, bis er alle Raten bezahlt hat, der Verkäufer, der durch constitutum possessorium bailee des Käufers wird, wie auch derjenige, der sich ein Buch zum Lesen aus einer Leihbibliothek gegen Entgelt, also mietweise, holt. In jedem Fall ist während der Dauer des bailment der bailee for value der juristische Besitzer der erhaltenen Sache und nicht der wahre Eigentümer derselben, der bailor, dessen general property hinter dem special property des bailee und gleichzeitigen juristischen Besitzers zurückzutreten hat. Wenn daher der wahre Eigentümer, der Generaleigentümer, ohne die Zustimmung des bailee als Besitzer und Spezialeigentümer und ohne Rechtsanspruch darauf ausgeht, eine volle Herrschaft über das auszuüben, worüber, solange das bailment besteht, der bailee allein die Herrschaft auszuüben berechtigt ist, so hat schon seit Coke's Zeiten nach der in Literatur und Rechtsprechung herrschenden Auffassung der allgemeine Eigentümer alle Voraussetzungen eines Diebstahls erfüllt. Die Schwierigkeit bestand seit Anfang des 19. Jahrhunderts aber darin, in diesen Fällen den animus furandi herauszufinden, der im allgemeinen als eine Absicht zu bezeichnen ist, den Eigentümer seines Eigentums dauernd zu berauben.[549] Die kriminelle Absicht des bailor wurde bald darin gesehen, den bailee in detinue,[550] d.h. mit dem Verlust der Sache, zu belasten, bald darin, den bailee einer Strafe auszusetzen, die auf Grund eines Verpflichtungsscheins zahlbar war,[551] oder gar darin, die Krone zu betrügen,[552] oder endlich in ei-

549 Vom animus furandi wird später zu sprechen sein.

550 1 Hale 513; 2 East P.C.659; 3 Co.Inst.110; M.L.R. vol.14 (1951) No.2 Notes of Cases p.218; R.v.McDaniel, 1756, Fost. 121; 15 Dig.Repl.934, 8949; Journal of Criminal Law vol. XV (1951) p.158.

551 M.L.R. vol.14 (1951) No.2 Notes of Cases p.218 mit R.v.Nowell Wilkinson and Joseph Marsden, 1821, R.& R.470; 15 Dig. Repl.1073, 10 585 (Mehrheitsurteil von sieben der elf Richter).

552 R.v.Nowell Wilkinson and Joseph Marsden, siehe Anm.551 (Mehrheit der in Anm.551 angegebenen Zahl der das Mehrheitsurteil abgebenden Richter); Cross, Rupert and Jones, P.A. op.cit. p.158.

ner Absicht, dem bailee Schaden zuzufügen oder dem bailor einen Vorteil zu verschaffen[553] oder ganz allgemein den bailee zu hintergehen.[554] In einem gewissen Gegensatz zu der den Diebstahl an eigenen Sachen bejahenden Literatur und Rechtsprechung steht die Auffassung von Wright J.,[555] der mehrfach die Möglichkeit von Diebstahl durch einen general owner gegenüber seinem bailee mit erheblicher Reserve behandelte. Er ging bei seiner Argumentation von der mens rea aus, die notwendig ist, um einen Diebstahl gegenüber einem bailee durch einen Fremden zu begründen. Nach ihm bezieht sich der animus furandi auf das Eigentumsrecht des general owner und nicht auf das begrenzte Recht des bailee. Wurde so einem bailee eine Sache auf die Dauer eines Monats zu seinem Gebrauch überlassen, wodurch er ein special ownership daran erwarb, und wurde sie ihm hernach von einem Fremden in der Absicht weggenommen, sie für den Rest des Monats zu benützen und sie dann dem bailor und general owner herauszugeben, so machte sich der Fremde keines Diebstahls schuldig; zwar beabsichtigte er, den bailee seines Spezialeigentums vollständig und endgültig zu berauben, nicht aber - was für das Vorliegen eines Diebstahls nach der Ansicht Wrights wesentlich ist - den bailor seines Generaleigentums.[556] Wenn daher, so argumentiert Wright J. weiter, die Tatsache, daß die Wegnahme einer Sache, die in der Absicht, einen bailee seiner Rechte daran endgültig zu berauben und sie sich zuzueignen, bewirkt wird, ungenügend ist, um einen Diebstahl durch einen Fremden ihm gegenüber zu begründen, so ist es schwierig, die Verurteilung

---

553 R.v.Bramley, 1822, R.& R.478; 15 Dig.Repl.1074, 10 591.

554 Kenny, C.S. op.cit. 8th ed. (1917) p.197, 15th ed. p.224.

555 Pollock, F. and Wright, R.S. op.cit. p.228.

556 "... it would seem that this temporary appropriation is not constituted a theft against the bailee by the fact, that it is a final deprival and appropriation as against him; for it is not meant to be final and complete as regards the taker or as against the general owner" (Pollock, F. and Wright, R.S. op.cit. p.228, zitiert bei Cross,R.: Larceny by an Owner and Animus Furandi, L.Q.R. vol.68 (1952) pp.100-101.

eines general owner wegen Diebstahls zu rechtfertigen, der seine eigenen Sachen bei seinem bailee in gleicher Absicht wegnimmt. Allein diese Auffassung, daß der animus furandi notwendigerweise sich auf das Eigentumsrecht des general owner beziehen muß, läßt sich jedenfalls heute nach der Ausdehnung des "owner-Begriffs" im Larceny Act 1916 s.1 (2) (iii) nicht mehr halten, mindestens nicht in den Fällen, in denen der Besitz mit einem durch das Zivilrecht geschützten Interesse, einem special property, verbunden ist. Hier muß die Absicht, jemand seines special property i.S. seines Interesses an der Sache zu berauben zur Begründung des animus furandi genügen. Eine Bestätigung hierfür findet sich in Rose v. Matt,[557] einem Fall, der - abgesehen von dem schon früher erwähnten Fall R.v.Harding,[558] worin es sich gleichfalls um den Begriff des special property handelte - der einzige Fall ist, der nach der erwähnten Stellungnahme von Wright J. und nach dem Inkrafttreten des Larceny Act von 1916 zur Entscheidung gekommen ist. Der Sachverhalt war folgender: Matt hatte eine Modellflugzeugmaschine von Simpson gekauft, war aber nicht in der Lage, sie sofort zu bezahlen. Da er die sofortige Aushändigung der Ware wünschte, bot Matt eine Reiseuhr als Sicherheit für die Bezahlung des Kaufpreises an. Simpson nahm sie unter der Bedingung an, daß, wenn Matt nicht innerhalb eines Monates bezahle, es ihm freistehen solle, die Uhr zu verkaufen. Matt stimmte dieser Bedingung zu und es wurde ihm gestattet, die gekaufte Ware mitzunehmen. Da es Matt nicht gelang, Geld aufzutreiben, kehrte er einige Zeit später in den Laden des Simpson zurück und nahm heimlich die Uhr weg, um, wie er es hinstellte, Simpson an deren Verkauf zu hindern, aber mit keiner Absicht, Simpson wegen des Verlustes in Anspruch zu nehmen. Matt wurde des einfachen Diebstahls der Uhr angeklagt. Das Divisional Court führte aus, daß Simpson ein "special property" an der Uhr

---

557 Rose v. Matt, 1951, (1951) 1 K.B.810; 15 Dig.Repl.1073, 10 584.

558 R.v.Harding, 1929, 21 Cr.App.R.166; 15 Dig.Repl.1087, 10 771.

hatte, insofern er das Recht hatte, die Uhr zur Sicherheit für den Kaufpreis zurückzubehalten und eventuell zu verkaufen. Durch Wegnahme der Uhr innerhalb des vereinbarten einen Monats - in dem er den Kaufpreis nicht bezahlt hatte - beabsichtigte Matt und führte diese Absicht auch tatsächlich aus, Simpson seines special property zu berauben, indem er Simpson an der Ausübung des Rechts, die Uhr zu verkaufen, das er sonst gehabt hätte, hinderte. Das Divisional Court war daher der Auffassung, daß Simpson als Inhaber eines special property an der Uhr ein "owner" im Sinne von s.1 (2) (iii) Larceny Act 1916 ist, dem als bailee auch der juristische Besitz an der Uhr zustand, der ihm durch den Generaleigentümer und bailor Matt, dessen Generaleigentum während der Dauer des bailment dem bailee gegenüber ruhte, in dieser Zeit fraudulently wieder weggenommen wurde. Auf Grund hiervon war Simpson befugt, mit Erfolg Anklage gegen Matt als wahren Eigentümer wegen Diebstahls zu erheben.[559] Lord Goddard C.J. führte in seiner Urteilsbegründung darüber aus: "Es ist klar, daß ein Eigentümer von Sachen, der sie einem anderen unter solchen Umständen anvertraut hat, daß der letztere ein special property an ihnen hat, des Diebstahls schuldig ist, wenn er sie ihm fraudulently wieder wegnimmt.[560] Simpson hatte ein "special property" an der Uhr, da er das Recht hatte, sie als Sicherheit zu behalten; der Angeklagte aber beabsichtigte, ihn dieses special property dauernd zu berauben, weil er das zurücknahm, was er bei ihm als Sicherheit zurückgelassen hatte, und es zu einer Zeit zurücknahm, als Simpson berechtigt war, es zu behalten mit der Aussicht, dasselbe zu verkaufen, falls der Preis der Modellflugzeugmaschine nicht bezahlt werde".[561] Während Russell[562] ein Handeln fraudulently

559 M.L.R. vol.14 (1951) No.2, Notes of Cases, p.215.

560 Rose v. Matt, 1951, (1951) 1 K.B.810, at p.814; 15 Dig.Repl. 1073, 10 584.

561 Rose v. Matt, 1951, (1951) 1 K.B.810, at p.813; 15 Dig.Repl. 1073, 10 584.

562 Russell, W.O.: On Crime op.cit. p.1175.

annimmt, wo nach wahrnehmbaren Umständen in Wirklichkeit gesagt werden könnte, daß der Handelnde etwas tat, was zu den Maßstäben sozialen Verhaltens, das in dem Gemeinwesen vorherrscht, in Widerspruch steht, verlangt Lord Goddard C.J.[563] in genannter Entscheidung für ein Handeln "fraudulently" ein Tätigwerden unter Umständen, unter denen der Wegnehmende "in unehrlicher Weise" handeln würde. Über die Grenzen solch unehrlicher Absicht wird darin keine weitere Erklärung gegeben; aber es wird nahegelegt, daß sie in erster Linie mit Beziehung auf den normalen Prüfstein einer Absicht, den Eigentümer dauernd zu berauben, unter Berücksichtigung des Begriffs "owner", wie er auf die speziellen Tatsachen des einzelnen Falles anwendbar ist, geprüft werden müssen.[564] Hiervon ausgehend muß nach der heutigen Rechtslage in dem Falle, wo ein Generaleigentümer seine eigenen Sachen bei einem bailee for value "fraudulently and without a claim of right made in good faith" wegnimmt, nachgewiesen werden, daß die Absicht des Eigentümers dahin ging, den bailee seines juristischen Besitzes dauernd zu berauben und auf diese Weise den bailee zu hindern, seine Rechte, die ihm nach den Bedingungen des bailment zukommen, auszuüben. Hierzu zählen auch die Fälle, die nach deutschem Recht in den Bereich des Sonderdelikts der "Pfandkehr" (§ 289 StGB) fallen, das dem englischen Recht fremd ist. Gegen die Auffassung, daß das Problem eines Diebstahls eigener Sachen seitens des Eigentümers durch Larceny Act 1916 s.1 (2) (iii) gelöst sei und daß bei Auslegung des Statuts das Gericht an den Wortlaut des Gesetzes, wenn es klar sei, sich halten müsse und nur bei Zweifel und Ungewißheit zu alten Fällen Zuflucht nehmen dürfe, was nach Lord Goddard C.J. im Falle Rose v. Matt nicht zutreffe,[565] wurde allerdings eingewendet, daß dieses spezielle

---

563 Rose v. Matt, 1951, (1951) 1 K.B.810, at p.814; 15 Dig.Repl. 1073, 10 584.

564 Edwards, J.Ll: Stealing One's Own Property, M.L.R. vol.14 (1951) p.218.

565 Edwards, J.Ll: Stealing One's Own Property, M.L.R. vol.14 (1951) p.216.

Problem nur durch Bezugnahme auf das Common Law gelöst werden könne. Nach diesem sei aber anerkannt, daß es Diebstahl ist, einem juristischen Besitzer den Besitz rechtswidrig animo furandi zu entziehen. Dieses Prinzip gelte aber auch, wo der juristische Besitzer ein bailee for value sei und der den Besitz entziehende bailor der wirkliche Eigentümer. Dies sei schon in R.v.Wilkinson and Marsden ausgesprochen worden, auf den in Rose v. Matt Bezug genommen wurde, wo, wie ausgeführt, die Auffassung vertreten wurde, daß, wenn jemand seine eigenen Sachen bei seinem bailee stiehlt, die Wegnahme Diebstahl sei, wenn der bailee ein vom Zivilrecht geschütztes Interesse an dem Besitz der Sache hat und dessen Wahrnehmung durch den wahren Eigentümer als bailor während der Dauer des bailment verhindert wird. Es sei also in Rose v. Matt kein Abgehen von den anerkannten Prinzipien des Common Law und es sei daher nicht nötig gewesen, dem Ladenbesitzer Simpson ein special property an den gestohlenen Sachen zuzuschreiben.[566] Mag dies auch für den vorliegenden Fall des bailment for value zutreffen, so hat es, wie Cross[567] hervorhebt, keine Common Law-Prinzipien gegeben, zu denen im Falle einiger Probleme Zuflucht genommen werden könnte. Insbesondere lasse sich, wenn auch nachgewiesen werden könnte, daß ein Common Law-Prinzip bestanden haben sollte, daß der animus furandi im Falle eines Diebstahls bei einem bailee sich auf das Eigentumsrecht des general owner bezogen haben müsse, ein solches Prinzip mit der im Larceny Act 1916 gewählten Wortfassung nicht vereinbaren. Während Wright J. an der schon erwähnten Stelle zu dem Standpunkt der älteren Autoritäten, daß ein bailor bei einem bailee Diebstahl begehen könne, noch eine reservierte Stellung einnimmt, bezweifelt er in einem früheren Teil seines Werks, ob sich diese Regel auch auf Fälle erstrecke, wo der bailee kein

---

566 Edwards, J.Ll: Stealing One's Own Property, M.L.R. vol.14 (1951) pp.216 and 217.

567 Cross, Rupert: Larceny by an Owner and Animus Furandi, L.Q.R. vol.68 (1952) p.105.

special property hat, das durch das Zivilrecht geschützt werde, insbesondere wo das bailment jederzeit nach Belieben beendigt werden kann (bailment at will). Er sagt dazu: "The difficulty is not so much in finding a sufficient possession for the trespass as in finding a sufficient interest in the bailee to support an animus furandi in the bailor".[568] Es ist bei den älteren Autoritäten dargelegt, daß die Absicht, den bailee des Besitzes zu berauben, genügt, um einen animus furandi zu stützen, vorausgesetzt, daß nachgewiesenermassen die Beraubung als eine dauernde gemeint war und daß der Eigentümer "fraudulently and without a claim of right made in good faith" handelte. Es geht aber aus den meisten Erläuterungen zum Diebstahl by an owner durch Hale und seine Nachfolger nicht klar hervor, ob der bailee in diesen Fällen ein zivilrechtlich geschütztes special property hatte oder nicht. Wenn aber jemand Besitz an seinen eigenen Sachen bei seinem bailee at will wieder an sich nimmt, so wird er normalerweise nicht fraudulently und ohne einen Rechtsanspruch handeln, auch wenn der bailee der Wegnahme nicht zustimmt. Es war daher zu vermuten, daß diese Autoren, um einen Rechtsanspruch zu verneinen und ein fraudulent intent zu begründen, zu den schon erwähnten weitergehenden Motiven, wie unter anderem die Absicht des allgemeinen Eigentümers, sein Opfer mit dem Verlust der Sache zu belasten, Zuflucht nahmen. In Rose v. Matt[569] war, wie dort ausdrücklich hervorgehoben ist, eine solche Absicht, den Ladenbesitzer Simpson mit dem Verlust der Uhr zu belasten, unnötig; denn hier war klar, daß Matt fraudulently, d.h. "acting dishonestly",[570] handelte. Ausserdem zeigte seine Absicht, Simpson seiner eventuell möglichen Verkaufsbefugnis zu berauben, seinen Willen, die absolute Herrschaft über die Uhr auszuüben, die mit Simpsons Recht ganz unverträglich war. Es darf so davon ausgegangen werden, daß der einzige

---

568 Pollock, F. and Wright, R.S. op.cit. p.165.

569 Rose v. Matt, 1951, (1951) 1 K.B.810; 15 Dig.Repl.1073, 10 584.

570 Rose v. Matt, 1951, (1951) 1 K.B.810, at p.814 per Lord Goddard C.J.

Unterschied, soweit der animus furandi des Eigentümers in Betracht kommt, zwischen den Fällen, in denen er Sachen bei seinem bailee, der ein zivilrechtlich geschütztes Interesse ihm gegenüber hat, wegnimmt, und jenen, in denen der bailee an den weggenommenen Sachen nur Besitz hat, der ist, daß beim ersteren eine Absicht, sein Opfer seines Interesses an den Sachen zu berauben, prima facie fraudulent und ein Beweis dafür ist, daß die Beraubung als dauernde gemeint war. Rose v. Matt[571] entscheidet nicht, daß die alten Erläuterungen des larceny by an owner nicht mehr angemessen sind, und wo der bailee kein zivilrechtlich geschütztes Interesse (special property) an den Sachen hat, mögen sie, wie Cross betont, noch das heutige Recht darstellen. Im Journal of Criminal Law vol. XV (1951) p.158 wird allerdings eine solche Erwägung seit dem Larceny Act von 1916 für unerheblich bezeichnet. Wenn z.B. A Sachen an B übergeben sollte, damit er sie für ihn verwahre, bis er ihre Rückgabe verlange, wobei die Umstände so gelagert sind, daß B keine Rechte in Ansehung der Sachen hatte, und A das Haus des B betreten und die Sachen wegnehmen sollte, ohne ihre Rückgabe zu verlangen, so würde er kein claim of right made in good faith ausüben, weil nicht gesagt werden könnte, er habe "an honest belief in his right to take the goods in the manner and circumstances in which he did take them" gehabt.[572] Gleichwohl könnte bei Fehlen weiteren Beweises nicht gesagt werden, daß er fraudulently gehandelt habe. Wenn er jedoch zur Zeit der Wegnahme beabsichtigte, einen falschen Anspruch gegen ihn wegen Verlustes der Sache zu erheben,[573] so wären, wie es scheinen möchte, alle Bestandteile der Diebstahlsdefinition im Sinne des Larceny Act von 1916 gegeben.[574] Kenny[575] läßt die Frage, ob ein allgemeiner Eigentümer einen

---

571 Rose v. Matt, 1951, (1951) 1 K.B.810; 15 Dig.Repl.1073, 10 584.

572 Russell, W.O.: On Crime op.cit. p.1204.

573 R.v.McDaniel, 1755, Fost.121; 15 Dig.Repl.934, 8949.

574 Cross, Rupert: Larceny by an Owner and Animus Furandi, L.Q.R. vol.68 (1952) pp.102-103.

575 Kenny, C.S. op.cit. 8th ed. (1917) p.197.

Diebstahl an eigenen Sachen gegenüber einem bailee at will begehen kann, offen. Nach dem Ausgeführten dürfte mindestens die Möglichkeit eines Diebstahls nicht ausgeschlossen werden können.
Strittig ist die Frage, ob der Eigentümer eigene Sachen, die er seinem Dienstboten anvertraut hat, stehlen kann. Aufgeworfen wurde diese Frage durch die von Foster erwähnte Entscheidung R.v.McDaniel,[576] in dessen Urteilsbegründung der Fall angeführt ist, daß A seinem Dienstboten Geld übergeben hatte, um es an einen entfernten Ort zu bringen, sich dann verkleidete und den Dienstboten auf der Strasse beraubte in der Absicht, die Hundertschaft mit dem Verlust zu belasten. Foster bejahte einen Raub, der, wie früher erwähnt, nur einen qualifizierten Diebstahl darstellt, sodaß die Entscheidung auch auf einen Fall des Diebstahls - z.B. wenn er das Geld dem Dienstboten heimlich weggenommen hätte - in gleicher Weise zutrifft. Die Begründung Fosters ging dahin, daß der Dienstbote ein "temporary property" an dem Geld gehabt habe, das ihm in böswilliger, unehrlicher Absicht vom Eigentümer abgenommen worden sei, um die Hundertschaft mit dem Verlust zu belasten, und daß daher Raub zu bejahen sei. Foster versteht unter dem "temporary property" offenbar juristischen Besitz, indem er den Dienstboten bei der Entsendung nach einem entfernten Ort als bailee des Eigentümers angesehen haben mag. East[577] gibt eine Erläuterung dieses Falles unter Modernisierung desselben in der Weise, daß der Eigentümer dem Dienstboten auflauert und ihm das Geld abnimmt in der Absicht, Anspruch wegen Verlustes des Geldes durch Raub oder Diebstahl gegen seine Versicherungsgesellschaft auf Grund einer Versicherungspolice zu erheben. East zweifelt nicht daran, daß der Dienstherr des Diebstahls aus dem Grunde schuldig sei, weil, obwohl im allgemeinen der Dienstbote kein Eigentum - gemeint ist offenbar Be-

---

576 R.v.McDaniel, 1755, Fost.121; 15 Dig.Repl.934, 8949.
577 Edwards, J.Ll: Possession and Larceny, C.L.Pr. vol.3 (1950) pp.133-134 mit East 558, 564.

sitz - gegenüber seinem Dienstherrn habe, er in einem solchen Falle ein special property habe, da ihm ein klares Recht zustehe, seinen Besitz gegen das rechtswidrige Verlangen des Herrn zu verteidigen. Auch East versteht unter dem special property offenbar Besitz bzw. ein auf Besitz gegründetes Recht zum Besitz. Diese Ansicht wurde von Pollock und Wright[578] scharf kritisiert, die darauf hinweisen, daß, wenn diese Annahme richtig sein sollte, man daraus folgern müßte, daß in solchem Falle der Dienstbote juristischen Besitz an den Sachen seines Dienstherrn diesem gegenüber habe, was aber in unmittelbarem Widerspruch zu der Theorie stehe, daß ein Dienstbote an den ihm vom Dienstherrn anvertrauten Sachen jedenfalls in Beziehung zu seinem Herrn - anders möglicherweise, wie früher ausgeführt, einem Fremden gegenüber - keinen Besitz, sondern nur Obhut habe. Dieser Ansicht wird beizupflichten sein. Geht man hiervon aus, so kann der Eigentümer an eigenen Sachen dem Diener gegenüber keinen Raub bzw. Diebstahl begehen, da bei der blossen Obhut des Dieners keine Besitzentziehung und damit auch kein Diebstahl verübt werden kann.[579] Die Ansicht von Foster wie die von East liesse sich nur halten, wenn man - was nach der seit dem 18.Jahrhundert herrschenden Rechtsauffassung nicht angenommen werden kann - in dem Dienstboten einen bailee in Ansehung des ihm vom Dienstherrn anvertrauten Geldes sehen wollte.[580] Dabei käme aber nur ein bailment at will in Frage, da der Dienstbote keineswegs ein zivilrechtlich geschütztes Interesse gegenüber seinem Dienstherrn in Ansehung der ihm vom Dienstherrn überlassenen Sachen haben würde. Beim bailment at will wäre aber nach dem oben Ausgeführten nur ausnahmsweise und nur dann Diebstahl möglich, wenn nach dem Vorgang R.v.Wilkinson and Marsden[581]

---

578 Pollock, F. and Wright, R.S. op.cit. p.139.

579 Vgl. Cross, R.: Larceny by an Owner and Animus Furandi, L.Q.R. vol.68 (1952) p.103 mit Bezugnahme auf R.v.Smith, 1852, 2 Den.449; 15 Dig.Repl.1086, 10 754.

580 So neuerdings Kenny, C.S. op.cit. new ed. by J.W.C.Turner (1952) p.235.

581 R.v.Nowell Wilkinson and Joseph Marsden, 1821, R.& R.470; 15 Dig.Repl.1073, 10 585.

in der Absicht, einen Dritten - die Versicherungsgesellschaft - zu betrügen, ein ausreichender animus furandi erblickt werden wollte.[582]

Der Wegnahme der eigenen Sachen durch den Generaleigentümer bei dem bailee dürfte auch die Wegnahme der beim Eigentümer gepfändeten Sachen durch den Eigentümer bei dem Gerichtsvollzieher gleichzusetzen sein. Auch dem Gerichtsvollzieher steht nach der weit überwiegenden Meinung der durch den Schuldner verlorene juristische Besitz und nicht bloß Obhut an den gepfändeten Sachen zu.[583] Freilich wird auch mitunter eine abweichende Auffassung vertreten, wonach auch der juristische Besitz wie das Eigentum dem Schuldner bis zum Verkauf und zur Besitzübergabe verbleibt und die Sachen auf Grund der Beschlagnahme durch den Gerichtsvollzieher in custodia legis, d. h. in der Obhut des Gesetzes stehen, sodaß sie nicht nochmals gepfändet werden können. Diese Auffassung vertritt auch Goodeve,[584] der aber gleichwohl dem Gerichtsvollzieher juristischen Besitz gegenüber demjenigen zuerkennen will, der ihm die gepfändeten Sachen wegnimmt.[585] Der Zwangsvollstreckungsgläubiger erlangt mit der Beschlagnahme der Sachen nur ein Recht zum Besitz, nicht aber juristischen Besitz. Der Schuldner ist Eigentümer der gepfändeten Sachen geblieben, bis sie durch den Gerichtsvollzieher, der juristischer Besitzer ist, verkauft und übergeben werden. Durch die Entziehung des juristischen Besitzes des Gerichtsvollziehers an den gepfändeten Sachen seitens des Eigentümers begeht also letzterer Diebstahl

582 Cross, Rupert: Larceny by an Owner and Animus Furandi, L.Q.R. vol.68 (1952) p.104; vgl.auch Edwards, J.Ll: Stealing One's Own Property, M.L.R. vol.14 (1951) p.218.

583 Giles v. Grover, 1832, 9 Bing.128; 11 Dig.Const.L.504, 63; 41 Dig.Shrffs 120-121, 762; 16 Dig.Cr.Pract.226, 169 per Lord Tenderden; Wilbraham v. Snow, 1670, 2 Keb.588; sub nom. Willbraham v. Snow, 1 Mod.Rep.30; 21 Dig.Exon.507, 828; 41 Dig.Shrffs 121, 767; Woodland v. Fuller, 1840, 11 Ad.& El.859; 5 Dig.Bkrpcy 832, 7054; 41 Dig.Shrffs 121, 763; Pollock, F. and Wright, R.S. op.cit. pp.82 and 203.

584 Goodeve, L.A. op.cit. p.34.

585 Goodeve, L.A. op.cit. p.464.

an diesen Sachen, sofern die Wegnahme fraudulently and without any claim of right made in good faith und animo furandi erfolgt. Da der Gerichtsvollzieher - ebenso wie der bailee - ein special property an den gepfändeten Sachen hat, so ist dem genannten Erfordernis genügt, wenn der Generaleigentümer es auf sich nimmt, eine absolute Herrschaft über die Sachen auszuüben, zu deren Ausübung er in dieser Zeit nicht berechtigt ist und zwar wissentlich gegen den Willen des zeitweiligen Eigentümers, d.h. in unehrlicher Weise und ohne wirklichen oder vermutlichen Rechtsanspruch. Nach englischem Recht wird also der Tatbestand, der nach deutschem Recht sich als Verstrickungsbruch darstellt, als Diebstahl behandelt, sofern wirksamerweise eine stehlbare Sache der Pfändung unterworfen worden war. Hierauf wird noch später einzugehen sein.

FF) Eigentum von Wert

Um stehlbar zu sein, muß die Sache auch einen Wert aufweisen.[586] Nach feststehender Lehre gewährte das Common Law-Diebstahlsrecht wegen mangelnden Wertes oder Geringfügigkeit derselben keinen Schutz solchen Haustieren, die weder zum Ziehen noch zur Nahrung oder Kleidung noch zum Gewinn dienten,[587] wie unter anderem Hunden[588] oder Katzen;[589] wohl aber vermochte das Stehlen des Halsbandes eines Hundes oder des gegerbten Felles eines toten Hundes Diebstahl zu begründen. Aus demselben Grund genossen auch Tiere ferae naturae, die zum Genuß ungeeignet sind, selbst wenn sie für häusliche oder sonstige Zwecke nützlich sind,[590] keinen Diebstahlsschutz, auch wenn sie gezähmt

---

586 R.v.Phipoe, 1795, 2 East P.C.599; 15 Dig.Repl.1117, 11 102.
587 1 Hale P.C.512.
588 R.v.Robinson, 1859, Bell C.C.34; 15 Dig.Repl.1163, 11 747.
589 Co.Inst.109.
590 Pollock, F. and Wright, R.S. op.cit. p.235.

waren oder eingesperrt gehalten wurden, wie z.B. Frettchen, Affen, Papageien, Kanarienvögel; ebensowenig auch die Jungen solcher Tiere. Diese Lehre gründete sich ursprünglich, wie es scheint, auf die Auffassung, daß Tiere dieser Art - auch wenn gezähmt - nur dem Vergnügen dienten und deshalb vom Gesetz, wie immer sie der Eigentümer bewerten möchte, nicht so hoch angeschlagen werden sollten, daß um ihrerwillen ein Mensch sterben sollte.[591] Dieser Grund dürfte übrigens auch für den mangelnden Diebstahlsschutz der obengenannten Haustiere gegolten haben und es dürfte nicht, wie Kielwein[592] meint, die mangelnde Klagbarkeit die Wertlosigkeit bestimmt haben. Konnte doch schon in alter Zeit für die Wegnahme eines Hundes Schadensersatz in einer Zivilklage gefordert werden.[593] Pollock spricht sogar von Verpfändung von Hunden. Ausnahmen von der Nichtstehlbarkeit galten übrigens für gezähmte Falken[594] und Schwäne sowie für Bienen, die, obwohl selbst nicht eßbar, jedoch als eine Quelle der Nahrung für stehlbar angesehen wurden.[595] Nicht stehlbar sind nach Common Law reine Forderungsrechte, da sie, wie schon früher dargetan wurde, nicht besitzbar sind. Da im Common Law der Grundsatz galt, daß Diebstahl nur an solchen Sachen begangen werden könne, die irgendeinen Wert in sich haben und die ihren Wert nicht nur von ihrer Beziehung zu einer anderen Sache herleiten,[596] sind Urkunden, die lediglich zum Beweis bestehender Forderungsrechte dienen, wie ein Eigenwechsel oder ein Kaufvertrag

---

591 1 Hawk. c.33 s.36; 4 Blackst.Comm.236; 2 East P.C.614; Russel, W.O.: On Crime op.cit. vol.2 p.1070.

592 Kielwein, G. a.a.O. S.58.

593 Kenny, C.S. op.cit. 8th ed.(1917) p.201 n.5 unter Hinweis auf Manwood: Forest Laws, 1598, p.99; Stephen, H.J. op. cit. vol.4 p.96; Pollock, F. and Wright, R.S. op.cit.p.235.

594 1 Hale P.C.235; Pollock, F. and Wright, R.S. op.cit.pp.235-236.

595 Hannam v. Mockett, 1824, 2 B.& C.934; Russell, W.O.: On Crime op.cit. vol.2 p.1066; 2 Dig. Animals 209, 48; 2 East P.C.607 mit Tibbs v. Smith, T.Raym.33; 2 Blackst.392.

596 1 Hawk. c.33 s.35; 2 East P.C.597; R.v.Watts, 1854, Dears. C.C.326; 15 Dig.Repl.1080, 10 682.

über eine Menge nicht bestimmter Ware nicht stehlbar.[597] Desgleichen sind nach dem weiteren Common Law-Grundsatz "Die Nebensache muß ihrer Hauptsache folgen" Urkunden, die sich auf Realeigentum beziehen, wie schon früher erwähnt, nicht stehlbar, während allerdings nach demselben Grundsatz Urkunden über einen Rechtstitel auf bestimmte stehlbare Fahrnisgegenstände selbst stehlbar sind, z.B. eines Pfandleihers Pfandscheinduplikat oder ein Ladeschein.[598] Was die Beweisurkunden anbelangt, so ist zu beachten, daß der Wert als Papier als in ihrem Beweischarakter aufgegangen erachtet wurde und daß sie daher auch als Papier nicht Gegenstand des Diebstahls sein konnten.[599] Anders liegt es freilich, wenn die wegen Unvollständigkeit unwirksame Urkunde kein klagbares Forderungsrecht darstellt, sondern auf ihren Wesenscharakter als blosses Papierstück zurückgeführt wird; hier kann letzteres Diebstahlsgegenstand sein, z.B. ein eingelöster Eigenwechsel, der, obwohl wieder begebbar, nicht wieder begeben worden ist.[600] Wertlos sind nur solche Sachen, die für niemand einen Wert haben, d.h. nicht zu verkaufen oder zu vertauschen sind, weil sie ohne Mühe und Kosten ersetzt werden können. Dagegen können Sachen, die nur für den Eigentümer, nicht aber für andere von Wert sind, gestohlen werden, wie z.B. gekündigte Banknoten von Landbanken, die durch die Landbanken wieder ausgegeben werden können. Sie sind insofern für sie - aber nicht für andere - von Wert, als sie die Kosten des Drucks neuer Noten ersparen.[601]

---

597 Kenny, C.S. op.cit. 8th ed. p.202 mit Bezugnahme auf Dalton, M.: The County Justice, 1742, p.501; Williams, J. op.cit.Introduction § 3; Stephen, H.J. op.cit. vol.4 pp.155-156.

598 R.v.Morrison, 1859, Bell C.C.158; 15 Dig.Repl.1081, 10 699; R.v.Spencer, 1958, Newsp.The Times L.R. 18.3.1958; R.v.Gordon, 1958, Newsp.The Times L.R. 18.3.1958.

599 R.v.Watts, 1854, Dears.C.C.326; 15 Dig.Repl.1080, 10 682; Kenny, C.S. op.cit. new ed. by Turner p.240; Russell, W.O.: On Crime op.cit. vol.2 pp.1054-1055.

600 R.v.Mead, 1831, 4 C.& P.535; 15 Dig.Repl.1081, 10 689; R.v. Perry, 1845, 1 Den.69; 15 Dig.Repl.1082, 10 702; R.v.Clark, 1810, R.& R.181; 15 Dig.Repl.1081, 10 690.

601 R.v.Clark, siehe Anm.600; Stephen, J.F. op.cit. 6th ed. art. 320 p.253; Kenny, C.S. op.cit. new ed.by Turner pp.236-237 and n.3; Pollock, F. and Wright, R.S. op.cit. p.233.

Was den geforderten Wert anbetrifft, so braucht er sich nicht auf den Wert der kleinsten Münze, eines farthing, noch auf den hundertsten Teil einer solchen zu belaufen, wie der eines Stückes Papier oder eines wertlosen Schecks.[602] Bei Anklagen wegen Diebstahls von zur Post gegebenen Briefen lautet die Anklage gewöhnlich auf Diebstahl eines Stückes Papier. Ferner sind so Verurteilungen wegen Diebstahls von Korrekturbogen, von für ungültig erklärten Banknoten, von einem wertlosen Scheck,[603] von der Abschrift einer abgelegten diplomatischen Urkunde[604] und von einem mit Bleistiftbemerkungen beschriebenen Zettel[605] erfolgt. Wäre aus der Definition des Diebstahls jede Bezugnahme auf das Tatbestandsmoment des "Wertes" weggeblieben, so hätte das Larceny Act 1916 einen festbegründeten Rechtsgrundsatz abgeändert. Freilich muß zugegeben werden, daß das in der Definition des Diebstahls beibehaltene Wort "Wert" ("value") (Larceny Act 1916 s.1 (3)) heute in einem Sinn verstanden werden muß, der weder natürlich noch sogar genau ist. Der Grund für die Regeln über den Wert ist dunkel. Sie mögen wahrscheinlich auf die alte Lehre zurückgehen, wonach für den Diebstahl das Motiv des lucri faciendi gratia notwendig war oder es kann ein indirektes Ergebnis der alten Unterscheidung zwischen grand und petty larceny[606] sein - eine Erklärung, die im Falle von Urkunden wahrscheinlich erscheint, da der Wert des Pergaments oder Papiers in der Zeit,

---

602 R.v.Perry, 1845, 1 Den.69; 15 Dig.Repl.1082, 10 702; R.v. Morris, 1840, 9 C.& P.349; 15 Dig.Repl.1077, 10 629; Kenny, C.S. op.cit. new ed. by J.W.Cecil Turner (1952) p.236 n.4; Pollock, F. and Wright, R.S. op.cit. p.233; Stephen, H.J. op.cit. 9th ed. (1883) p.85; vgl. auch R.v.Edwards and Stacey, 1877, 13 Cox C.C.384; 15 Dig.Repl.1077, 10 638; R.v.Clarence, 1888, 22 Q.B.D.23; 15 Dig.Repl.986, 9646.

603 R.v.Perry, siehe Anm.602.

604 R.v.A.B., 1941, 1 K.B.454; sub nom. R.v.Kent, 110 L.J.K.B. 268; 15 Dig.Repl.1078, 10 641; Cross, R. and Jones, P.A. op.cit. p.161 n.h.

605 R.v.Bingley and Law, 1833, 5 C.& P.602; 15 Dig.Repl.1118, 11 110; R.v.Morris, siehe Anm.602.

606 Petty larceny bei einem Wert bis zu 12 d., grand larceny bei höherem Wert.

wo die Unterscheidung entstand, selten 12 d. betragen haben dürfte. Wo freilich der Wert des Diebstahlsgegenstandes einen wesentlichen Bestandteil des Delikts bildet, wie in Larceny Act 1916 ss.8, 9 und 16, müssen in der Anklage genügend Gegenstände genannt werden, um die zur Begründung des Delikts notwendige Summe zu erreichen. Im übrigen ist die Feststellung des Wertes in der Anklage nicht notwendig.[607] Diese Common Law-Grundsätze wurden - wie schon früher dargetan - durch das Statutarrecht stark durchlöchert, vor allem sind Urkunden jeder Art, insbesondere auch Wertpapiere, zum Gegenstand des Diebstahls gemacht worden (Larceny Act 1916 ss.1, 2, 6 and 7). Soweit es den durch Statut zum Diebstahlsobjekt gemachten Wertpapieren an der Vollständigkeit fehlt, die das Statut verlangt, erlangen sie ihren nach dem Common Law begründeten Charakter als Stück Papier wieder.[608] Als feste Regel gilt heute, daß Wertpapiere den statutarischen Diebstahlsschutz auch geniessen, solange sie sich noch in den Händen des Herstellers befinden und noch nicht ausgegeben sind.[609]

B) Der subjektive Tatbestand

Auch das englische Recht verlangt auf strafrechtlichem Gebiet zum Vorliegen eines Delikts neben einer gesetzlich verbotenen Handlung ein Verschulden (mens rea). Das Erfordernis des Verschuldens bedeutet aber "that a person cannot be convicted and punished in a proceeding of a criminal nature, unless it can

---

607 Indictments Act 1915, Appendix I rule 6 (I).

608 Vgl. R.v.Ranson, 1812, R.& R.232; 15 Dig.Repl.1081, 10 691; Pollock, F. and Wright, R.S. op.cit. p.234.

609 R.v.Walsh, 1812, R.& R.215; 15 Dig.Repl.1085, 10 744; R.v. Metcalf, 1835, 1 Mood.433; 15 Dig.Repl.1064, 10 496; R.v. Heath, 1838, 2 Mood.C.C.33; 15 Dig.Repl.1064, 10 497.

be shown that he had a guilty mind".[610] Ein solches Verschulden kann allgemein - ohne Rücksicht auf das einzelne Delikt - vor allem durch das Fehlen eines rechtswirksamen Willens infolge Kindesalters, Trunkenheit oder Geisteskrankheit ausgeschlossen oder beschränkt sein. Es kann im Rahmen dieser Abhandlung hierauf nicht näher eingegangen werden. Bemerkt soll nur werden, daß bezüglich der Unzurechnungsfähigkeit das englische Recht noch heute an den McNaghten Rules festhält, die durch die Richter auf Veranlassung des House of Lords anläßlich des Falles R.v.Daniel McNaghten (oder McNaughton)[611] aufgestellt worden sind.[612] Sie legen über den ursprünglichen Fall der Wahnvorstellungen hinaus die Grenze der Unzurechnungsfähigkeit fest und gehen von dem Grundsatz aus, daß jedermann als geistesgesund vermutet wird, bis das Gegenteil - im Gegensatz zu den allgemeinen Beweisregeln - vom Angeklagten dargetan wird. Es erklärt sich letzteres aus dem Umstand, daß die Unzurechnungsfähigkeit im englischen Recht keinen Schuldausschliessungsgrund, sondern eine Verteidigungseinrede bildet, die nur Beachtung findet, wenn sie vom Angeklagten geltend gemacht wird.[613] Auch die anglo-amerikanischen Gerichte halten noch an diesem Prüfstein fest, wenn auch die Ernennung unparteiischer Sachverständiger immer mehr eindringt. Die Entscheidung verbleibt aber der jury, die die ärztlichen Gutachten nach ihrem Ermessen zu beurteilen hat. Unwiderstehlicher Trieb ist an sich keine Verteidigung, aber ein rechtlich an-

610 Chisholm v. Doulton, 1889, 22 Q.B.D.736; 14 Dig.Repl.31, 34; Harris, S.F. op.cit. 17th ed. by A.M.Wilshere p.18; Archbold, J.F. op.cit. 32nd ed. by F.Butler and M.Garsia p.22.

611 R.v.Daniel McNaghten, 1843, 4 St.Tr.N.S.847; 14 Dig.Repl. 61, 246.

612 Mannheim, H. a.a.O. S.23; Grünhut, Max: Das englische Strafrecht.-In: Das ausländische Strafrecht der Gegenwart. Hrsg. von Mezger, Schönke und Jescheck. 3.Bd., Berlin 1959 S.198 f. mit Anm.45; Attorney General for the State of South Australia v. Brown, 1960, (1960) 1 All E.R. 734; R.v.Ahmed Din, 1962, (1962) 2 All E.R.123; 3 Dig.Supp. 378, 239 be; R.v.Price, 1962, (1962) 3 All E.R.957; 3 Dig. Supp.378, 239 bd; R.v.Duke, 1961, (1961) 3 All E.R.737; 3 Dig.Supp.409, 3547.

613 Woolmington v. D.P.P., 1935, A.C.462; 14 Dig.Repl.493, 4768; R.v.Ahmed Din, siehe Anm.612; R.v.Price, siehe Anm. 612; Grünhut, M. a.a.O. S.200 f.

erkanntes Symptom, aus dem die jury, insbesondere in Zusammenhang mit ärztlichen Gutachten auf Geisteskrankheit im Rahmen der McNaghten rules schliessen kann. Seit dem Homicide Act von 1957 (5 & 6 Eliz.II c.11) s.2 (i) ist bei Tötung auch die Annahme verminderter Zurechnungsfähigkeit möglich. Noch nicht hinreichend geklärt ist, inwieweit schwere Psychopathen von der Rechtsprechung als vermindert zurechnungsfähig anerkannt werden. In bejahendem Sinn sprach sich das Court of Criminal Appeal in R.v.Dunbar[614] aus. Hiervon abgesehen verlangt das englische Strafrecht zum Verschulden nach Common Law nicht, daß es sich auf die einzelnen Tatbestandsmerkmale des betreffenden Delikts beziehen muß; ja es muß sich nicht einmal auf ein strafbares Verhalten richten, sondern es besteht lediglich in dem äusserlich erkennbaren bösen Willen des Täters durch seine freiwillige Handlung gegen ein gesetzliches Verbot zu verstossen, wie z.B. durch Begehung einer zivilrechtlich unerlaubten Handlung, sofern diese Handlung zu einer Rechtsverletzung führt, auch wenn sie vom Täter nicht beabsichtigt war noch vorausgesehen werden konnte. Wenn also z. B. jemand auf ein Huhn schießt, um es zu stehlen, und einen Menschen trifft, so liegt der Tatbestand des Mordes vor.[615] Die Auffassung, daß sogar ein noch leichterer Grad von Schuld ausreicht, die in der Kenntnis des Täters von dem Unmoralischen seines Verhaltens besteht, ist strittig. Während in R.v. Prince[616] alle 15 Richter an der Notwendigkeit eines Verstosses gegen ein gesetzliches Verbot festhielten, gingen 8 davon sogar soweit, ein unmoralisches Verhalten als ausreichend für das Schulderfordernis anzuerkennen. Allein es handelte sich hierbei nur um ein obiter dictum, nicht um eine bindende Autorität, da dem Angeklagten Umstände bekannt waren, die sein Verhalten nicht nur zu einem unmoralischen, sondern auch zu einem

---

614 R.v.Dunbar, 1957, 41 Cr.App.R.182; Hamo, J. in Journal of Criminal Law, Criminology and Police Science vol.42 (1951/52) p.433; vgl. auch Grünhut, M. a.a.O. S.199 ff.

615 Foster 258; Director of Public Prosecutions v. Smith, 1960, (1960) 3 All E.R.161 et seq.; 3 Dig.Supp.472, 9145 a.

616 R.v.Prince, 1875, L.R.2 C.C.R.154; 15 Dig.Repl.1032, 10 142.

als zivilrechtlich unerlaubte Handlung gesetzlich klagbaren machten. Die letztgenannte weitgehende Auffassung wird neuerdings schon wegen der vagen Beschaffenheit eines ethischen Maßstabs abgelehnt.[617] Die englische Rechtsprechung ist noch bis heute nicht über die Bedeutung der mens rea als der gewollten, auf eine gesetzlich verbotene Handlung gerichteten Geisteshaltung des Täters mit der gesetzlichen Vermutung einer Verantwortlichkeit für die aus jener Handlung sich ergebenden Folgen hinausgekommen und hat nicht zu dem richterlichen Ausspruch geführt, daß die mens rea als Voraussicht der Folgen der gesetzlich verbotenen Handlung anzusehen ist. Freilich nur da, wo keine schwerere oder leichtere Schuldform, also kein "particular intent" oder "particular state of mind" für einzelne Delikte festgelegt ist, muß auf die gewöhnliche, eben geschilderte mens rea, in der jene spezielle Schuldform enthalten ist, ohne aber mit ihr identisch zu sein,[618] zurückgegriffen werden. Eine solch besondere Schuldform (specific intent), das "intent to steal", für das die Beweislast der Krone obliegt,[619] ist beim Diebstahl vorgesehen. Nach Larceny Act 1916 s.1 (1) setzt sie sich aus zwei Schuldmerkmalen zusammen, nämlich dem Erfordernis des "fraudulently and without a claim of right made in good faith" einerseits und dem "animus furandi" andererseits.

---

617 Cross, R. and Jones, P.A. op.cit. p.38; vgl.auch R.v.Poplar Borough Council, 1922, 1 K.B.95; sub nom. R.v.Poplar Borough Council ex parte Metropolitan Asylums Board (No. 2), 91 L.J.K.B.174; 16 Dig.Repl.347, 1551; Edwards, J.Ll: Malice and Willfulness in Statutory Offences, C.L.Pr. vol. 4 (1951) p.248; Strond, Douglas Aikenhead: Mens Rea or Imputability under the Law of England, London: Sweet & Maxwell 1914 pp.29 and 37 und Besprechung des Werkes in L.Q. R. vol.31 (1915) p.45, die in Übereinstimmung mit dem Herausgeber des L.Q.R. daran festhält, daß die Absicht, eine Handlung zu tun, die nur unmoralisch und nicht ungesetzlich ist, nicht eine mens rea begründen kann, die gewöhnlich für kriminelle Verantwortlichkeit notwendig ist.

618 Strond, Douglas Aikenhead op.cit. p.15.

619 Unger, J.: Motive and Intent in Criminal Law, The Solicitor vol.14 (1947) No.7 p.152 unter Bezugnahme auf R.v. Steane, 1947, (1947) 1 All E.R.813; 14 Dig.Repl.33, 47.

AA) Wegnahme fraudulently and without a claim of right

Dieses Schuldmoment weist einen subjektiv-objektiven Charakter auf. Es ist offensichtlich, daß, wenn eine Sache von dem Eigentümer, der ein unmittelbares Recht auf deren Besitz hat, weggenommen wird, dieser weder ein zivilrechtliches noch ein strafrechtliches Unrecht begeht. Diese objektive Seite gehört eigentlich dem Tatbestand der Rechtswidrigkeit an, die nach den früheren Ausführungen bei Zustimmung des Eigentümers zur Wegnahme, bei der Notwendigkeit zur Sicherung des öffentlichen Wohls und bei der Notwendigkeit der Durchführung der Rechtspflege entfällt. Aber darüberhinaus greift eine Straflosigkeit auch dann Platz und begründet eine Wegnahmehandlung nicht nur dann keinen Diebstahl, wenn sie mit gesetzlichem Recht vorgenommen wird, sondern sogar auch dann, wenn dies nur unter dem vernünftigermassen begründeten Schein eines Rechts geschieht. Es genügt also hier die gewöhnliche mens rea, die sich regelmässig mit einer ehrlichen Unkenntnis des Gesetzes sehr wohl verträgt, nicht; vielmehr geht das "intent to steal", die Kenntnis der schädigenden Folge der Wegnahmehandlung, darüber hinaus. Denn irgendein "Rechtsanspruch, der in gutem Glauben gemacht ist", mag er auf Tat- oder sogar auf Rechtsirrtum beruhen, wenn er überhaupt vernünftig ist,[620] genügt, der Handlung des Wegnehmenden jeden deliktischen Charakter zu nehmen,[621] z.B. Irrtum über die Rechte eines Finders[622] oder eines Wilddiebes.[623] Wenn freilich der Anspruch bloß ein scheinbarer Vorwand ist, um den Besitz der Sache zu erhalten oder zu behalten, so kann er keine Verteidigung begründen.[624]

---

620 R.v.Nundah, 1916, 16 S.R.N.S.W.482; 15 Dig.Repl.1062, 6473 (Aus.); 2 East P.C.659.

621 Journal of Criminal Law vol.XV (1951) pp.23-25.

622 R.v.Reed, 1842, C.& M.306; 15 Dig.Repl.1052, 10 364.

623 R.v.Hall, 1828, 3 C.& P.409; 15 Dig.Repl.1061, 10 462; R.v.Clayton, 1920, 15 Cr.App.R.45; 15 Dig.Repl.1061, 10 465; R.v.Knight, 1908, 73 J.P.15; 15 Dig.Repl.1061, 10 468.

624 Stephen, H.J.: Commentaries op.cit. 17th ed. by Jenks and Gattie vol.4 p.94.

Ob guter Glaube vorliegt, ist eine von der Jury zu entscheidende Tatfrage.[625] Wenn immer die Rechtslage in Zweifel gezogen werden kann, wird das Gericht zu einem Freispruch kommen.[626] Der erwähnte Grundsatz ist in den von Edwards[627] angeführten Fällen R.v.Hall,[628] Daniel v. James,[629] Smith v. Williams[630] und in neuerer Zeit in R.v.Bernhard[631] vom Court of Criminal Appeal eingehend dargelegt worden. Darin ist unter anderem ausgeführt: "Wir sind anderer Meinung als der L.C.J. in Ansehung der richtigen Konstruktion der Worte "fraudulently and without a claim of right made in good faith". Wenn die Frage res integra wäre, so wäre zweifellos für die Ansicht, die beim Lord Oberrichter Gunst fand und die dahin ging, daß die Worte "claim of right" nicht so verstanden werden dürften, daß sie auch einen Anspruch einschlössen, der rechtlich unbegründet ist, viel zu sagen. Wir sind jedoch durch eine lange Reihe von Entscheidungen, von denen viele dem Larceny Act 1916 vorausgingen und eine mindestens ihm nachfolgte, an die Auffassung gebunden, daß diese Ansicht unrichtig ist und daß jemand einen Rechtsanspruch im Sinne der Common Law-Lehre hat, wenn er ehrlicherweise etwas zu haben behauptet, was er für einen rechtmässigen Anspruch hält, auch wenn derselbe rechtlich oder tatsächlich un-

625 R.v.Daniels, 1915, 11 Cr.App.R.101; 14 Dig.Repl.556, 5462; R.v.Farnborough, 1895, 2 Q.B.483; 14 Dig.Repl.502, 4842.

626 East P.C.659; Kenny, C.S. op.cit. new ed. by J.W.C.Turner p.242; Russell, W.O.: On Crime op.cit. vol.2 p.1204; Stephen, J.F.: A History of the Criminal Law of England, vol. 3, London: Macmillan & Co.1883 p.124; Halsbury's Laws of England vol.IX (Criminal Law) 2nd ed. p.497.

627 Edwards, J.Ll: Malice and Willfulness in Statutory Offences, C.L.Pr. vol.4 (1951) p.269.

628 R.v.Hall, 1828, 3 C.& P.409; 15 Dig.Repl.1061, 10 462.

629 Daniel v. James, 1877, 2 C.P.D.351, at p.353; 15 Dig.Repl. 1223, 12 492.

630 Smith v. Williams, 1892, 56 J.P.840; 15 Dig.Repl.1223, 12 493; vgl.auch Bryan v. Eaton, 1875, 40 J.P.213; 15 Dig. Repl.1223, 12 491; R.v.Hemmings, 1864, 4 F.& F.50; 15 Dig. Repl.1061, 10 469; R.v.Wade, 1869, 11 Cox C.C.549; 15 Dig. Repl.1061. 10 470; R.v.Clayton, 1920, 15 Cr.App.R.45; 15 Dig.Repl.1061, 10 465; R.v.Boden, 1844, 1 C.& K.395; 15 Dig.Repl.1117, 11 096.

631 R.v.Bernhard, 1938, 2 K.B.264; 15 Dig.Repl.1125, 11 218.

begründet sein möchte". Die wesentlichen Worte des s.1 Larceny Act von 1916 geben das genannte, durch eine ungebrochene Kette von Autoritäten unterstützte Common Law lediglich wieder. So spricht sich die schon erwähnte Entscheidung R.v. Bernhard[632] aus, wo gesagt ist: "a person has a claim of right within the meaning of the section", i.e. s.1 Larceny Act 1916, "if he is honestly asserting what he believes to be a lawful claim, even though it be unfounded in law or in fact". Da hiernach ein subjektiver Prüfungsmaßstab anzulegen ist, so muß, selbst wenn die Gründe für die Annahme des Wegnehmenden objektiv für unvernünftig erachtet werden sollten, die jury noch prüfen, ob der Angeklagte selbst nicht in ehrlicher und echter Weise annahm, er habe ein Recht ausgeübt, auf das er einen Anspruch gehabt habe, um so befriedigt zu sein, daß er keine schuldhafte Gesinnung besaß.[633] Der beste Beweis, daß tatsächlich ein aufrichtiger Rechtsanspruch behauptet wird, ist, daß die Sachen ganz offen weggenommen werden.[634] Eine heimliche Wegnahme oder ein nachfolgendes Leugnen oder ein Verstecken der Sachen läßt dagegen stark auf eine verbrecherische Absicht schliessen.[635] Notwendig ist, daß ein wirklicher oder scheinbarer Rechtsanspruch auf die Wegnahme der Sachen besteht. Die Tatsache oder die gutgläubige Annahme, daß die weggenommenen Sachen dem Wegnehmenden gehören, genügt nicht, da sonst der Eigentümer mit Recht und ungestraft die von ihm einem anderen zu zeitweisem Besitz überlassenen Sachen

---

632 R.v.Bernhard, 1938, 2 K.B.264; 15 Dig.Repl.1125, 11 218; Edwards, J.Ll: Mens Rea in Statutory Offences, London: Macmillan & Co.Ltd 1955 (English Studies in Criminal Science, edit. by L.Radzinowicz and J.W.C.Turner, vol. VIII) pp.184-185.

633 Edwards, J.Ll: Malice and Willfulness in Statutory Offences, C.L.Pr. vol.4 (1951) p.281; Edwards, J.Ll: Mens Rea op.cit. p.188.

634 1 Hale P.C.509; R.v.Curtis, 1925, 18 Cr.App.R.174; 14 Dig. Repl.338, 3302; Kenny S.C.I.281 mit Causey v. State Supreme Court of Georgia, 1887, 79 Georgia 564.

635 Stephen, H.J. op.cit. 17th ed. by E.Jenks and V.R.M.Gattie vol.4 p.94.

vor Ablauf der Überlassungszeit wieder wegnehmen könnte.[636] Das Vorliegen eines Diebstahls verlangt nicht nur, daß der Wegnehmende keinen wirklichen oder scheinbaren Rechtsanspruch auf die weggenommene Sache hat, sondern daß die Wegnahme auch fraudulently erfolgt. So ist auch in der Begriffsbestimmung des Diebstahls in s.1 (1) Larceny Act 1916 eine Wegnahme und ein Wegbringen "fraudulently" gefordert. Der Sinn des Ausdrucks "fraudulently" war lange Zeit ungeklärt. Die Entwicklung dieses Tatbestandsmoments mag im Anschluß an Edwards[637] folgendermassen zusammengefaßt werden. Der Ausdruck "fraudulently" wiederholt, was in der Diebstahlsdefinition des römischen Rechts mit contrectatio "fraudulosa" bezeichnet ist. Gewisse Unterschiede gegenüber dem römischen Recht zeigt die Bractonsche Diebstahlsdefinition, die von einer contrectatio "fraudulenta cum animo furandi" spricht. Mit Rücksicht auf die im Ausdruck "fraudulenta" ausgesprochene Bedeutung der geistigen Haltung des Diebes erachtet J.F.Stephen[638] "fraudulenta" mit dem Ausdruck "cum animo furandi" für tautologisch, fügt aber bei, daß, wenn es aus der Diebstahlsdefinition Bractons den Fall der Wegnahme auf Grund eines Rechtsanspruchs ausschliessen soll, es dann keineswegs überflüssig ist. Eine andere Auffassung vertritt Turner in Russells On Crime,[639] der geltend macht, daß der Ausdruck "fraudulenta" in Bractons Definition überflüssig wurde, als die Worte "cum animo furandi" eingefügt wurden, da der Ausdruck "fraudulosa" im römischen Recht schon eine unrechtmässige Absicht in sich geschlossen habe. Von den Schriftstellern des 17. bis 19. Jahrhunderts legte Hale[640] den animus furandi so aus, daß er einfach verbrecherisch (felonious) sein muß. Ihm folgte Coke,[641] der forderte, daß die Wegnahme verbrecherisch, d.h. animo furandi sein müsse.

---

636 Siehe unten bei der Darstellung des bailment.
637 Edwards, J.Ll: Mens Rea op.cit.pp.178 et seq.
638 Stephen, J.F.: A History op.cit. vol.3 p.131.
639 Russell, W.O.: On Crime op.cit. vol.2 p.1162.
640 1 Hale P.C.508.
641 3 Co.Inst.107.

In demselben Sinne spricht sich Blackstone[642] aus, während Hawkins[643] Diebstahl als "a felonious and fraudulent taking and carrying away" bezeichnet. In R.v.Holloway[644] geht Parke B. von der Diebstahlsdefinition aus, die East[645] aufgestellt hat und die ein "wrongful or fraudulent taking and carrying away ... with a felonious intent to convert them to his"(the taker's)"own use and make them his property without the consent of the owner" verlangt und bezeichnet sie insofern als mangelhaft, als die Wegnahme nicht nur "wrongful and fraudulent", sondern auch "without any colour of right" sein sollte.[646] In anderen reports desselben Falles spricht sich Parke B. dahin aus, daß die Worte "wrongful and fraudulent" wahrscheinlich "without colour of right" bedeuten. Aus diesen zwei verschiedenen Versionen ergab sich die Streitfrage, ob das Wort "fraudulently" im Larceny Act 1916 s.1 dem Satzteil "without a claim of right" etwas noch beifüge. Russell[647] ist der Meinung, daß dem Ausdruck "fraudulently" etwas anhängt, was ursprünglich mit dem Wort "felonious" verknüpft war und daher anzeigen will, daß der Täter wissen muß, daß er etwas tut, was den Maßstäben sozialen Verhaltens, die in der Gemeinschaft vorherrschen, widerspricht. Aber er ist der Auffassung, daß der Ausdruck "fraudulently" dem genannten Ausdruck "without a claim of right" nichts hinzufüge.[648] In dem schon früher erwähnten neueren Fall Rose v. Matt[649] wurde die Bedeutung des Ausdrucks "fraudulently" im Hinblick darauf, daß bei klarer Fassung des Gesetzes dessen Wortlaut die Entscheidung des Gerichts bestimmen

642 Blackstone, W. op.cit. vol.4 p.330.
643 Hawkins P.C.134.
644 R.v.Holloway, 1849, 5 C.& P.525: 15 Dig.Repl.1060, 10 454.
645 2 East P.C.553.
646 R.v.Holloway, 1849, 5 C.& P.525; (1848) 1 Den.370, at p.375; 15 Dig.Repl.1060, 10 454.
647 Russell, W.O.: On Crime op.cit. pp.1161, 1175.
648 Russell, W.O.: On Crime op.cit. p.1175.
649 Rose v. Matt, 1951, (1951) 1 K.B.810; 15 Dig.Repl.1073, 10 584.

müsse,[650] erneut erwogen. Eine Angabe über die Grenzen der fraudulent intention wurde allerdings hierin nur insoweit gemacht, als es einfach "acting dishonestly" bedeuten soll.[651] Zweifel, die in der Frage bestanden haben mögen, ob dem Wort "fraudulently" eine Bedeutung zuzuschreiben ist, die vom nachfolgenden Satzteil "without a claim of right made in good faith" verschieden ist, sind nun durch die bejahende Antwort des Court of Criminal Appeal in R.v.Williams and Another[652] behoben worden. Die Angeklagte, eine Unterpostmeisterin, war in einem Ladengeschäft tätig, das ihr Ehemann betrieb. Als der Laden in finanzielle Schwierigkeiten geriet, nahm die Angeklagte aus der Kasse der Postabteilung Geld, das dem Postmaster General gehörte, und verwendete es für das Ladengeschäft. Auf Grund der ausgesprochenen Absicht der Angeklagten, das Geld aus den Verkäufen des Ladens zurückzuzahlen, wurde eingewendet, daß sie nicht beabsichtigte, den Postmaster General des Eigentums an dem Geld dauernd zu berauben. Dieser gegen den animus furandi gerichtete Einwand wurde im Hinblick auf Geld als besonders gearteten Diebstahlsgegenstand vom Gericht zurückgewiesen. Der weitere Einwand der Angeklagten, daß sie nicht "fraudulently" gehandelt habe, schnitt wieder die Frage an, welche Bedeutung dem Ausdruck "fraudulently" in der Diebstahlsdefinition des Larceny Act 1916 zukommt. Unter Zurückweisung der durch Parke B. in R.v.Holloway[653] gegebenen Auslegung vertrat Lord Goddard C.J. in R.v.Williams and Another[654] die Auffassung, daß das Wort "fraudulently" den Zweck verfolge, dem Satzteil "without a claim of right made in good faith" etwas beizufügen,

---

650 Rose v. Matt, 1951, (1951) 1 K.B.810, at p.813; 15 Dig.Repl. 1073, 10 584.

651 Rose v. Matt, 1951, (1951) 1 K.B.810, at p.814, 15 Dig.Repl. 1073, 10 584.

652 R.v.Williams and Another, 1953, (1953) 1 All E.R.1068; 15 Dig.Repl.1058, 10 429.

653 R.v.Holloway, 1849, 5 C.& P.525; 15 Dig.Repl.1060, 10 454.

654 R.v.Williams and Another, 1953, (1953) 1 All E.R.1068; 15 Dig.Repl.1058, 10 429.

und dies auch tue. Indem das Gericht davon ausging, daß jedem Wort eines Gesetzes eine Bedeutung zuzumessen ist, legte die Angeklagte nahe, daß das Wort "fraudulently" die Absicht ausdrücke, zum Nachteil irgendeiner Person gegen deren Wünsche zu handeln. Das Gericht vertrat aber nach der Urteilsbegründung die Auffassung, daß das Wort "fraudulently" - absichtlich den Worten "without a claim of right" angefügt - die Bedeutung habe - obwohl dies nicht für alle Fälle passen dürfte, wohl aber für den vorliegenden Fall (R.v.Williams and Another)-, daß die Wegnahme absichtlich und überlegt, d.h. ohne Irrtum sein müsse. Der Täter müsse also wissen, daß der Gegenstand, den er wissentlich wegnimmt, das Eigentum eines anderen ist und daß er ihn überlegter- nicht irrtümlicherweise wegnimmt, mit der Absicht, die Person des Eigentümers dieses Gegenstandes zu berauben.[655] Unter Hinweis auf die Schwierigkeit "fraudulently" von dem zu trennen, was bisher als Handeln "without a claim of right made in good faith" beschrieben worden ist, sagte Lord Goddard im weiteren Verlauf seiner Begründung, daß die Angeklagte und ihr Ehemann "acted fraudulently because they knew they had no right to take the money".[656] Ihr Verhalten habe gezeigt, daß "they had acted dishonestly". Die Unehrlichkeit mag hauptsächlich mit Beziehung auf die Absicht geprüft werden, den owner dauernd des Eigentums zu berauben. Die Unehrlichkeit wird so nicht dadurch ausgeschlossen, daß die Angeklagte, obwohl sie zur Zeit der Wegnahme nicht in der Lage war, das Geld zu ersetzen, gehofft und beabsichtigt hatte, künftig hierzu in der Lage zu sein.[657] Freilich möchte dies, wie Lord Goddard beifügte, dann der Fall sein, wenn jemand, der über fremdes Geld verfügt, eine Person von reichlichen Mitteln und guten Kredits ist. Damit wird aber, worauf Edwards besonders hinweist,

---

655 R.v.Williams and Another, 1953, (1953) 1 All E.R.1068; 2 W.L.R.937, at p.941; 15 Dig.Repl.1058, 10 429.

656 R.v.Williams and Another, 1953, (1953) 1 All E.R.1068; 2 W.L.R.939, 943; 15 Dig.Repl.1058, 10 429.

657 R.v.Carpenter, 1911, 22 Cox C.C.618; 15 Dig.Repl.1189, 12 042; R.v.Kritz, 1949, (1949) 2 All E.R.406; 14 Dig.Repl. 652, 6633.

die Frage ehrlichen oder unehrlichen Verhaltens als Tatfrage der jury zur Entscheidung unter Berücksichtigung aller derselben vorliegenden Tatsachen überlassen.[658] Für die Ansicht, daß "fraudulently" etwas dem "without a claim of right" beifügt, spricht das schon oben erwähnte von Cross[659] angeführte Beispiel, nach welchem eine bis zum Verlangen der Rückgabe einem bailee at will zur Verwahrung gegebene Sache von dem Übergebenden ohne Rückgabeverlangen aus dem Haus des Verwahrers zurückgeholt wird. Hier würde der Eigentümer kein claim of right made in good faith behaupten können, da er keinen ehrlichen Glauben an sein Recht geltend machen könnte, die Sache in der Art und Weise und unter den Umständen wegzunehmen, unter denen er sie wegnahm.[660] Es könnte aber bei Fehlen weiteren Beweises nicht gesagt werden, daß er fraudulently gehandelt habe, sofern er nicht beabsichtigte, einen falschen Anspruch gegen den Verwahrer wegen Verlustes der Sache zu erheben.

BB) Der animus furandi

Schon seit der Zeit Bractons und der Yearbooks findet sich als zweites Schuldmoment des Diebstahls der animus furandi, der einen animus lucrandi einschloß, ohne daß sich eine genauere Erläuterung dieses Begriffs findet. Auch Coke,[661] der für Diebstahl das Erfordernis felonious aufstellte, gab keine nähere Erklärung des Wortes "felonious". Es blieb lange Zeit den Gerichten überlassen aus dem objektiven Verhalten des Täters auf eine ehrenhafte oder verbrecherische Gesinnung zu schliessen. Auch in der Folgezeit findet sich keine nähere Erläuterung

658 Edwards, J.Ll: Mens Rea op.cit. pp.182-184; vgl.aber hierzu Landon, P.A. in L.Q.R. vol.72 (1956) "Reviews and Notices" p.422.

659 Cross, Rupert: Larceny by an Owner and Animus Furandi, L.Q.R. vol.68 (1952) p.103.

660 Russell, W.O.: On Crime op.cit. p.1204.

661 3 Co.Inst.107.

des Erfordernisses "felonious".[662] Es erklärt sich aus der Tatsache, daß sich der Zueignungsbegriff nicht nur im Strafrecht, sondern auch im Zivilrecht auf dem Gebiet der unerlaubten Handlungen findet und daß auf beiden Rechtsgebieten ursprünglich von demselben Zueignungsbegriff, dem "converting to one's own use" als der Verwendung einer einem anderen gehörenden beweglichen Sache durch deren Besitzer zu eigenem Nutzen oder zum Nutzen eines anderen als des Eigentümers derselben ausgegangen wurde. Als aber in der Folgezeit der zivilrechtliche Zueignungsbegriff eine Ausdehnung in der Richtung erfuhr, daß die Herleitung eines Vorteils für den Zueignenden nicht mehr für notwendig erachtet, sondern daß die Schädigung des Eigentümers als ausreichend angesehen wurde, wobei das Wesen der Schädigung darin erblickt wurde, daß mit der Sache in einer Weise verfahren wird, die mit dem Herrschaftsrecht des Eigentümers unvereinbar ist, griff diese Auffassung auch auf das strafrechtliche Gebiet über. Auch hier wurde im Zuge dieser Entwicklung die Erlangung eines Vorteils durch den Wegnehmenden - lucri causa - nicht mehr für notwendig befunden, zumal man schon frühzeitig sich dazu bekannt hatte, daß, wenn dieses Moment des lucri causa überhaupt ein notwendiges Tatbestandsmoment des Diebstahls sein sollte, es nicht auf den Erwerb pekuniären Vorteils oder der Wegnahme der gestohlenen Sache ihres Wertes halber beschränkt sein könne. Vielmehr sollte die Wegnahme in der Absicht, die weggenommene Sache zu zerstören, ausreichen, um Diebstahl zu begründen, wenn sie erfolgt, um den Zweck eines mutmaßlichen Vorteils für den Delinquenten oder für einen Dritten zu erzielen, gleichgültig, was mit der Sache hernach geschehen sollte, sodaß also die Zueignungsabsicht auch dann bejaht wurde, wenn die Absicht darin bestand, die an sich gebrachte Sache sofort an einen Dritten weiterzugeben oder sie zu zerstören. Diese Rechtsauffassung fand ihren Ausdruck in R.v.Cabbage,[663] wo der Ange-

662 1 Hale P.C.508; 1 Hawkins P.C.89; Blackstone, W. op.cit. vol.4 p.232.

663 R.v.Cabbage, 1815, R.& R.292; 15 Dig.Repl.1059, 10 449.

klagte ein Pferd weggenommen und in einen Kohlenschacht gestürzt hatte, um es als Beweismittel in einem Verfahren gegen seinen Freund zu vernichten. Er wurde des Diebstahls für schuldig befunden. Zu demselben Ergebnis kommt R.v.Jones.[664] Ausnahmsweise freilich wurde noch einige Zeit das Merkmal des lucri causa in den Fällen der rechtswidrigen Verwendung der Sache zu des Herrn eigenem Nutzen, insbesondere bei Verfütterung von Futter des Dienstherrn an dessen eigene Pferde, jedoch mit der schwer beweisbaren Begründung beibehalten, daß dadurch die Arbeit des Dienstknechtes wahrscheinlich sich verringerte.[665] In der Folgezeit wurde auch diese Ausnahme ganz fallengelassen und man sah sich daher der Härte wegen gezwungen, diese Handlungsweise aus dem Diebstahlstatbestand ganz herauszunehmen und sie durch das besondere Statut des Misappropriation by Servants Act von 1863 (26 & 27 Vict. c.103) s.1 mit s.5 unter Strafe zu stellen. Mit dem Wegfall dieses Erfordernisses des lucri causa, wofür sich eine Bestätigung unter anderem in Ruse v. Read[666] findet, wurde der animus furandi als die Absicht bestimmt, den Eigentümer seines Eigentums völlig und auf die Dauer in einer Weise zu berauben, die mit dessen Interesse schlechterdings unverträglich ist. Die langjährige Tradition, die auch R.v.Cabbage[667] im Jahre 1815 nicht zu beseitigen vermochte, brachte es aber mit sich, daß trotz der neuen Bestimmung der Zueignungsabsicht als der Absicht, den Eigentümer seines Eigentums dauernd zu berauben, wie sie in s.1 (1) Larceny Act 1916 verkörpert wurde, das englische Recht nach wie vor davon auszugehen scheint, daß der

---

664 R.v.Jones, 1846, 1 Den.188; 15 Dig.Repl.1059, 10 451; Buckland, W.W. and McNair, A.D. op.cit. pp.352-353.

665 R.v.Morfit, 1816, R.& R.307; R.v.Privett, 1846, 1 Den. 193; R.v.Handley, 1842, C.& M.547.

666 Ruse v. Read, 1949, (1949) 1 All E.R.398; 15 Dig.Repl. 1050, 10 340; Cross, Rupert: Larceny and the Formation of a Felonious Intent after Taking Possession, M.L.R. vol.12 (1949), Notes of Cases, p.228.

667 R.v.Cabbage, 1815, R.& R.292; 15 Dig.Repl.1059, 10 449.

Täter die weggenommene Sache, wenn auch nur für einen Augenblick, in seine Verfügungsgewalt bringt und damit die Herrschaft über dieselbe wie ein Eigentümer ausübt[668] und so sich dieselbe zueignet, um über sie dann durch Weitergabe oder Zerstörung zu verfügen. Bestünde freilich die Absicht, die Durchführung der Beraubung im Weg der Zerstörung der Sache zu bewerkstelligen, so könnte zwar Sachbeschädigung (malicious damage), aber kein Diebstahl vorliegen. Hieraus erklärt sich, daß in der englischen Rechtsliteratur zur Bezeichnung "der Absicht, den Eigentümer der weggenommenen Sache dauernd zu berauben" vielfach noch von "Zueignungsabsicht"[669] oder von "Beraubungs- und Zueignungsabsicht"[670] gesprochen wird.[671] So dürfte auch heute noch bei einer künftigen Entscheidung in einem Fall, wo dieselbe Handlung die Wegnahme und Zerstörung erfüllt, die Tradition den Vorrang behalten.[672] Dabei ist allerdings zu beachten, daß sich die Zueignungsabsicht des englischen Strafrechts mit der des deutschen Diebstahlsrechts nicht deckt, wo eine Absicht gefordert ist, über die fremde Sache unter Ausschluß des Berechtigten wie ein Eigentümer in der Weise zu verfügen, daß die Sache ihrem Substanzwert nach dem eigenen Vermögen des Diebes zugeführt wird, wodurch unter anderem Fälle sofortiger Weitergabe oder Zerstörung der weggenommenen Sache als Diebstahl ausscheiden. Im einzelnen ist zum Begriff des animus furandi noch zu bemerken: Es ist zwischen der Eigenschaft der beabsichtigten Beraubung und Zueignung einerseits und der

---

668 R.v.Poole and Yates, 1857, Dears.& B.345, at pp.346-347; 15 Dig.Repl.1060, 10 456.

669 Kenny, C.S. op.cit. 8th ed. (1917) pp.211-212: "intention of appropriation".

670 Pollock, F. and Wright, R.S. op.cit. pp.233-234: "intention of deprivation or appropriation".

671 Prevezer, S.: Criminal Appropriation, C.L.Pr. vol.12 (1959) pp.159 et seq.

672 Holmes, Oliver Wendell op.cit. p.74.

Endgültigkeit derselben andererseits zu unterscheiden. Was das erstere Moment anbelangt, so braucht keine Absicht vorzuliegen, den Eigentümer der Sache selbst tatsächlich zu berauben oder sie, mindestens für einen Augenblick, seiner Anwesenheit zu entziehen oder von seinem Grund und Boden wegzunehmen. Es genügt vielmehr, wenn ein Bediensteter Sachen seines Dienstherrn nur von einem Teil des Ladens an einen anderen verbringt in der Absicht, sie dem Dienstherrn als eine einem anderen gehörende Sache zum Kauf anzubieten, wobei das gemachte Angebot der stärkste Beweis einer Absicht des Angeklagten ist, die Herrschaft über die Sache auszuüben.[673] Eine blosse Sachwertentziehung liegt auch in dem Fall vor, wo jemand eine Eisenbahnfahrkarte oder eine Theaterkarte wegnimmt und sie nach gemachtem Gebrauch zurückgibt. Patteson J. führte in der Urteilsbegründung in R.v.Beecham[674] unter anderem aus, daß, wenn der Angeklagte die Fahrkarte in der Absicht wegnahm, sie für seine eigenen Zwecke zu gebrauchen, gleichgültig, ob er sie dann seinem Freund geben oder ob er sie verkaufen oder selbst mit ihr reisen wollte, es nichtsdestoweniger Diebstahl sein würde, auch wenn sie schließlich der Gesellschaft am Ende der Reise wieder zurückgegeben würde. Eine Anordnung der Bahnverwaltung, daß die Fahrkarte bei Beendigung der Reise zurückzugeben ist, ist lediglich eine zu Kontrollzwecken dienende Verwaltungsvorschrift, die den Diebstahlstatbestand unberührt läßt. Eine Beraubung liegt auch in dem Fall vor, wo ein Bediensteter rechtswidrigerweise die Radachse seines Dienstherrn in den eigenen Hochofen des Herrn legte, um sie zu schmelzen.[675] Denn es ist

---

673 Archbold, J.F. op.cit. 32nd ed. (1952) p.518; R.v.Hall, 1849, 2 C.& K.947 n; 15 Dig.Repl.1060, 10 457; R.v.Manning and Smith, 1852, Dears.C.C.21; 15 Dig.Repl.1060, 10 458.

674 R.v.Beecham, 1851, 5 Cox C.C.181; 15 Dig.Repl.1060, 10 460.

675 R.v.Richards, 1844, 1 C.& K.532; 15 Dig.Repl.1059, 10 450; vgl. auch R.v.Webb, 1835, 1 Mood.C.C.431; 15 Dig.Repl. 1059, 10 453; R.v.Poole and Yates, 1857, Dears.& B.345; 15 Dig. Repl. 1060, 10 456.

eine ebenso wirksame Beraubung des Eigentümers, ihn den Wert seiner eigenen Sache bezahlen zu lassen oder die Eigenschaft seiner Radachse zu zerstören, wie mit ihnen wegzulaufen. Auch braucht, wie schon erwähnt, keine Absicht vorzuliegen, die Sache durch den Wegnehmenden auch nur für kurze Zeit zu eigenem Gebrauch zu behalten oder zu verwenden, sodaß die Absicht der sofortigen Weitergabe[676] oder der Zerstörung[677] ausreicht. Neben R.v.Cabbage ist noch besonders auf R.v.Wynn[678] hinzuweisen, wo ein Postbeamter, um die Entdeckung eines beim Sortieren von Briefen gemachten Fehlers zu verhindern, zwei Briefe in den Abort warf, und auf R.v.Jones,[679] wo ein Dienstbote einen Brief zerstörte, der seinem Dienstherrn gehörte, in der Annahme, der Brief enthalte Nachteiliges über ihn. Zweifelhaft ist, ob die Absicht von einem Eigentümer eine Belohnung dafür anzufordern, daß er ihm eine verlorene Sache wieder verschaffe, ausreicht, um einen animus furandi zu begründen. Wie es scheint dürfte eine ursprüngliche Absicht, die gefundene Sache zu behalten, wenn keine Belohnung gegeben werden sollte, zur Diebstahlsabsicht ausreichen, nicht aber, wenn die Absicht bloß dahingehen sollte, die Sache für eine längere oder kürzere Zeit in der Hoffnung zurückzubehalten, es werde eine Belohnung ausgesetzt werden, besonders wenn kein Beweis einer Absicht vorläge, eine übermässige Belohnung zu fordern.[680] Keine hinreichende Beraubung und Zueignung liegt vor, wo derjenige, der die Sache wegnimmt, es nicht übernimmt, die Herrschaft darüber wie ein Eigentümer auszuüben. Dies ist der Fall, wenn ein Gerbereiarbeiter Felle seines Dienstherrn, die von anderen Arbeitern gegerbt und im nahen Magazin aufgestapelt waren, nur zu dem Zweck wegnahm, sie bei der Bezahlung nach Stücklohn dem Vorarbeiter gegenüber als Felle auszugeben, die er gegerbt hätte, und sich dadurch den Stücklohn für jene Felle zu verschaffen.

676 R.v.White, 1840, 9 C.& P.344; 15 Dig.Repl.1065, 10 506.
677 R.v.Cabbage, 1815, R.& R.292; 15 Dig.Repl.1059, 10 449.
678 R.v.Wynn, 1849, 1 Den.365; 15 Dig.Repl.1059, 10 452.
679 R.v.Jones, 1846, 1 Den.188; 15 Dig.Repl.1059, 10 451.
680 Kenny, C.S. op.cit. new ed. by J.W.Cecil Turner (1952) p.245.

Die jury fand, daß der Angeklagte nicht beabsichtigte, die Felle von der Gerberei wegzubringen und über sie sonstwie zu verfügen, sondern sie dem Vorarbeiter abzuliefern, um für sie Bezahlung zu erhalten, wie wenn sie seine eigene Arbeit wären, und daß er auf diese Weise beabsichtigte, die Felle wieder in den Besitz des Dienstherrn zurückzugeben. Das Gericht verneinte einen Diebstahl im Anschluß an R.v.Webb,[681] wo gesagt ist, daß, um Diebstahl zu begründen, die Absicht des Wegnehmenden dahin gehen muß, die ganze Herrschaft über den Eigentumsgegenstand dem Eigentümer wegzunehmen, mit anderen Worten, eine Herrschaft über die Sache sich anzumassen, die mit dem Eigentum des bisherigen Inhabers schlechthin unverträglich ist, und ihn so des Eigentums ganz zu berauben.[682] Die Absicht des Täters muß aber nicht nur darauf gerichtet sein, den Eigentümer seines Eigentums gänzlich zu berauben, sondern auch ihm das Eigentum endgültig, d.h. auf die Dauer, zu entziehen. Die blosse Besitzentziehung auf Zeit (furtum usus) begründet daher keinen Diebstahl. So wurde in R.v.Phillips and Strong[683] Diebstahl verneint, wo die Angeklagten eine Stute und einen Wallachen aus dem Stall des Angeklagten geholt hatten, mit ihnen 30 Meilen weit geritten waren und sie dann in einer Gaststallung eingestellt und den Gastwirt angewiesen hatten, die Pferde zu reinigen und zu füttern, bis sie in drei Stunden wieder zurück sein würden, was aber nie der Fall war. In der Urteilsbegründung wurde ausgeführt, daß die Angeklagten keine Absicht hatten, dem Ankläger das Eigentum auf die Dauer zu entziehen, sondern lediglich den Besitz und auch diesen nur auf vorübergehende Zeit, sodaß es auch an dem Erfordernis der Endgültigkeit der Beraubung und Zueignung fehlte. Dasselbe gilt in dem Fall, wo ein Schüler zur Vorbereitung auf eine Unter-

681 R.v.Webb, 1835, 1 Mood.C.C.431; 15 Dig.Repl.1059, 10 453.

682 R.v.Holloway, 1849, 5 C.& P.525; 15 Dig.Repl.1060, 10 454; R.v.Webb, 1835, 1 Mood.C.C.431; 15 Dig.Repl.1059, 10 453; R.v.Poole and Yates, 1857, Dears.& B.345; 15 Dig.Repl. 1060, 10 456.

683 R.v.Phillips and Strong, 1801, 2 East P.C.662; 15 Dig.Repl. 1059, 10 439.

richtsstunde aus dem Pult des Lehrers eine Übersetzung herausnimmt in der Absicht, sie nach gemachtem Gebrauch wieder hineinzulegen. So ist es auch kein Diebstahl, das Eigentum seines Schuldners in Beschlag zu nehmen in der Absicht, ihn durch Zurückbehaltung desselben zu belästigen, bis er seine Schuld bezahlt.[684] Kein Diebstahl liegt auch vor, wenn jemand einen Schlüssel in der Absicht wegnimmt, einen Geldschrank aufzuschliessen und hernach den Schlüssel wieder zurückzugeben, selbst wenn es mit dem Ziel erfolgt sein sollte, den Inhalt des Geldschrankes zu stehlen.[685] Furtum usus und kein Diebstahl liegt auch vor, wenn jemand seines Nachbars Pflug, der auf dem angrenzenden Grundstück liegen gelassen wurde, weggeholt und ihn nach gemachtem Gebrauch wieder an den alten Platz zurückgelegt hat[686] oder wenn jemand ein Pferd in der Absicht wegnimmt, es für gewisse Zeit zu gebrauchen und es dann zurückzugeben[687] oder wenn jemand Sachen eines Fräuleins in der Absicht wegnimmt, sie zu bestimmen, nach den Sachen zu fragen, und ihm so Gelegenheit zu geben, unzüchtige Handlungen an ihr vorzunehmen.[688] Ebenso liegt der Fall, wo der Angeklagte als Küchenbediensteter in einem staatlichen Hospital Berufskleidung in Form von zwei Hüten und zwei Paar Hosen in seine Wohnung gebracht hatte, lediglich in der Absicht, stets einen Hut und ein Paar Hosen zur Verfügung zu haben, um sauber und adrett bei Ausübung seines Berufes zu erscheinen. Es wurde eine Absicht dauernder Beraubung des Arbeitgebers daher verneint.[689]

---

684 Schinnerer, E. a.a.O. S.354 unter Berufung auf R.v.Jones, 1925, 19 Cr.App.R.39; 14 Dig.Repl.645, 6543; Kenny, C.S. op.cit. 12th ed. p.211.

685 Kenny, C.S. op.cit. new ed. by J.W.C.Turner (1952) p.245 mit C.C.C. Sessions Papers LXVII.

686 Anonymous, 1698, 1 Hale P.C.509; 15 Dig.Crim.941, 10 364.

687 Kenny, C.S. op.cit. new ed. by J.W.C.Turner (1952) p.244; R.v.Crump, 1825, 1 C.& P.658; Kenny S.C.I.284; 15 Dig.Repl. 1059, 10 441.

688 R.v.Dickinson, 1820, R.& R.420; 15 Dig.Repl.1058, 10 433; vgl.auch R.v.Bailey, 1872, L.R.1 C.C.R.347; 15 Dig.Repl. 1058, 10 438.

689 Journal of Criminal Law vol.XIV (1950) pp.36-37.

Dasselbe gilt, wenn ein Dienstmädchen den Schmuck ihrer Dienstherrin ohne deren Einwilligung wegnimmt, um ihn bei bestimmter Gelegenheit zu tragen und nach Ablauf des Ereignisses wieder zurückzugeben. Voraussetzung für die Verneinung eines Diebstahls in solchen Fällen des furtum usus ist aber stets, daß die Rückgabeabsicht schon zur Zeit der Wegnahme bestanden hat. Ging die ursprüngliche Absicht aber auf Beraubung des Eigentümers, so kann die nachträgliche Rückgabe der Sache den Diebstahl nicht ungeschehen machen.[690] Ob bei der Wegnahme schon die Rückgabeabsicht vorhanden war, ist Tatfrage und läßt sich nur aus dem nachträglichen Verhalten des Wegnehmenden oder unter Umständen auch aus der Länge und dem Umfang des rechtswidrigen Gebrauchens schliessen. Wenn ein Junge einen Ritt auf einem Esel ausführt und bei Ende des Rittes das Tier laufen läßt, so mag eine Zueignungsabsicht zu verneinen sein, wenn das Tier von dem Ort, wo es losgelassen wird, ohne weiteres zu seinem Stall zurückfinden kann. Anders verhält es sich aber, wenn dieser Ort so weit entfernt ist, daß das Tier nicht in der Lage ist, zu seinem Eigentümer zurückzufinden. Hier dürfte gewöhnlich Beraubungs- und Zueignungsabsicht mit gleichzeitiger Dereliktion des Besitzes gegeben sein.[691] Dasselbe ist der Fall bei der unermächtigten Benützung eines fremden Fahrrades oder Kraftwagens zu einer Vergnügungsfahrt oder zum Zweck des Entkommens. Wenn also z.B. das Fahrzeug in einer selten besuchten Einöde zurückgelassen wird, wo es unwahrscheinlich erscheint, daß dasselbe seinem Eigentümer zurückgestellt wird, so wird man aus dem Stehenlassen des Fahrzeugs in der bewußten Gefahr des Verlustes desselben für den Eigentümer das Vorliegen eines animus furandi schon zur Zeit der Wegnahme herauslesen können und solchenfalls Diebstahl annehmen müssen. Anders

690 1 Hawk. c.34 s.2; 1 Hale 533 and 599; Stephen, H.J. op.cit. 14th ed. by Serjeant Stephen vol.4 pp.102-103; Stephen, H. J. op.cit. 17th ed. by E.Jenks and V.R.M.Gattie vol.4 p.94.

691 R.v.Addis, 1844, 1 Cox C.C.78; 15 Dig.Repl.1059, 10 440; vgl.auch Kenny, C.S. op.cit. 8th ed. (1917) p.211.

liegt der Fall, wenn bei der Wegnahme nachweisbar nur die Absicht blosser Benützung des Fahrzeugs vorgelegen hat. Hier ist furtum usus gegeben, es sei denn, daß das zur Benützung des Fahrzeugs benötigte Benzin oder Öl gleichfalls dem Eigentümer des Fahrzeugs gehörten und nicht vom unberechtigten Benützer des Wagens selbst gestellt wurden. Solchenfalls käme Diebstahl des Treibstoffes in Frage. Da aber letztere Lösung nicht zweckmässig erschien, wurde die Wegnahme und das Fahren eines Kraftwagens oder Kraftrades ohne Ermächtigung oder Zustimmung des Eigentümers oder sonstigen Berechtigten durch das Road Traffic Act 1930 (20 & 21 Geo.V c.43) s.28 zu einem Sonderdelikt gemacht, ohne daß aber hierdurch ein Diebstahl wegen Wegnahme des fremden Treibstoffes ausgeschlossen sein sollte; empfahl doch das Gericht in R.v.Flower[692] ausser der Anklage wegen des statutarischen Delikts auch eine solche wegen Stehlens des Treibstoffes zu erheben, um den Täter nicht straflos ausgehen lassen zu müssen. Handelte der Angeklagte freilich in der vernünftigen Annahme, daß er eine gesetzliche Ermächtigung gehabt habe oder daß der Eigentümer bei gegebener Sachlage seine Zustimmung gegeben hätte, wenn er darum gebeten worden wäre, so müßte Freispruch erfolgen. Dies ist der einzige Fall eines strafbaren furtum usus im englischen Recht. Eine "Gebrauchsanmassung" i.S. des § 290 des deutschen Strafgesetzbuches kennt das englische Recht nicht. Die Verpfändung einer fremden Sache schließt das Vorliegen eines animus furandi nur dann aus, wenn bei der Verpfändung sowohl die feste Absicht der Einlösung und Zurückgabe als die Fähigkeit oder mindestens ein vernünftiger Glaube an die Fähigkeit hierzu seitens des Verpfändenden nachgewiesen werden kann. Die blosse Hoffnung oder der Wunsch, das Pfand in der Folgezeit wieder einlösen und zurückgeben zu können, reicht hierzu nicht aus. Aber auch bei Ausschluß des animus furandi kann immerhin das Delikt des "Unlawful Pawning"[693] Platz greifen.[694] Von dem animus furandi gegenüber einem bailee

692 R.v.Flower, 1956, 40 Cr.App.R.189; 3 Dig.Supp.14 Crim.25, 6736 a; 42 Dig.Str.Traf.55, 232 eeb.

693 Unlawful Pawning Act (35 & 36 Vict. c.93) s.33.

694 Kenny, C.S. op.cit. 8th ed. (1917) pp.211-212, 191.

oder Dienstboten ist bereits oben beim Diebstahl durch den Eigentümer der Sache gesprochen worden; es kann auf die dortigen Ausführungen verwiesen werden. Angefügt mag noch werden, daß die Beraubungs- und Zueignungsabsicht nicht dadurch ausgeschlossen wird, daß der Eigentümer der weggenommenen Sache unbekannt oder gar nicht mehr feststellbar ist, wie wenn z.B. ein Totengräber Messinggeräte aus alten unbekannten Särgen stiehlt, die er ausgräbt.[695]

CC) Der Zeitpunkt des Vorliegens des animus furandi und das continuous trespass

Eingehende Erörterung erfuhr auf dem Gebiet des englischen Diebstahlsrechts die Frage, in welchem Zeitpunkt der animus furandi vorliegen muß, um Diebstahl zu begründen. Keine Schwierigkeit entsteht hierbei, wo gleichzeitig mit der Wegnahme der animus furandi vorliegt, wie beim gewöhnlichen Diebstahl durch Wegnahme einer Sache animo furandi, beim Diebstahl durch Kniff oder beim Diebstahl durch Ausnutzung eines Irrtums des übergebenden Inhabers der Sache. Anders verhält es sich aber, wenn der Besitzerwerb und der animus furandi zeitlich auseinanderfallen. In diesem Fall ist auch heute noch die Entscheidung in R.v.Riley[696] grundlegend, für deren maßgebende These auch auf die früheren Entscheidungen in Winterbourne v. Morgan,[697] Evans v. Elliot,[698] Ladd v. Thomas[699] und Ash v. Dawnay[700] hinzuweisen ist. Die in R.v.Riley niedergelegte Doktrin besteht darin, daß, wenn der ursprüngliche Besitz rechtmässig ist, eine nachfolgen-

---

695 Kenny, C.S. op.cit. 8th ed. (1917) pp.212 and 196.

696 R.v.Riley, 1853, Dears.C.C.149; 15 Dig.Repl.1049, 10 333.

697 Winterbourne v. Morgan, 1809, 11 East 395; 18 Dig.Distr. 351, 889; 43 Dig.Tresp.394, 172;("a continuation of every trespass is in law a new trespass", 11 East at p.405).

698 Evans v. Elliot, 1836, 5 A.& E.142; 18 Dig.Repl.325, 593.

699 Ladd v. Thomas, 1840, 12 A.& E.117; 18 Dig.Distr.326, 600; 43 Dig.Tresp.394, 172.

700 Ash v. Dawnay, 1852, 8 Exch.237; 21 Dig.Exon.508, 843.

de rechtswidrige Zueignung keinen Diebstahl begründet,[701] daß aber, wenn der ursprüngliche Besitz unrechtmässig, obwohl nicht verbrecherisch, ist und sodann jemand über die bewegliche Sache animo furandi verfügt, er solchenfalls Diebstahl begeht.[702] Die erste Alternative trifft zu, wo die Wegnahme und der Besitzerwerb mit wirklicher oder schlüssiger Zustimmung des bisherigen Inhabers erfolgt, wie in Leigh's Case,[703] wo die Angeklagte Sachen des Anklägers bei einem Brand zu deren Sicherung gegen Zerstörung an sich nahm und einige Zeit später sich entschloß, dieselben sich zuzueignen. Ähnlich liegt der Fall in Collins v. Robson,[704] wo der Angeklagte Behälter von Heizöl, die von einem Schiffswrack stammten, auffischte und in Besitz nahm, in der Absicht, sie dem Empfänger von Strandgut abzuliefern, hernach aber die Ablieferung unterließ. Hier war die ursprüngliche Wegnahme keine rechtswidrige Besitzentziehung und es war keine nachfolgende Zueignungshandlung, selbst wenn eine nachfolgende unehrliche Absicht bestanden hätte, die Ablieferung der Gegenstände zu unterlassen. Dasselbe gilt im Falle reinen Findens, wo der Finder bei der Ansichnahme der Fundsache den Eigentümer weder kennt noch unmittelbare Gründe für die Annahme hat, daß deren Eigentümer vernünftigerweise ausfindig gemacht werden kann. Ebenso ist die Rechtslage bei Überlassung einer Sache im Weg eines bailment. Auch hier war bei dem rechtmässigen Besitzerwerb des bailee schon nach Common Law ein Dieb-

701 R.v.Holloway, 1833, 5 C.& P.524; 15 Dig.Repl.1058, 10 434; R.v.Pratt, 1854, Dears.C.C.360; 15 Dig.Repl.1073, 10 589; R.v.Thristle, 1849, 1 Den.502; 15 Dig.Repl.1057, 10 410; R. v.Leigh, 1800, 2 East P.C.694; 15 Dig.Repl.1056, 10 406; R. v.Gardner, 1862, L.& C.243; 15 Dig.Repl.1177, 11 895; R.v. Garrett, 1860, 8 Cox C.C.368; 15 Dig.Repl.1070, 10 562; R. v.Hassall, 1861, 1 L.& C.56; 15 Dig.Repl.1071, 10 563.

702 R.v.Riley, 1853, Dears.C.C.149, at p.158 per Pollock C.B.; 15 Dig.Repl.1049, 10 333.

703 R.v.Leigh, 1800, 2 East P.C.694; 15 Dig.Repl.1056, 10 406; 1 Leach 411 n. to R.v.Charlewood, 1786, 1 Leach 409; 15 Dig. Repl.1056, 10 404; Turner, J.W.C.: Larceny and Trespass. The Case of Riley, L.Q.R. vol.58 (1942) pp.348-349.

704 Collins v. Robson, Journal of Criminal Law vol.XIV (1950) pp.255-256.

stahl desselben nur im Fall eines breaking bulk und in der Folgezeit zwar ohne solche Einschränkung, aber nur kraft Statuts möglich. Dasselbe wie für den bailee gilt auch für den part owner. Hierauf wird später zurückzukommen sein. Zur Erörterung der zweiten Alternative muß auf die Entscheidung in R. v. Riley des näheren eingegangen werden. Der Tatbestand war folgender: Der Angeklagte, der seine 29 schwarzen Lämmer am 1.Oktober in der Frühe eines nebligen und regnerischen Morgens abtrieb, trieb mit ihnen ein weisses Schaf des Anklägers, das zugelaufen war, ab, und als beim Anbieten seiner Lämmer zum Verkauf vier Tage hernach der Käufer bemerkte, daß es 30 Lämmer waren, verkaufte der Angeklagte, darauf aufmerksam gemacht, das Lamm des Anklägers mit den übrigen Lämmern an Calvert. Die jury stellte fest, daß zu der Zeit, wo der Angeklagte das Feld verließ, er nicht wußte, daß das Lamm des Anklägers unter seiner Herde war, aber daß er des felony - des Diebstahls - schuldig wurde, als er auf den Irrtum aufmerksam gemacht, gleichwohl das fremde Lamm verkaufte. Dieser Spruch wurde bestätigt, wobei nach der Ausführung von Pollock C.B. alle beteiligten Richter die Verurteilung Rileys billigten. Das Gericht hatte die Frage zu prüfen, ob das geschilderte Verhalten des Angeklagten eine Verurteilung wegen Diebstahls rechtlich rechtfertigte. Die Entscheidung des Gerichts bestätigte die Ansicht, daß zur Begründung "rechtswidriger Besitzentziehung" keine Kenntnis des Besitzentziehers davon vorzuliegen braucht, daß die weggenommene Sache im Eigentum oder im Besitz eines anderen sich befindet, daß vielmehr nur erforderlich ist, daß die Handlung, in der die rechtswidrige Besitzentziehung zu erblicken ist, vorliegendenfalls also das Abtreiben des fremden Lammes mit der eigenen Herde vom Feld, durch den Besitzentzieher willentlich, d.h. freiwillig, erfolgt, also nicht auf Grund eines solchen Zwanges oder Versehens, daß dadurch der Wille, die auf einem bestimmten Grundstück befindlichen Schafe abzutreiben, ausgeschlossen ist. So stimmten denn alle Richter offenbar darin überein, daß Riley mit dem Wegtreiben des fremden Lammes vom Feld ein trespass beging, nachdem nach den Ausführungen von Parke B., der sich für das Vorliegen eines trespass energisch einsetzte,[705] auch Pollock C.B., der ursprünglich ein Wegnehmen in Zweifel zog, weil das fremde Schaf nur zugelaufen war, der Ansicht von Parke B. zustimmte,[706] wenn er auch als alternative Begründung die Behandlung des Angeklagten als verbrecherischen Finder aufrechterhielt.[707] Auf die Einwände von Turner[708] gegen diese Begründung einzugehen, verbietet sich im Rahmen dieser Abhandlung. Diese Auffassung wurde in der Folgezeit auch von der Literatur allgemein als richtig anerkannt, so unter anderem von Kerr,[709] Cross[710] und selbst von Turner.[711] Auch Warburton[712] teilt diese Meinung. Freilich hatte mit dem Wegtreiben des fremden Lammes vom Feld in dem Augenblick, als der Angeklagte das Feld verließ, der eine Teil des "taking", die rechtswidrige Besitzentziehung, nur begonnen und setzte sich die ganze Zeit fort, während der der Angeklagte die Kontrolle

705 R.v.Riley, 1853, Dears.C.C.149, at p.155 per Parke B.; 15 Dig.Repl.1049, 10 333.

706 R.v.Riley, siehe Anm.705, per Pollock C.B., der erklärte: "Here the taking of the lamb from the field was a trespass; ...". Weiter führte er aus: "Ich denke, daß dieser Fall mit der Begründung entschieden werden mag, daß entweder überhaupt kein Wegnehmen durch den Angeklagten im ersten Augenblick erfolgte oder daß es ein rechtswidriges Wegnehmen war, und in beiden Fällen ist, sobald er das Eigentum sich zueignet, der Beweis des Verbrechens vollständig" (6 Cox 89, at p.92; 22 L.J.M.C.48, at p.49 per Pollock C.B.).

707 Vgl.Scurlock, John: The Element of Trespass in Larceny at Common Law, Temp.L.Q. vol.22 No.1 (July 1948) p.36 and n. 123.

708 Turner, J.W.C.: Larceny and Trespass. The Case of Riley, L.Q.R. vol.58 (1942) pp.343 et seq.

709 Kerr, M.R.E.: The Time of Criminal Intent in Larceny, L.Q. R. vol.66 (1950) p.177.

710 Cross, R.: Larceny and the Formation of a Felonious Intent after Taking Possession, M.L.R. vol.12 (1949), Notes of Cases, p.230.

711 Turner, J.W.C.: Larceny and Trespass. The Case of Riley, L.Q.R. vol.58 (1942) p.354.

712 Warburton, Henry and Grundy, Claude H. op.cit. p.322.

des Eigentums ausübte,[713] sodaß mit dem Hinzutritt des animus furandi während des continuous trespass die rechtswidrige Besitzentziehung zu einer verbrecherischen und damit zu Diebstahl gestempelt wurde.[714] Dabei ergaben sich Zweifel, ob in diesen Fällen die blosse Bildung des animus furandi durch den Besitzentzieher, der den rechtswidrigen Besitz schuldlos erworben hat, ohne eine Handlung der rechtswidrigen Zueignung der Sache seitens desselben Diebstahl begründet. Pollock[715] erachtet dies theoretisch für möglich, aber von geringer praktischer Bedeutung, da in solchem Falle das Vorliegen des animus furandi wohl kaum anders bewiesen werden könne, als durch irgendeine eine rechtswidrige Zueignung begründende Handlung. Dies scheint aber nicht ohne weiteres schlüssig und möchte im Widerspruch zu Wright[716] stehen, der zwar gleichfalls mit Recht davon ausgeht, daß auf alle Fälle im allgemeinen eine neue Handlung notwendig ist, um das Hinzutreten des animus furandi zu beweisen, der aber jede Handlung, die dies tut, als ausreichend erachtet, also nicht bloß eine solche, die eine rechtswidrige Zueignung begründet, wie z.B. das Anzeichnen, Abscheiden oder Verkaufen eines versehentlich mitabgetriebenen Lammes, sondern auch ein den animus furandi beweisendes Verkaufsangebot an einen Dritten.[717] In dem Falle

---

713 Kerr, M.R.E.: The Time of Criminal Intent in Larceny, L.Q.R. vol.66 (1950) pp.176-177; R.v.Riley, 1853, Dears.C.C. 149, at p.155 per Parke B.; Cross, Rupert: Larceny and the Formation of a Felonious Intent after Taking Possession, M.L.R. vol.12 (1949), Notes of Cases, p.230.

714 R.v.Riley, 1853, Dears.C.C.149, at pp.155-156 and p.158 per Parke B. and per Pollock C.B.; Prevezer, S.: Criminal Appropriation, C.L.Pr. vol.12 (1959) p.169; Cross, Rupert: Larceny and the Formation of a Felonious Intent after Taking Possession, M.L.R. vol.12 (1949), Notes of Cases, p. 230; Turner, J.W.Cecil: Larceny and Trespass. The Case of Riley, L.Q.R. vol.58 (1942) p.342 and p.343 mit R.v.Riley, 1853, 22 L.J.M.C.48, at p.49 per Pollock C.B.

715 Pollock, F. and Wright, R.S. op.cit. p.144.

716 Pollock, F. and Wright, R.S. op.cit. p.222.

717 R.v.Brooks, 1838, 8 C.& P.295; 15 Dig.Repl.1040, 10 229.

des continuous trespass kann der animus furandi während der ganzen Fortdauer des trespass noch bis zu dem Augenblick gebildet werden, in welchem der Besitzentzieher den zweiten Teil des "Wegnehmens" ("taking") vollendet, also bis zu dem Zeitpunkt, in dem er den Besitz an der Sache erwirbt. Dies ist aber nach den früheren Ausführungen der Fall, sobald der Besitzentzieher in Kenntnis des Erwerbs des Besitzes und des Besitzgegenstandes - mindestens in seinen wesentlichen Eigenschaften - die Sache sich zueignet. Damit ist der Diebstahl, der nach Common Law stets eine Leugnung des Rechts des früheren Besitzers zum Besitz wie auch eine Wegnahme des Besitzes von demselben in sich schließt, vollendet, sodaß ein Dritter, der die Sache nach Vollendung der Zueignung vom Dieb erhält, den Besitz daran vom Dieb nicht durch Wegnahme, sondern in derivativer Weise durch Übergabe erwirbt und sich so keiner Besitzentziehung und damit auch keiner Teilnahme am Diebstahl mehr schuldig machen kann, sondern höchstens einer Hehlerei (receiving stolen property) (Larceny Act 1916 s.33).[718] An der Entscheidung R.v.Riley wurde durch Turner[719] erhebliche Kritik geübt. Einmal wurde von ihm eingewendet, daß keine Autorität für die Lehre vom continuous trespass gegeben sei, da sowohl Hale (1 P.C.507 and 509) wie auch East (2 P.C.661) in dem nachträglichen diebischen Verhalten des Besitzentziehers im Falle irrtümlicher Wegnahme oder von furtum usus lediglich ein Beweismittel für das Vorliegen des animus furandi schon bei der ursprünglichen Wegnahme, nicht aber für die einen Diebstahl begründende Wirksamkeit eines nachträglichen Hinzutritts des animus furandi bei einem fortdauernden trespass mit Rückwirkung auf den Beginn des trespass nach Analogie des trespass ab initio sehen möchten. Diese Auffassung

---

718 Cross, Rupert: Larceny and the Formation of a Felonious Intent after Taking Possession, M.L.R. vol.12 (1949), Notes of Cases, p.230; R.v.Gruncell and Hopkinson, 1840, 9 C.& P.365; 15 Dig.Repl.1053, 10 378; R.v.Johnson, 1911, 75 J.P.464; 15 Dig.Repl.1150, 11 578.

719 Turner, J.W.C.: Larceny and Trespass. The Case of Riley, L.Q.R. vol.58 (1942)pp.340 et seq.

mag richtig sein, zweifelsfrei scheint sie jedoch nicht zu sein.[720] Daß aber unter Einfluß von Parke B. die Lehre vom continuing trespass in R.v.Riley anerkannten Eingang in das englische Rechtssystem fand und in der Folge mehrfach bestätigt wurde, scheint mir nach Literatur und Rechtsprechung nicht zweifelhaft.[721] Auch in der Frage, ob jemand ein trespass begeht, der die Sache eines anderen, von deren Vorhandensein er nichts weiß, schuldlos wegnimmt, besteht Meinungsverschiedenheit; es darf auf die früher schon erwähnten Auffassungen von Pollock[722] einerseits und Winfield[723] andererseits hingewiesen werden. In Riley's Case lag jedenfalls - anders als in dem von Turner erwähnten Beispiel, bei dem einer von zwei Freunden versehentlich eine kleine Münze fallen ließ, die sich unbemerkt in den Hosenaufschlag des anderen einnistete, wo es also an einer positiven Handlung der Besitzentziehung fehlte - weder ein inevitable accident noch das Fehlen einer positiven Handlung, die beide die Erhebung einer action of trespass ausschliessen würden, vor. Der Haupteinwand aber besteht darin, daß bei Annahme von continuous trespass diese auch in jedem Falle, sogar dem einfachsten Diebstahl, wo der Delinquent schon den animus furandi in dem Augenblick hat, in dem er zuerst die Sache an sich nimmt, gelten müßte, sodaß der Dieb nach Ansicht von Parke B. eine unendliche Zahl aufeinanderfolgender trespasses bewirkte und damit derjenige, der die Sache vom Dieb erhalten würde, stets als Haupttäter ersten

---

720 Cross, Rupert: Larceny and the Formation of a Felonious Intent after Taking Possession, M.L.R. vol.12 (1949), Notes of Cases, p.230.

721 Cross, Rupert: Larceny and the Formation of a Felonious Intent after Taking Possession, M.L.R. vol.12 (1949), Notes of Cases, p.230; Kerr, M.R.E.: The Time of Criminal Intent in Larceny, L.Q.R. vol.66 (1950) pp.176-177; Prevezer, S.: Criminal Appropriation, C.L.Pr. vol.12 (1959) p.169; Ruse v. Read, 1949, (1949) 1 All E.R.398; 15 Dig. Repl.1050, 10 340; R.v.Matthews, 1950, (1950) 1 All E.R. 137; 2 Dig.Supp.Crim.L.90, 9719 a; 15 Dig.Repl.1057, 10 423; R.v.Kindon, 1957, 41 Cr.App.R.208; 3 Dig.Supp.49, 10 424.

722 Pollock, F. op.cit. 17th ed. by P.A.Landon (1939) pp.106-113.

723 Winfield, P.H.: A Textbook op.cit. p.50.

Grades am Diebstahl anzusehen wäre und das Delikt der Hehlerei überflüssig sein würde. Allein dem steht entgegen, daß das continuous trespass - wie schon ausgeführt - mit dem animo furandi erfolgten Erwerb des Besitzes an der Sache durch den Dieb abgeschlossen ist, sodaß für den Empfänger der Sache keine Besitzentziehung und daher auch keine Teilnahme am Diebstahl, sondern höchstens Hehlerei in Frage kommen könnte.[724] In diesem Sinne dürften auch die von Turner[725] erwähnten Fälle R.v. King[726] und R.v.McMakin and Smith[727] zu verstehen sein. Turner räumt auch selbst ein, daß bei dem hundertjährigen Bestehen des in R.v.Riley begründeten Rechtsgrundsatzes des continuous trespass eine Änderung der Rechtslage nicht zu erwarten ist. Auch weist Cross[728] mit Recht darauf hin, daß heute, nachdem das larceny by a bailee trotz seines ursprünglich rechtmässigen Besitzes strafbar ist, es ohne Zweifel unlogisch und unerwünscht wäre, jemand, dessen ursprünglicher Besitz trespassory war, ungestraft zu lassen, wenn er hernach die bewegliche Sache animo furandi sich zueignet. Tatsächlich wurde auch die Entscheidung in R.v.Riley in der neuesten Zeit mehrfach durch die Rechtsprechung bestätigt. Eine erste Bestätigung von R.v. Riley findet sich in Ruse v. Read.[729] In diesem Falle hatte der Angeklagte tagsüber eine große Menge Bier und Most getrunken und beim Besuch einer Messe am Abend desselben Tages beim Weggehen ein Fahrrad, das an einem Geländer angelehnt war, mitgenommen, war auf demselben zwei Stunden bis zu seiner Wohnung gefahren und gab es am anderen Tag, um sein Verhalten vom Vortag zu verbergen, bei der örtlichen Bahnstation nach York auf,

724 Cross, Rupert: Larceny and the Formation of a Felonious Intent after Taking Possession, M.L.R. vol.12 (1949), Notes of Cases, p.230.

725 Turner, J.W.Cecil: Larceny and Trespass. The Case of Riley, L.Q.R. vol.58 (1942) pp.347-348.

726 R.v.King, 1817, R.& R.332; 14 Dig.Repl.88, 497.

727 R.v.McMakin and Smith, 1808, R.& R.333 n.; 14 Dig.Repl. 88, 496.

728 Cross, Rupert: Larceny and the Formation of a Felonious Intent after Taking Possession, M.L.R. vol.12 (1949), Notes of Cases, p.229.

729 Ruse v. Read, 1949, (1949) 1 K.B.377; 15 Dig.Repl.1050, 10 340.

ohne die Absicht, es wieder an seinen früheren Bestimmungsort gelangen zu lassen. Das Fahrrad wurde jedoch auf der Bahnstation entdeckt und der Täter wegen Diebstahls angeklagt. Die Mitglieder des Divisional Court hatten Zweifel, ob man sagen kann, daß ein Mann, der in der Lage ist, ein Fahrrad zu besteigen und zwei Stunden lang darauf zu fahren, so betrunken ist, daß er ausserstande ist, verstandesmässig zu erfassen, ob seine Absicht darauf abzielt, das Rad zu seinem Vorteil wegzunehmen oder es nur zu borgen und zurückzugeben.[730] Sie entschieden, daß der Angeklagte zu verurteilen sei, weil das Wegnehmen des Fahrrades, selbst wenn es wegen Fehlens der diebischen Absicht nicht verbrecherisch war, doch rechtswidrig war und verbrecherisch wurde, als der animus furandi am folgenden Tag von ihm geoffenbart wurde. Das Gericht stützte sein Urteil ausdrücklich auf den Grundsatz des continuous trespass wie er - freilich nicht als etwas Neues - in R.v.Riley ausgesprochen war und in diesem Falle[731] als bindende Autorität anerkannt wurde.[732] Der zweite alternative Grund, auf den Ruse v. Read gestützt wurde, ging dahin, daß der Angeklagte bei seiner starken Trunkenheit Besitz an dem Fahrrad erst erlangte, als er am anderen Tag von dem Vorhandensein des Fahrrades Kenntnis nahm, sodaß er am Vortag nur physischen Besitz oder Obhut an dem Fahrrad erlangte, dessen Besitz er sich erst mit der eine Zueignung begründenden Verfügung über dasselbe animo furandi verschaffte und dem Eigentümer entzog. Diese Begründung wurde später in Moynes v. Cooper[733] im abweichenden Ur-

730 Ruse v. Read, 1949, (1949) 1 All E.R.398, at p.400; 15 Dig.Repl.1050, 10 340.

731 Ruse v. Read, 1949, (1949) 1 All E.R.398, at p.401; vgl. auch 1 Hale P.C.509 mit Cross, Rupert: Larceny and the Formation of a Felonious Intent after Taking Possession, M.L.R. vol.12 (1949), Notes of Cases, p.230; Prevezer, S.: Criminal Appropriation, C.L.Pr. vol.12 (1959) p.169.

732 Cross, Rupert: Larceny and the Formation of a Felonious Intent after Taking Possession, M.L.R. vol.12 (1949), Notes of Cases, p.229.

733 Moynes v. Cooper, 1956, (1956) 1 All E.R.450; (1956) 1 Q. B.439, 450 per Stable J.; 3 Dig.Supp.15 Crim.36, 10 329 a; Prevezer, S.: Criminal Appropriation, C.L.Pr. vol.12 (1959) p.169; Cross, Rupert: Larceny and the Formation of a Felonious Intent after Taking Possession, M.L.R. vol.12 (1949), Notes of Cases, p.228.

teil von Stable J. dahin zusammengefaßt, daß das "taking" ein Akt des Geistes wie der Hand sein müsse. Ausschlaggebend war in Ruse v. Read aber die erstgenannte Begründung. Eine weitere Bestätigung der in R.v.Riley festgelegten Lehre vom continuous trespass findet sich in der Entscheidung R.v.Matthews,[734] die einen Fall der Hehlerei betrifft, bei der mens rea in dem Sinn gegeben sein muß, daß der Annehmende beabsichtigt, die gestohlene Sache zu seinem eigenen Nutzen oder zum Nutzen eines anderen als des wahren Eigentümers sich zuzueignen.[735] Der Sachverhalt war folgender: Matthews erhielt gewisse gestohlene Sachen, wissend, daß sie gestohlen waren, aber in der Absicht, sie der Polizei auszuhändigen. Später entschloß er sich, dieselben sich zuzueignen und tat dies auch. Er wurde der Hehlerei für schuldig befunden. Das Court of Criminal Appeal hob die Verurteilung auf, da keine Absicht der Zueignung zur Zeit der Annahme der Sachen vorlag. In dem Urteil ist ausgeführt: Das Gericht kann gegebenenfalls nicht das Argument annehmen, das zugunsten der Anklage an es herangebracht worden ist, daß jemand, der beabsichtigt, sofort der Polizei oder seinem wahren Eigentümer das gestohlene Eigentum auszuhändigen, das in seinen Besitz gekommen ist, nichtsdestoweniger des Verbrechens der Hehlerei schuldig wird. Es ist daran zu erinnern, daß beim Diebstahl nach Common Law notwendig ist, daß der animus furandi nachweislich zu dem Zeitpunkt bestanden haben muß, wo die Sache zum erstenmal weggenommen und weggebracht wurde (Larceny Act 1916 s.1 (1)). Für die Hehlerei sieht s.33 Larceny Act 1916 ein ähnliches Erfordernis vor, daß nämlich die unehrliche Absicht des Hehlers zu der Zeit bestanden haben muß, wo er zuerst das Eigentum annahm. Man könnte zwar daran denken, daß die Gesetzgebung nicht beabsich-

---

734 R.v.Matthews, 1950, (1950) 1 All E.R.137; 15 Dig.Repl. 1057, 10 423.

735 Prevezer, S.: Criminal Appropriation, C.L.Pr. vol.12 (1959) p.160.

tigte, die alte Common Law-Regel für Diebstahl auch auf Hehler anzuwenden. Das Court of Criminal Appeal entschied jedoch, daß dasselbe Erfordernis für Hehlerei wie für Diebstahl gelte und stellte fest: "Wenn in dem Augenblick, in dem das Eigentum angenommen wird, die Annahme gutgläubig ist, verwandelt die Tatsache, daß der Annehmende seinen Sinn ändert und später sich das Eigentum rechtswidrig zueignet, die Annahme nicht in ein Verbrechen". Wenn aber die ursprüngliche Annahme gewunden und daher nicht völlig gutgläubig war, verwandelt eine nachfolgende Zueignungsabsicht die Annahme in Hehlerei.[736] In diesem Falle hat also Lord Goddard C.J. den Stempel der Billigung des Court of Criminal Appeal der Entscheidung Ruse v. Read aufgedrückt.[737] Nach den Entscheidungen der bisher besprochenen Fälle ist es zweifelhaft, ob die verbrecherische Wegnahme rückwirkend als im Zeitpunkt des Beginns der rechtswidrigen Besitzentziehung erfolgt anzusehen ist oder erst im Zeitpunkt des Besitzerwerbs animo furandi, d.i. der Entschlußfassung, den Inhaber des Besitzes der Sache dauernd zu berauben und sie sich zuzueignen. Die Meinungen hierüber gingen im Schrifttum bisher auseinander. Während Turner[738] eine Rückwirkung des animus furandi auf den Zeitpunkt der Besitzentziehung ablehnte, weil nirgendwo eine Autorität für eine solche Rückwirkung in R.v.Riley zu finden sei und auch Parke B. im genannten Falle davon gesprochen habe, daß das trespass zu einem Verbrechen wurde, als der animus furandi entstand, stellte Kenny[739] den Satz auf, daß "a subsequent intent to appropriate the thing will thus relate back, and renders the act a larceny". Dies mag, wie Cross[740] ausführt, dann richtig sein, wenn Hales Bemerkung,[741] daß ein nachfolgender Verkauf durch denjenigen, der ein Pferd wegnimmt, "a declarative of his

736 Archbold, J.F. op.cit. 32nd ed. (1952) 9th Supp. pp.755-757.
737 Carter, P.B.: Taking and the Acquisition of Possession in Larceny, M.L.R. vol.14 (1951) p.31.
738 Turner, J.W.Cecil: Larceny and Trespass. The Case of Riley, L.Q.R. vol.58 (1942) p.354.
739 Kenny, C.S. op.cit. 15th ed. (1936) p.244.
740 Cross, Rupert: Larceny and the Formation of a Felonious Intent after Taking Possession, M.L.R. vol.12 (1949), Notes of Cases, p.230.
741 Hale P.C.509.

first taking to be felonious and animo furandi" ist, mehr ist, als eine blosse Feststellung der Mittel, durch die bewiesen werden mag, daß eine verbrecherische Absicht zur Zeit der Wegnahme bestand. In diesem Fall ist die Analogie einer Rückwirkung der verbrecherischen Absicht auf den Zeitpunkt der Besitzentziehung mit dem trespass ab initio gerechtfertigt, weil das letztere, wie es scheint, in der Vermutung seinen Ursprung hat, daß das ursprüngliche Eindringen in unrechtmässiger Absicht bewirkt worden ist.[742] Im gleichen Sinne äusserte sich Lord Coleridge in R.v.Ashwell[743] bei Erörterung von Riley's Case, wo er ausführte, daß "by the sale the trespass became felonious" und dabei "felonious ab initio" annahm.[744] Diese Streitfrage erfuhr nun in R.v.Kindon[745] eine Klärung, worin die Entscheidungen R.v.Riley und Ruse v. Read ein Stadium weitergetrieben wurden. Die Angeklagte war eine von drei Mädchen, die bei einem Besuch des P. in dessen Wohnung während der Abwesenheit des Hausherrn aus einer Kommode 1 100 Pfund in Noten stahl. Sie gab zu, das Geld gestohlen zu haben, machte aber geltend, daß sie bei der Wegnahme des Geldes zu betrunken und durch Drogen in solchem Masse beeinflußt war, daß sie nicht in der Lage gewesen sei, eine Diebstahlsabsicht zu bilden. Sie räumte aber ein, daß sie die Absicht zu stehlen gehabt habe, als das Geld auf der Bahnfahrt nach Doncaster von einem der anderen Mädchen, in deren Besitz das Geld damals war, gezeigt und hernach in einem Hotel zu Doncaster zwischen den drei Mädchen aufgeteilt wurde, wobei die Angeklagte 150 Pfund erhielt. Das Urteil ging davon aus, daß die ursprüngliche Weg-

---

742 Cross, R.: Larceny and the Formation of a Felonious Intent after Taking Possession, M.L.R. vol.12 (1949), Notes of Cases, p.230 unter Bezugnahme auf Holdsworth, Sir W.S.: A History of English Law, vol.7, p.500.

743 R.v.Ashwell, 1885, L.R.16 Q.B.D.190, at p.226; 15 Dig.Repl. 1048, 10 325.

744 Cross, R.: Larceny and the Formation of a Felonious Intent after Taking Possession, M.L.R. vol.12 (1949), Notes of Cases, p.230.

745 R.v.Kindon, 1957, 41 Cr.App.R.208; 3 Dig.Supp.49, 10 424; Crim.L.R.607, zitiert bei Prevezer, S.: Criminal Appropriation, C.L.Pr. vol.12 (1959) p.169.

nahme des Geldes, eine unerlaubte Handlung (tortious), also rechtswidrig, obwohl nicht verbrecherisch, war, und da die Angeklagte nach der Beweislage ständig im gemeinschaftlichen Besitz des Geldes mit den beiden anderen Mädchen war, so wurde sie des Diebstahls für schuldig befunden, jedoch nicht des einfachen Diebstahls (simple larceny), sondern des erschwerten Diebstahls in einem Wohnhaus (larceny in dwelling-houses, s.13 Larceny Act 1916), indem das Gericht davon ausging, daß der Diebstahl nicht in dem Eisenbahnzug oder in dem Hotel zu Doncaster, sondern schon in der Wohnung des P. begangen wurde und es daher - anders als in den Fällen R.v.Riley und Ruse v. Read, bei denen zu dem fortdauernden trespass hernach der animus furandi hinzutrat - hier darüber hinausgehend dem animus furandi rückwirkende Bedeutung zusprach. Hierbei ist davon auszugehen, daß das in der Wohnung des Bestohlenen begonnene trespass bis zur Verteilung der Beute im Hotel in Doncaster als continuous trespass fortdauerte und erst in diesem Zeitpunkt mit dem Erwerb des Besitzes durch die einzelnen Mädchen das taking endete, sodaß der bei Vorzeigen im Zug oder bei der Verteilung vorhandene animus furandi ausreichte, um Diebstahl zu begründen, daß aber das Gericht noch weiterging und den während der Dauer des continuous trespass vorhandenen animus furandi auf dessen Beginn zurückbezog und so, mindestens im Ergebnis, mit der erwähnten Auffassung von Kenny und Lord Coleridge übereinstimmte. Wie schon aus dem Gesagten erhellt, ist durch das Larceny Act 1916 in der Frage des Zeitpunkts des animus furandi eine Änderung nicht eingetreten. Das Larceny Act 1916 spricht in s.1 nur von der Diebstahlsabsicht, die im Zeitpunkt der Wegnahme vorliegen muß, und hat damit an der Rechtslage, wie sie schon vorher nach Common Law bestand, keine Änderung getroffen, sondern sie lediglich konsolidiert, sodaß zur Erläuterung des Statuts auf die bisherige Rechtsentwicklung zurückgegriffen werden muß und daher gegen die Rechtsgrundsätze, wie sie in R.v.Riley und den erwähnten späteren Entscheidungen ausgesprochen sind, auf Grund des Larceny Act 1916 keine Einwände erhoben werden können. Es erscheint mir daher fraglich, ob das Court of Criminal Appeal in gleichgelagerten Fällen von der Entscheidung in R.v.Riley abweichen könnte, wie Turner[746] meint. Ein Versuch, unbefriedigende Ergebnisse, die sich bei der bestehenden Rechtslage zeigen möchten, zu umgehen, wurde von Carter[747] unternommen. Er geht davon aus, daß das "taking" im Gegensatz zu der herrschenden Meinung nicht mit dem Besitzerwerb des Besitzentziehenden zusammenfallen müsse und daß zum "taking" nicht nur, wie beim Besitzerwerb, neben der tatsächlichen Verfügungsmacht das geistige Element des animus possidendi erforderlich sei, sondern daß neben dem animus possidendi - den er sogar für überflüssig hält - das weitere geistige Element der Kenntnis vom Besitzerwerb und vom Besitzgegenstand - wenigstens in seinen wesentlicheren Eigenschaften - hinzutreten müsse, sodaß der Besitzerwerb nur einen, wenn auch notwendigen, Bestandteil des "taking" bilde. Carter verkennt, daß schon nach der bisherigen, oben geschilderten Rechtslage und in Übereinstimmung mit Cave J. in R.v.Ashwell[748] dieses Erfordernis notwendig ist, um den Besitzerwerb des Besitzentziehers zu vollenden. Nicht ist es, wie Carter meint, ein über den Besitzerwerb hinausgehender, mit diesem also nicht zusammenfallender Bestandteil des "Wegnehmens" im Sinne des Diebstahlsrechts. Nicht richtig erscheint mir auch die Behauptung Carters, daß der Besitz gewöhnlich fortdauernd, das "Wegnehmen" aber stets Gegenstand eines Augenblicks sei und daß es ausreicht, wenn in dem Augenblick der Vollendung des Wegnehmens der animus furandi vorliegt, da der Besitzentzieher dann erstmals in der Lage sei, eine Absicht zu bilden. Es muß vielmehr nach den früheren Ausführungen davon ausgegangen werden, daß die mit der Wegnahme begonnene Besitzentziehung bis zu dem unter den oben erwähnten Erfordernissen vollzogenen Erwerb des Besitzes durch den Wegnehmenden fortdauert, sodaß die Vollendung der Wegnahme, wie die herrschende Meinung stets angenommen hat, mit dem Besitzerwerb des

746 Turner, J.W.C.: Larceny and Trespass. The Case of Riley, L.Q.R. vol.58 (1942) p.354.

747 Carter, P.B.: Taking and the Acquisition of Possession in Larceny, M.L.R. vol.14 (1951) pp.27 et seq.

748 R.v.Ashwell, 1885, L.R.16 Q.B.D.190, at p.203; 15 Dig.Repl. 1048, 10 325.

Besitzentziehers zusammenfällt. Carter muß denn auch selbst zugeben, daß die Geschichte des Diebstahlsrechts, der Inhalt des Larceny Act 1916 und insbesondere die Fassung von s.1 (2) Larceny Act 1916 die von ihm gewünschte Auslegung der Rechtslage verbieten. Eine andere Möglichkeit, unbefriedigende Ergebnisse der bestehenden Rechtslage auszuschalten, glaubt Edwards[749] in der Bestimmung über fraudulent conversion (Larceny Act 1916 s.20 (1) (iv) (a)) zu finden, die darin besteht, daß jemand, dem Eigentum anvertraut ist oder der Eigentum auf Rechnung eines anderen erhalten hat, es sich unehrlicherweise zueignet und die Einnahmen daraus zu eigenem Nutzen oder zum Nutzen eines anderen verwendet.[750] Er stützt seine Meinung auf die weitgehende Auslegung in R.v.Grubb[751] und insbesondere diejenige in R.v.Morter,[752] wonach jemand kriminell verantwortlich gemacht werden kann, der unschuldigerweise das Eigentum eines anderen erwirbt und es sich hernach unehrlicherweise zueignet. Allein diese Auslegung läßt sich schwerlich mit dem Urteil von Lord Goddard C.J. in R.v.Jones[753] in Einklang bringen, der bei Auslegung des "being entrusted" i.S. des Delikts des conversion (s.20 Larceny Act 1916) in allen Fällen die Notwendigkeit einer fiduziarischen Beziehung aufzeigte. Soweit sich bei der bestehenden Rechtslage unbefriedigende Ergebnisse zeigen möchten, wie im viel kritisierten Fall Moynes v. Cooper,[754] könnte es nicht Sache der Gerichte sein, die bestehende Rechtslage zu ändern, sondern dann müßte eine notwendige Änderung im Weg der Gesetzgebung herbeigeführt werden.

---

749 Edwards, J.Ll: Possession and Larceny, C.L.Pr. vol.3 (1950) pp.149-150.

750 Jowitt, Earl op.cit. v. "fraudulent conversion".

751 R.v.Grubb, 1915, 11 Cr.App.R.153, at p.157; 15 Dig.Repl. 1110, 11 032.

752 R.v.Morter, 1927, 20 Cr.App.R.53; 15 Dig.Repl.1109, 11 030.

753 R.v.Jones, 1948, 33 Cr.App.R.11; 14 Dig.Repl.634, 6422.

754 Moynes v. Cooper, 1956, (1956) 1 All E.R.450; 3 Dig.Supp. 15 Crim.L.36, 10 329 a.

V. Statutarische Sonderregelungen

A) Bailment

AA) Historische Entwicklung des bailment

Wie aus den bisherigen Ausführungen erhellt, war nach Common Law die rechtswidrige Besitzentziehung ein wesentlicher Bestandteil des Diebstahlsdelikts. Freilich erzwangen die Bedürfnisse des täglichen Lebens schon frühzeitig Abweichungen von diesem Grundsatz. Die erste Durchbrechung erfolgte zu Lasten von Dienstboten in Ansehung von Sachen, die ihnen von ihren Dienstherren zur Ausführung ihrer Dienstobliegenheiten überlassen waren. Zwar war ursprünglich auch den Dienstboten juristischer Besitz an den genannten Sachen zuerkannt, aber durch Statut 21 Hen.VIII c.7 wurde ihnen solcher Besitz abgesprochen und lediglich physischer Besitz oder Obhut daran mit der Folge zugestanden, daß sie bei Zueignung solcher Sachen dem Dienstherrn den juristischen Besitz daran rechtswidrig entzogen und so ein trespass und animo furandi Diebstahl begingen. Es kann in dieser Hinsicht auf die näheren Darlegungen über Diebstahl durch Dienstboten verwiesen werden. Eine zweite Abweichung von dem Erfordernis eines trespass als Bestandteil des Common Law-Diebstahls setzte sich erst 300 Jahre später in Ansehung des zeitweiligen Besitzers, des sogenannten bailee, durch. Beim bailment handelt es sich um eine zeitweise Besitzüberlassung zu einem bestimmten Zweck, nach dessen Erreichen die überlassene Sache dem bisherigen Besitzer, dem bailor, zurückzugeben ist oder über welche durch den bailee nach Weisung des bailor verfügt werden soll. Eine Erläuterung hierfür ist gegeben in R.v.Davies,[755] wo der Angeklagte angewiesen war, Kohlen des Anklägers an bestimmte Personen, die in einer Liste verzeichnet waren, auszuliefern und keine Ermächtigung besaß, Kohlen an sonst jemand abzugeben, er aber zwei Ladungen an Personen verkaufte, die nicht auf der Liste standen. Die jury wurde belehrt, daß, wenn die Kohlen ihm für den speziellen Zweck überlassen

755 R.v.Davies, 1866, 10 Cox C.C.239; 15 Dig.Repl.1069, 10 550.

waren, und wenn er arglistigerweise sie zu seinem eigenen Nutzen sich zueignete, er des larceny by a bailee schuldig war. Über Wesen und Charakter des bailment wird alsbald noch zu sprechen sein.

Während beim Dienstboten, der sich ursprünglich vom bailee nicht unterschied, die erwähnte Änderung seiner Rechtsstellung vom Besitzer zum Inhaber blosser Obhut die Möglichkeit schuf, ein trespass und damit Diebstahl zu begehen, blieb das Besitzverhältnis des bailee, der durch die Übergabe der Sache seitens des bailor rechtmässigen Besitz erlangte, unberührt, sodaß er durch nachträgliche Zueignung der ihm anvertrauten Sache kein trespass und damit auch keinen Diebstahl begehen konnte. Aber auch in diesen Fällen erwies sich die uneingeschränkte Durchführung des trespass-Erfordernisses als Voraussetzung des Diebstahls auf die Dauer vom kriminalpolitischen Gesichtspunkt aus als nicht haltbar. Der erste Versuch einer Lockerung dieses Prinzips geschah durch das Star Chamber und das Exchequer Chamber in dem für die spätere Rechtsprechung auf lange Zeit maßgebend gebliebenen Carrier's Case.[756] In diesem Falle war einem Seekapitän der Transport von Ballen Güter nach Southampton durch einen ausländischen Kaufmann vertraglich anvertraut worden. Dieser verbrachte die Waren an einen anderen Ort als den Bestimmungsort, erbrach dort die Ballen und eignete sich den Inhalt derselben zu. Während Brian C. J. an dem alten Grundsatz festhielt, daß ein bailee, der durch die Übergabe seitens des bailor rechtmässig Besitz an den anvertrauten Sachen erlangt hatte, durch nachträgliche Zueignung keinen Diebstahl daran begehen kann,[757] begründete Choke J.C. P. die Lehre vom "breaking bulk", mit der er eine Verurteilung des Angeklagten begründete. Diese Lehre bestand darin, daß bei Sachen, die verpackt sind, durch Herausnahme derselben aus der Umhüllung der bailee an den so abgetrennten Sachen keinen rechtmässigen Besitz habe, da der Inhalt nicht als mit der Verpak-

756 The Carrier's Case, 1473, Y.B.13 Edw.IV fol.9 pasch. pl.5; Kenny S.C.I. 223; T.& A.221.

757 The Carrier's Case, 1473, Y.B.13 Edw.IV fol.9 pasch. pl.5; Kenny S.C.I. at p.223 and p.226 per Brian J.; Scurlock, J.: The Element of Trespass in Larceny at Common Law, Temp.L. Q. vol.22 No.1 (July 1948) p.16 n.26.

kung identisch erachtet werden dürfe und dem bailee der Besitz nur an den Packungen, nicht auch an deren Inhalt übertragen worden sei, dessen Besitz dem bailor verblieben sei, der den bailee davon habe ausschliessen können.[758] Der wesentliche Teil der Begründung von Choke ging dahin: "Es scheint mir, daß, wenn jemand bewegliche Sachen auf Grund eines bailment hat, er sie nicht verbrecherischerweise wegnehmen kann, da sie in seinem Besitz sind. Aber, wie mir scheint, ist es in diesem Fall ein Verbrechen. Denn hier waren die Sachen, die sich in den Ballen befanden, ihm nicht anvertraut (bailed), sondern die Ballen waren ihm als Ganzes zum Transport anvertraut. Wenn er in diesem Fall die Ballen weggegeben oder verkauft hätte, so wäre dies kein Verbrechen gewesen; aber wenn er sie erbrach und den Inhalt herausnahm, so tat er dies ohne Ermächtigung".[759] Diese Auffassung von Choke fand die Zustimmung der Mehrheit der Richter des Star Chamber und auch das Exchequer Chamber, das, nachdem die Zuständigkeit des Star Chamber in Zweifel gezogen worden war,[760] erneut den Fall behandelte, hielt an der Unterscheidung zwischen dem Besitz an der Verpackung und dem Inhalt derselben fest, auch wenn daneben die Entscheidung noch darauf gestützt wurde, daß der Angeklagte durch die Verbringung der Ballen an einen anderen als den Bestimmungsort[761] den ihm aufgetragenen Transport nicht ausführte, hierdurch und durch das breaking bulk seinem bailment ein Ende setzte und mit der Zueignung animo furandi Diebstahl be-

---

758 Holmes, Oliver Wendell op.cit. p.224.

759 The Carrier's Case, 1473, Y.B.13 Edw.IV f.9 pasch. pl.5; Kenny S.C.I. 223, at p.224; Paton, G.W. op.cit. p.433; Scurlock, John: The Element of Trespass in Larceny at Common Law, Temp.L.Q. vol.22 No.1 (July 1948) p.15; Hemmant, M.(ed.): Select Cases in the Exchequer Chamber before all the Justices of England, vol.II (1461-1509), London: Quaritch Ltd. 1948 (Selden Society Publications vol.64) pp.31-32.

760 The Carrier's Case, 1473, Y.B.13 Edw.IV f.9 pasch. pl.5; Kenny S.C.I. 223, at p.224.

761 The Carrier's Case, 1473, Y.B.13 Edw.IV f.9 pasch. pl.5; Kenny S.C.I. 223 per Molineux J. (Star Chamber).

ging.[762] Für den Abgang vom trespass-Erfordernis für Diebstahl in Carrier's Case wurden verschiedene Rechtfertigungen und Erläuterungen gegeben. Jerome Hall legte nahe, daß die Ballen Wolle enthielten und daß der Monarch und der Handelsstand großen Druck ausübten, um den Handel in dieser Ware zu schützen. Diese Deutung erwies sich aber als unhaltbar, als der Selden Society-Nachdruck verfügbar geworden war, wonach die Ballen waid, d.i. einen Farbstoff enthielten, der im Mittelalter viel verwendet wurde.[763] Stephen erwog, daß die Entscheidung ein Kompromiß war, der die Absicht verfolgte, den König und den Kanzler günstig zu stimmen.[764] Eine Erklärung des Carrier's Case, die in ganz anderer Richtung verlief, wurde darin erblickt, daß der Angeklagte überhaupt ohne rechtswirksame Übergabe durch den Eigentümer die Ballen unter dem Vorwand, den Transportvertrag auszuführen, und in verbrecherischer Absicht weggenommen habe. In diesem Falle wäre das bailment durch den Angeklagten arglistigerweise erschlichen und der Angeklagte daher eines larceny by a trick schuldig gewesen.[765] Auf alle Fälle konnte Carrier's Case durch die späteren Gerichte nicht unbeachtet gelassen werden, auch wenn sie seiner Bedeutung nicht ganz sicher waren. So wurde die Lehre vom breaking bulk eine allgemein anerkannte Ausnahme[766] und wurde von bailees in der Eigenschaft von Spediteuren auf andere bailees, allerdings, wie es scheint, nur auf solche, die auf Grund eines bailment-Vertrags eine Sache besassen, ausge-

---

762 The Carrier's Case, 1473, Y.B.13 Edw.IV f.9 pasch. pl.5; Kenny S.C.I. 223, at p.225; Edwards, J.Ll: Possession and Larceny, C.L.Pr. vol.3 (1950) p.139.

763 Paton, G.W. op.cit. p.434.

764 Stephen, J.F.: A History op.cit. p.139.

765 Scurlock, John: The Element of Trespass in Larceny at Common Law, Temple Law Quarterly vol.22 No.1 (July 1948) p.16 n.27 mit Beale: The Borderland of Larceny, Harv.L.Rev. 1892 p.244, at p.251.

766 Holmes, Oliver Wendell op.cit. p.224 mit 3 Coke Inst.107; 1 Hale P.C.504-505; sowie Bishop, J.P. op.cit. 6th ed. vol.2 §§ 834, 860.

dehnt.[767] Im Jahre 1691 trat das Parlament auf den Plan, um das Diebstahlsrecht auf Mieter zu erstrecken, welche die Möbel der Zimmer, die ihnen vermietet worden waren, stahlen (3 Will.& Mary c.9 s.5; vgl.jetzt Larceny Act 1916 s.16).Im übrigen aber war in allen Common Law-Fällen bis auf weiteres auch die Auffassung aufrechterhalten, daß eine Verfügung über das Ganze oder einen Teil ohne breaking bulk keinen Diebstahl begründe.[768] Für spätere Fälle jedoch, in denen das bailment nicht durch breaking bulk, sondern durch eine andere mit den Bedingungen des bailment gänzlich unverträgliche Handlung beendigt wurde, hielten die Gerichte lange Zeit an der noch aus dem Mittelalter stammenden Auffassung fest, daß mit der Beendigung des bailment der rechtmässige bailment-Besitz aufgehört habe und auf den bailor, der den konstruktiven Besitz behalten habe, zurückgefallen sei, sodaß der bailee, der nur Obhut an den Sachen behalten habe, mit der Zueignung animo furandi sich eines Diebstahls schuldig machte. Diese Ansicht ist in R.v.Tunnard[769] erläutert, wo der Angeklagte ein Pferd borgte, um drei Meilen weit zu reiten, aber weiterritt und dann das Pferd verkaufte. Fälle dieser Art, wie unter anderem auch R.v.Semple,[770] wurden freilich in der Folgezeit als larceny by a trick behandelt. In Fällen aber, wo eine ursprünglich verbrecherische Absicht nicht nachzuweisen war, wurde der obige Grundsatz zur Anwendung gebracht. So in R.v.Poyser,[771] wo der Angeklagte durch B. dazu verwendet wurde, Kleider für ihn zu

767 Scurlock, John: The Element of Trespass in Larceny at Common Law, Temp.L.Q. vol.22 No.1 (July 1948) p.16 mit n.29 und den dort zitierten amerikanischen Statuten.

768 R.v.Banks, 1821, R.& R.441; 15 Dig.Repl.1056, 10 405; Scurlock, John: The Element of Trespass in Larceny at Common Law, Temp.L.Q. vol.22 No.1 (July 1948) p.16 n.31 mit R.v. Madox, 1805, R.& R.92; 15 Dig.Repl.1072, 10 576; R.v. Brazier, 1817, R.& R.337; 15 Dig.Repl.1066, 10 517.

769 R.v.Tunnard, 1729, 1 Leach 214 a; n.a to R.v.Pear, 1779, 1 Leach 212; 15 Dig.Repl.1040, 10 227.

770 R.v.Semple, 1786, 1 Leach 420; 15 Dig.Repl.1040, 10 226.

771 R.v.Poyser, 1851, 2 Den.233; 3 Dig.Bailm.107, 320.

verkaufen, wobei B. den Preis jeden Artikels festsetzte und der Angeklagte verpflichtet wurde, entweder die Kleider zurückzugeben, oder, wenn sie verkauft wurden, den Kaufpreis abzüglich einer Provision an B. abzuliefern. Der Angeklagte verpfändete einige der Kleidungsstücke und eignete sich den Rest arglistigerweise zu. Dies war, wie es scheint, ein klarer Fall des larceny by a bailee. Aber der Angeklagte wurde eines Diebstahls durch Wegnahme für schuldig befunden, mit der Begründung, daß die Verpfändung einiger der Artikel das bailment beendigt habe und daß daher eine nachfolgende rechtswidrige Zueignung des Restes Diebstahl sein würde, da das bailment aufgehört habe. Obwohl die Richter anerkannten, daß kein breaking bulk vorlag, da eine getrennte Übergabe jedes einzelnen Kleidungsstückes an den Angeklagten erfolgt war, weigerten sich Lord Campbell C.J. und vier andere Richter die Verurteilung umzustossen. Damit billigten sie den oben erwähnten Grundsatz, daß mit Aufhören des bailment-Verhältnisses der Besitz vom bailee ipso jure an den bailor als constructive possessor zurückfalle[772] und daher der bailee als nunmehriger blosser Obhutinhaber[773] bei Zueignung der Sache ein trespass und animo furandi Diebstahl begehe.[774] Diese lange Zeit herrschende Auffassung, die von dem konstruktiven Besitz des bailor ausging, der sich bei Beendigung des bailment ohne weiteres wieder in wirklichen Besitz zurückverwandelte, die noch heute in der Literatur zum Teil beim einfachen bailment (simple bailment) vertreten wird,[775] war eine Fiktion, die sich, wie es scheint, darauf gründete, daß mit dem Besitzrecht (right of possession) das Recht des bailor zum Besitz (right to possession) der Sachen gleichgesetzt wurde, das während der Dauer des bailment im Verhältnis

772 So auch Paton, G.W. op.cit. Introduction mit Ancona v. Rogers, 1876, 1 Ex.D.285; 7 Dig. B.of Sale 113, 666; 37 Dig. Pers.Prop.158, 34, per Lord Porter; Paton, G.W. op.cit. pp.6-7; Beal, Edward op.cit. p.40.

773 R.v.Saward, 1851, 5 Cox C.C.295.

774 Paton, G.W. op.cit. pp.434-435.

775 Clerk, J.F. and Lindsell, W.H.B. op.cit. p.452 mit Singer Manufacturing Co. v. Clark, 1879, 5 Ex.D.37; 3 Dig.Bailm. 97, 265; Cooper v. Willomatt, 1845, 1 C.B.672; 3 Dig.Bailm. 106, 316; 110, 345.

zum bailee ruhte und bei Beendigung des bailment ipso jure wiederauflebte. So wurde denn auch im Jahre 1375 entschieden, daß sowohl der bailee als Besitzer wie der bailor als konstruktiver Besitzer ein action of trespass gegen einen dritten Unrechttuer anstrengen konnte, wobei natürlich die Schadloshaltung des einen der Erhebung einer Klage durch den anderen entgegenstand.[776] Eine Stütze mag diese Auffassung darin gefunden haben, daß auf zivilrechtlichem Gebiet beim jederzeit widerruflichen bailment (bailment at will oder simple bailment) auch während der Dauer des bailment dem bailor mit Rücksicht auf sein jederzeit realisierbares Recht zum Besitz dritten Unrechttuern gegenüber die possessorischen Rechtsbehelfe zugestanden wurden.[777] Diese Auffassung entbehrt aber insofern der Logik, als nicht einzusehen ist, warum dem Dieb, der juristischen Besitz rechtswidrigerweise erlangt hat, dieser Besitz zugesprochen wird, während der bailee, der den Besitz rechtmässigerweise erlangte, desselben bei Beendigung des bailment ohne weiteres wieder verlustig gehen sollte. So wurde denn auch in der Folgezeit diese Doktrin aufgegeben.[778] Der bailee bleibt vielmehr bei Beendigung des bailment im Besitz der anvertrauten Sache bis zu deren Rückgabe oder der anderweitigen weisungsgemässen Verfügung über dieselbe, dem bailor aber kommt mit diesem Zeitpunkt das bis dahin ruhende Recht zum Besitz gegenüber dem bailee wieder zu, sodaß er auf Grund dessen mit der Herausgabeklage (action of trover), nicht aber mit der Besitzentziehungsklage (action of trespass) die Herausgabe der Sache vom bailee, dessen bisheriges special property dem bailor gegenüber erloschen ist, wie auch von einem Dritten herausverlangen kann, es sei denn, daß der letztere gutgläubig

776 Scurlock, John: The Element of Trespass in Larceny at Common Law, Temp.L.Q. vol.22 No.1 (July 1948) pp.16-17 n.33 mit Ames: Les Lectures on Legal History p.58, zitierend Y.B.48 Edw.III f.20 pl.16; Clerk, J.F.: Title to Chattels by Possession, L.Q.R. vol.7 (1891) pp.228-229 mit Nicolls v. Bastard, 1835, 2 Cr.M.& R.659, 660 per Parke B.; sub nom. Nicholls v. Bastard, Tyr.& Gr.156; 3 Dig.Bailm.111, 113.

777 Paton, G.W. op.cit. Introduction; Beal, E. op.cit. p.72. Daraus erklärt sich auch, daß im englischen Recht derjenige, der ein Recht zum Besitz hat, vielfach als "possessor" bezeichnet wird.

778 Pollock, F. and Wright, R.S. op.cit. p.133.

durch Verkauf auf offenem Markt oder nach den Bestimmungen des Factors Act von 1889 (52 & 53 Vict. c.45) oder des Sale of Goods Act von 1893 (56 & 57 Vict. c.71) geschützt wird.[779] Die Änderung der Rechtslage dürfte damit zusammenhängen, daß eine dem breaking bulk analoge Auffassung bei dem zivilrechtlichen action of trespass galt. Eine Handlung eines bailee, die ganz unvereinbar mit den Bedingungen des bailment war, wie in einem Falle, wo die Sachen überlegterweise zerstört wurden,[780] wurde so angesehen, als beendige sie das bailment und gebe dem bailor ein Recht zum unmittelbaren Besitz.[781] Da die Theorie des bailment in gleicher Weise für das Strafrecht wie für das Zivilrecht gilt, wenn auch im Strafrecht gewisse Lücken durch das larceny by a trick und das breaking bulk, das für das Zivilrecht unwesentlich war,[782] ausgefüllt wurden, so liegt es nahe, daß der erwähnte zivilrechtliche Grundsatz auch für das Strafrecht übernommen wurde, sodaß nunmehr auch strafrechtlich eine Beendigung des bailment in allen Fällen anerkannt wurde, in denen der bailee in einer mit den Bedingungen des bailment ganz unverträglichen Weise mit der anvertrauten Sache verfuhr, sodaß die besondere Voraussetzung des breaking bulk in Wegfall kam und mit der Beendigung des bailment das Recht des bailor zum unmittelbaren Besitz wieder auflebte[783] bzw. an ihn zurück-

779 Underhill, A. op.cit. p.105; Paton, G.W. op.cit. p.385; Beal, E. op.cit. p.79.

780 The Countess of Shrewsbury Case, 5 Coke 13 b; 77 E.R.68.

781 Scurlock, John: The Element of Trespass in Larceny at Common Law, Temp.L.Q. vol.22 No.1 (July 1948) p.16 n.33 mit Swift v. Moseley, 1838, 10 Vt.208 und Nelson v. Bondurant, 1855, 26 Ala.341.

782 Paton, G.W. op.cit. p.4 and p.431; Scurlock, John: The Element of Trespass in Larceny at Common Law, Temp.L.Q. vol. 22 No.1 (July 1948) p.17 n.33; Pollock, F. and Wright, R. S. op.cit. p.160; R.v.Hassall, 1861, 30 L.J.M.C.175; 15 Dig.Repl.1071, 10 563.

783 Beal, E. op.cit. p.80 mit Fenn v. Bittleston, 1851, 7 Exch. 152, at p.159 per Parke B.; 3 Dig.Bailm.106, 317; Nyber v. Handelaar, 1892, 2 Q.B.202, at p.206 per Lopes L.J.; 3 Dig. Bailm.111, 353; Paton, G.W. op.cit. p.42 mit Penfolds Wines Pty Ltd. v. Elliott, 1946, 74 C.L.R.204, at p.228; Paton, G. W. op.cit. p.585 mit Plasycoed Collieries Ltd. v. Partridge Jones & Co.Ltd., 1912, 2 K.B.345, at p.351; 3 Dig.Bailm.97, 265; Jowitt, Earl op.cit. v. "bailee".

fiel.[784] Die statutarische Regelung erfolgte durch das Statute against conversion by bailees, das als Fraudulent Trustees and Bankers Act (20 & 21 Vict. c.54 ss.4, 17) bezeichnet ist. Darauf fussend bestimmte das Larceny Act von 1861 (24 & 25 Vict. c.96), daß ein bailee dann des Diebstahls schuldig sei, wenn er die ihm zu bailment überlassene Sache unehrlicherweise zu seinem eigenen Nutzen oder dem eines anderen als des Eigentümers verwende (Larceny Act 1861, 24 & 25 Vict. c.96) s.3. Diese Bestimmung wurde ohne sachliche Änderung in das Larceny Act von 1916 Proviso zu s.1 (1) übernommen und lautet nunmehr: "Provided that a person may be guilty of stealing any such thing notwithstanding that he has lawful possession thereof, if being a bailee or part owner thereof fraudulently converts the same to his own use or the use of any person other than the owner". Eine Bestätigung der neuen Rechtslage findet sich in North Central Wagon and Finance Co.Ltd. v. Graham,[785] wo ausgeführt ist, daß ein bailee, der sich in einer Weise verhält, die völlig den Bedingungen des bailment zuwiderläuft, das bailment mit dem Ergebnis beendige, daß das Recht zum Besitz auf den bailor zurückfalle[786] und zwar auch ohne Einhaltung einer für das bailment vereinbarten Kündigungsfrist, insofern der Vertragsbruch an die Wurzel des Vertrags gehe.

BB) Wesen und Charakter des bailment

Der Ausdruck "bailment" ist französischen Ursprungs und leitet sich von "bailler" her, das "übergeben" bedeutet.[787] Black-

784 North Central Wagon and Finance Co.Ltd. v. Graham, 1950, (1950) 1 All E.R.780, at p.782 per Asquith L.J.; L.Q.R. vol.66 (1950), Notes, p.286.

785 North Central Wagon and Finance Co.Ltd. v. Graham, 1950, (1950) 1 All E.R.780; 3 Dig.Supp.Bailm.10, 264 a; L.Q.R. vol.66 (1950), Notes, p.286.

786 North Central Wagon and Finance Co.Ltd. v. Graham, 1950, (1950) 1 All E.R.780, at p.782 per Asquith L.J.

787 Blackstone, W. op.cit. vol.2 p.451; Story, Joseph: Commentaries on the Law of Bailments, 4th ed., London: Kingston 1832 s.2, der bailment als Vertrag bezeichnet, der sich aus einer Übergabe ergibt.

stone[788] spricht von "bailment or delivery of goods to another person for a particular use" und an anderer Stelle[789] sagt er: "Bailment is a delivery of goods in trust upon a contract expressed or implied, that the trust shall be faithfully executed on the part of the bailee". William Jones[790] gibt die zwei nachstehenden, leicht variierenden Begriffsbestimmungen des bailment: "Bailment or a delivery of goods on a condition, expressed or implied, that they shall be restored by the bailee to the bailor, or according to his directions as soon as the purpose for which they were bailed shall be answered" und "Bailment is a delivery of goods in trust, on a contract, expressed or implied, that the trust shall be duly executed, and the goods redelivered as soon as the time or use for which they were bailed shall have elapsed or be performed". Story[791] erwägt, daß "it may be said that a bailment is a delivery of a thing in trust for some special object or purpose, and upon a contract, express or implied, to conform to the object or purpose of the trust". Dabei ist zu beachten, daß der Ausdruck "trust" in diesem Zusammenhang nicht im technischen Sinne, wie er in Verbindung mit Realeigentum gebraucht wird, zu verstehen ist, sondern daß er nur ein Vertrauen des bailor zu dem bailee, auf dessen Verläßlichkeit, Integrität, Wert, Ehrenhaftigkeit oder Kredit, wie der einzelne Fall es erfordern mag, ausdrücken soll.[792] Nach Pollock[793] besteht das Wesen des bailment in der Übergabe einer Sache durch ihren Besitzer an einen anderen in der Absicht, die ungeteilte und ausschließliche Verfügungsmacht, d.h. den Besitz derselben,auf Zeit unter einer Bedingung zu über-

---

788 Blackstone, W. op.cit. vol.2 p.396.

789 Blackstone, W. op.cit. vol.2 p.451.

790 Jones, Sir William: An Essay on the Law of Bailments, Dublin: Printed by Graisberry and Campbell, for H.Watts 1790 pp.1, 117.

791 Story, J. op.cit. s.2; Winfield, P.H.: A Textbook op.cit. p.6 and note.

792 Beal, Edward op.cit. p.6.

793 Pollock, F. and Wright, R.S. op.cit. p.131.

tragen.[794] An anderer Stelle[795] bezeichnet er denjenigen als bailee, der entweder den Besitz einer Sache für einen anderen erhält oder der zustimmt, den Besitz einer Sache für einen anderen auf Grund eines ausdrücklichen oder schlüssigen Übereinkommens mit dem anderen auszuüben, die spezielle Sache entweder zu verwahren oder zurückzugeben oder sie ihm zu übergeben oder sie nach den vorausgehenden oder künftigen Anweisungen des anderen zu verwenden.[796] Bei Goodeve ist im Anschluß an die schon erwähnten Definitionen von Jones und Story bailment als die Übergabe von Sachen definiert, die unter der ausdrücklichen oder stillschweigenden Bedingung erfolgt, daß die Sachen durch den bailee dem bailor sobald zurückgegeben werden sollen oder nach den Weisungen des bailor über sie verfügt werden solle, als dem Zweck, für den sie einem bailee übergeben worden sind, entsprochen ist.[797] Russell[798] nimmt ein bailment dann an, wenn der Inhaber einer Sache sie einem anderen unter solchen Umständen übergibt, daß er sich des Besitzes für einige Zeit - gleichgültig, ob eine bestimmte oder unbestimmte, ob eine kürzere oder längere Zeit - begibt mit der Maßgabe, daß nach Beendigung dieser Zeit dieselbe Sache dem Übergebenden zurückerstattet oder einem anderen übergeben werden soll. In R.v.Hunt[799] ist in ähnlicher Weise ausgeführt: "Um ein bailment zu begründen, muß eine Übergabe einer Sache auf Grund eines Vertrauensverhältnisses für ein spezielles Ziel oder einen solchen Zweck und auf Grund eines ausdrücklichen oder stillschweigenden Vertrags erfolgen, der dem Ziel des Vertrauensverhältnisses sich anpaßt". H.J.Stephen[800] nimmt ein

---

794 Vgl.auch R.v.McDonald, 1885, 15 Q.B.D.323; 14 Dig.Repl. 59, 231; Ultzen v. Nicols, 1894, 1 Q.B.92; 3 Dig.Bailm.57, 32; 73, 135.

795 Pollock, F. and Wright, R.S. op.cit. p.163.

796 R.v.McDonald, siehe Anm.794.

797 Goodeve, L.A. op.cit. p.43.

798 Russell, W.O.: A Treatise op.cit. p.1187.

799 Russell, W.O.: A Treatise op.cit. p.1188.

800 Stephen, H.J. op.cit. p.98.

bailment da an, wo der Verfügungsberechtigte über eine Sache dieselbe einem anderen zu treuen Händen so übergibt, daß der, dem sie übergeben wird, den natürlichen und juristischen Besitz daran erlangt, aber mit der Verpflichtung, den übergebenen Gegenstand dem Verfügungsberechtigten wieder abzuliefern. Sir James Fitzjames Stephen[801] bestimmt das bailment als zeitweilige Besitzüberlassung zu einem bestimmten Zweck. Hiermit in Übereinstimmung bezeichnet Holmes[802] das bailment als die zeitweilige Überlassung des juristischen Besitzes mit den daraus fliessenden possessorischen Rechtsbehelfen an einen anderen. Kenny[803] fordert vom bailment, daß der Besitzer einer Sache den natürlichen und juristischen Besitz daran zeitweilig einem anderen anvertraut. Hiervon geht auch die Entscheidung in R.v.Oxenham[804] aus. Wertheim[805] definiert bailment als jedes Rechtsgeschäft, durch das der Eigentümer einer beweglichen Sache dieselbe einem anderen zu irgendeinem Zweck unter der ausdrücklichen oder stillschweigenden Bedingung übergibt, daß nach Erfüllung des Zwecks die Sache entweder zurückgegeben oder bis auf weiteres in Verwahrung gehalten oder sonst nach Weisung des Eigentümers über sie verfügt werden soll. Beal[806] bezeichnet bailment als das Anvertrauen einer beweglichen Sache durch eine Person einer anderen für irgendeinen Zweck auf Grund eines ausdrücklichen oder stillschweigenden Vertrags. Paton[807] verlangt für ein bailment Übergabe des Besitzes einer Sache mit der Verpflichtung des Empfängers, die identische Sache dem Eigentümer zurückzugeben oder mit der identischen Sache nach den Weisungen des Übergebenden zu

---

801 Stephen, J.F. op.cit. 6th ed. (1904) art.310 p.247.

802 Holmes, O.W. op.cit. pp.174, 175.

803 Kenny, C.S. op.cit. new ed. by J.W.Cecil Turner (1952) p.220.

804 R.v.Oxenham, 1876, 13 Cox C.C.349; 15 Dig.Repl.1070, 10 558.

805 Wertheim, C.: Wörterbuch des Englischen Rechts, Berlin 1899 v. "bailment".

806 Beal, Edward op.cit. p.6.

807 Paton, G.W. op.cit. p.436.

verfahren. In dem Dictionary of English Law[808] ist bailment als die Übergabe von Sachen durch eine Person (bailor) an eine andere (bailee) für einen bestimmten Zweck auf ein ausdrückliches oder schlüssiges Versprechen durch den bailee, sie dem bailor zurückzugeben oder sie jemand zu übergeben, der durch den bailor bestimmt ist, nachdem der Zweck erfüllt ist, bezeichnet. Obwohl die Begriffsbestimmungen des bailment im einzelnen variieren, dürfte es, auf einen allgemeinen Nenner gebracht, als Übergabe des zeitweiligen Besitzes einer Sache durch den bailor an den bailee zu treuen Händen zu einem bestimmten Zweck oder Ziel unter der Bedingung beschrieben werden, daß der bailee die identische Sache bzw. ausnahmsweise ihr Surrogat[809] nach Erreichen des Zwecks oder Ziels dem bailor zurückgibt oder nach dessen Weisung über dieselbe anderweitig verfügt. Angefügt mag noch werden, daß die Übergabe einer verschlossenen Kassette zur Verwahrung unter Zurückbehaltung des Schlüssels durch den Eigentümer keine Übertragung des Besitzes an dem Inhalt der Kassette und damit auch kein bailment daran begründet, da der Besitz einer Sache die in einer anderen Sache enthalten ist, nicht auf den Empfänger jener anderen Sache übergeht, wenn nicht jenes Ergebnis beabsichtigt war, obwohl der Besitz an jener anderen Sache bewußtermassen übertragen wird. Was den Erwerb des Besitzes an der in der anderen Sache enthaltenen Sache anbetrifft, so muß Kenntnis und spezielle Übertragungsabsicht in Ansehung dieser Sache oder doch eine Absicht, jeden Inhalt, den bekannten und den unbekannten, zu erwerben, vorliegen.[810] Die rechtswidrige Wegnahme des Inhalts in Zueignungsabsicht wird sonst ein Diebstahl zu Lasten des Schlüsselinhabers sein. Aus den angeführten verschiedenen Begriffsbestimmungen des bailment ist zu entnehmen, daß das rechte Wesen des bailment nicht zweifelsfrei feststeht. Während ein Teil derselben, insbesondere diejenigen der

808 Jowitt, Earl op.cit. v. "bailment".

809 Hierüber wird alsbald noch zu sprechen sein.

810 Redell v. Dobree, 1839, 10 Sim.244; sub nom. Ridell v. Dobree, 3 Jur.722; 25 Dig.Gifts 554, 382.

älteren Autoren, denen sich aber auch noch Beal[811] angeschlossen hat, in einem ausdrücklichen oder stillschweigenden Vertrag einen Wesensbestandteil des bailment erblicken, setzen die meisten neueren Autoren im allgemeinen einen solchen Vertrag, mindestens in rechtswirksamer Form, nicht voraus, sondern verlangen nur die Übergabe einer Sache auf Zeit zu treuen Händen mit dem Versprechen des Empfängers, die Sache nach Erfüllung des mit der Übergabe verfolgten Zwecks zurückzugeben oder nach Weisung des Übergebenden anderweitig darüber zu verfügen. Das Wesen des bailment ist hiernach, wie Williams[812] sich ausdrückt, nicht der Vertrag, der es begleitet, sondern die Übergabe der Sachen unter einer Bedingung, die in Ansehung ihrer Rückübertragung beigefügt ist; mit anderen Worten, dieses Rechtsgeschäft des bailment ist nicht notwendig eine vertragliche Abmachung, sondern kann auch eine Übergabe unter einer Bedingung sein, die keinen Vertrag darstellt, auch wenn sie fast regelmässig zu einem solchen Anlaß gibt. In diesem Sinn ist in R.v.McDonald[813] ausgeführt, daß das bailment nicht notwendig ein ausdrücklicher oder stillschweigender Vertrag sein muß, wenn auch ein solcher das bailment regelmässig begleitet. Es ist vielmehr die Übergabe einer Sache unter einer Bedingung oder einem Vertrauensverhältnis. Diese Auffassung teilt auch J.F.Stephen,[814] der unter anderem sagt: "the act of delivery is called a bailment". Diese Besitzübertragung ist aber mit der Übertragung eines Interesse am Eigentum verbunden, dessen Umfang von der Natur des bailment abhängt. Während z.B. beim unentgeltlichen jederzeit widerruflichen bailment (gratuitous bailment at will), wie bei dem unentgeltlichen depositum oder mandatum, die Rechte des bailee dem freien Ermessen des bailor unterworfen sind, hat der Pfandgläubiger das Recht, die verpfändete Sache bis zur Bezahlung der Schuld zu behalten oder der Mieter das Recht, die Mietsache während der

811 Beal, Edward op.cit. p.6.

812 Williams, T.Cyprian: The True Nature of a Pawnee's Interest in Goods Pawned, L.Q.R. vol.31 (1915) p.80.

813 R.v.McDonald, 1885, 15 Q.B.D.323; 14 Dig.Repl.59, 231.

814 Stephen, J.F. op.cit. 3rd ed. p.215.

Mietzeit sachgemäß zu benützen.[815] Daß das bailment nicht auf das Vertragsrecht beschränkt ist, geht daraus hervor, daß, sogar wo das bailment durch einen Vertrag begründet ist, das bailment nicht notwendig aufhört, wenn der Vertrag endigt, z. B. wenn der Vertrag aus unerwarteten Gründen nicht mehr erfüllt werden kann, der bailee aber gleichwohl im Besitz der Sachen des bailor bleibt und Pflichten unterworfen wird, die aus der Tatsache des Besitzes entstehen, beispielsweise bei Anvertrauen verderblicher Sachen einem Spediteur, der sie an eine falsche Adresse ausliefert.[816] Für die neuere Auffassung spricht auch der Umstand, daß es schwierig ist, in gewissen Fällen von bailments, insbesondere beim unentgeltlichen bailment at will, ein für das Vorliegen eines rechtswirksamen und klagbaren Vertrags erforderliches "consideration" herauszufinden, d.i. eine Gegenleistung im weitesten Sinne, die nach einer Definition der Exchequer-Kammer vom Jahre 1875 in "Recht, Interesse, Wohltat oder Vorteil für den Promittenten oder in Verzicht, Nachteil, Schaden, Unbequemlichkeit oder Verantwortlichkeit für den Promissar" zu sehen ist.[817] Auf den Begriff des "consideration" näher einzugehen, verbietet sich im Rahmen dieser Abhandlung. Freilich sind die Meinungen über das Vorliegen eines consideration sehr geteilt. Während unter anderem Paton[818] und Grueber[819] insbesondere beim gratuitous bailment das Vorliegen eines consideration strikt ablehnen, will Pollock als Herausgeber der Zeitschrift "The Law Quarterly Review" in einer Anmerkung zu dem Aufsatz von Grueber[820] die Aufgabe des Besitzes der Sachen als hinreichendes consideration ansehen, wenngleich er einräumt, daß im Falle des gra-

815 Paton, G.W. op.cit. p.30.

816 Paton, G.W. op.cit. p.40.

817 Beal, E. op.cit. p.55 mit Carlill v. Carbolic Smoke Ball Co., 1893, 1 Q.B.256, at p.271 per Bowen L.J.; 25 Dig. Gaming 394, 2.

818 Paton, G.W. op.cit. p.93.

819 Grueber, E.: A Difficulty in the Doctrine of Consideration, L.Q.R. vol.2 (1886) p.37.

820 Grueber, E.: A Difficulty in the Doctrine of Consideration, L.Q.R. vol.2 (1886) p.37.

tuitous bailment die Theorie des consideration als äusserst angespannt, aber nicht als gebrochen zu erachten ist. Auch Beal[821] nimmt das Anvertrautsein von Sachen eines anderen als ausreichendes consideration hin, wenn der bailee einmal in das Vertrauen eintritt und die Sachen in seinen Besitz nimmt. Mag dem sein, wie es will, jedenfalls darf heute als die herrschende Meinung in der Literatur angesehen werden, daß für das bailment ein Vertragscharakter nicht wesentlich ist. Es mag insbesondere auf Paton,[822] Kenny,[823] Russell[824] und Winfield[825] hingewiesen werden. Auch die Rechtsprechung hat sich dieser Auffassung angeschlossen. Wo nämlich ein nicht volljähriges Kind Möbel gemietet hatte, wurde es, obwohl es keinen rechtswirksamen Mietvertrag nach dem Infants' Relief Act von 1874 (37 & 38 Vict. c.62) abschliessen konnte,[826] gleichwohl als ein bailee in Ansehung der übergebenen Möbel angesehen und, als es in der Folgezeit die Möbel verkaufte, des larceny by a bailee für schuldig befunden.[827] So sagt Coleridge C.J. in dem ebengenannten Fall R.v.McDonald unter anderem: "Es ist nicht richtig, wie mir scheint, den Ausdruck bailment-Vertrag in einem Sinne zu gebrauchen, der in sich schließt, daß jedes bailment notwendigerweise an sich ein Vertrag sein muß ... Es (das Kind) ist schuldig des Diebstahls, nicht weil es einen Vertrag geschlossen hat, den es unfähig war abzuschliessen, sondern weil es, da es fähig war, ein bailee dieser Sachen zu werden und ein solcher geworden ist, die Sachen in solcher Weise be-

---

821 Beal, Edward op.cit. p.56 mit Elsee v. Gatward, 1793, 5 T. R.143, at p.149 per Lord Kenyon C.J.; 36 Dig.Negl.23, 113; 24, 116.

822 Paton, G.W. op.cit. p.5.

823 Kenny, C.S. op.cit. new ed. by J.W.Cecil Turner (1952) p.220.

824 Russell, W.O.: A Treatise op.cit. 6th ed. p.1191.

825 Winfield, P.H.: The Province of the Law of Tort (1931) pp.97-99.

826 Pollock, F. and Wright, R.S. op.cit. p.160.

827 R.v.McDonald, 1885, L.R.15 Q.B.D.323; 14 Dig.Repl.59, 231, unter Aufhebung von Mills v. Graham, 1804, 1 Bos.& P.New Rep.140; 3 Dig.Bailm.56, 18; Cross, Rupert and Jones, P.A. op.cit. pp.166-167; Eversley op.cit. p.561 n.p; Paton, G.W. op.cit. p.43.

handelte, daß es nach den Bestimmungen des Act sich des Verbrechens schuldig machte".[828] In gleicher Weise wurde von der Grundlage aus, daß ein rechtswirksamer Vertrag für die Begründung eines bailment nicht wesentlich sei, gemäß dem Statut 24 & 25 Vict. c.96 s.3 trotz der damaligen Unfähigkeit einer Ehefrau einen Vertrag abzuschliessen, diese als bailee i.S. des Statuts angesehen und eines larceny by a bailee auf Grund des Tatbestandes für schuldig befunden, daß sie das Geld in einer Schatulle, die ihr der Mieter ohne Wissen des Vermieters, ihres Ehemanns, während seiner Abwesenheit anvertraut hatte, stahl.[829] Seit dem Married Women Property Act vom Jahre 1870 (33 & 34 Vict. c.93), erneuert im Married Women Property Act vom Jahre 1893 (56 & 57 Vict. c.63), steht der bailee-Eigenschaft einer Ehefrau ohnehin nichts mehr im Wege.[830] Bailee kann auch ein Geisteskranker sein, sofern er die zur Übergabe der Sache erforderliche natürliche Willensfähigkeit besitzt. Eine zeitweilige Besitzüberlassung begründet also auch bei Nichtigkeit oder Ungesetzlichkeit des Rechtstitels ein bailment.[831]

CC) Begründung eines bailment

Die Begründung eines bailment erfolgt regelmässig durch Übergabe des zeitweiligen natürlichen und juristischen Besitzes vom bailor an den bailee. Es kann aber ein bailment auch ohne Änderung des natürlichen Besitzes - der Obhut - entstehen, wie es auch für ein bailment nicht wesentlich ist, daß der bailor jemals Besitz an der Sache, unabhängig vom Besitz des bailee,

---

828 Warburton, Henry and Grundy, Claude H. op.cit. p.331.

829 R.v.Robson, 1861, 31 L.J.M.C.22; 15 Dig.Repl.1067, 10 551, aufhebend R.v.Denmour, 1861, 8 Cox C.C.440; 15 Dig.Repl. 1067, 10 531, wonach eine verheiratete Frau kein bailee sein konnte (Russell, W.O.: On Crime op.cit. p.1140 n.53).

830 Stephen, J.F. op.cit. 9th ed. by Sturge (1950) art.360 p.307 n.5; vgl. auch Winfield, P.H.: Province op.cit. pp.97-99; Goodeve op.cit. p.47.

831 Stephen, J.F. op.cit. 9th ed. by Sturge (1950) art.361 p.308 n.7.

gehabt hat. Wenn z.B. jemand bailee eines anderen ist, so kann er bailee eines Dritten durch Vertrag mit dem bailor und dem Dritten werden; er kann so durch das Übereinkommen die Sache für den Dritten - als Käufer derselben - fortan besitzen (bailment by attornment).[832] Dasselbe ist der Fall, wenn jemand eine Sache für den bailor durch einen Dritten erhält, mit der Verpflichtung gegenüber dem bailor, sie zu treuen Händen zu verwahren und sie nach Ablauf des bailment dem bailor zu übergeben oder nach dessen Weisungen anderweitig darüber zu verfügen (constructive bailment).[833] Hier ist insbesondere der Fall zu erwähnen, wo der Verkäufer von Waren sie einem Boten zur Überbringung an den Käufer übergibt. In solchem Falle wird der letztere vom Gesetz als bailor betrachtet; denn es wird so angesehen, als habe der Verkäufer, der tatsächlich die Ware dem bailee übergab, es nur als Bevollmächtigter für den Käufer getan.[834] Auch kann jemand, der als Dienstbote oder sogar als Besitzentzieher eine Sache in Händen hat, durch nachfolgendes Übereinkommen Besitzer derselben kraft bailment werden. Ob ei-

---

832 Elmore v. Stone, 1809, 1 Taunt.458; 39 Dig.S.Goods 379, 175; 542, 1530; Mills v. Charlesworth, 1890, 25 Q.B.D.421; sub nom. Charlesworth v. Mills, 1892, A.C.231; 3 Dig.Auct.20, 147; 7 Dig.B.of Sale 4, 7; 6, 11; 21, 97; 35 Mtge 248, 79; 37 Dig.Pers.Prop.157, 29; 159, 37; 161, 51; Dublin City Distillery Ltd v. Doherty, 1914, A.C.823; 10 Dig.Coys 789, 4946; 878, 5962; 32 Lien.265, 475; 37 Pawns 6, 17; 39 S. Goods 379, 174.

833 R.v.Bunkall, 1864, 33 L.J.M.C.75; 15 Dig.Repl.1069, 10 545; R.v.Hoare, 1859, 1 F.& F.647; 15 Dig.Repl.1070, 10 561; R. v. Garret, 1860, 8 Cox C.C.368; 15 Dig.Repl.1070, 10 562; über derartige Fälle von constructive bailments im allgemeinen vgl. Moore v. Wilson, 1787, 1 T.R.659; 8 Dig.Carr. 226, 1453; Dawes v. Peck, 1799, 8 T.R.330; 8 Dig.Carr.225, 1442; Dutton v. Solomonson, 1803, 3 Bos.& P.582; 6 Dig.B. of Exch.317, 2106; 39 S.Goods 495, 1124; 574, 1782; Sargent v. Morris, 1820, 3 B.&Ald.277; 1 Dig.Agcy 626, 2508; 8 Dig. Carr.225, 1446; 41 Dig.Ship.469, 3006; Dunlop v. Lambert, 1839, 6 Cl. & F.600; 8 Dig.Carr.225, 1438; 226, 1452; 39 Dig. S.Goods 496, 1140; 41 Dig.Ship.469, 3007; Re Apex Supply Co.Ltd., 1942, (1942) Ch.108; 2 Dig.Supp.Bailm.9, 247 c; Pollock, F. and Wright, R.S. op.cit. p.161; Kenny, C. S. op.cit. 8th ed. p.190; Goodeve op.cit. p.45.

834 Benjamin: The Law of Sale of Personal Property, 4th ed., London 1888 b.I pt.I ch.4.

ne Handlung notwendig ist, um solchenfalls den Nachweis für die Existenz des Übereinkommens zu erbringen oder gar das Übereinkommen selbst zum Abschluß zu bringen, ist zweifelhaft.[835] Es dürfte jedenfalls zu verlangen sein, daß das Übereinkommen irgendwie nach aussen in Erscheinung tritt. Soweit ein bailment auf der Grundlage eines Vertrags begründet wird, kann derselbe, wie schon früher erwähnt, ein ausdrücklicher oder schlüssiger sein. Ein interessantes Beispiel der letzteren Art bietet der Button "B" Pennies Case,[836] wo der Angeklagte Telefonzellen zu dem Zweck betrat, durch Drücken des Knopfes "B" sich Münzen zu verschaffen, die Leute zurückgelassen hatten, die zu telefonieren versucht hatten, aber keine Verbindung erhielten. Durch den Einwurf in den Schlitz brachten diese Leute die Münzen in den Besitz des Generalpostmeisters als bailee, der sie für etwaige Reklamierende verwahrte, sodaß eine unrechtmässige Einmischung in seinen Besitz durch Zueignung der Münzen Diebstahl zu Lasten des bailee wie der Eigentümer begründete. Aber auch soweit diese Leute oder doch ein Teil derselben sich um die eingeworfenen Münzen nicht mehr bekümmerten, sie vielmehr derelinquierten, würde sich an dem Ergebnis des Urteils nichts ändern, da solchenfalls die Münzen in den Besitz und das Eigentum des Generalpostmeisters in gleicher Weise, wie wenn die Telefonverbindung zustandegekommen wäre, gekommen sind, dem sie der Angeklagte durch rechtswidrige Besitzentziehung animo furandi wegnahm und damit sich des Diebstahls schuldig machte. Daß der Angeklagte dadurch, daß er in die an sich jedermann zugängliche Telefonzelle in verbrecherischer Absicht eindrang, ein trespass beging, wie das Urteil ausserdem hervorhebt, ist nicht zweifelhaft, aber für die Entscheidung unerheblich. Ein anderer Fall von bailment auf Grund schlüssigen Vertrags lag z. B. vor, wo ein Gast ein Restaurant betrat und ein Kellner, ohne darum ersucht zu werden, dem Gast den Mantel abnahm und ihn an einen Haken hinter dem Platz des Gastes aufhängte. Es wurde ent-

---

835 Pollock, F. and Wright, R.S. op.cit. p.134.

836 Button "B" Pennies Case, 1947, The Solicitor vol.14 (1947) No.3 pp.50-51.

schieden, daß der Beklagte ein bailee des Mantels war, der, während der Kläger, der Gast, speiste, gestohlen wurde.[837]

DD) Die verschiedenen Arten von bailment

Was die verschiedenen Arten von bailment anbelangt, so sind in Coggs v. Bernard[838] von Lord Oberrichter Holt sechs Fälle von bailment aufgestellt worden: 1. depositum = Hingabe zur unentgeltlichen Aufbewahrung, 2. commodatum = Hingabe zu unentgeltlichem Gebrauch durch den Empfänger, 3. locatio conductio = Sachmiete, 4. vadium = Verpfändung, 5. locatio operis faciendi = Werkmiete oder Vertrag über Leistung eines Arbeitserfolgs, wozu auch die Hingabe zum Transport gegen Entgelt gehört,[839] 6. mandatum = Hingabe zur unentgeltlichen Ausführung eines Auftrags, sei es eines Transportes oder einer sonstigen Handhabung der Sache.[840] Bei diesen Arten kann man unterscheiden zwischen dem bailment oder bailment for value bzw. for reward, worunter die Ziffern 3, 4 und 5 fallen, während die Ziffern 1, 2 und 6 als gratuitous bailment bezeichnet werden, die, regelmässig jederzeit widerruflich, unter den Begriff des bailment at will oder bailment at pleasure fallen. Daneben spricht Beal noch von einem general bailment, das nicht für einen speziellen Zweck, sondern nur zugunsten des rechtmässigen Eigentümers begründet wird.[841] Es steht dies aber im Widerspruch zu der herrschenden Definition des bailment. Mit der Art des bailment wechselt die gesetzliche Sorgfaltspflicht.[842] Zu beachten ist, daß jeder bailee, gleichgültig welcher Art, juristischer

837 Ultzen v. Nicols, 1894, 1 Q.B.92; 3 Dig.Bailm.57, 32; 73, 135.

838 Coggs v. Bernard, 1703, 2 Ld Raym.909; 3 Dig.Bailm.53, 1; 60, 47; 67, 96; 72, 133; 85, 99; 89, 219; 90, 227; gefolgt von Taylor v. Caldwell, 1863, 2 B.& S.826; 3 Dig.Bailm.53, 2; Beal, E. op.cit. p.96.

839 Randlason v. Murray, 1838, 8 Ad.& El.109; 3 Dig.Bailm.54, 29.

840 Zu den einzelnen Arten von bailment vgl. Paton, G.W. op. cit. pp.133, 139, 171, 184, 196 et seq., 227, 288, 308, 331, 352.

841 Beal, E. op.cit. p.41 mit Sutton v. Buck, 1810, 2 Taunt. 302, at p.309; 3 Dig.Bailm.66, 90; and p.73.

842 Ross v. Hill, 1846, 2 C.B.877; 3 Dig.Bailm.61, 48.

Besitzer der ihm anvertrauten Sache ist[843] und ihm beim bailment for value für die Dauer des bailment auch das Recht zum Besitz gegenüber dem bailor zusteht, dessen Recht zum Besitz während dieser Zeit ruht. Beim bailment at will dagegen kommt dem bailee ein Recht zum Besitz nicht zu, sondern dem bailor das jederzeit realisierbare Recht zum Besitz, das ihm, wie früher schon erwähnt, auf dem zivilrechtlichen Gebiet nicht nur die Herausgabeklage, sondern auch die Besitzklage gegen einen dritten Unrechttuer neben dem bailee gewährt[844] und das auf strafrechtlichem Gebiet ihm gestattet, Anklage wegen Diebstahls gegen einen Dritten zu erheben, der die Sache dem bailee rechtswidrigerweise weggenommen hat, ausser wenn der bailee der Wegnahme durch den Dritten nicht nur zustimmte, sondern auch ein Recht hierzu besaß.[845] Wenn ein bailee die anvertraute Sache mit Ermächtigung des bailor einem subbailee überläßt, wenn also z.B. bei Reparatur eines Autos der Reparierende die Ausführung eines Teils an eine andere Firma vergibt oder ein Spediteur die Sache für einen Teil der Fahrt einem anderen Spediteur anvertraut, so ist je nach der Absicht der Parteien der Dritte unmittelbarer bailee des Eigentümers oder ein subbailee des ursprünglichen bailee. Wenn der bailee die Sache ohne Ermächtigung an einen Dritten als subbailee weitergibt, so fragt es sich, ob das subbailment mit den Bedingungen

843 Paton, G.W. op.cit. p.9 and pp.435-436; Buckland, W.W. and McNair, A.D. op.cit. p.359; Holmes, Oliver Wendell op.cit. p.174.

844 Buckland, W.W. and McNair, A.D. op.cit. p.72 mit n.1 and p.359 mit The Winkfield, 1902, P.42; 3 Dig.Bailm.105, 309; 111, 357; 113, 373; 37 Dig.Pers.Prop.160, 45; 37 Dig.Post. Off.373, 41; 43 Dig.Trov.515, 522; The Zelo, 1922, P.9; 43 Dig.Tresp.515, 522, annot.; Nicolls v. Bastard, 1835, 2 Cr.M.& R.659; sub nom.Nicholls v. Bastard, Tyr.& Gr.156; 3 Dig.Bailm.111, 352; 113, 364; Winfield, P.H.: A Textbook op.cit. p.344 mit Manders v. Williams, 1849, 4 Exch.339; 3 Dig.Bailm.111, 350; Jelks v. Hayward, 1905, 2 K.B.460; 3 Dig.Bailm.96, 259; Whitley v. Hilt, 1918, 2 K.B.808; 3 Dig.Bailm.97, 262; Beal, Edward op.cit. p.77; Paton, G.W. op.cit. p.59 mit Lotan v. Cross, 1810, 2 Camp.464 und Paton, G.W. op.cit. p.96.

845 Pollock, F. and Wright, R.S. op.cit. p.171.

des bailment sich verträgt oder gänzlich unvereinbar ist. Im letzteren Fall setzt die Handlungsweise des bailee dem bailment ein Ende und der bailee begeht durch die eine Leugnung der Rechte des bailor bekundende Ausübung der Herrschaft über die Sache eine Zueignung und animo furandi larceny by a bailee.[846] Die meisten neueren Fälle befassen sich mit der Frage, ob die Unterverpfändung einen Bruch der Bedingungen des ursprünglichen bailment darstellt, sodaß der Verpfänder die Sachen vom Unterpfandgläubiger auf Grund seines wiederauflebenden Rechts zum Besitz herausverlangen könnte, ohne das Geld anzubieten, das ihm durch den Pfandgläubiger geliehen worden war. Die herrschende Meinung geht jedoch dahin, daß der Pfandgläubiger die Befugnis besitzt, die Sache mindestens in dem Umfang des ursprünglichen Darlehens weiter zu verpfänden.[847]

EE) Identität des zu bailment überlassenen Gegenstandes

Wie schon früher dargelegt, erfordert das bailment die Übertragung des Besitzes an der anvertrauten Sache durch den bailor an den bailee unter der Bedingung, den identischen Gegenstand nach Erfüllung des Zwecks, zu dem das bailment begründet wurde, zurückzugeben oder über ihn nach den Weisungen des bailor anderweitig zu verfügen. Es war allerdings zu einer gewissen Zeit fraglich, ob ein bailment begründet würde, wenn die Anweisung dahin ging, dem bailor nicht die spezielle Sache zurückzugeben, sondern in anderer Weise damit zu verfahren. James Kent[848] stellte Storys Lehre, daß ein bailment geschaffen werde, wo eine Sache einer Mittelsperson (agent) gegeben werde mit der Befugnis sie zu verkaufen, in Frage. Das heutige Recht geht davon aus, daß das Mandat entweder dahin gehen mag, die Sache in specie zurückzugeben oder mit ihr sonst in einer speziellen Weise nach den Weisungen des bailor zu verfahren,[849] z.B. bei

846 Edwards v. Newland, 1950, 2 K.B.534; 2 Dig.Supp.7, 170 a.

847 Paton, G.W. op.cit. p.47.

848 Zitiert bei Paton, G.W. op.cit. p.25.

849 Paton, G.W. op.cit. pp.25-26 mit Pollock, F. and Wright, R. S. op.cit. pp.161-162 und Walker v. British Guarantee Assoc., 1852, 18 Q.B.277; 3 Dig.Bailm.91, 230.

bailment eines Rechtsanwalts in Ansehung eines Schecks mit dem Recht, den Scheck einzulösen und einen Teil des Erlöses für seine Gebühren zu behalten,[850] oder wenn die identische Sache weisungsgemäß an einen Käufer derselben durch den bailee weitergegeben werden soll.[851] Entsprechendes gilt auch im Fall eines Verkaufsbevollmächtigten, der als solcher Besitz an den zu veräussernden Sachen hat, sofern ihm ausser dem Besitz an den überlassenen Sachen die Ermächtigung erteilt ist, über diese Sachen im Namen des bailor und nach dessen Weisungen zugunsten eines Dritten zu verfügen. Dies führt mit besonderem Nachdruck und überzeugender Beweisführung Story[852] und mit ihm übereinstimmend Pollock[853] aus, im Gegensatz zu dem Urteil in R.v.Prince,[854] das in solchen Fällen das Vorliegen eines bailment verneinte. Heute hat sich die Pollocksche Auffassung allgemein durchgesetzt. In diesem Sinne dürfte auch R.v.Henderson[855] zu verstehen sein, wo davon ausgegangen wurde, daß, wenn die Anweisung dahin ging, gewisse Ringe innerhalb zehn Tagen zu verkaufen oder sie zurückzugeben, der Angeklagte nach Ablauf dieses Zeitraums als ein bailee der Ringe anzusehen war, sodaß Verpfändung (ohne Einlösungsmöglichkeit) oder Verkauf derselben ein larceny as a bailee begründete; ebenso wird R.v.Richmond[856] auszulegen sein, wo ein Reisender, der damit betraut wurde, Seide zu verkaufen, als ein bailee der Seide angesehen wurde, weil dieselbe bis zum Verkauf Eigentum seiner Arbeitgeber blieb und er eine spezielle Weisung für den Gebrauch, welcher mit der Seide zu machen war, hatte. Ist allerdings einem solchen Vertreter nicht bloß der

---

850 Paton, G.W. op.cit. p.26.

851 Roberts v. Wyatt, 1810, 2 Taunt.268; 3 Dig.Bailm.108, 830; 40 S.Land 86, 660; 90, 695.

852 Story, J. op.cit. § 2.

853 Pollock, F. and Wright, R.S. op.cit. p.162.

854 R.v.Prince, 1827, 2 C.& P.517; 1 M.& M.21.

855 R.v.Henderson, 1871, 11 Cox C.C.593; 15 Dig.Repl.1068, 10 540.

856 R.v.Richmond, 1873, 12 Cox C.C.495; 29 L.T.408; 15 Dig. Repl.1069, 10 547.

Besitz, sondern auch das Eigentum an den Sachen zur Verwertung überlassen, so kann nach der heutigen Rechtsprechung kein bailment vorliegen, sondern solchenfalls muß ein Treuhandverhältnis angenommen werden.[857] Ein bailment wird auch bei Miete-Kauf-Übereinkommen (hire-purchase-agreement) begründet, das sich als bailment of hire mit dem Wahlrecht, die gemietete Sache zu kaufen darstellt und nicht als unmittelbarer Verkauf mit hinausgeschobenen Zahlungen unter Eigentumsvorbehalt bis zur Bezahlung des vollen Kaufpreises. Freilich ist der Miete-Kauf-Vertrag rechtlich etwas mehr als ein bailment. Ein Mieter auf Grund eines gewöhnlichen bailment setzt dem bailment dadurch ein Ende, daß er eine Handlung vornimmt, die mit den Bedingungen des bailment unvereinbar ist. Dagegen wird im Falle eines Miete-Kauf-Vertrags solch ein unvereinbarer Gebrauch der Sache das Eigentumsinteresse des Mieters nicht berühren, da dies aus einem Rechtsgeschäft entsteht, das in der Tat eine Art Kauf ist.[858] Ferner kann ein gewöhnlicher bailee den Rechtstitel seines bailor nicht bestreiten. Ein Mieter-Käufer dagegen ist, obwohl er, von einer Seite aus gesehen, ein bailee ist, auch eine Person, die durch Vertrag auf Übertragung des Eigentums aus den Mietsachen in einem künftigen Zeitpunkt berechtigt ist; er kann sogar in einigen Fällen auf unmittelbarer Übertragung des Eigentums bestehen, wenn er die erforderliche Zahlung anbietet, obwohl der Zeitraum der Miete noch nicht abgelaufen ist. Das bailment setzt, wie schon ausgeführt, voraus, daß dem bailee der Besitz der anvertrauten Sache durch den bailor übertragen wird. Erforderlich ist zu der Besitzübertragung ausser dem Einverständnis des bailor auch die Zustimmung des bailee. Kommen Sachen des A in die Hände des B, ohne daß letzterer der Annahme zustimmt, so ist B nicht verpflichtet, sich um die Sachen zu kümmern, auch wenn A beabsichtigte, dem B den Besitz der

---

857 Kenny, C.S. op.cit. new ed. by J.W.Cecil Turner (1952) pp. 220-221.

858 Vgl.jedoch hierzu North Central Wagon and Finance Co.Ltd. v. Graham, 1950, (1950) 1 All E.R.780; 3 Dig.Supp.Bailm. 10, 264 a.

Sachen zu überlassen.[859] Unter diese sogenannten unfreiwilligen bailments (involuntary bailments) zählt auch der Fall, daß Sachen durch einen Fluß auf ein Anliegergrundstück angeschwemmt werden;[860] ebenso der Fall, wo eine Eisenbahngesellschaft von einem ihrer Bahnhöfe an einen anderen Waren transportierte und sie fälschlicherweise an die Adresse des J. leitete, der auf die Ankündigung ihrer Ankunft hin sich weigerte, sie anzunehmen.[861] Auch gibt es einige Fälle, in denen eine Besitzänderung mit Zustimmung des bisherigen Besitzers, wie eine solche die Übergabe voraussetzt, nicht vorgelegen hat, ein bailment im eigentlichen Sinn also nicht besteht, der Erwerber aber gleichwohl wie ein bailee behandelt wird. Hierauf weist unter anderem Pollock hin, der an einer dem Strafrecht gewidmeten Stelle feststellt: "although in some cases and for some purpose the finder may be assimilated to a bailee, he is not a bailee and has no right to possession against the owner".[862] Ein solcher quasi-bailee ist der Finder einer verlorenen Sache, der dieselbe aus Barmherzigkeit an sich nimmt, um sie für den Eigentümer zu retten. Hier wird - auch wenn ein Schlüssel für die Feststellung des Eigentümers vorliegt - angenommen, daß der Finder die Sache rechtmässig an sich nahm und daß er so zu behandeln ist, wie wenn er auf Grund stillschweigender Zustimmung des Eigentümers dessen bailee wäre.[863] Nach Common Law konnte sonach ein solcher Finder durch nachträgliche Zueignung der Sache einen Diebstahl nicht begehen, es

859 Lethbridge v. Phillips, 1819, 2 Stark.544; 3 Dig.Bailm. 58, 33; Howard v. Harris, 1884, 1 Cab.& El.253; 3 Dig. Bailm.58, 34.

860 Nicholson v. Chapman, 1793, 2 Hy Bl.254; 3 Dig.Bailm.66, 89; 32 Dig.Lien 251, 371; 41 Dig.Ship.851, 7141; 43 Dig. Trov.469, 92.

861 Hoare v. Great Western Ry Co., 1877, 37 L.T.186; 3 Dig. Bailm.58, 37.

862 Pollock, F. and Wright, R.S. op.cit. p.187.

863 Pollock, F. and Wright, R.S. op.cit. p.172; Goodeve, L. A. op.cit. p.46; Mulgrave v. Ogden, 1591, Cro.El.219; sub nom. Mosgrave v. Agden, Owen 141; sub nom. Wolgrave v. Ogden, 1 Leon.224; 3 Dig.Bailm.65, 84; 43 Dig.Trov. 469, 86; 482, 189.

sei denn durch "Erbrechen der Masse" oder ein sonstiges, das bailment beendigendes, mit diesem ganz unverträgliches Handhaben der Sache. Seit dem Statute against fraudulent bailees vom Jahre 1857 (genannt Fraudulent Trustees (and Bankers) Act, 20 & 21 Vict. c.54) - jetzt Larceny Act 1916 s.1 Proviso zu (1) - kann er sich aber eines larceny by a bailee schuldig machen. Hierher zählt auch der Fall, in dem eine Nachbarin aus dem brennenden Haus des Nachbarn Sachen in Kenntnis des Eigentümers zur Sicherung derselben gegen das Feuer für den Eigentümer an sich nahm, sich aber nachträglich entschloß, sich dieselben zuzueignen. Da bei der Wegnahme der Sachen kein animus furandi vorlag, war nach Common Law kein Diebstahl gegeben und daher Freispruch erfolgt. Dagegen hätte sie seit Bestehen des obenerwähnten Statuts sich eines larceny by a bailee schuldig gemacht.[864] Dasselbe müßte auch angenommen werden, wenn z.B. einem betrunkenen Dienstknecht das Pferd des Eigentümers zugunsten des letzteren weggenommen, jedoch hernach durch den Wegnehmenden sich zugeeignet würde.[865] In gleicher Weise wurde im Falle R.v.Reeves[866] entschieden, daß, wo der Angeklagte einem betrunkenen Mann die Uhr aus der Tasche nahm, was jener in der Annahme, der Angeklagte, mit dem er bekannt war, tue dies aus freundschaftlichen Motiven, guthieß, kurze Zeit hernach aber die Uhr an einen Dritten veräusserte, der Angeklagte als bailee des Eigentümers anzusehen sei und sich daher eines larceny by a bailee schuldig gemacht habe. Hierzu sagte Crowder J. in der Urteilsbegründung: Der Beweis würde nicht einen Diebstahl nach Common Law stützen, aber er enthülle ein bailment, das hinreichend sei, um den Fall in den Bereich von 20 & 21 Vict. c.54 s.4 - jetzt Larceny Act 1916 s.1 Proviso zu (1) - zu bringen. Dabei wurde aber vorausgesetzt, daß der Angeklagte nicht von vornherein den animus furandi hatte, sondern die Wegnahme der Uhr in der Absicht er-

864 R.v.Leigh, 1800, 1 Leach 411 n.; 15 Dig.Repl.1056, 10 406.
865 Pollock, F. and Wright, R.S. op.cit. pp.133-134; Paton, G. W. op.cit. p.27.
866 R.v.Reeves, 1859, 5 Jur.N.S.716; 15 Dig.Repl.1067, 10 534.

folgte, sie gegen Diebstahlsgefahr für den Eigentümer zu sichern und daß er erst hernach sich entschloß, dieselbe sich zuzueignen. Andernfalls möchte auch hier ein larceny by a trick anzunehmen gewesen sein, wie im Falle R.v.Campbell,[867] wo ein Mieter sich seiner Vermieterin gegenüber erbot, für sie eine Banknote in Kleingeld umwechseln zu lassen, sich jedoch dieselbe alsbald zueignete. Kein bailment des Gastwirts besteht an Sachen der Gäste, es sei denn, daß ein solches durch besondere Übergabe der Sachen an den Gastwirt begründet würde.[868] Was das larceny by a bailee anbetrifft, so ist eine wesentliche Voraussetzung desselben, daß der bailee die Pflicht hat, den identischen Gegenstand, der ihm anvertraut ist, dem bailor zurückzugeben oder nach dessen Weisungen mit diesem identischen Gegenstand anderweitig zu verfahren.[869] Eine solche Identität des Gegenstandes ist aber auch noch gewahrt, wenn anstatt der übergebenen Sache der Gegenstand zurückzugeben ist, der aus der übergebenen Sache zu machen ist. Wenn ich z.B. einem Schneider Stoff zur Fertigung eines Anzugs übergebe, so wird dieser ein bailee nicht nur an dem gelieferten Stoff, sondern auch an dem daraus gefertigten Anzug. Das Erfordernis der Identität gilt auch für Geld. Auch bei Überlassung von Geld liegt ein bailment in Ansehung desselben nur vor, wenn die übergebenen Geldstücke in specie wieder zurückzugeben oder weisungsgemäß einem Dritten auszuhändigen sind. Dahin spricht sich aus-

---

867 R.v.Campbell, 1792, 2 Leach 564; 15 Dig.Repl.1137, 11 439.

868 Paton, G.W. op.cit. p.199; vgl. hierzu oben Anm.837.

869 Kenny, C.S. op.cit. 8th ed. (1917) pp.189, 190; Kenny, C.S. op.cit. new ed. by J.W.Cecil Turner (1952) p.221 and n.2; Stephen, J.F. op.cit. p.247; Russell, W.O.: On Crime op.cit. vol.2 p.1136; Beal, Edward op.cit. p.44; Paton, G.W. op.cit. pp.28, 436; Archbold, J.F. op.cit. 32nd ed. (1952) p.541; Edwards, J.Ll: Possession and Larceny, C.L.Pr. vol.3 (1950) p.139 n.48; R.v.Hoare, 1859, 1 F.& F.647; 15 Dig.Repl.1070, 10 561; R.v.Garrett, 1860, 2 F.& F.14; 15 Dig.Repl.1070, 10 562; R.v.Hassall, 1861, 1 L.& C.56, 58; 15 Dig.Repl.1071, 10 563; R.v.Bellencontre, 1891, 2 Q.B.122; 15 Dig.Repl.1110, 11 033; R.v.Davies, 1866, 10 Cox C.C.239; 15 Dig.Repl.1069, 10 550; R.v.Henderson, 1871, 11 Cox C.C.593; 15 Dig. Repl. 1068, 10 540; R.v.Hunt, 1861, 8 Cox C.C.495; 15 Dig.Repl. 1071, 10 564.

drücklich Pollock[870] aus, wenn er sagt: "Da eine Hinterlegung von Geldstücken, die nicht in specie zurückzugeben oder zu verwenden sind, für zivilrechtliche Zwecke kein bailment, sondern ein Treuhandverhältnis oder eine Schuldverpflichtung begründet, so ist sie auch kein bailment im Sinne des strafrechtlichen Statute against fraudulent bailees". So auch R.v.Hassall,[871] wo gesagt ist: "The word bailment must ... be understood in its legal acceptation, viz a deposit of something to be returned in specie; and does not apply to the receipt of money with an obligation to return the amount when there is no obligation to return the identical coin"; ebenso R.v.Garrett.[872] Anders liegt der Fall aber, wenn die speziellen Geldstücke zurückzugeben oder zu verwenden, d.h. an einen Dritten auszubezahlen sind,[873] wie wenn sie z.B. in einen Brief oder Sack eingeschlossen sind.[874] Hier können sie Gegenstand eines bailment sein. Dabei geht die Tendenz dahin, die so begründete Immunität eher zu beschränken als auszudehnen. So wurde entschieden, daß eine Pflicht bestand, die erhaltenen speziellen Geldstücke abzuliefern in Fällen, wo auf den ersten Blick angenommen werden mochte, daß die Parteien eine solche Verbindlichkeit nicht begründet hatten. In R.v.Aden[875] wurde so ein Bootsmann des larceny by a bailee für schuldig befunden, dem 24 Pfund anvertraut waren, um eine Bootsladung Kohlen zu kaufen, und der sich dieses Geld zueignete, weil es offensichtlich seine Pflicht war, die Kohlen mit den tatsächlich erhaltenen Geldstücken, die ihm der Ankläger gegeben hatte, zu zahlen.[876] Ebenso wurde in

---

870 Pollock, F. and Wright, R.S. op.cit. p.160.

871 R.v.Hassall, 1861, 1 L.& C.56, at p.63; 15 Dig.Repl.1071, 10 563.

872 R.v.Garrett, 1860, 2 F.& F.14; 15 Dig.Repl.1070, 10 562; Beal, Edward op.cit. p.44; Paton, G.W. op.cit. p.28.

873 R.v.Brown, 1856, Dears.C.C.616; 15 Dig.Repl.1037, 10 191; R.v.Jones, 1835, 7 C.& P.151; 15 Dig.Repl.1066, 10 519; R.v.Jenkins, 1839, 9 C.& P.38; 15 Dig.Repl.1066, 10 520.

874 Pollock, F. and Wright, R.S. op.cit. pp.161-164.

875 R.v.Aden, 1873, 12 Cox C.C.512; 15 Dig.Repl.1069, 10 544.

876 Warburton, Henry and Grundy, Claude H. op.cit. p.332; Kenny, C.S. op.cit. new ed. by J.W.Cecil Turner (1952) p.219.

R.v.Banks,[877] wo der Angeklagte eine Stute des Anklägers auf dem Markt in Chester verkaufte und den erhaltenen Kauferlös entgegen einer Aufforderung der beim Verkauf anwesenden klägerischen Ehefrau, ihr das Geld auszuhändigen, sich zueignete, als bewiesen angenommen, daß er jenes Geld auf Grund eines bailment besessen habe, das in den Bereich des Statute against fraudulent bailees falle, da er den Erlös in specie dem Auftraggeber zu übertragen gehabt habe.[878] Mit R.v.Banks stimmen auch R.v.Clegg[879] und R.v.Governor of Holloway Prison[880] überein. Nur unter der Voraussetzung, daß der bailee verpflichtet ist, die speziellen, von ihm eingenommenen Geldstücke zu übertragen,[881] kann bei Anvertrauen von Sachen zum Verkauf der Erlös hieraus als dem Erfordernis der Identität genügend bezeichnet werden. Einen Schutz gegen Veruntreuung bieten übrigens, soweit ein bailment nicht als vorliegend sollte angesehen werden können, die Bestimmungen des Larceny Act 1916 s.20, insbesondere s.20 (iv). Ist aber jemand damit beauftragt, Schulden einzutreiben, so ist er kein bailee des eingezogenen Geldes, sofern er nicht verpflichtet ist, die identischen Münzen seinem Auftraggeber auszuhändigen, sondern nur mit ihm abzurechnen. So war in R.v.Hassall[882] der Angeklagte Kassierer eines Geldklubs und genoß die Ermächtigung, an die Mitglieder

---

877 R.v.Banks, 1884, L.R.13 Q.B.D.29; Wilshere Select. p.145 No.58.

878 Warburton, Henry and Grundy, Claude H. op.cit. p.334; vgl. auch Kenny, C.S. op.cit. new ed. by J.W.Cecil Turner (1952) p.218; Archbold, J.F. op.cit. 32nd ed. (1952) p.541; Russell, W.O.: A Treatise op.cit. p.1188; Cross, Rupert and Jones, P.A. op.cit. p.166; Paton, G.W. op.cit. pp.28-29.

879 R.v.Clegg, 1868, (1868) Ir.Rep.3 C.L.166; 15 Dig.Repl.813, 7766.

880 R.v.Governor of Holloway Prison, 1897, 18 Cox C.C.631; Kenny S.C.I. 229, unter ausdrücklicher Bestätigung von R. v. Banks, 1884, L.R.13 Q.B.D.29; Wilshere Select.p.145 No. 58.

881 Harris, S.F. op.cit. 17th ed. by A.M.Wilshere (1943) p.317.

882 R.v.Hassall, 1861, 1 L.& C.56, 58; 15 Dig.Repl.1071, 10 563.

Geldbeträge aus dem in seinen Händen befindlichen Klubgeld auszuleihen. Er eignete sich rechtswidrig einen Teil dieses Fonds an. Es wurde entschieden, daß er kein bailee gewesen sei, da er nicht verpflichtet gewesen sei, an jemand die speziellen Geldstücke, die ihm bezahlt worden waren, auszuzahlen.[883] So ist in genannter Entscheidung R.v.Hassall[884] unter anderem ausgeführt: "The word bailment must be understood in its legal acceptation viz a deposit of something to be returned in specie; and does not apply to the receipt of money with an obligation to return the amount, when there is no obligation to return the identical coin". Dagegen ist dem Erfordernis der Identität der übergebenen mit der zurückgegebenen Sache nach der Rechtsprechung und Literatur bei dem Erwerb von Sachen mit zu diesem Zweck anvertrautem Geld genügt. Hier geht das Eigentum an jenen Sachen durch die Tätigkeit des Beauftragten auf den Auftraggeber kraft dinglicher Surrogation über und der Beauftragte ist als bailee des Auftraggebers am Surrogat zu erachten, ohne daß letzterer zur Entstehung des bailment die körperliche Herrschaft über dasselbe erlangt zu haben braucht. Dabei ist es gleichgültig, ob der Beauftragte die Sache in eigenem oder fremdem Namen erhalten hat. So wurde z.B. in R.v.Bunkall[885] entschieden, daß die Kohlen, die der Beauftragte, ein selbständiger Fuhrmann, mit Geld des Auftraggebers gekauft und auf seinem (des Beauftragten) Wagen dem Auftraggeber mit Ausnahme eines unterwegs entnommenen und zugeeigneten Teils der Ladung zugeführt hatte, mit dem Aufladen auf den Wagen unmittelbar in das Eigentum des Auftraggebers übergegangen waren und daß der Beauftragte ein bailee in Ansehung der übernommenen, mit dem Geld des Auftraggebers gekauften Kohlen geworden war und sich daher durch nachträgliche Zueignung eines Teils derselben animo

---

883 Warburton, Henry and Grundy, Claude H. op.cit. p.334; Cross, Rupert and Jones, P.A. op.cit. p.166 mit n.h; Beal, Edward op.cit. p.44; Kenny, C.S. op.cit. new ed. by J.W.Cecil Turner (1952) pp.219-220.

884 R.v.Hassall, 1861, 1 L.& C.58, at p.63; 15 Dig.Repl.1071, 10 563.

885 R.v.Bunkall, 1864, 33 L.J.M.C.75; 15 Dig.Repl.1069, 10 545.

furandi eines larceny by a bailee schuldig gemacht hatte. Die Urteilsbegründung von Cockburn C.J. ging dahin: "In diesem Fall war dem Angeklagten Geld anvertraut, um Kohlen zu kaufen, die er dem Ankläger auf seinem (des Angeklagten) eigenem Wagen gegen Entgelt zuführen sollte. Nachdem der Angeklagte die Kohlen gekauft hatte, nahm er einen Teil davon in der Absicht weg, denselben zu seinem eigenen Nutzen sich zuzueignen. Einige Mitglieder des Gerichts sind der Meinung, daß, selbst wenn kein Beweis einer speziellen Zueignung der Kohlen durch den Angeklagten für den Ankläger vorläge, die Tatsache, daß sie mit des Anklägers Geld, das von ihm dem Angeklagten für diesen Zweck gegeben worden war, erworben worden sind, ipso facto das Eigentum an den Kohlen dem Ankläger verschaffen würde und daß so ein bailment i.S. der statutarischen Bestimmungen gegeben sein würde. Andere Richter sind der Meinung, daß eine spezielle Zueignung der Kohlen durch den Angeklagten für den Ankläger notwendig gewesen sei, daß aber Beweis für jene spezielle Zueignung vorliege. Der Angeklagte ging mit dem Geld des Anklägers weg, um Kohlen zu kaufen, lud sie auf den Wagen und nahm dann einen Teil für sich weg, indem er dem Ankläger gegenüber behauptete, daß er die ganze Menge der gekauften Kohlen ihm gebracht habe. Wir sind alle der Meinung, daß dies Beweis einer speziellen Zueignung ist, die genügt, den Spruch der jury" - auf Schuldigsprechung wegen Diebstahls - "zu rechtfertigen".[886] Dieselbe Auffassung wird von Archbold,[887] Russell,[888] Kenny[889] und Warburton[890] vertreten.

FF) Beendigung des bailment

1. durch Rückgabe

Das bailment endigt mit der Rückgabe der anvertrauten Sache

886 Kenny S.C.I.227, at p.234 per Cockburn C.J.
887 Archbold, J.F. op.cit. 32nd ed. (1952) pp.541-542.
888 Russell, W.O.: On Crime op.cit. vol.2 pp.1131-1132.
889 Kenny, C.S. op.cit. new ed. by J.W.C.Turner (1952) p.218.
890 Warburton, Henry and Grundy, Claude H. op.cit. p.332.

durch den bailee an den bailor oder durch weisungsgemässe anderweitige Verfügung über die Sache durch den bailee. Das erstere trifft aber nicht zu, wenn die Sache vom bailee dem bailor nur zu einem während der Fortdauer des bailment zu befriedigenden Zweck zurückgegeben wird, ohne daß der bailee eine Beendigung des bailment beabsichtigt.[891] Solchenfalls wird der bailor ein subbailee des bailee und macht sich eines larceny by a bailee schuldig, falls er nach Beendigung des subbailment trotz Anforderung durch den bailee sich weigert, die Sache dem bailee wieder auszuhändigen, sondern sie animo furandi, d.h. in der Absicht, die Rechte des bailee zu vereiteln, zurückbehält.[892] Die Rückübertragung kann auch in konstruktiver Weise erfolgen. Wenn z.B. der bailee die Sache bei einem Dritten hinterlegt und mit ihm und dem bailor übereinkommt, daß der Dritte sie fortan für den bailor innehaben soll (bailment by attornment), so stellt sich dies als Rückübertragung dar und der quondam bailee kann sich in Ansehung der Sache einer rechtswidrigen Besitzentziehung und animo furandi eines Diebstahls schuldig machen.[893] Möglicherweise kann sogar ein blosses Übereinkommen zwischen bailee und bailor, wonach der bailee fortan die Sache nicht mehr als bailee, sondern als ein Dienstbote des bailor, d.i. nicht mehr als Besitzer, sondern nur als Inhaber der Obhut für den bailor als Besitzer innehaben soll, dieselbe Wirkung der Rückübertragung des Besitzes

---

891 Reeves v. Capper, 1838, 5 Bing.N.C.136; 21 Dig.Exon.503, 771; 25 Dig.Fraud.Conv.197, 352; 25 Dig.Gift 507, 42; 32 Dig.Lien 231, 163; 37 Dig.Pawns 5, 13; 7, 28; Roberts v. Wyatt, 1810, 2 Taunt.268; 3 Dig.Bailm.108, 830; 40 Dig. S.Land 86, 660; 90, 695; North Western Bank Ltd. v. Poynter Son and Macdonalds, 1895, (1895) A.C.56; 3 Dig.Bank. 277, 865; 11 Dig.Confl.359, 418; 37 Dig.Pawns 7, 30.

892 Paton, G.W. op.cit. p.389, wonach der bailee gegen den subbailee wegen conversion auch die zivilrechtliche action of trover anstrengen kann; vgl.Roberts v. Wyatt, 1810, 2 Taunt.268; 3 Dig.Bailm.108, 830; 40 Dig.S.Land 86, 660; 90, 695; Winfield, P.H.: A Textbook op.cit. p.345.

893 R.v.Stear, 1848, 1 Den.349; 15 Dig.Repl.1044, 10 278; Godts v. Rose, 1855, 17 C.B.229; 17 Dig.Custom 65, 688; 39 Dig.S.Goods 489, 1076; 517, 1338; 538, 1478; 539, 1491; 544, 1554; 557, 1644; 43 Dig.Trov.465, 19.

vom bailee an den bailor haben, sei es unmittelbar, sei es im Wege prozessualen Ausschlusses einer gegenteiligen Behauptung, d.h. der Geltendmachung des Besitzrechts des bisherigen bailee (by way of estoppel) - eine prozessuale Einwendung, die der Wirkung nach der materiell rechtlichen exceptio doli generalis des römischen und gemeinen Rechts entsprechen möchte. Sind mehrere bailors vorhanden, so ist der bailee nicht verpflichtet, die Sachen einigen oder nur einem von ihnen zurückzuübertragen.[894]

2. durch Zueignung

Das bailment kann aber auch durch arglistige rechtswidrige Verwendung der anvertrauten Sache durch den bailee zu seinem eigenen Nutzen oder zum Nutzen eines anderen als des Eigentümers beendigt werden (Larceny Act 1916 s.1 Proviso zu (1)).[895] Der Begriff der Zueignung (conversion), d.h. des "converting to one's own use or the use of any person other than the owner", ist gesetzlich nicht festgelegt und es muß daher zur näheren Bestimmung dieses Begriffs auf die Auslegung zurückgegriffen werden, die er im Laufe der Zeit durch Rechtsprechung und Literatur erfahren hat. Dabei ist zu bemerken, daß das "conversion" des Strafrechts mit dem im Zivilrecht als unerlaubte Handlung (tort) statuierten "conversion" zwar zusammenfallen kann, aber keineswegs identisch ist. Es erklärt sich dies daraus, daß das erstere auf die Person des Erwerbers, das letztere auf die Person des Eigentümers abstellt. Zwar ging auch der zivilrechtliche Zueignungsbegriff ursprünglich von dem "converting to one's own use", d.h. von der Verwendung einer einem anderen gehörenden beweglichen Sache durch deren Besitzer zum eigenen Nutzen oder zum Nutzen eines anderen als des Eigentümers derselben, aus. In der Folgzeit jedoch wurde der zivilrechtliche Begriff der Zueignung dahin erweitert, daß die Her-

894 Harper v. Godsell, 1870, L.R.5 Q.B.422; 1 Dig.Agcy 297, 304, 250; 3 Dig.Bailm.116,395; 37 Dig.Pawns 10, 56; 13, 80; 43 Dig.Trov.489, 264.

895 "... fraudulently converts the same (sc.the thing) to his own use or the use of any person other than the owner".

leitung eines Vorteils für den Zueignenden nicht mehr für notwendig erachtet wurde, sondern daß die Schädigung des Eigentümers für ausreichend angesehen wurde, die durch eine mit dem Herrschaftsrecht des Eigentümers unvereinbare Handhabung des Besitzes und Gebrauchs der Sache hervorgerufen ist. Auf strafrechtlichem Gebiet wurde zwar die Verwendung zu eigenem Nutzen oder zum Nutzen eines anderen als des Eigentümers bis heute beibehalten, aber - offensichtlich unter dem Einfluß des Zivilrechts - dahin abgeschwächt, daß, wie früher schon erwähnt, nicht nur die alsbaldige Weitergabe an einen Dritten, sondern auch die Zerstörung der Sache den strafrechtlichen Zueignungsbegriff nicht ausschloß. Der praktische Unterschied zwischen dem strafrechtlichen und dem zivilrechtlichen Zueignungsbegriff zeigt sich vor allem darin, daß bei der Zueignung als zivilrechtlich unerlaubter Handlung es nichts ausmacht, wenn die Zueignungshandlung in einer irrtümlichen, aber ehrlichen und sogar vernünftigen Annahme erfolgt, hierzu berechtigt zu sein, z.B. von einem Dienstboten oder Angestellten des Dienst- oder Geschäftsherrn, selbst in der Absicht, dem Eigentümer einen Vorteil zu verschaffen.[896] Beim strafrechtlichen converting to one's own use dagegen ist die arglistige rechtswidrige Verwendung der Sache zugunsten eines anderen als des Eigentümers vorausgesetzt. Eine Definition des Unrechts des conversion findet sich in der Form des Declaration, das für das action of trover durch das Common Law Procedure Act von 1852 (15 & 16 Vict. c.76) s.49 Schedule B vorgesehen ist. Hierdurch wurden die alten Fiktionen von Verlust und Fund abgeschafft und es wurde in der neuen Form der Erklärung einfach behauptet, daß "the defendant converted to his own use, or wrongfully deprived

896 Pollock, F. op.cit. p.350; Stephens v. Elwall, 1815, 4 M.& S.259; 1 Dig.Agcy 683, 2927; 684, 2933; 34 Dig.Mast.& S. 186, 1525; 43 Dig.Trov.469, 94; Barker v. Furlong, 1891, 2 Ch.172; 22 Dig.Repl.473, 5211; Fine Art Society v. Union Bank of London, 1886, 17 Q.B.D.705; 1 Dig.Agcy 565, 2169; 3 Dig.Bank.213, 528; 6 Dig.B.of Exch.445, 2862; 43 Dig. Trov.483, 204; Stephen, H.J. op.cit. vol.3 p.339.

the plaintiff of the use and possession of the plaintiff's goods". Die unrechtmässige Handlung des "conversion" besteht sonach in einer Handlung willentlichen Eingriffs in eine bewegliche Sache, die ohne gesetzliche Rechtfertigung und in einer mit dem Rechtstitel eines anderen unvereinbaren Weise erfolgt, wodurch dieser andere, der Eigentümer i.S. des Rechtstitelinhabers, des Besitzes und Gebrauchs der Sache beraubt und so geschädigt wird.[897] In Erläuterung hierzu kann auf Fouldes v. Willoughby[898] hingewiesen werden, wo ausgeführt ist, daß die rechtswidrige Wegnahme einer Sache, obwohl ein trespass, ein conversion nur ist, wenn es in der Absicht erfolgt, den gegnerischen Rechtstitel auf das Recht zum Besitz zu leugnen. So ist in der Urteilsbegründung von Abinger C.J. ausgeführt: "It has never yet been held that the single act of removal of a chattel, independent of any claim over it either in favour of the party himself or anyone also, amounts to a conversion of a chattel".[899] Diese Begriffsbestimmung des "conversion", die sich mit den ähnlich lautenden Definitionen von Phillips,[900] Underhill,[901] Earl Jowitt,[902] Winfield,[903] Pollock,[904] Scurlock,[905] in Einklang mit Hiort v. Bott[906] deckt, hat in gleicher Weise, wie die Definitionen der genannten Autoren, das zivilrechtliche conversion im Auge. Sie hat

897 Salmond, John W.: Observations on Trover and Conversion, L. Q.R. vol.21 (1905) p.43; Salmond, John W.: Law of Torts op. cit. p.295; vgl. auch Rogers v. Arnott, 1960, (1960) 2 All. E.R.417 et seq. unter Hinweis auf Lord Porter in Caxton Publishing Co. Ltd v. Sutherland Publishing Co., 1938,(1938) 4 All E.R.404; (1939) A.C.202.

898 Fouldes v. Willoughby, 1841, 8 M.& W.540; 43 Dig.Tresp.472, 116.

899 Salmond, John W.: Observations on Trover and Conversion, L. Q.R. vol.21 (1905) p.53.

900 Phillips, Hood: A First Book of English Law, 4th ed. London 1960 p.248.

901 Underhill, Arthur op.cit. p.96.

902 Jowitt, Earl op.cit. v. "conversion".

903 Winfield, P.H.: A Textbook op.cit. p.337.

904 Pollock, F. op.cit. p.14 n.22.

905 Scurlock, John: The Element of Trespass in Larceny at Common Law, Temple Law Quarterly vol.22 No.1 (July 1948) pp.14, 15 n.22.

906 Hiort v. Bott, 1874, L.R.9 Exch.86; 3 Dig.Bailm.59, 38; 43 Dig.Trov.472, 112; 485, 221.

aber auch zeitweise auf die strafrechtliche Begriffsbestimmung eingewirkt. So verlangt Martin B. in R.v.Jackson[907] für das strafrechtliche conversion eines bailee die Beendigung des bailment durch etwas, was dem Diebstahl (i.S. des Larceny Act 1916 s.1 (1)), d.h. dem "taking and carrying away" analog ist. Dies erblickt er in der Vornahme einer Handlung, die mit den Zwecken des bailment unverträglich ist. Wo eine solche mit dem bailment unvereinbare Handlung nicht gegeben ist, lehnt er Diebstahl durch einen bailee ab. Hiervon ausgehend stellte er in R.v.Jackson, wo der Ankläger dem Angeklagten einen Mantel zum Tragen auf einen Tag geliehen hatte und der Angeklagte, der inzwischen die Stadt verlassen hatte, einige Tage darauf in diesem Mantel an Bord eines Schiffes angetroffen wurde, das zur Ausfahrt nach Australien bereit lag, das Verfahren ein. Die Begründung der Entscheidung von Martin B. stellte darauf ab, daß das Tragen des Mantels nach Ablauf der Leihfrist keine mit dem bailment gänzlich unvereinbare, dasselbe beendigende Verwendung zu seinem Nutzen darstelle. Diese Meinung, die auch in R.v.Weeks[908] und in ähnlicher Weise in R. v. Cosser[909] vertreten wurde, wird auch von Cross-Jones[910] geteilt. Dagegen geht in Abweichung hiervon Russell[911] davon aus, daß in dem Verhalten des Angeklagten allerdings keine Zueignung im zivilrechtlichen Sinne zu erblicken sei, daß aber zum "converting to one's own use" i.S. des Larceny Act 1916 s.1 Proviso zu (1) eine solche Zueignung auch nicht erforderlich sei, die verlangt, daß der wahre Eigentümer einen Schaden erlitten hat, während eine strafrechtliche Verfolgung wegen fraudulent conversion selbst dann gegeben sein kann, wenn der Eigentümer die vom unehrlichen bailee zugeeignete Sache intakt zurückerhalten haben sollte; es müsse vielmehr ausreichen, daß zur Bejahung

---

907 R.v.Jackson, 1864, 9 Cox C.C.505; 15 Dig.Repl.1068, 10 537.
908 R.v.Weeks, 1866, 10 Cox C.C.224; 15 Dig.Repl.1070, 10 559.
909 R.v.Cosser, 1876, 13 Cox C.C.187; 15 Dig.Repl.1070, 10 550.
910 Cross, Rupert and Jones, P.A. op.cit. p.167 mit n.a.
911 Russell, W.O.: On Crime op.cit. vol.2 p.1145.

des converting der jury der Beweis genügen müsse, daß der Angeklagte den Mantel zu seinem eigenen Gebrauch an Bord des Schiffes nahm, in der Absicht, den Eigentümer desselben dauernd zu berauben. Diese Auffassung dürfte richtig sein und dem praktischen Bedürfnis entsprechen, allerdings nur unter der von Kenny[912] bezeichneten Voraussetzung, daß das Schiff bereit war, unmittelbar abzufahren und so eine Gelegenheit zur Rückgabe des Mantels nicht mehr gegeben war, an der Beraubungsabsicht also kein Zweifel mehr bestehen konnte. Man wird annehmen dürfen, daß die Mitnahme des Mantels an Bord des abfahrbereiten und unmittelbar vor der Abfahrt stehenden Schiffes in einer dem Ankläger geheim gehaltenen Weise genügen muß, um eine dem bailment zuwiderlaufende arglistige Verwendung der Sache zu eigenem Nutzen durch den bailee in der Absicht, den Eigentümer derselben zu berauben, darzutun. Eine Zueignung im zivilrechtlichen Sinne freilich dürfte hiermit noch nicht erfolgt sein, vielmehr dürfte es hierzu noch einer der Anbordnahme des Mantels nachfolgenden Handlung bedurft haben, aus der unzweideutig hervorgegangen wäre, daß der Angeklagte über den Mantel wie ein Eigentümer unter Ausschluß des wahren Eigentümers zu dessen Schaden verfügte, wie z.B. eine Veräusserung und Übergabe des Mantels an einen Mitreisenden. Die von Kenny und Russell vertretene Auffassung fand in R.v.Oxenham,[913] R.v. Leppard[914] und R.v.Price[915] Anklang. Es erhebt sich noch die Frage, in welchen Fällen näherhin ein converting to one's own use, also eine Zueignung im strafrechtlichen Sinne anzunehmen ist. Von der Zueignung durch Wegnahme, die regelmässig auch ein trespass begründet, ist hier abzusehen, da sie für den Diebstahl durch einen bailee, der im rechtmässigen Besitz der Sache sich befindet, ausscheidet. Dagegen kann die Zueignung in einer rechtswidrigen Zurückbehaltung der anvertrauten Sache

---

912 Kenny S.C.I. 235 n.1.
913 R.v.Oxenham, 1876, 13 Cox C.C.349; 15 Dig.Repl.1070, 10 558.
914 R.v.Leppard, 1864, 4 F.& F.51; 15 Dig.Repl.1069, 10 554.
915 R.v.Price, 1913, 9 Cr.App.R.15; 15 Dig.Repl.1068, 10 542.

nach Beendigung des bailment oder in einer rechtswidrigen Verfügung über dieselbe einschließlich ihrer Zerstörung gelegen sein. Was die Zurückbehaltung anbelangt, so ist das blosse Behalten der Sache, nachdem das bailment durch Zeitablauf erloschen ist, kein conversion,[916] wohl aber bildet die bedingungslose, ungerechtfertigte, d.i. in Mißachtung des Rechts des bailor ausgesprochene Rückgabeweigerung auf Anforderung hin in der Absicht, den bailor seines Rechts zum Besitz zu berauben, regelmässig schlüssigen Beweis einer Zueignung im zivilrechtlichen Sinne,[917] wenn nicht sogar nach abweichender Auffassung die Zueignung selbst.[918] Solche Weigerung begründet aber auch ein strafrechtliches converting to one's own use oder doch einen Beweis hierfür, da sie die Verwendung zugunsten eines anderen als des Eigentümers in sich schließt. In diesem Sinne sprach sich auch R.v.Wakeman[919] aus, wo larceny by a bailee in dem Falle angenommen wurde, in dem der Angeklagte ein Fahrrad entliehen hatte, um damit nach Hause zu fahren, und versprochen hatte, es am gleichen Tag zurückzugeben, hernach aber die Rückgabe mit der Behauptung verweigerte, es als Sicherheit für einen Anspruch gegen den Ankläger benützen zu wollen. Hierbei ist allerdings davon ausgegangen, daß der Angeklagte die Absicht der Herausgabeverweigerung nicht schon im Zeitpunkt der Besitzerlangung hatte, sondern erst nachher faßte, da sonst mangels Einverständnisses der Parteien kein bailment zustandegekommen wäre, sondern eine einseitige rechtswidrige Besitzerlangung durch arglistiges Verhalten des Angeklagten vorgelegen hätte, sodaß er sich solchenfalls eines larceny by a trick und keines larceny by a bailee schuldig gemacht hätte. In die gleiche Richtung geht Cooper v. Willomatt.[920] Ist die Rückgabewei-

---

916 Paton, G.W. op.cit. p.379.

917 Clerk, J.F. and Lindsell, W.H.B. op.cit. 2nd ed. p.203; L.Q.R. vol.21 p.48.

918 Salmond, John W.: Observations on Trover and Conversion, L.Q.R. vol.21 (1905) p.44; Pollock, F. and Wright, R.S. op.cit. p.373.

919 R.v.Wakeman, 1912, 8 Cr.App.R.18; 15 Dig.Repl.1068, 10 539.

920 Cooper v. Willomatt, 1845, 1 C.B.672; 3 Dig.Bailm.106, 316; 110, 345.

gerung aber keine absolute und unbeschränkte, sondern ist ihr eine einschränkende Bedingung beigefügt, so ist für die Annahme oder Ablehnung eines conversion die Tatsache entscheidend, ob die Beschränkung eine vernünftige ist oder nicht,[921] was Tatfrage ist.[922] Ersteres wird dann zutreffen, wenn ein echter Zweifel an dem Eigentum, dem Recht zum Besitz, des bailor vorliegt. Hier ist eine zeitweilige und vorläufige Herausgabeweigerung dann gerechtfertigt, wenn Nachforschungen über den Rechtstitel des Anfordernden billigerweise gemacht werden dürfen.[923] So muß demjenigen, der eine Banknote auf öffentlicher Strasse findet, gestattet sein, einem Fremden gegenüber, der behauptet, Verlierer zu sein, Nachforschungen über dessen Rechtstitel anzustellen und mindestens einen gewissen Wahrscheinlichkeitsbeweis zu fordern.[924] Auch darf er Schritte für ihren Schutz und sichere Verwahrung unternehmen, bis er den wahren Eigentümer ausfindig macht.[925] Heikel ist die Frage, welche Zeit für die Untersuchung und Nachforschung gerechtfertigt ist.[926] Freilich gilt dies für eine Herausgabeweigerung des bailee gegenüber seinem bailor nicht, da der bailee gehindert ist, den Rechtstitel seines bailor zu bestreiten, selbst wenn dem bailor ein Rechtstitel nicht zustehen sollte, sei es daß er überhaupt keinen solchen gehabt oder ihn während der Dauer des bailment verloren hat.[927] Hier liegt also in der rechtswidrigen, unbeschränkten Rückgabeweigerung stets ein conversion.[928] Ein conversion im strafrechtlichen Sinn kann, wie

921 Alexander v. Southey, 1821, 5 B.& Ald.247; 34 Dig.Mast.& S.187, 1535, wo eine Weigerung der Herausgabe von Waren durch einen Lagerhalter ohne Weisung des Eigentümers, einer Versicherungsgesellschaft, für berechtigt erachtet wurde, sodaß darin kein conversion erblickt wurde.

922 Vaughan v. Watt, 1840, 6 M.& W.492; 43 Dig.Trov.492, 312.

923 Le Roy v. Clayton, 1911, 2 K.B.1046; 43 Dig.Tresp.493, 314.

924 Winfield, P.H.: A Textbook op.cit. p.356.

925 Hollins v. Fowler, 1875, L.R.7 H.L.757; 43 Dig.Trov.471, 102; 3 Dig.Bailm.66, 91; 1 Dig.Agcy 684, 2940.

926 Winfield, P.H.: A Textbook op.cit. p.356; Beal, Edward op. cit. p.86; L.Q.R. vol.21 p.49.

927 Rogers v. Lambert & Co., 1891, 1 Q.B.318; 3 Dig.Bailm.101, 285; 29 Dig.Interpr.456, 42.

928 Briddle v. Bond, 1865, 6 B.& S.225; 3 Dig.Bailm.101, 287; Salmond, J.W.: Law of Torts op.cit.p.299; Beal, E. op.cit.p.96.

gesagt, auch dadurch begangen werden, daß der bailee über die ihm vom bailor anvertraute Sache in unrechtmässiger Weise verfügt. Die Verfügung kann tatsächlicher wie rechtlicher Natur sein. Eine tatsächliche Verfügung liegt unter anderem vor, wenn der bailee die Sache verzehrt oder sonstwie zerstört.[929] Ob eine Zerstörung vorliegt, hängt davon ab, ob die Identität der Sache aufrechterhalten oder durch Veränderung ihrer Natur aufgehoben wird, wie z.B. Einschmelzen eines silbernen Gegenstandes[930] oder Verwandlung von Trauben in Wein, von Korn in Mehl, von Eiern in Omelettes, von einem Marmorblock in eine Statue.[931] Eine rechtliche Verfügung durch den bailee kann in vielfacher Art geschehen. Immer aber muß über die Sache tatsächlich verfügt sein durch Handhabung derselben in einer Weise, die mit dem Rechtstitel des bailor in Widerspruch steht und so eine Leugnung desselben darstellt. Im blossen Verkauf der Sache an einen Dritten ist, da hierdurch weder das Eigentum des bailor noch der Besitz berührt wird, also eine objektive Schädigung der sachenrechtlichen Stellung des bailor nicht vorliegt, kein conversion gegeben, wohl aber, wenn dem Verkauf die Übergabe oder ein Übergabesurrogat gefolgt ist.[932] So spricht sich auch das Urteil in Cooper v. Willomatt[933] aus, wo ein Mieter das bailment durch Verkauf und Übergabe der Mietsache beendigte. Hiervon weicht neuerdings Rogers v. Arnott ab. In diesem Fall hat die Rechtsprechung in Anlehnung an Kenny und Russell, die für ein fraudulent conversion im strafrechtlichen Sinne nur fordern, daß der den Eigentumsgegenstand besitzende bailee durch

---

929 Hollins v. Fowler, 1875, L.R.7 H.L.757; 43 Dig.Trov.471, 102; 3 Dig.Bailm.66, 91; 1 Dig.Agcy 684, 2940.

930 Vgl. Martin B. in R.v.Jackson, 1864, 9 Cox C.C.505; Kenny S.C.I.235; 15 Dig.Repl.1068, 10 537.

931 Winfield, P.H.: A Textbook op.cit. p.348; Salmond, J.W.: Law of Torts op.cit. p.294.

932 Lancashire Waggon Co.Ltd.v. Fithug, 1861, 6 H.& N.502; 21 Dig.Exon.501, 755; 43 Dig.Trov.482, 193; Consolidated Co. v. Curtis & Son, 1892, 1 Q.B.495, 498; 3 Dig.Auct.47, 326; vgl. auch Loeschman v. Machin, 1818, 2 Stark.311; 3 Dig. Bailm.106, 315.

933 Cooper v. Willomatt, 1845, 1 C.B.672; 3 Dig.Bailm.106, 316; 110, 345; vgl. auch R.v.Price, 1913, 9 Cr.App.R.15; 15 Dig. Repl.1068, 10 542.

sein Verhalten dartut, daß er in unehrenhafter Weise den vollen Rechtstitel des Eigentums an dem Gegenstand oder ein Recht, diesen vollen Eigentumstitel zu übertragen, dem Recht des wahren Eigentümers zuwider für sich beansprucht, den Standpunkt eingenommen, daß daher ein conversion im strafrechtlichen Sinne nicht bloß bei vollzogenem Verkauf eines property bailed durch den bailee gegeben sei, sondern auch schon bei bloßem Versuch eines Verkaufs unter Anbieten des Kaufgegenstandes, auch wenn ein Verkauf überhaupt nicht zustandekommt. Die Annahme eines bloßen Diebstahlsversuchs wird solchenfalls ausdrücklich verneint.[934] Ein converting to one's own use liegt auch bei unberechtigter Weitergabe an einen Dritten[935] oder bei Ablieferung der Sachen durch einen Lagerhalter oder Spediteur an einen Unberechtigten[936] vor. Bei Verpfändung von Sachen durch den bailee ist darauf abzustellen, ob der Verpfänder, als er die Sachen verpfändete, ehrlicherweise beabsichtigte, sie hernach wieder einzulösen und auch gute Aussicht hatte, genug Geld zu erhalten, um seine Absicht durchführen zu können. Im bejahenden Fall wird die Verpfändung keine Verwendung zu eigenem Nutzen begründen. Dasselbe gilt, wenn der bailee nachweisen kann, daß die Verpfändung nur zum Zwecke sicherer Verwahrung erfolgt ist.[937] Wenn er aber nur die vage Absicht gehabt hätte, die Sachen zu irgendeinem künftigen Zeitpunkt einzulösen, sobald er einmal in die Lage kommen sollte, dies auszuführen, ohne bestimmte oder doch wahrscheinliche Aussicht dazu zu haben, so würde er offensichtlich in einer Weise handeln, die mit seinen Pflichten als bailee schlechthin unverträglich wäre und würde sich so des Diebstahls schuldig

---

934 Rogers v. Arnott, 1960, (1960) 2 All E.R.417 et seq.; Kenny, S.C. op.cit. 16th ed. para.245 p.255; Russell, W.O.: On Crime op.cit. 10th ed. p.1005.

935 Ballet v. Mingay, 1943, 1 All E.R.143; 2 Dig.Supp.28 Infts 126, 393 a; 126, 404 a.

936 Devereux v. Barclay, 1819, 2 B.& Ald.702; 3 Dig.Bailm.78, 165; Youl v. Harbottle, 1791, Peake 49; 8 Dig.Carr.34, 192; Stephenson v. Hart, 1828, 4 Bing.476; 8 Dig.Carr.32, 182; 43 Dig.Trov.485, 214.

937 R.v.Pentland, 1906, C.C.C.Sess.Pap.CXLV p.419.

machen.[938] Hierher gehört auch der Fall R.v.Wynn.[939] Der Angeklagte, ein reisender Uhrmacher, erhielt bei zwei gesonderten Gelegenheiten von verschiedenen Personen Uhren, die er zu reparieren hatte. Eine der Uhren wurde durch den Angeklagten im November 1886, die andere vor Weihnachten desselben Jahres verpfändet. Beim Verpfänden der ersten Uhr erklärte der Angeklagte, daß er nur das Geld wünschte, für das er sie zeitweilig verpfändete. Beim Verpfänden der zweiten Uhr ersuchte er denjenigen, bei dem er sie verpfändete, sie nicht abzugeben, da sie nicht sein Eigentum sei. Auf eine Anklage wegen arglistiger Zueignung der Uhren durch den Angeklagten als bailee derselben bejahte das Gericht die arglistige Zueignung, d.h. eine solche in der Absicht, die Ankläger dauernd ihres Eigentums zu berauben, da nicht nachweisbar war, daß durch den Angeklagten Anstrengungen gemacht wurden, die Uhren einzulösen und er auch niemals die Absicht hatte, dies zu tun. Bei bloß fahrlässiger Verfügung des bailee über die anvertraute Sache ist ein conversion nicht gegeben.[940] Dagegen ist eine unrechtmässige Verfügung über Sachen, die nur erfolgt, um zu vermeiden, etwas mit denselben oder ihrem Eigentümer zu tun zu haben, weder eine Zueignung im zivilrechtlichen Sinne noch ein converting to one's own use, z.B. wenn ein Streit zwischen dem Besitzer einer Fähre und einem Reisenden entsteht und der Fährebesitzer sich weigert, denselben mitzunehmen und seine Sachen an das Ufer legt. Es kann aber allenfalls eine Besitzentziehung vorliegen.[941] Selbstverständlich ist, daß, wenn einmal das bailment beendigt und der überlassene Ge-

---

938 R.v.Medland, 1851, 5 Cox C.C.292; 15 Dig.Repl.1059, 10 448; R.v.Trebilcock, 1858, D.& B.453; 15 Dig.Repl.1059, 10 445; Fenn v. Bittleston, 1851, 7 Exch.152; 3 Dig.Bailm.106, 317; Parker v. Godin, 1728, 2 Str.813; 43 Dig.Trov.485, 218; R. v. Poyser, 1851, 2 Den.233; 3 Dig.Bailm.107, 320.

939 R.v.Wynn, 1887, 16 Cox C.C.231; 15 Dig.Repl.1059, 10 446.

940 Heald v. Carey, 1852, 11 C.B.977; 3 Dig.Bailm.108, 333; 43 Dig.Trov.469, 95; 471, 103.

941 Pollock, F. op.cit. p.351.

genstand wieder in den Besitz des Eigentümers zurückgegeben ist, irgendwelche Verträge, die hinterher über den Gegenstand von dem ex-bailee abgeschlossen worden sind, z.B. ein Kaufvertrag mit einem Dritten, keine Verwendung des Gegenstandes zu eigenem Nutzen mehr begründen können.[942] Solchenfalls ist das Besitzverhältnis des bisherigen bailee aufgehoben; er ist nicht mehr in bailment und so ist auch das converting to one's own use unmöglich geworden, da zur Begründung eines larceny by a bailee die Verfügung über einen zu bailment überlassenen Gegenstand vorausgesetzt ist. Der ex-bailee kann sich seinem Vertragsgegner gegenüber lediglich verpflichten, die Kaufsache zum Zweck der Vertragserfüllung sich zu beschaffen und im Falle der Nichterfüllung ihm den erwachsenen Schaden zu ersetzen. Es handelt sich hierbei aber lediglich um eine zivilrechtliche Verpflichtung. Falls ein Dritter die Sache dem bailee wegnimmt und sie zerstört oder beschädigt, kann der bailee, je nachdem der Wille auf Wegnahme zum Zwecke der Zerstörung oder unmittelbar auf Zerstörung oder Beschädigung gerichtet war, Anklage wegen Diebstahls oder Sachbeschädigung gegen den Dritten erheben, zivilrechtlich aber den Wert der Sache von dem Dritten nur ersetzt verlangen, wenn er dem bailor für den Verlust oder die Beschädigung der Sache verantwortlich ist. Sonst kann er nur Ersatz des Schadens verlangen, der ihm selbst durch den vorzeitigen Entzug des Besitzes erwachsen sein sollte.[943] Wie schon aus dem Gesagten erhellt, muß das converting to one's own use in arglistiger, d.h. unehrlicher, Weise erfolgen. Diese Absicht verlangt, ebenso wie beim Diebstahl durch Wegnahme, nicht, daß der Täter zu eigenem Vorteil oder zum Vorteil eines anderen tätig sein muß, sondern sie ist lediglich darauf gerichtet, den Eigentümer des Eigentums zu berauben und ihn auf diese Weise zu schädigen. Eine Bereicherungsabsicht ist

942 R.v.Jones, 1842, Car.& M.611, 614; 15 Dig.Repl.888, 8559.
943 Clerk, J.F.: Title to Chattels by Possession, L.Q.R. vol. 7 (1891) pp.224 et seq. mit Shaw, Savill and Albion Co. v. Timara Harbour Board, 15 App.Cas.429.

also nicht erforderlich.[944]

B) Teileigentum (part ownership)

Neben der statutarischen Ausnahme vom Grundsatz des Common Law-Erfordernisses der Besitzentziehung für das Vorliegen eines Diebstahls durch den zeitweiligen Besitzer ist in derselben Bestimmung des Larceny Act von 1916 s.1 Proviso zu (1) auch die entsprechende Ausnahme für den Diebstahl durch den Teileigentümer statuiert worden. Teileigentümer (part owners) sind Personen, die einen Rechtsanspruch auf das Eigentum einer Sache, sei es "jointly" oder "in common" oder "in coparcenary" haben.[945] Da, wie früher ausgeführt, der Besitz im Common Law ein ausschließlicher ist, d.h. nur einer Einzelperson oder einer Mehrheit von Personen als gemeinschaftlichen Eigentümern (co-owners), von denen jede auf die ganze Sache berechtigt ist, sei es als Miteigentümern (joint owners), sei es als gemeinsamen Eigentümern (co-owners in common) oder als Teilhabern an einem auf Gewinnerzielung ausgerichteten Geschäftsbetrieb (co-partners) zustehen konnte,[946] konnte eine Besitzentziehung und

---

944 Über die umfangreiche Rechtsprechung betr.Diebstahl durch den zeitweiligen Besitzer vgl. die eingehenden Darlegungen des Verfassers in seinem obenerwähnten Werk Bd.II, Teil I, Kap.2, Abschn.II, 3, A, S.225 ff.

945 Jowitt, Earl op.cit. v. "ownership".

946 Das joint ownership unterscheidet sich vom co-ownership in common dadurch, daß bei letzterem das Recht des Verstorbenen auf seine Nachfolger wie andere vererbbare Rechte übergehen, während bei ersterem beim Tod eines der Miteigentümer dessen Anteil den überlebenden Miteigentümern kraft des Rechts des survivorship oder des jus accrescendi zufällt. Die part owners unterscheiden sich von den partners vor allem in folgendem: Ein partner ist der Vertreter seines co-partner im Rahmen des auf Gewinn abzielenden Geschäftsbetriebs, während ein part owner bei Fehlen einer besonderen Vereinbarung keine solche Befugnis hat und nur mit seinem eigenen Interesse an dem Eigentum verfahren kann. Ein part owner kann auch sein Interesse an einen Fremden übertragen, ein partner aber kann dies ohne Zustimmung seines co-partner nicht (vgl. Salmond, John W.: Jurisprudence op.cit. pp.283-284; Jowitt, Earl op.cit. v. "ownership").

daher auch ein Diebstahl von keiner derselben begangen werden.[947] Dies gilt sowohl für gemeinschaftliche Generaleigentümer wie für gemeinschaftliche Spezialeigentümer, wie z.B. für co-bailees. Anders verhält es sich, wenn eine Körperschaft als juristische Person alleiniger Träger von Eigentum und Besitz an den Körperschaftssachen ist, während sie weder einem einzelnen Körperschaftsmitglied noch allen individuellen Körperschaftsmitgliedern zukommen. Hier kann das einzelne Mitglied Diebstahl an den Körperschaftssachen begehen.[948] Desgleichen ist Diebstahl bei co-ownership auch dann möglich, wenn die gemeinschaftlichen Eigentümer die gemeinschaftliche Sache einem von ihnen als bailee überlassen hatten und sie bei dem bailee durch die anderen gemeinschaftlichen Eigentümer oder durch einen von ihnen animo furandi weggenommen wird, da der alleinige Besitz an der Sache dem bailee überlassen wurde und das Recht zum Besitz der übrigen gemeinschaftlichen Eigentümer für die Dauer des bailment dem bailee gegenüber ruhte, d.h. ausser Wirksamkeit gesetzt war. Dahin geht unter anderem das Urteil in R.v.Webster,[949] wo ein Mitglied einer Erwerbsgesellschaft, das als solches ein Teileigentümer an den Sachen der Gesellschaft war, des Diebstahls von Gesellschaftsgeld für schuldig befunden wurde, das bei einem anderen Gesellschafter und Teileigentümer sich in dessen besonderer Verwahrung mit der Maßgabe befand, daß er den Gesellschaftern einzig und allein für die Sicherheit des Geldes verantwortlich war.[950] Im gleichen Sinne sprechen sich aus: R.v.Bramley,[951] R.v.Burgess,[952] R.v.

947 1 Hale P.C.513; Pollock, F. and Wright, R.S. op.cit. p.212; Kenny, C.S. op.cit. 8th ed. (1917) p.196; Stephen, H.J. op. cit. 19th ed. (1928) p.87; Archbold, J.F. op.cit. 32nd ed. (1952) p.546; Russell, W.O.: On Crime op.cit. p.1221 mit 2 East P.C.558; R.v.Waite, 1847, 2 Cox C.C.245; 15 Dig.Repl. 1100, 10 920.

948 Vgl. Stephen, H.J. op.cit. 16th ed., vol.3, p.251.

949 R.v.Webster, 1861, 31 L.J.M.C.17; 15 Dig.Repl.1074, 10 593.

950 Pollock, F. and Wright, R.S. op.cit. p.213; Archbold, J.F. op.cit. 32nd ed. (1952) p.546; Stephen, J.F. op.cit. p.264.

951 R.v.Bramley, 1822, R.& R.478; 15 Dig.Repl.1074, 10 591.

952 R.v.Burgess, 1863, L.& C.299; 15 Dig.Repl.1074, 10 592.

Pratt[953] und R.v.Wilkinson.[954] Hierher zählt auch R.v.Wadsworth.[955] Auch ist es nicht zweifelhaft, daß ein co-owner als bailee eine conversion-Handlung in Bezug auf das gemeinschaftliche Eigentum begehen kann, da keiner der gemeinschaftlichen Eigentümer das Recht auf den ausschließlichen Besitz der gemeinschaftlichen Sache hat, und wenn so der bailee durch Zueignung eine Handlung tut, die nur durch das Recht zum ausschließlichen Besitz gerechtfertigt werden kann, so macht er sich eines conversion und damit animo furandi eines larceny by a bailee schuldig.[956] Fraglich war früher nur, ob der bailee als einer der gemeinschaftlichen Eigentümer durch rechtswidrige Zueignung der ihm anvertrauten gemeinschaftlichen Sache sich eines Verstosses gegen das Statute against fraudulent bailees (20 & 21 Vict. c.54) oder gegen das Recorder's Act oder Larceny Act 1868 (31 & 32 Vict. c.116) s.1 schuldig gemacht habe. Das Recorder's Act stellte in s.1 Diebstahl und Unterschlagung von Geld oder sonstigem Eigentum einer Erwerbsgesellschaft (co-partnership) durch ein Mitglied derselben, wie in R.v.Robson[957] bestätigt ist, sowie dieselbe kriminelle Handlung durch einen von mehreren beneficial owners, d.h. von Personen, die gemeinsam an einem Geldbetrag ein begründetes Interesse haben, wie z.B. nach R.v.Neat[958] die Mitglieder eines Komitees zur Sammlung von Beiträgen für einen bestimmten Zweck, die in das gemeinschaftliche fiduziarische Eigentum der Komiteemitglieder übergehen, unter Strafe. Pollock läßt diese Frage offen.[959] Sie dürfte in ersterem Sinne zu entscheiden

953 R.v.Pratt, 1854, Dears.C.C.360; 15 Dig.Repl.1073, 10 589.
954 R.v.Wilkinson and Marsden, 1821, R.& R.470; 15 Dig.Repl. 1073, 10 585.
955 R.v.Wadsworth, 1867, 10 Cox C.C.557; 15 Dig.Repl.1073, 10 586.
956 Clerk, J.F. and Lindsell, W.H.B. op.cit. 2nd Supp. to the 11th ed. (1956) § 733; Baker v. Barclay's Bank Ltd., 1955, 1 W.L.R.822; 3 Dig.Supp.Bank.60, 680 c per Devlin J.
957 R.v.Robson, 1885, 16 Q.B.D.137; 15 Dig.Repl.1074, 10 596.
958 R.v.Neat, 1899, 19 Cox C.C.424; 15 Dig.Repl.1074, 10 598; vgl.auch Warburton, H. and Grundy, C.H. op.cit. p.302.
959 Pollock, F. and Wright, R.S. op.cit. p.213.

sein, da während der Dauer des bailment von einem der mehreren gemeinschaftlichen Eigentümer die Anwendung des s.1 Recorder's Act in Ansehung der übrigen Eigentümer dadurch ausgeschlossen sein dürfte, daß für den genannten Zeitraum dem bailee nicht nur der alleinige Besitz unter Ausschluß der übrigen gemeinschaftlichen Eigentümer hieran zusteht, sondern auch das Recht zum Besitz, während das Recht der letzteren zum Besitz des gemeinschaftlichen Eigentums in demselben Zeitraum suspendiert ist. Mit der rechtswidrigen Zueignung aber wird zwar das Recht zum Besitz (right to possession) der übrigen gemeinschaftlichen Eigentümer, das damit wieder auflebt, verletzt, nicht aber das Besitzrecht (right of possession), das nicht ipso jure auf die gemeinschaftlichen Eigentümer zurückfällt, sondern beim bailee bis zur Rückübertragung verbleibt. Es handelt sich also hier um Zueignung einer in ausschließlichem Besitz des Zueignenden sich befindlichen Sache, wie sie gerade das Statute against fraudulent bailees in Abweichung vom Common Law zum Diebstahl gemacht hat, während das spätere Recorder's Act in s.1 die Zueignung einer im gemeinschaftlichen Besitz befindlichen Sache durch einen der mehreren gemeinschaftlichen Eigentümer, bei dem wegen der Gemeinschaftlichkeit des Besitzes nach der Common Law-Regel ebenfalls kein Diebstahl angenommen werden konnte, zum Diebstahl machte. Heute findet auf solche Fälle Larceny Act 1916 s.1 Proviso zu (1) und (2) (iii) Anwendung. Larceny Act 1916 s.40 (4), das an Stelle des Recorder's Act von 1868 s.1 getreten ist, hat heute, wie aus der Überschrift zu s.40 erhellt, nur prozessuale Bedeutung; die materiellrechtliche Grundlage ist heute, soweit Diebstahl in Frage kommt, in den obengenannten Bestimmungen des Larceny Act 1916 s.1 Proviso zu (1) und (2) (iii) gegeben. Soweit das Verhältnis von gemeinschaftlichen Eigentümern zu Dritten in Frage steht, ergibt sich aus Larceny Act 1916 s.1 (2) (iii), daß derjenige, dem eine Sache gestohlen wird, keineswegs der alleinige oder der volle Eigentümer der gestohlenen Sache zu sein braucht, da der Ausdruck "owner" auch jeden Teileigentümer oder jede Person einschliessen soll, der juristischer oder natürlicher Besitz oder Spezialeigentum an der gestohlenen Sache zukommt, wie z.B. einem bailee oder Dienstboten oder sogar jemandem, der die Sache selbst gestohlen hat.[960] Die Restitution gestohlenen Eigentums, von der bereits gelegentlich gesprochen worden ist, ist in Larceny Act 1916 s.45 geregelt.[961]

---

960 Cross, Rupert and Jones, P.A. op.cit. p.152.

961 Im einzelnen darf auf die eingehenden Ausführungen des Verfassers in seinem obengenannten Werk Bd.I, Kap.3, Abschn.III, Ziff.7, S.364 ff.und Bd.II, Teil II, Kap.3, S.247 ff.verwiesen werden.

VERGLEICH DES ENGLISCHEN RECHTS DES EINFACHEN DIEBSTAHLS MIT DEN EINSCHLÄGIGEN BESTIMMUNGEN DES DEUTSCHEN STRAFGESETZBUCHES

I. Einleitung

Bei diesem Vergleich ist von dem Deutschen Strafgesetzbuch vom 15. Mai 1871 in der Neufassung vom 25. August 1953 (BGBl.I S. 1083 ff) ausgegangen, die auf Art.10 des Dritten Strafrechtsänderungsgesetzes vom 4. August 1953 (BGBl.I S.735 ff) in Verbindung mit der Bekanntmachung des Wortlauts des Strafgesetzbuches vom 25. August 1953 beruht, in welch letzterer bestimmt ist, daß das Strafgesetzbuch in der neuen Fassung ab 1. Oktober 1953 - und hinsichtlich § 24 Abs.1 Nr.6 und § 24 a ab 1. Januar 1954 - Gültigkeit erlangt. Zu dem Vergleich der beiderseitigen Rechtsgrundsätze ist zu bemerken, daß es sich nicht darum handeln kann, das Recht eines anderen Landes in der einen oder anderen Hinsicht nachzuahmen. Das Recht überhaupt und in Sonderheit das Strafrecht ist ein integrierender Bestandteil der Kultur eines Volkes in gleicher Weise,wie es die Sprache ist. Doch wie in die letztere in beschränktem Umfange fremdländische Wörter als Lehnwörter aufgenommen wurden und darin im Lauf der Zeit heimisch werden, zum Teil sogar in einer Weise, daß der fremdländische Ursprung dem einfachen Mann aus dem Volk gar nicht mehr zum Bewußtsein kommt, so können auch fremdländische Rechtsgedanken oder Rechtsgestaltungen in das einheimische Recht so Aufnahme finden, daß mit der Zeit ihr fremdländischer Ursprung nicht mehr erkennbar ist. Dies erklärt sich schon aus der Tatsache, daß bestimmte auf dem Naturrecht beruhende Rechtsgrundsätze, wenn auch vielleicht in verschiedener Form, sich bei allen Kulturvölkern finden und die verschiedenen Modalitäten ihrer Anwendung verschiedene Grade der Zweckmässigkeit aufweisen können, sodaß es nicht als ein kulturwidriges Beginnen anzusehen ist, eine als rechtmässig erkannte Modalität eines solchen Rechtsgrundsatzes, die sich in dem Recht eines anderen Kulturstaates findet, in das einheimische Recht aufzunehmen oder doch das letztere jener fremden Rechtsgestaltung in mehr oder weniger freier Weise anzupassen. Eine blosse Übernahme fremden Rechtsgutes in das einheimische Recht freilich wäre, weil ohne jeden organischen Zusammenhang mit dem auf anderem Boden gewachsenen Recht, eine Mißbildung, die, weil wurzellos, keinen bleibenden Eingang in das einheimische Recht finden könnte. Eine Angleichung von allgemeinen, auf naturrechtlicher Grundlage ruhenden Rechtsgedanken, die in den einzelnen, demselben Kulturkreis angehörenden Ländern eine verschiedene Ausprägung erfahren haben, wird bei dem zu erwartenden engeren Zusammenschluß jener Länder zu einer, wenn auch zunächst nur wirtschaftlichen Einheit, künftig von wachsender Bedeutung werden. Darin dürfte diese rechtsvergleichende Studie ihre Rechtfertigung finden.

II. Vergleich der einzelnen Rechtsgrundsätze der beiden Rechtssysteme

Was den Vergleich im einzelnen betrifft, so erscheint es zweckmässig, die dargelegten Rechtsgrundsätze des englischen Rechts den einschlägigen Bestimmungen des Deutschen Strafgesetzbuches gegenüberzustellen und so die Verschiedenartigkeit oder Gleichartigkeit der beiden Rechtssysteme auf dem Gebiet des einfachen Diebstahls aufzuzeigen.

A) Zweckbestimmung der Diebstahlssanktion

Das englische Diebstahlsrecht stellt nach den früheren eingehenden Darlegungen in erster Linie auf den Schutz des juristischen Besitzes (right of possession) ab, von dem es in seiner geschichtlichen Entwicklung ausgeht. Freilich ist der juristische Besitz nicht das ausschließliche Schutzobjekt der Diebstahlssanktion. Vielmehr ist daneben - und zwar in neuerer Zeit in steigendem Maße - auch das Eigentum i.S. des Rechts zum Besitz (right to possession), sei es in der Form des general wie des special property, in den Schutzbereich der Diebstahlssanktion einbezogen. Es mag nur an das larceny by a bailee or part owner erinnert werden. Ja darüber hinaus ist in Larceny Act 1916 s.1 (1) und (2) (iii) sogar die tatsächliche Innehabung, d. i. der natürliche Besitz oder die Obhut, zum Gegenstand des Schutzes gegen Diebstahl gemacht worden. Im deutschen Recht ist die Frage des Schutzobjekts der Diebstahlsbestimmung nicht unbestritten. Die herrschende Meinung, insbesondere die Rechtsprechung, sieht die Zweckbestimmung der Diebstahlssanktion im Schutz des Eigentums wie des Gewahrsams, d.i. des natürlichen Besitzes, sodaß sowohl der Eigentümer wie der Gewahrsamsinhaber "Verletzter" i.S. des § 242 StGB ist. Diese schon vom Reichsgericht[962] vertretene Auffassung ist auch vom OLG Hamburg[963] und neuerdings auch vom Bundesgerichtshof[964] übernommen worden, der unter anderem ausführt: "Es ist richtig, daß § 242 StGB nicht nur das Eigentum, sondern auch den Gewahrsam schützt. Daß Diebstahl strenger bestraft wird als Unterschlagung, beruht gerade auf der Mehrzahl der verletzten Rechtsgüter. Daher sehen die ständige Rechtsprechung und die ganz überwiegende Rechtslehre neben dem Eigentümer auch den Gewahrsamsinhaber als durch den Diebstahl verletzt an". Eine abweichende Auffassung vertritt Schönke,[965] nach welchem der Gewahrsam keinen strafrechtlichen Schutz geniessen soll, sodaß nur eine Eigentumsverletzung in der Form der Gewahrsamsverletzung vorliege. Die unterschiedliche Auffassung wirkt sich unter anderem im Hinblick auf das Antragserfordernis des § 247 StGB aus. Sind nämlich der bestohlene Inhaber und der Eigentümer der gestohlenen Sache zwei verschiedene Personen, so ist nach der ersteren Auffassung Diebstahl gegen beide begangen und es bedarf, wenn nur der eine von ihnen ein Angehöriger i. S. der §§ 247, 52 Abs.2 StGB ist, keines Strafantrags. Dasselbe

---

962 RGSt 2, 73; 4, 348; 10, 210; 11, 70, 441; 25, 172; 51, 97; 54, 282; 71, 286; 73, 151, 227; 74, 167.

963 MDR 1947 S.35.

964 BGHSt 10, 400.

965 Schönke, Adolf: Kommentar zum Strafgesetzbuch, 9.Aufl. bearb.von Horst Schröder, München-Berlin 1959 zu § 242, I.

gilt, wenn die Sache in gemeinschaftlichem Gewahrsam und Eigentum zweier Personen stand, von denen nur die eine ein Angehöriger des Diebes ist.[966] Auch ist darauf hinzuweisen, daß ein Recht zur Wegnahme durch einen Dritten nur anzunehmen ist, wenn Eigentümer und Gewahrsamsinhaber in die Wegnahme einwilligen. Um die Rechtswidrigkeit der Wegnahme seitens des Dritten auszuschliessen, ist allerdings nur das Einverständnis des Gewahrsamsinhabers oder des Eigentümers notwendig. Willigt nämlich der Gewahrsamsinhaber ein, so ist die Wegnahme kein Eingriff in seinen Gewahrsam und daher keinesfalls Diebstahl. Willigt der Eigentümer ein, so kann die Wegnahme kein Diebstahl sein, weil es dann an der Rechtswidrigkeit der Zueignung fehlt.[967]

B) Verschiedenheit des Wegnahmebegriffs

Ein grundlegender Unterschied der beiden Rechtssysteme liegt in der Verschiedenheit des Begriffs der "Wegnahme". Während das englische Recht - vom larceny by a bailee or part owner abgesehen - auf der Grundlage des Common Law in der eine zivilrechtlich unerlaubte Handlung bildenden rechtswidrigen Entziehung des juristischen Besitzes oder Besitzes im Rechtssinn (trespass) und in der Begründung solchen Besitzes durch den Entziehenden das Wesen der "Wegnahme" erblickt, geht das deutsche Strafrecht, das eine Verkoppelung mit dem zivilen Besitzrecht ablehnt und von ihm losgelöst ist, von dem Bruch fremden und der Begründung eigenen Gewahrsams an dem Diebstahlsgegenstand aus. Dem englischen Begriff des juristischen Besitzes, der nach den früheren Ausführungen in der wirksamen tatsächlichen Verwirklichung des animus possidendi als der kundgegebenen Absicht, die Sache zu gebrauchen und jeden Eingriff anderer in den Besitz derselben auszuschliessen, besteht, ist also der deutsche Gewahrsamsbegriff gegenüber zu stellen, der

---

966 RGSt 2, 73; 4, 346; 26, 43.
967 RGSt 44, 42.

sich im wesentlichen mit dem englischen Begriff des natürlichen Besitzes oder der Obhut deckt. Er besteht in dem "Haben", d.h. in der tatsächlichen Verfügungsgewalt über eine Sache, die nach der geltenden Lebensanschauung die Herrschaftseinwirkung auf dieselbe ermöglicht, was eine gewisse Festigkeit des Machtverhältnisses erfordert, dem keine physischen oder verkehrsmässigen Hindernisse entgegenstehen.[968] Der Gewahrsam des deutschen Strafrechts ist also - wie der naturliche Besitz des englischen Rechts - ein tatsächlicher Zustand ohne rechtfertigenden Rechtsgrund, wenn auch ein Rechtsverhältnis für die Beurteilung des tatsächlichen Zustandes ins Gewicht fallen mag.[969] Ob ein Herrschaftswille hierfür erforderlich ist, ist bestritten. Während insbesondere von den älteren Autoren ein solcher tatsächlicher Beherrschungswille verneint wird, sprechen sich die meisten neueren Kommentatoren wie unter anderem Olshausen[970] und Frank[971] für die Bejahung eines solchen tatsächlichen Beherrschungswillens aus. Auch das Reichsgericht, das in den älteren Entscheidungen mehr den Eindruck erweckte, als sei ein solcher Beherrschungswille nicht erforderlich,[972] hat sich in neueren Entscheidungen[973] dazu bekannt, daß der Gewahrsam von einem selbständigen natürlichen Willen getragen

---

968 RGSt 5, 5; 30, 89; 34, 254; 37, 200; 50, 184; 53, 173; 56, 313; 60, 272; RG DJZ 1906 S.204; Schönke, Adolf a.a.O. zu § 242, IV; Dalcke, A.: Strafrecht und Strafverfahren, 36. Aufl. bearb. von Fuhrmann und Schäfer, Berlin 1955, zu § 242, 4.

969 RGSt 45, 250; 47, 213; 55, 220.

970 Olshausen: Kommentar zum Strafgesetzbuch, 11.Aufl. bearb. von Lorenz, Freiesleben, Kirchner, Gutjahr und Niethammer, Bd.II, Berlin 1927, zu § 242, 16 und 12.Aufl. 3.Lieferung, Berlin 1944, zu § 242 B 14 c.

971 Frank, R.: Das Strafgesetzbuch für das Deutsche Reich, 18. Aufl., Tübingen 1931, mit Nachtrag "Die Strafgesetzgebung der Jahre 1931 bis 1935", Tübingen 1936, hrsg. und erläutert von Schäfer und von Dohnanyi, zu § 242, VI.

972 RGSt 37, 202; 50, 46, 48; 54, 232, 343; 55, 220; 56, 207.

973 RGSt 60, 272; 68, 324; 69, 80.

sein muß.[974] Auch der Bundesgerichtshof bezeichnete in Bd.8 S.73 den "Gewahrsam" als ein tatsächliches, von entsprechendem Herrschaftswillen getragenes Herrschaftsverhältnis über eine Sache, zu dessen Aufrechterhaltung er allerdings nach der Entscheidung in Bd.4 S.199 kein Bewußtsein der Sachherrschaft verlangte, sodaß auch bei zeitweiliger Bewußtlosigkeit des Gewahrsamsinhabers der Gewahrsam als fortbestehend anerkannt wurde. So hat z.B. ein Mann, der im Park auf einer Bank eingeschlafen ist, doch Gewahrsam an den von ihm mitgeführten Sachen. Da aber der Gewahrsam ein tatsächliches Verhältnis ist, kommt es für den Herrschaftswillen nicht auf die rechtlich relevante Willenstätigkeit an, sodaß auch ein Kind und ein Geisteskranker, sofern sie einen natürlichen Willen, die körperliche Herrschaft auszuüben, bekunden können, Gewahrsam haben können.[975] Juristische Personen können Gewahrsam nur durch ihre gesetzlichen Vertreter erwerben und aufrechterhalten.[976] Zum Herrschaftswillen gehört auch ein Wissen, also Kenntnis vom Entstandensein des Herrschaftsverhältnisses. Freilich braucht sich diese Kenntnis nicht auf die einzelne Sache zu beziehen, sofern ein für ausreichend erachteter genereller Gewahrsamswille gegeben ist.[977] Der Herrschaftswille muß aber allgemein kundgetan sein, ist jedoch möglicherweise auch in schlüssiger Form aus den Umständen zu entnehmen. So hat der Ladeninhaber stets Gewahrsam an den im Laden befindlichen Waren,[978] sodaß deren Wegnahme durch Angestellte, die nur Gewahrsamsgehilfen sind, oder durch Dritte Diebstahl begründet. Auch der Handlungsgehilfe begeht Diebstahl durch Wegnahme der von ihm vereinnahmten Geldbeträge aus der Ladenkasse,[979] da an dem

---

974 Kommentar zum Reichsstrafgesetzbuch (Leipziger Kommentar), begründet von Ebermayer, Lobe und Rosenberg, Bd.II, 8.Aufl. bearb. von Jagusch und Mezger, Berlin 1958, Bem.C,II,2 vor § 242.

975 RGSt 2, 334; Schönke, A. a.a.O. zu § 242, IV, 1.

976 RGSt 52, 144; 54, 232; 60, 271.

977 RGSt 70, 202.

978 RGSt 77, 34.

979 RGSt 30, 88; 77, 34; HRR 1939 Nr.351.

Geld in der Ladenkasse dem Ladeninhaber Alleingewahrsam zukommt. Dies gilt auch im englischen Recht, nach welchem der Geschäftsinhaber mit dem Legen in die Ladenkasse Besitz an dem Geld erlangt, sodaß der Angestellte durch rechtswidrige Zueignung ein trespass und animo furandi Diebstahl begeht. Befindet sich eine Sache im Herrschaftsbereich einer Person und besteht ein Herrschaftswille, so geht der Gewahrsam durch eine vorübergehende Unkenntnis über den Ort, an dem sich die Sache jeweils befindet, nicht verloren. Es genügt das Wissen, daß sie noch in der Wohnung ist. Auch an verlegten oder vergessenen (versehentlich liegengelassenen) Sachen besteht der Gewahrsam - ebenso wie nach englischem Recht der Besitz - des bisherigen Inhabers fort, sofern er weiß, wo sie sind, ihr Verbleib seinem Gedächtnis also nicht entschwunden ist, und sofern er sie ohne äussere Hindernisse zurückerhalten kann, es sei denn, daß inzwischen ein anderer Gewahrsam begründet worden ist.[980] Eine versteckte Sache bleibt solange im Gewahrsam des Versteckenden, als diesem die Verfügungsmacht nicht dauernd entzogen wird.[981] Bei verlorenen Sachen fehlt es an der Möglichkeit der tatsächlichen Herrschaft des bisherigen Gewahrsamsinhabers über sie; daher geht ihm an ihnen der Gewahrsam regelmässig verloren. Möglich ist aber, daß gleichzeitig ein neuer Gewahrsam begründet wird, z.B. ein solcher der Bahnverwaltung bei in Eisenbahnzügen zurückgelassenen, verlorenen oder vergessenen Sachen. So ist in der Rechtsprechung des Reichsgerichts Gewahrsam der Eisenbahnverwaltung an den im Eisenbahnzug liegengelassenen Sachen angenommen worden, davon ausgehend, daß ihr die ausschließliche Verfügungsgewalt über die in ihren Räumen befindlichen Dinge, ja sogar über solche auf Bahnsteigen und einem umschlossenen Hofraum zukomme, soweit nicht auf Grund besonderer Verhältnisse in Ansehung einzelner Sachen eine die Herrschaft der Bahnverwaltung zurückdrängende Macht Dritter bestehen sollte. Dasselbe gilt bei Wohn- und Diensträu-

---

[980] RGSt 3, 201; 12, 357; 38, 445; 39, 28; BGH NJW 1953 S.1272.

[981] RGSt 53, 175.

men.[982] Die gleiche Auffassung vertritt auch das RMG und Schönke.[983] Im Gegensatz hierzu nimmt das Reichsgericht in einer anderen Entscheidung wie auch Olshausen Gewahrsam des bisherigen Inhabers an solchen im Eisenbahnzug zurückgelassenen Sachen an, deren Nachsendung vom bisherigen Inhaber durch bahnamtliches Telegramm verlangt worden war.[984] Das Gesagte gilt entsprechend auch von Sachen, die jemand in einem sonstigen dem Verkehr gewidmeten Raum, z.B. in einer Gastwirtschaft, in einem Verkaufsladen oder dem Hilfsbereich einer Behörde, wie auf dem Bahnsteig oder der Bahnstrecke,[985] verloren hat. Hier erlangt der Inhaber des Hausrechts[986] bzw. die Behörde[987] Gewahrsam daran auf Grund der ausschließlichen Verfügungsgewalt über die in jenem Raum befindlichen Gegenstände. Wegnahme durch Unbefugte ist daher Diebstahl. Eine entsprechende Regelung gilt nach den früheren Ausführungen im englischen Recht für Gegenstände, die in öffentlichen Verkehrsmitteln zurückgelassen sind. Sie gehen in den Besitz der Transportgesellschaft über, sodaß derjenige, der sie unbefugterweise an sich bringt, sich eines Diebstahls schuldig macht.[988] Zu praktisch demselben Ergebnis wird es regelmässig führen, wenn die Gegenstände in einem privaten Verkehrsmittel zurückgelassen sind, da hier meist ein ausreichender Schlüssel zur Feststellung des Eigentümers der Fundsache gegeben sein wird. Bei Gegenständen, die in Gastwirtschaften verloren gegangen oder zurückgelassen sind, wird im allgemeinen ein "schlüssiges bailment" des Gastwirts nach englischem Recht angenommen, sodaß sich der Wirt bei rechtswidriger Zueignung eines larceny by a bailee schuldig machen dürfte.[989] Nach deutschem Recht ist, wie erwähnt, der Gastwirt

---

982 RGSt 54, 231 in Verb. mit RGSt 30, 88 und 50, 46.

983 RMG 13, 236; Schönke, A. a.a.O. zu § 242, IV, 2.

984 RGSt 38, 444; Olshausen a.a.O. 12.Aufl. zu § 242, 13, b.

985 RGSt 54, 231; RG JW 1930 S.3222.

986 RG GA 65, 371; Frank, R. a.a.O. zu § 242, V.

987 RG GA 65, 371; vgl. RGSt 30, 88; 54, 231.

988 Vgl. oben Anm.294 und 295 sowie R.v.Pierce, 1852, 6 Cox C.C.117; 15 Dig.Repl.1053, 10 371.

989 Siehe oben Anm.303.

als Inhaber des Lokals Inhaber des Gewahrsams an darin verlorenen Sachen und begeht daher durch rechtswidrige Zueignung Unterschlagung.[990] Der Gewahrsam an einer Sache erstreckt sich auf eine darin befindliche Einlage, z.B. einen in einem Einwickelpapier befindlichen Geldschein.[991] Bei Verwahrungsverträgen steht der Gewahrsam der aufzubewahrenden Sache regelmässig ausschließlich dem Verwahrer zu,[992] z.B. bei einer Theatergarderobe der Theaterverwaltung. Der Gewahrsam an einem beweglichen verschlossenen Behältnis schließt nicht ohne weiteres den Gewahrsam an dessen Inhalt in sich, sondern nur, wenn der Inhaber des Behältnisses die tatsächliche Möglichkeit hat, über Behältnis und Inhalt zu verfügen. Übergibt jemand ein bewegliches verschlossenes Behältnis unter Zurückbehaltung des Schlüssels zur Aufbewahrung, so hat gleichwohl der Aufbewahrende Gewahrsam an Behältnis und Inhalt, falls er die tatsächliche Möglichkeit hat, auch ohne Öffnung des Behältnisses über dieses und seinen Inhalt zu verfügen. Besteht jedoch nicht die Möglichkeit über das Ganze als solches zu verfügen, so behält der Schlüsselbesitzer den Gewahrsam am Inhalt,[993] insbesondere also, wenn das Behältnis mit einem Gebäude verbunden ist, wie bei einem Gasautomaten[994] oder einem Bankschließfach.[995] An einem solchen Schließfach hat der Kunde auch dann Mitgewahrsam, wenn ihm der jederzeitige Zutritt zu dem Behältnis und seinem Inhalt gestattet ist, auch wenn er nur unter Mitwirkung der Bank an sein Schließfach gelangen kann, die Bank aber auch ohne Mitwirkung des Kunden tatsächlich Zutritt hat.[996] Verschlossene Behältnisse, die der Bahn oder Post zum Transport übergeben worden sind, stehen samt Inhalt im Ge-

---

990 Siehe oben Anm.985 und Dalcke, A. a.a.O. 36.Aufl.(1955) zu § 242, 4; Schönke, A. a.a.O. zu § 242, IV, 2.

991 RGSt 57, 320.

992 RGSt 5, 222; 35, 115; HRR 1939 Nr.1281.

993 RGSt 2, 64.

994 RGSt 45, 252.

995 RGSt 47, 210, 219; RG JW 1937 S.3302.

996 Vgl. auch BGH GA 1956 S.318.

wahrsam des mit der Beförderung Betrauten. Bei Abwesenheit[997] oder vorübergehender zeitlicher Behinderung in der Ausübung[998] wird der Gewahrsam nicht aufgehoben, solange die Beziehung der Sache zu ihrem Inhaber nach der natürlichen Lebensauffassung von der Art ist, daß der Ausübung der Verfügungsmacht keine Hindernisse entgegenstehen oder gestellt werden,[999] wie z.B. bei einem Spaziergang, einem Ausflug oder einer Reise. Der zu Hause gebliebene Dienstbote ist solchenfalls Gewahrsamsgehilfe.[1000] Der Gewahrsam dauert vielmehr solange fort, als der Inhaber den Willen hat, den Gewahrsam festzuhalten und zugleich in der Lage ist, zu der Sache zurückzukehren und seine tatsächliche Herrschaft über dieselbe in einer der Gewohnheit des Lebens entsprechenden Weise auszuüben.[1001] Der Gewahrsam dauert fort, bis die tatsächliche Innehabung verloren oder der Herrschaftswille erkennbar in unzweideutiger Weise aufgegeben wird,[1002] möglicherweise auch ohne menschliches Zutun, z.B. durch Versickerung auslaufenden Benzins.[1003] Auf dem Felde zurückgelassenes Ackergerät, auf einem Bauplatz befindliches Handwerkszeug, Getreidegarben nach dem Schnitt vor ihrer Einbringung, im Wald gefällte Bäume oder Sachen in einem öffentlich aufgestellten Warenautomaten sind - trotzdem sich andere ihrer mit Leichtigkeit bemächtigen können - im Gewahrsam des Berechtigten, solange nicht ein anderer sie an sich genommen hat.[1004] Der Inhalt der in ein Haus geleiteten

---

997 RGSt 30, 89.

998 RGSt 50, 184; BGH NJW 1953 S.1400.

999 RGSt 60, 272; 66, 390.

1000 RGSt 60, 272; a.A. OLG Hamburg Urt.v.11.12.1946 - Ss.81/46, MDR 1947 S.25, wo dem Dienstboten Gewahrsam und dem Dienstherrn Mitgewahrsam zugesprochen ist.

1001 RGSt 2, 64; Recht Jg.8 S.228, Jg.9 S.23, Jg.10 S.369; BGH NJW 1953 S.1271 und 1400; Dalcke, A. a.a.O. 36.Aufl.(1955) zu § 242, 4.

1002 RGSt 56, 200.

1003 RGSt 60, 117.

1004 RGSt 2, 65; 3, 431.

Wasser- oder Gasröhren ist bis nach dessen Durchgang durch die Meßvorrichtung im Gewahrsam des Lieferanten, obwohl der Hauseigentümer darauf stets und leichter einzuwirken vermag als der Lieferant.[1005] Entlaufene Haustiere können Gegenstand des Diebstahls sein, solange der Eigentümer die Möglichkeit hat, die tatsächliche Gewalt über sie auszuüben.[1006] Der Gewahrsam kann sowohl einer Person wie mehreren Personen gemeinschaftlich zustehen; demzufolge unterscheidet man zwischen Allein- und Mitgewahrsam. Der Mitgewahrsam kann gleich-, über- oder untergeordnet sein. Die blosse Mitbenützung begründet noch keinen Mitgewahrsam. Bei gleichrangigem Mitgewahrsam mehrerer Personen kann jeder gegen jeden einen Gewahrsamsbruch und damit Diebstahl begehen; so beim Mittäter in Ansehung des gemeinsamen Gewahrsams an der Diebesbeute.[1007] Bei mehrstufigem Mitgewahrsam, d.i. bei einem Verhältnis der Über- und Unterordnung kann nur der Untergeordnete gegenüber dem Übergeordneten einen Gewahrsamsbruch und damit Diebstahl begehen.[1008] Meist wird aber in solchen Fällen der eine oder der andere als alleiniger Gewahrsamsinhaber anzusehen[1009] und Mitgewahrsam abzulehnen sein. So ist z.B. der Mieter eines möblierten Zimmers regelmässig alleiniger Gewahrsaminhaber an den mitvermieteten Sachen, sodaß er durch rechtswidrige Aneignung derselben Unterschlagung (§ 246 StGB) und nicht Diebstahl[1010] begeht. Sofern allerdings der Vermieter sich die Mitbenützung vereinbarungsgemäß vorbehält und auch tatsächlich ausübt, ist ein Mitgewahrsam des Vermieters anzunehmen,[1011] sodaß der Mie-

---

1005 RGSt 30, 390.

1006 RGSt 50, 183; BGH NJW 1953 S.1400; Schönke, A. a.a.O. zu § 242, IV, 2.

1007 RGSt 47, 315.

1008 Soltmann: Der Gewahrsamsbegriff in § 242 StGB, Strafrechtliche Abhandlungen 1934 H.349.

1009 Schönke, A. a.a.O. zu § 242, IV, 4.

1010 RGR 2, 184; RGSt 3, 358; 59, 42; Olshausen a.a.O. 12.Aufl.zu § 242, 17, c.

1011 RGSt 5, 42; 11, 441.

ter durch Bruch desselben sich eines Diebstahls schuldig macht. Eignet sich der Vermieter rechtswidrigerweise Sachen des Mieters an, die er zur Sicherung für seine Mietforderung bei Wegzug des Mieters zurückbehalten hat, so begeht er, weil die Sachen in seinem Gewahrsam sind, keinen Diebstahl daran, sondern Unterschlagung.[1012] Dagegen sind bei Hotelzimmervermietungen Gastwirt und Gast Mitgewahrsamsinhaber an den darin befindlichen Sachen, da die Absicht des Gastwirts, Mitgewahrsam zu behalten, anzunehmen ist.[1013] Kein Mitgewahrsam steht den Dienstboten an den Sachen der Herrschaft zu, die sich in den ihnen zugewiesenen Räumen befinden, vielmehr stehen diese im Alleingewahrsam der Dienstherrschaft.[1014] Für Sachen, die den Dienstboten zur Ausführung ihrer Dienstleistungen überlassen sind, sind sie meist nur Gewahrsamsgehilfen. Dasselbe gilt für alle Personenkategorien, welchen Sachen von dem Berechtigten nicht mit dem Willen und zu dem Zweck überlassen sind, nach freiem Ermessen selbständig darüber verfügen zu können, sondern welche die Herrschaft darüber regelmässig nicht für sich, sondern für den Berechtigten ausüben sollen. Dazu gehören unter anderem - neben den Dienstboten - Familienangehörige und Lohnarbeiter, denen für Verrichtungen im Hause, auf dem Feld oder im Wald, sowie Gewerbegehilfen, denen für Arbeiten in Werkstatt oder Fabrik oder an einem sonstigen Arbeitsplatz Gegenstände zum Gebrauch oder zur Be- oder Verarbeitung überlassen sind. Hierunter zählen auch die Angestellten in einem Handelsbetrieb in Ansehung von Sachen, die ihnen im Betrieb des Handelsgewerbes zugänglich gemacht sind, wie das Warenlager oder in der Kasse befindliches Geld. Der Gewahrsam steht in diesen Fällen allein dem Geschäftsherrn zu.[1015] Die Angestellten und Arbeiter sind lediglich Gewahrsamsgehilfen (Gewahrsamshalter). Es kann

[1012] RGSt 37, 202; RG GA 47, 441.

[1013] RGSt 68, 276.

[1014] RGR 3, 711.

[1015] RGR 3, 711; 7, 302; RGSt 21, 16; 29, 210; 30, 89; 77, 34; RG HRR 1939 Nr.351; Schönke, A. a.a.O. zu § 242, IV, 4.

aber auch unter Umständen Alleingewahrsam des Angestellten oder Mitgewahrsam vorliegen,[1016] Alleingewahrsam stets dann, wenn die Sachen zur Verwahrung und Verwendung unter eigener Verantwortung und gegen Rechnungslegung überlassen, also anvertraut, sind. So z.B. bei der Kassiererin eines Warenhauses, die bei Entwendung von Geld aus der Kasse keinen Diebstahl, sondern Unterschlagung begeht, da ihr bei ihrer alleinigen Verantwortung, insbesondere, wenn sie allein den Kassenschlüssel hat, der Alleingewahrsam an diesem Geld zukommt.[1017] Dasselbe gilt von Kassenverwaltern mit eigener Verantwortung. Mitgewahrsam des Geschäftsinhabers und der Angestellten nimmt das Reichsgericht an dem Geld an, das durch Angestellte in einem Ladengeschäft von Kunden bei deren Einkäufen eingenommen, aber nicht in die Kasse gelegt, sondern eingesteckt und behalten wird. Ebenso ist auch, wenn nicht Alleingewahrsam des Ladeninhabers,[1018] mindestens dessen Mitgewahrsam an den Warenbeständen, die zum Verkauf bestimmt sind, anzunehmen, und so ist bei Wegnahme in diebischer Absicht durch Angestellte Diebstahl in Idealkonkurrenz mit Untreue (§ 266 StGB) zu bejahen.[1019] Unter die Kategorie der blossen Gewahrsamshalter fallen auch die Gäste in einer Schank- und Speisewirtschaft in Ansehung der ihnen zur Benützung überlassenen Gegenstände wie Teller, Gläser, Besteck, die im Gewahrsam des Wirtes bleiben, während den Gästen allerdings an den ihnen verabreichten Speisen Alleingewahrsam zukommt. Wie früher erwähnt, ist der strafrechtliche Gewahrsamsbegriff vom zivilrechtlichen Besitz unabhängig und unbeeinflußt, sodaß die zivilrechtliche Besitzlehre des BGB für das Strafrecht bedeutungslos geblieben ist.[1020] Die zivilrechtlichen Begriffe "Besitzer", "Besitzdiener", "mittelbarer

---

[1016] RGSt 52, 144; 54, 34; 56, 116; RG JW 1922 S.585.

[1017] RG HRR 1928 Nr.572; RG HRR 1929 Nr.2149; RG HRR 1935 Nr. 765; BGHSt 8, 273.

[1018] RGSt 77, 34.

[1019] RGSt 77, 34 mit RG GA 51, 360.

[1020] RGSt 34, 254; 37, 202; 50, 184; 52, 145; 68, 325; 69, 82.

Besitzer" und "Eigenbesitzer" sind samt den an sie sich anschliessenden Folgerungen für das Strafrecht belanglos. So kann ein Nichtbesitzer im zivilrechtlichen Sinne sehr wohl Gewahrsam haben, wie andererseits ein solcher Besitzer keinen Gewahrsam haben kann. Der Erbe, der nach § 857 BGB Besitz an den Nachlaßsachen erwirbt, braucht keinen Gewahrsam daran zu haben.[1021] Diebstahl ist daher an Nachlaßsachen nur möglich, wenn sie sich zur Zeit der Wegnahme in jemandens Gewahrsam befinden. Sie sind beim Tod des Erblassers gewahrsamlos und bleiben es, bis jemand, sei es der Erbe, der Testamentsvollstrecker, die Hausangestellte oder die Krankenpflegerin oder auch ein Unbefugter neuen Gewahrsam daran begründet hat.[1022] Sachen, die sich in der Kleidung eines nicht bestatteten Leichnams befinden, teilen das Schicksal sonstiger Nachlaßsachen. Wo Nachlaßsachen beim Tod des Erblassers im Gewahrsam eines anderen sich befinden, tritt keine Änderung ein.[1023] Sachen, die im Grab bei einer Leiche sich befinden, sind, wenn nicht fortdauernd im Gewahrsam der Erben oder Angehörigen, jedenfalls in dem der Friedhofverwaltung.[1024] Der Besitzdiener (§ 855 BGB) hat für die Regel Gewahrsam,[1025] soweit nicht der Besitzer trotz Einschaltung des Besitzdieners die tatsächliche Herrschaft über die dem Besitzdiener überlassene Sache nach den Anschauungen des täglichen Lebens beibehält und der Besitzdiener daher nur als Gewahrsamshalter oder Gewahrsamsgehilfe anzusehen ist.[1026] Nach Binding[1027] ist es entsprechend dem bisher

---

1021 RGSt 56, 24; 58, 229.

1022 RGR 6, 208; RGSt 34, 252; 37, 200.

1023 RGSt 56, 28.

1024 a.A. Rotering, F.: Diebstahl. Gewahrsam, Archiv für Strafrecht und Strafprozeß (GA) Bd.47 S.249 ff., der diese Sachen als derelinquiert ansieht.

1025 Liszt, F. von: Lehrbuch des deutschen Strafrechts, 25. Aufl., hrsg. von Schmidt, Berlin 1927 S.615 mit Anm.13; Schönke, A. a.a.O. 6.Aufl., München-Berlin 1952 zu § 242, V, 3.

1026 OLG Posen in SeuffArch 37, 200; Goldschmidt, James: Aus der Lehre vom Diebstahl, Archiv für Strafrecht und Strafprozeß (GA) Bd.47 S.352.

1027 Binding, K.: Lehrbuch des Gemeinen Deutschen Strafrechts, Bd.I, 2.Aufl., Leipzig 1902 S.245.

Ausgeführten quaestio facti, ob beim Besitzdiener Gewahrsam vorliegt oder nicht. Ähnlich spricht sich der Leipziger Kommentar[1028] aus, wonach ein Besitzdiener je nach den tatsächlichen Verhältnissen Gewahrsamsinhaber[1029] oder blosser Gewahrsamsgehilfe[1030] oder Mitgewahrsamsinhaber[1031] sein kann. Einem "mittelbaren Besitzer" (§§ 868, 871 BGB) kann eine Sache nicht in diebischer Absicht weggenommen werden, weil er keinen Gewahrsam an ihr hat.[1032]

Die Wegnahme i.S. des § 242 StGB besteht im Bruch fremden und in der Begründung eigenen Gewahrsams durch den Dieb (Apprehensionstheorie). Die Kontrektationstheorie, die ein blosses Berühren zur Wegnahme genügen lassen will, ist ebenso abgelehnt wie die Ablationstheorie, die ein Wegbringen der Sache erfordert. Eine Wegnahme kann bei Bruch jeden Gewahrsams vorliegen, auch bei dem eines Diebes.[1033] Das Mittel des Gewahrsamsbruchs ist unerheblich. Der Gewahrsamsbruch kann auch durch die Hand eines gutgläubigen Dritten oder durch Vermittlung eines Kindes oder Tieres erfolgen.[1034] Der Bruch des Gewahrsams steht im Gegensatz zum Sichgebenlassen, auch durch einen Betrunkenen, der infolge seiner Trunkenheit rechtlich nicht wirksam verfügen kann.[1035] Der Bruch des fremden, d.i. dem Täter nicht ausschließlich zustehenden Gewahrsams,[1036] muß ohne Willen des Gewahrsamsinhabers erfolgen.[1037] Keine Wegnahme - trotz Rechtswidrigkeit der Zueignung - liegt also bei Einverständnis des

---

1028 Leipziger Kommentar, 8.Aufl., Bd.II, Berlin 1958 Bem.C 1 vor § 242.

1029 RGSt 68, 276; 69, 105.

1030 RGSt 60, 272.

1031 RGSt 53, 162; 54, 32.

1032 RG DJZ 1906 S.204; RGSt 37, 200; 53, 102; 54, 32; 56, 116.

1033 RGSt 60, 278; 70, 9; RG DR 1940 S.105.

1034 RGSt 70, 213.

1035 RG JW 1939 S.224.

1036 Schönke, A. a.a.O. zu § 242, V; Dalcke, A. a.a.O. 36.Aufl. (1955) zu § 242, 5.

1037 RGSt 70, 22; 73, 61.

Gewahrsamsinhabers vor. Daher ist kein Diebstahl gegenüber dem Eigentümer von Waren gegeben, wenn der Fuhrmann, der sie - als Besitzdiener - transportiert und der die tatsächliche Verfügungsmacht hat, einem Dritten die Wegnahme gestattet.[1038] Auch dann liegt keine Wegnahme vor, wenn die Aufgabe des Besitzes und Gewahrsams durch Täuschung herbeigeführt worden ist; wohl aber Betrug. Bewirkt die Täuschung aber nur eine Lockerung des Besitzes und Gewahrsams, wie wenn der Täter den Kaufmann durch Vorspiegelung einer bestehenden Kaufabsicht veranlaßt, die Ware auf den Ladentisch zu legen und dann dieselbe an sich nimmt und damit verschwindet, so liegt Wegnahme vor; hier war der Gewahrsam des Ladeninhabers noch nicht aufgegeben. Wegnahme liegt auch vor, wenn der Inhaber der Sache die von dem Schwindler, der sich als Kriminalbeamter ausgibt, ausgesprochene Beschlagnahme nur hinnimmt, sei es, daß er sich lediglich passiv verhält, sei es, daß er die Sache zwar selbst aushändigt, aber nicht auf Grund eigenen Entschlusses, sondern lediglich unter dem Druck der Vorstellung, daß Widerstand untunlich und zwecklos sei. Nur wenn die Duldung der Wegnahme oder die Herausgabe auf einem, durch Irrtum erzeugten, im übrigen aber inneren freien Willensentschluß beruht, liegt nicht Diebstahl, sondern Betrug vor.[1039] Keine Wegnahme liegt in der Beiseitelegung einer dem Inhaber weggenommenen Sache, solange der Inhaber trotzdem in der Lage bleibt, selbst oder durch einen anderen die Verfügung des Täters über die Sache zu verhindern, z.B. dadurch, daß er das Wegschaffen der Sache und so die Vollendung der Gewahrsamserlangung durch den Dieb infolge Ingangsetzung einer Alarmvorrichtung verhindert.[1040] Daß der Täter bei der Wegnahme vom Eigentümer oder einem Dritten beobachtet wird, schließt vollendete Wegnahme nur aus, wenn der Beobachter die Möglichkeit und den Willen hat, die Verfügung des Täters zu verhindern und auf die Erhaltung des Gewahrsams des bisherigen Inhabers hinzuwirken.[1041] Bruch des Mitgewahrsams begründet Diebstahl in glei-

1038 RG GA 44, 43.
1039 BGH NJW 1952 S.782 und 1953 S.3.
1040 RGSt 66, 394; RG JW 1934 S.1358.
1041 RGSt 76, 133.

cher Weise wie Bruch des Alleingewahrsams.[1042] Neben dem Bruch des fremden Gewahrsams ist die Begründung eines neuen Gewahrsams, sei es des Täters oder eines Dritten, erforderlich; in letzterem Falle muß der Täter nicht zwischendurch eigenen Gewahrsam erlangen, z.B. wenn der Täter einen anderen Gutgläubigen, dem er die Sache verkauft, veranlaßt, sich dieselbe zu holen und unmittelbar in den eigenen Gewahrsam zu überführen.[1043] Zur Begründung des neuen Gewahrsams ist erforderlich, daß der Täter nach der Anschauung des täglichen Lebens die tatsächliche Herrschaft über die Sache derart erlangt hat, daß sie ohne Hindernisse seitens des alten Gewahrsamsinhabers ausgeübt werden kann und umgekehrt dieser ohne Beseitigung der Verfügungsgewalt des Wegnehmenden nicht mehr über die Sache verfügen kann. Wegschaffen und Sichern der erlangten Herrschaft ist nicht erforderlich.[1044] Ein neuer Gewahrsam kann auch begründet sein, wenn die weggenommenen Sachen vorläufig in den Räumen des bisherigen Gewahrsamsinhabers verbleiben, z.B. beim Verbergen des im Warenhaus gestohlenen Gegenstandes unter der eigenen Kleidung.[1045] Ein Beiseitelegen kann die Begründung eines neuen Gewahrsams trotz Anwesenheit des bisherigen Inhabers sein, wenn dieser nicht mehr in der Lage ist, die Verfügung des Täters über die Sache zu verhindern, z.B. wenn er niedergeschlagen ist und der Täter körperlich überlegen ist.

Trotz der Verschiedenartigkeit des Wegnahme-Begriffs im englischen und deutschen Strafrecht kommen die beiden Rechtssysteme doch vielfach in der Praxis zu denselben Ergebnissen. Es erklärt sich dies einmal daraus, daß in den tatsächlichen Verhältnissen Gewahrsam und Besitz häufig zusammenfallen, also Entziehung des Gewahrsams auch Entziehung des juristischen Besitzes und umgekehrt begründet. Dazu kommt, daß die deutsche Strafrechtsprechung den Gewahrsamsbegriff im Lauf der Zeit dem juristischen Begriff des englischen Strafrechts dadurch angenähert hat, daß

1042 RGSt 68, 90; 72, 326; BGHSt 2, 317; BGHSt 1 St.R.312/53 v. 12.3.1954.

1043 RGSt 47, 147; 48, 58; 57, 166; 70, 213.

1044 RGSt 69, 102; 76, 133.

1045 RGSt 52, 76.

sie durch ausdehnende Auslegung Gewahrsam nicht bloß bei Vorliegen tatsächlicher Verfügungsmacht annahm, sondern auch bei Festhaltung des einmal bestandenen Herrschaftswillens, sofern nach den gewöhnlichen Lebensanschauungen die Möglichkeit einer weiteren Ausübung des Herrschaftswillens nicht aufgehoben wurde.

Es ist nicht möglich, auf alle einzelnen Auswirkungen einzugehen, die sich aus der Verschiedenheit des Wegnahme-Begriffs ergeben. Es mögen daher beispielshalber einzelne in beiden Rechtssystemen zur Entscheidung gelangte Fälle vergleichsweise herangezogen werden. Zunächst mag darauf hingewiesen werden, daß bei verlegten oder vergessenen Sachen der Gewahrsam des Inhabers in gleicher Weise fortdauert, soweit nicht inzwischen ein anderer Gewahrsam begründet worden sein sollte,[1046] wie nach englischem Recht der juristische Besitz in diesen Fällen als gar nie verloren angesehen wurde,[1047] sodaß derjenige, der die Sache rechtswidrigerweise an sich nahm, in beiden Fällen Diebstahl beging. Bei Vermietungen hat nach englischem Recht der Mieter eines speziellen Zimmers regelmässig juristischen Besitz daran, es sei denn, daß der Vermieter die ausschließliche Kontrolle der Haustüre hat, oder daß, wie z.B. bei einem Studenten in einem Miethaus, gleichzeitig Bedienung für ihn vorgesehen ist.[1048] In letzteren Fällen steht dem Vermieter der juristische Besitz zu, sodaß der Mieter durch rechtswidrige Zueignung von Sachen, die dem Vermieter gehören, sich eines trespass und animo furandi eines Diebstahls nach Larceny Act 1916 s.1 (1) schuldig macht. Freilich wird auch im ersteren Fall regelmässig ein bailment zwischen Vermieter und Mieter vorliegen, sodaß der Mieter bei rechtswidriger Zueignung von Sachen des Vermieters ein larceny by a bailee begehen wird (Larceny Act 1916 Proviso zu 1 (1)). Nach deutschem Recht ist der Mie-

---

1046 RGSt 38, 445; 39, 28; BGH NJW 1953 S.1272.

1047 R.v.Moore, 1861, L.& C.1; 15 Dig.Repl.1050, 10 335; R.v. West, 1854, Dears.C.C.402; 15 Dig.Repl.1052, 10 370; Pollock, F. and Wright, R.S. op.cit. p.186.

1048 Winfield, P.H.: A Textbook op.cit. pp.303-304.

ter eines möblierten Zimmers regelmässig alleiniger Gewahrsamsinhaber an den mitvermieteten Sachen, sodaß er durch rechtswidrige Zueignung sich keines Diebstahls, sondern einer Unterschlagung schuldig macht.[1049] Sofern allerdings der Vermieter sich die Mitbenützung vereinbarungsgemäß vorbehält und auch tatsächlich ausübt, ist ein Mitgewahrsam des Vermieters anzunehmen, sodaß der Mieter durch Bruch desselben eines Diebstahls schuldig wird.[1050] An Nachlaßsachen ist Diebstahl nach deutschem Recht dann möglich, wenn sie sich in jemandens Gewahrsam befinden, mag es sich dabei um eine berechtigte oder unbefugte Person handeln. Solange dies nicht der Fall ist, sind sie gewahrsamlos und nicht Diebstahlsobjekt.[1051] Sachen, die sich in der Kleidung einer nicht bestatteten Leiche befinden, teilen das Schicksal der sonstigen Nachlaßsachen. Sachen, die sich bei einer Leiche im Grab befinden, sind, wenn nicht fortdauernd im Gewahrsam der Erben oder Angehörigen, dann jedenfalls in dem der Friedhofverwaltung und daher Gegenstand des Diebstahls. Nach englischem Recht wird beim Testamentsvollstrecker und Nachlaßverwalter der juristische Besitz an den Nachlaßsachen vom Zeitpunkt des Verwaltungs- und Billigungsbriefes an auf den Zeitpunkt des Todes des Verstorbenen zurückbezogen, sodaß derjenige, der sich Nachlaßsachen rechtswidrig zueignet, stets sich des Diebstahls schuldig macht.[1052] Greifen wir dann den weiteren Fall heraus, in welchem ein angeblicher Kunde in einem Ladengeschäft sich Waren zur Besichtigung oder zum Aus- oder Anprobieren vorlegen läßt, dieselben in einem unbewachten Augenblick an sich nimmt und damit verschwindet. Hier begeht der Täter Diebstahl und nicht Unterschlagung, da er nur Gewahrsamshalter ist, der Gewahrsam aber nach wie vor dem Ladenbesitzer zusteht.[1053] Zu demselben Ergebnis, aber aus

[1049] RGSt 59, 42.
[1050] RGSt 11, 441; 55, 42.
[1051] RGSt 34, 252; 37, 200.
[1052] Underhill, Arthur op.cit. p.100.
[1053] RGSt 77, 37.

anderen Gründen, kommt das englische Recht, nach welchem der angebliche Käufer solchenfalls natürlichen Besitz, d.i. Gewahrsam, aber keinen juristischen Besitz an der Sache erhält, der dem Ladeninhaber nach wie vor zukommt und den der Täter ihm durch die rechtswidrige Ansichnahme entzieht und damit ein trespass und animo furandi Diebstahl begeht.[1054] Anders liegt der Fall, wenn die Kaufsache dem angeblichen Käufer oder dessen Mittelsperson mit nach Hause gegeben wird, um sie der Ehefrau oder dem mutmaßlichen Käufer zur Besichtigung oder zur Probe zu zeigen und der mutmaßliche Käufer oder die Mittelsperson sich in Ausführung der von Anfang an vorhandenen Zueignungsabsicht die Sache rechtswidrigerweise an sich nimmt. Hier erlangt der mutmaßliche Käufer bzw. die Mittelsperson Gewahrsam an der Kaufsache und begeht, wenn er von Anfang an durch Täuschung in den Gewahrsam sich gesetzt hatte, Betrug, und wenn er die Aneignungsabsicht erst nachträglich faßte, Unterschlagung. Nach englischem Recht liegt in ersterem Fall larceny by a trick vor, indem sich der angebliche Käufer bzw. dessen Mittelsperson im Wege der Täuschung nicht nur tatsächlichen Besitz, sondern auch juristischen Besitz - nicht aber Eigentum - an der Kaufsache verschaffte, während im letzteren Fall nur Untreue i.S. des Larceny Act 1916 s.20 in Betracht kommen dürfte, soweit ein "Anvertrauen" ("entrusted") bejaht werden möchte, was voraussetzt, daß der Empfänger nach der Vereinbarung mit dem Geber verpflichtet ist, dessen Interessen oder diejenigen eines von ihm benannten Dritten, verbunden mit der Pflicht sicherer Verwahrung, wahrzunehmen.[1055] Sollte allerdings zwischen dem Verkäufer und dem mutmaßlichen Käufer bzw. dessen Mittelsperson ein bailment begründet worden sein, was aber nicht ohne weiteres angenommen werden dürfte, so würde bei rechtswidriger Zueignung ein larceny by a bailee vorliegen.[1056] Dienstboten, Gewerbe- und Handlungsgehilfen, de-

---

1054 R.v.Chissers, 1678, T.Raym.275; 15 Dig.Repl.1039, 10 207.

1055 R.v.Grubb, 1915, 11 Cr.App.R.153, at p.157; 15 Dig.Repl. 1110, 11 032.

1056 Lake v. Simmons, 1926, (1927) A.C.487; 29 Dig.Insce 417, 3258; 35 Dig.Mistake 97, 64.

nen Sachen des Dienstherrn zur Ausführung ihrer Dienstverrichtungen überlassen sind, ebenso wie Personen in ähnlicher Stellung (sog. Erlaubnisempfänger) - z.B. der Gast bezüglich der ihm vom Gastwirt zum Gebrauch überlassenen Gegenstände wie Teller, Platten, Gläser oder Besteck - haben nach deutschem Recht keinen eigenen Gewahrsam daran, sondern sind lediglich Gewahrsamshalter. Der Gewahrsam steht dem Geschäftsherrn zu, dem er durch den Dienstboten bzw. andere Gewahrsamshalter in diebischer Weise entzogen werden kann, sodaß diese sich so des Diebstahls schuldig machen können.[1057] Nach englischem Recht haben diese Personen natürlichen Besitz oder Obhut, während regelmässig der juristische Besitz dem Dienst- oder Geschäftsherrn oder dem Erlaubnisgeber zukommt. Sie begehen dadurch, daß sie dem Dienst- oder Geschäftsherrn oder Erlaubnisgeber den juristischen Besitz rechtswidrigerweise entziehen, ein trespass und animo furandi Diebstahl.[1058] Auch hier decken sich also in der Praxis die Ergebnisse. Dasselbe gilt für Handlungsgehilfen in Ansehung des Warenlagers und des in der Ladenkasse befindlichen Geldes. Sie sind nach deutschem Recht nur Gewahrsamshalter, während der Gewahrsam dem Geschäftsherrn zukommt, durch dessen Bruch seitens der Angestellten bei Wegnahme in diebischer Absicht Diebstahl in Idealkonkurrenz mit Untreue (§ 266 StGB) begründet wird.[1059] Zu demselben Ergebnis kommt das englische Recht, nach welchem in diesen Fällen dem Handlungsgehilfen nur natürlicher Besitz an den im Laden befindlichen Waren und an dem in der Ladenkasse befindlichen Geld zusteht, während der juristische Besitz dem Ladeninhaber zukommt, dem er durch den Angestellten animo furandi entzogen und so Diebstahl durch denselben begangen werden kann.[1060]

1057 RGSt 30, 89.

1058 R.v.Rodway, 1841, 9 C.& P.784; 15 Dig.Repl.1040, 10 222; R. v.Stock, 1825, 1 Mood.C.C.87; 15 Dig.Repl.1066, 10 518; Pollock, F. and Wright, R.S. op.cit. pp.138-140.

1059 RGSt 77, 37; 30, 88.

1060 Pollock, F. and Wright, R.S. op.cit. pp.138-140.

An Sachen, die der Bedienstete im Namen und auf Rechnung seines Dienstherrn in Empfang genommen hat, z.B. durch einen Handlungsgehilfen von der Kundschaft als Bezahlung für gelieferte Ware eingenommenes Geld, das von ihm nicht pflichtgemäß in die Kasse gelegt, sondern eingesteckt und so rechtswidrigerweise weggenommen wird, erlangt nach englischem Recht der Bedienstete juristischen Besitz, sodaß er durch rechtswidrige Zueignung keinen Diebstahl, sondern Unterschlagung (embezzlement) begeht.[1061] Anders verhält es sich freilich, wenn vom Dienstboten in äusserlich erkennbarer Weise der juristische Besitz auf den Dienstherrn übertragen wird, wie z.B. durch Legen in die Ladenkasse oder auch schon dadurch, daß die vom Dritten für den Dienstherrn dem Dienstboten übertragenen Sachen von letzterem in Ausführung seines Dienstverhältnisses auf den dem Dienstherrn gehörenden, zum Abholen der Sachen bestimmten Wagen aufgeladen werden, oder bei Verbringung der Sachen in den Keller des Dienstherrn. In diesen Fällen begeht der Dienstbote, wenn er sich dieselben rechtswidrig zueignet, ein trespass und animo furandi Diebstahl.[1062] Nach deutschem Strafrecht erlangt der Dienstbote mit der Übergabe der Sachen an ihn durch den Dritten den Gewahrsam daran und begeht durch rechtswidrige Zueignung derselben Unterschlagung (§ 246 StGB). Dagegen nimmt das Reichsgericht bei Geld, das von Handlungsgehilfen als Bezahlung für gelieferte Waren in Empfang genommen und, statt daß es in die Kasse gelegt wird, eingesteckt und rechtswidrig in diebischer Absicht zugeeignet wird, Mitgewahrsam des Geschäftsherrn und daher bei Bruch des Mitgewahrsams Diebstahl an.[1063]
Heute kann jeder Ehegatte an dem Eigentum des anderen Ehegatten Diebstahl begehen. Dies gilt sowohl nach englischem Recht seit dem Married Women's Property Act von 1882 (45 & 46 Vict. c.75)

1061 Vgl. die Urteilsbegründung in Williams v. Phillips, 1957, 41 Cr.App.R.5; 3 Dig.Supp.49, 10 336 a.

1062 R.v.Reed, 1854, Dears.C.C.168; 15 Dig.Repl.1063, 10 487; R.v.Robinson, 1755, 2 East P.C.565; 15 Dig.Repl.1063, 10 476.

1063 RGSt 77, 38.

ss.12 und 16, dessen genannte Bestimmungen in s.36 des Larceny Act von 1916 übernommen worden sind und die mit der im Law Reform (Married Women and Tortfeasors) Act von 1935 (25 & 26 Geo.V c.30) durch Streichung des Wortes "separate" geänderten Fassung heute in Kraft sind, als auch nach deutschem Strafrecht. Beide Rechtssysteme machen aber Einschränkungen in Ansehung der Durchführung eines Strafverfahrens gegen Ehegatten. Das englische Recht läßt die Einleitung eines Strafverfahrens durch den einen Ehegatten gegen den anderen nicht zu, solange sie zusammenleben noch auch nach Aufhebung der ehelichen Gemeinschaft, sofern die das Eigentum des anderen Ehegatten betreffenden Handlungen zu einer Zeit vollzogen wurden, wo die Ehegatten zusammenlebten, es sei denn, daß der diebische Ehegatte zu dieser Zeit bereits die Absicht hegte, das Zusammenleben auf die Dauer aufzugeben. Im deutschen Strafrecht ist die Strafverfolgung eines diebischen Ehegatten durch § 247 Abs.2 StGB ausgeschlossen.
Eine Aufhebung des Gewahrsams findet nach deutschem Recht bei vorübergehender Abwesenheit oder zeitlicher Behinderung seiner Ausübung, z.B. bei einer Reise, einem Ausflug, Aufenthalt in einem Krankenhaus u.ä. nicht statt, sodaß die rechtswidrige Wegnahme, sei es durch einen Angestellten oder einen Dritten, Diebstahl begründet.[1064] Auch im englischen Recht verbleibt in diesem Fall der juristische Besitz beim Dienstherrn, sodaß der Dienstbote - wie auch ein Dritter - durch rechtswidrige Zueignung ein trespass und animo furandi Diebstahl begeht,[1065] es sei denn, daß aus besonderen Gründen wie z.B. bei weiten langdauernden Reisen dem Dienstboten ausdrücklich oder stillschweigend juristischer Besitz in Form eines bailment eingeräumt ist. In diesem Fall macht sich der Dienstbote durch rechtswidrige Zueignung eines larceny by a bailee schuldig. Was die Fälle der konstruktiven Wegnahme i.S. des englischen Rechts anbelangt, so stellt sich nach englischem Recht die

1064 RGSt 60, 272; 66, 390.
1065 Pollock, F. and Wright, R.S. op.cit. pp.138-140; Paton, G.W. op.cit. p.9.

durch Täuschung bewirkte Erlangung des juristischen Besitzes einer Sache von dem Eigentümer, ohne daß derselbe durch die Täuschung bestimmt wird, auch das Recht zum Besitz daran, sei es das Eigentum oder sein sonstiges unanfechtbares Interesse an der Sache, aufzugeben, als Diebstahl (larceny by a trick) und nicht als Betrug (obtaining by false pretences) dar. Nach deutschem Recht wird sich das larceny by a trick regelmässig als Betrug i.S. des § 263 StGB darstellen, insofern der Besitz als Vermögensvorteil i.S. der genannten Bestimmung zu erachten ist.[1066] Eine Ausnahme gilt für den Mißbrauch eines Warenautomaten, z.B. durch Einwurf eines falschen Geldstücks oder eines Metallstücks. Hier wird regelmässig der Tatbestand des Diebstahls sowohl nach deutschem wie nach englischem Recht gegeben sein.[1067] Anders ist die Rechtslage bei Leistungsautomaten oder Erschleichung freien Zutritts. Hier gilt nach deutschem Recht, das früher in diesem Fall einen Betrug (§ 263 StGB) erblickte,[1068] jetzt die Sonderbestimmung des § 265 a StGB, soweit nicht, wie z.B. beim blinden Passagier unter Umständen ein Betrug (§ 263 StGB) vorliegt. Auch nach englischem Recht möchte im letzteren Fall möglicherweise das Delikt des obtaining by false pretences gegeben sein. Besitzbetrug kann nach deutschem Recht in mehrfacher Form erfolgen. Entweder kann die tatsächliche Verfügungsgewalt zu dem Zweck erlangt werden, die Sache auf eine gewisse Zeit zu nutzen oder sonstwie zu gebrauchen, z.B. zum blossen Vorzeigen.[1069] In solchem Fall liegt nach englischem Recht kein Diebstahl vor, weil es an der Absicht des Täuschenden fehlt, die Sache dem Eigentümer auf die Dauer zu entziehen.[1070] Es liegt hier eine dem furtum usus entsprechende straflose Handlungsweise vor, soweit nicht, wie beim

---

1066 RGSt 1, 55; 17, 233; 42, 181; DJZ 13, 484.

1067 Dalcke, A. a.a.O. 36.Aufl. (1955) § 265 a, 3 mit BGH MDR 1952 S.563; R.v.Hands, 1887, 16 Cox C.C.188; 15 Dig.Repl. 1039, 10 217.

1068 RGR 2, 11; RGSt 15, 266; 17, 217; 42, 41.

1069 RGSt 15, 427.

1070 R.v.Kilham, 1870, L.R.1 C.C.R.261; 15 Dig.Repl.1165, 11 763.

furtum usus, durch die Sonderbestimmung über unberechtigte Benützung eines Kraftfahrzeugs - ohne Entwendung des zur Fahrt benötigten Treibstoffs - eine spezielle Strafsanktion eingreifen würde. Eine zweite Form des Besitzbetrugs kann darin bestehen, daß der Täuschende die tatsächliche Verfügungsgewalt in der zur Zeit der Besitzerlangung bestehenden Absicht erlangt, sich die Sache mit der Besitzerlangung oder auch später widerrechtlich zuzueignen.[1071] In diesem Fall liegt nach englischem Recht larceny by a trick vor.[1072] Eine dritte Form des Besitzbetrugs ist gegeben, wenn sich der Täter durch die Täuschung in dem widerrechtlich erlangten Besitz bei Gefahr der Wiederentziehung hält, sodaß die Besitzwiedererlangung durch den Berechtigten vereitelt wird.[1073] In diesem Fall liegt nach englischem Recht eine widerrechtliche Besitzentziehung (trespass) vor, die als "continuous trespass" fortdauert und bei späterer Zueignung animo furandi Diebstahl begründet. Gleichgültig ist nach englischem Recht im Falle des Besitzbetrugs, ob die Täuschung lediglich auf Erlangung des Besitzes abzielt oder der durch die Täuschung bewirkte Irrtum so wesentlich ist, daß er das Zustandekommen eines Vertrags verhindert, sodaß weder juristischer Besitz noch Eigentum überging, sondern nur tatsächlicher Besitz oder Gewahrsam übertragen wurde und daher der Empfänger sich durch rechtswidrige Zueignung der Sache - in gleicher Weise wie ein Dienstbote an Sachen des Dienstherrn - eines Diebstahls schuldig macht. Dem Diebstahl durch konstruktive Wegnahme im Wege der Einschüchterung (larceny by intimidation)[1074] steht im deutschen Strafrecht der Fall gleich, in dem der Inhaber der Sache die von dem Schwindler, der sich als Kriminalbeamter fälschlicherweise ausgibt, ausgesprochene "Beschlagnahme" nur hinnimmt,[1075] sei es, daß er sich lediglich

---

1071 RGSt 61, 38; 62, 61; 67, 70; 37, 130; 42, 181; 48, 290.

1072 Siehe Anm.1066.

1073 RGSt 50, 423; 53, 111; 59, 41; LZ 18, 640.

1074 R.v.McGrath, 1869, L.R.1 C.C.R.205; 15 Dig.Repl.1047, 10 314.

1075 BGH NJW 1952 S.782 und S.796; BGH NJW 1953 S.73.

passiv verhält, sei es, daß er die Sache zwar selbst aushändigt, aber nicht auf Grund eigenen Entschlusses, sondern lediglich unter dem Druck der Vorstellung, daß Widerstand untunlich und zwecklos sei, da der Mangel an einer Widerstandsleistung eine Wegnahme nach § 242 StGB nicht ausschließt.[1076] Nur wenn die Duldung der Wegnahme oder die Herausgabe auf einem durch Irrtum erzeugten, im übrigen aber freien Willensentschluß beruht, liegt nicht Diebstahl, sondern Betrug vor.[1077] Auch das larceny by a mistake wird sich nach deutschem Recht unter Umständen als Betrug i.S. des § 263 StGB darstellen können, sofern der Erwerber den Irrtum des Besitzers und Eigentümers der Sache durch eine positive Tätigkeit, bestehend in der Vorspiegelung falscher oder Entstellung oder Unterdrückung wahrer Tatsachen, unterhält. Die blosse Benutzung eines bei der Gegenseite schon bestehenden Irrtums allein ist aber nicht Unterhaltung eines Irrtums, z.B. Geldabzug auf ein nicht auf den Namen des Abhebenden lautendes Sparkassenbuch,[1078] es sei denn, daß in der Benutzung des Irrtums eine Bestärkung desselben zu erblicken ist,[1079] da es sonst an der Täuschungshandlung und damit an einer Irreleitung fehlt. Freilich ist die Unterscheidung des Belassens im Irrtum von der Irreführung durch Irrtumsbestärkung Tatfrage und nicht leicht zu entscheiden. Die Benützung eines vorhandenen Irrtums ist aber immer Unterhaltung eines Irrtums, wenn die Aufklärung des Irrtums pflichtwidrig unterlassen wird. Für die Regel aber wird, sofern die genannte besondere Voraussetzung nicht vorliegt, der Erwerber in diesem Fall sich durch nachträgliche rechtswidrige Zueignung in der Form der Rückgabeverweigerung einer Unterschlagung i.S. des § 246 StGB schuldig machen. Anders verhielte es sich nur, wenn der Irrtum

---

1076 Dalcke, A. a.a.O. 36.Aufl. (1955) zu § 242, 5.

1077 RG LZ 1920 Sp.717; RG LZ 1922 Sp.265; RG HRR 1934 Nr.1259; OLG Braunschweig in NdsRpfl 1948 S.183; 1949 S.147; OLG Hamburg in HESt 2, 20; BGH NJW 1949 S.877; BGHZ 5, 366; Schönke, A. a.a.O. zu § 263, VI, 4; Dalcke, A. a.a.O. 36. Aufl. (1955) zu § 242, 5.

1078 RGSt 26, 158.

1079 RGSt 20, 332; 25, 95; 31, 208.

des Übergebenden so unwesentlich gewesen wäre, daß er nach der Auffassung der beiden Vertragsteile das rechtswirksame Zustandekommen des Vertrags nicht verhindert hätte. Solchenfalls scheidet eine kriminelle Tätigkeit aus. Bei Übergabe einer Sache auf Grund beiderseitigen Irrtums wird nach deutschem Recht Unterschlagung dann vorliegen, wenn der Geber nur den vorübergehenden Besitz, nicht auch das Eigentum an einer Sache hat übertragen wollen, der Erwerber aber Besitz und Eigentum zu erwerben beabsichtigte und sich nach Kenntnis der Sachlage die Sache, wie etwa durch Rückgabeverweigerung, rechtswidrig zueignete. Wo die Übertragung des Rechts zum Besitz - des Eigentums - wegen eines vom Erwerber nicht verursachten wesentlichen Irrtums unwirksam ist, kann der Erwerber nach englischem Recht Diebstahl (larceny by a mistake) begehen, sobald er den Irrtum erkennt und sich gleichzeitig entschließt, die Sache für sich zu behalten. Nach deutschem Recht kann in diesem Fall nur Unterschlagung in Frage kommen, wenn der Übergebende die Übertragung angefochten und den Rückfall des Eigentums auf sich bewirkt hat. Der Funddiebstahl des englischen Rechts (larceny by finding) hängt nach den früheren Ausführungen davon ab, ob zur Zeit der Ansichnahme der Fundsache durch den Finder ein Schlüssel zur Ermittlung des Verlierers vorliegt, der in dem Finder den Eindruck hervorruft, daß der Verlierer ausfindig gemacht werden kann. Trifft dies zu und eignet sich der Finder gleichwohl die Fundsache, die solchenfalls im juristischen Besitz des Verlierers geblieben ist, zu, so begeht er ein trespass und animo furandi Diebstahl. Ist diese Voraussetzung aber nicht gegeben, so ist der Finder kriminell nicht haftbar, selbst wenn sich nachträglich, auch noch vor erfolgter Zueignung, ein geeigneter Schlüssel herausstellen sollte, da in diesem Fall der juristische Besitz des Verlierers aufgehört und der Finder rechtmässigen originären Besitz an der Fundsache erlangt hat. Eine Ausnahme gilt nur für Sachen, die in öffentlichen Verkehrsmitteln und ähnlichen öffentlich zugänglichen Räumlichkeiten verloren worden sind. Es kann für diese Ausnahme auf die früheren Darlegungen über die im Ergebnis übereinstimmende Regelung des englischen und deutschen Rechts hingewiesen werden.[1080] Im Gegensatz zum englischen Recht erlangt nach deutschem Recht der Finder den ausschließlichen Gewahrsam und begeht durch Einverleibung der Fundsache oder des in ihr verkörperten Sachwertes in das eigene Vermögen eine rechtswidrige Zueignung, die unter anderem in der Nichtanzeige eines Fundes trotz Anzeigegebotes (§ 965 BGB) oder unter Umständen in dem Verheimlichen der Fundsache erblickt werden kann,[1081] und damit eine Unterschlagung (Fundunterschlagung, § 246 StGB). Eine Bereicherungsabsicht ist nicht notwendig.[1082] Sofern allerdings der Täter schon im Zeitpunkt der Ansichnahme der Fundsache die Absicht hatte, sich dieselbe rechtswidrig zuzueignen, sodaß Ansichnahme und Zueignung zusammentreffen, ist das Vorliegen einer Unterschlagung strittig. Nach der einen Auffassung, die auch regelmässig vom Reichsgericht vertreten wurde, entfällt in solchem Fall eine Unterschlagung, weil nach der Fassung der Gesetzesbestimmung der Täter die Sache zur Zeit der Zueignung bereits im ausschließlichen Besitz oder Gewahrsam haben muß, die Zueignung also der Besitz- oder Gewahrsamserlangung erst nachfolgen muß.[1083] Nach der heute sich allmählich durchsetzenden, freilich nicht unbestrittenen Auffassung[1084] wird aber nicht mehr verlangt, daß die Besitzerlang-

---

1080 Siehe oben Anm.985 bis 987 und 990.

1081 RG GA 37, 300; Recht Jg.7 S.610.

1082 RG HRR 1937 Nr.533.

1083 RGSt 10, 262; 19, 38; 42, 420; 53, 302; 68, 90; 69, 80; 72, 326; RG GA 59, 328; Frank, R. a.a.O. 18.Aufl. zu § 246, II, 3; Olshausen, J. von a.a.O. 12.Aufl. zu § 246, 6, a; Mühlmann-Bommel: Das Strafgesetzbuch an Hand der höchstrichterlichen Rechtsprechung für die Praxis erläutert, Straubing 1949 zu § 246, 4; Meyer in JW 1934 S.486; Kohlrausch, E.: Vermögensverbrechen und Eigentumsverbrechen.-In: Das kommende deutsche Strafrecht. Besonderer Teil. Bericht über die Arbeit der amtlichen Strafrechtskommission, hrsg. von F.Gürtner, Berlin 1935 S.310; Entwurf zu einem neuen Strafgesetzbuch vom Stand v.1.Juli 1936, Berlin 1936 § 467.

1084 BGH LM Nr.3 zu § 246; BGHSt 4, 77; wie BGH auch Schönke, A. a.a.O. zu § 246, IV, 3; RGSt 49, 194; 67, 70; RG JW 1934 S.486; Dalcke, A. a.a.O. 36.Aufl. zu § 246, 3; Leipz. Komm. a.a.O. Bd.II, 6.u.7. Aufl., zu § 246, II, 2 und VI; Urt.OLG Bremen v.17.11.1949 - Ss 85/49 - Anm.R.Busch, SJZ 1950 Sp.359; RG DJ 1938 S.1880.

ung der Zueignung vorangeht,[1085] vielmehr wird das zeitliche Zusammenfallen für ausreichend erachtet, um Unterschlagung zu begründen; es steht also hiernach das Zusammentreffen der Besitz- oder Gewahrsamserlangung mit der Zueignungsabsicht der Annahme einer Unterschlagung nicht entgegen. Die Begründung für diese Auffassung wird darin gesehen, daß der Gesetzgeber mit der Unterschlagung jede rechtswidrige Zueignung habe erfassen wollen, die nicht in dem Bruch fremden Gewahrsams wie beim Diebstahl bestanden habe und daß er nur irrtümlich die positive Fassung anstatt der negativen - Wegnahme einer fremden Sache, die ein anderer nicht im Besitz oder Gewahrsam hat - gewählt habe.[1086] In BGHSt Bd.2 S.317 wird diese Auffassung i. S. der bisherigen Rechtsprechung des Reichsgerichts abgelehnt, aber die Entscheidung, weil im vorliegenden Fall nicht erheblich, offengelassen. Mag auch diese der Rechtsprechung des Reichsgerichts widersprechende Auffassung freilich mit der Gesetzesfassung nicht leicht zu vereinbaren sein, so erscheint sie doch aus rechtspolitischen Gründen gerechtfertigt. Es bestünde sonst eine Gesetzeslücke, die einer Ausfüllung bedürfte, wie dies schon von Harburger[1087] angeregt und im Entwurf eines Strafgesetzbuches von 1927 § 333[1088] in Aussicht genommen war.

1085 So noch RGSt 53, 302.

1086 Binding, K. a.a.O. S.275; Mezger, E.: Deutsches Strafrecht. Ein Grundriß, 2.Aufl., Berlin 1941 S.250; Leipziger Kommentar a.a.O. Bd.II, 6.u.7.Aufl., zu § 246, II, 2 und VI; Urt. OLG Bremen v.17.11.1949 - Ss 85/49 - Anm.R.Busch, SJZ 1950 Sp.359; Gesamtentwurf eines Strafgesetzbuches, Bonn 1959, zu § 240, II.

1087 Harburger: Diebstahl und Unterschlagung (Abschnitt 19 des II.Teils des RStrGB), 2.Abt.Unterschlagung.-In: Vergleichende Darstellung des Deutschen und Ausländischen Strafrechts. Vorarbeiten zur Deutschen Strafrechtsreform. Hrsg. auf Anregung des Reichs-Justizamtes von den Professoren Birkmeyer, van Calker, Frank, von Hippel, Kahl, von Lilienthal, von Liszt und Wach. Bes.Teil. VI.Bd.: Raub und Erpressung. Sachbeschädigung. Diebstahl und Unterschlagung. Strafbarer Eigennutz. Bearb.von Frank, Harburger, Nagler, Schmoller und Kriegsmann, Berlin 1907 S.518.

1088 Entwurf eines Allgemeinen Deutschen Strafgesetzbuches mit Begründung und zwei Anlagen (Reichstagsvorlage v.14.5.1927), Berlin 1927.-In: Materialien zur Strafrechtsreform, Bd.4, Bonn 1954, 26.Abschn. S.35 ff.

Keinen besonderen Fall diebischer Wegnahme bildet im englischen Recht die Wegnahme ordnungsmässig gepfändeter Sachen. Es gibt im englischen Recht zwei verschiedene Arten von Pfändung: die selbsthilfeweise Privatpfändung von z.B. im Eigentum des Pächters stehenden beweglichen Sachen wegen rückständiger Pachtzinsen und die Pfändung im Wege der Zwangsvollstreckung auf Grund eines formell einwandfreien Titels durch den Gerichtsvollzieher. Bei der Privatpfändung erlangt der Privatpfänder keinen juristischen Besitz an den Pfandsachen, die vielmehr "in custodia legis" sowohl vor als nach der Verbringung in das Pfandlokal bleiben. Der Besitz verbleibt dem Eigentümer der Sachen, der nur in Ansehung ihres Gebrauchs beschränkt ist, sodaß er gegen einen Fremden, der sie aus dem Pfandlokal wegnimmt, trespass- und trover-Klage erheben[1089] und bei rechtswidriger Zueignung durch denselben animo furandi Anklage wegen Diebstahls erheben kann. Der Privatpfänder kann gegen den Fremden dagegen nur auf Freigabe der gepfändeten Sachen klagen.[1090] Davon verschieden ist der Fall der Pfändung im Wege der Zwangsvollstreckung durch den Gerichtsvollzieher auf Grund eines einwandfreien - wenn auch materiell nicht unbedingt begründeten - Titels. Welche Rechtsstellung der Gerichtsvollzieher von der Inbesitznahme bis zum Verkauf der beschlagnahmten Sachen des Schuldners, womit Eigentum und Besitz auf den Erwerber übergehen, einnimmt, ist nicht unbestritten. Nach der, mindestens früher, herrschenden Meinung ist - wie schon oben dargetan - davon auszugehen, daß der Gerichtsvollzieher mit der Inbesitznahme der Sachen auf Grund der Vollstreckungsverfügung den juristischen Besitz an den beschlagnahmten Sachen im Wege einer durch Gesetz gerechtfertigten Besitzentziehung und gleichzeitig damit auf Grund des Rechtfertigungsgrundes die Stellung eines Spezialeigentümers

1089 Giles v. Grover, 1832, 9 Bing.128; 41 Dig.Shrffs 120, 762; West v. Nibbs, 1847, 4 C.B.172; 18 Dig.Distr.326, 602; 393, 1352.

1090 action of rescue oder de parco fracto; R.v.Cotton, 1751, Park.112; 18 Dig.Repl.333, 795.

im Gegensatz zum Vollstreckungsschuldner als Generaleigentümer erlangt und daß er als solcher ermächtigt ist, die beschlagnahmten Sachen nicht an den Schuldner und Generaleigentümer zurückzugeben, sondern sie zugunsten des Vollstreckungsgläubigers zu verkaufen und das Generaleigentum des Schuldners mit der Veräusserung auf den Erwerber zu übertragen.[1091] Als juristischem Besitzer steht solchenfalls dem Gerichtsvollzieher sowohl die Besitzentziehungs- wie die Herausgabeklage und auch die Anklageerhebung wegen Diebstahls zum Nachteil von ihm selbst oder des Vollstreckungsschuldners als Generaleigentümers gegen einen Dritten zu, der die beschlagnahmten Sachen in Diebstahlsabsicht wegnimmt.[1092] Wenn solchenfalls der Gerichtsvollzieher die beschlagnahmten Sachen des Vollstreckungsschuldners nicht zugunsten des Vollstreckungsschuldners verkauft, sondern sie sich rechtswidrig selbst durch Einbehaltung der Sachen nach Erlöschen des Rechtfertigungsgrundes zu ihrer Wegnahme[1093] zu eigenem Nutzen animo furandi zueignet, so liegt ein Mißbrauch der gesetzlichen Ermächtigung durch den Gerichtsvollzieher vor, der auf Grund hiervon ein trespasser ab initio wird und bei Vorliegen des animus furandi sich eines Diebstahls schuldig macht, der unter s.17 (2) (a) Larceny Act 1916 fallen möchte. Nimmt der Vollstreckungsschuldner und Eigentümer selbst die beschlagnahmten Sachen dem Gerichtsvollzieher rechtswidrigerweise weg, so ist nach der heutigen Auffassung in Rechtsprechung und Schrifttum über Diebstahl durch den Generaleigentümer gegenüber dem bailee als Spezialeigentümer Diebstahl durch den Vollstreckungsschuldner, wie früher des näheren ausgeführt wurde, nicht zu bestreiten.[1094] Eine andere bereits früher erwähnte Auffassung,

---

1091 Pollock, F. op.cit. p.229.

1092 Pollock, F. and Wright, R.S. op.cit. pp.82, 203 n.144; Giles v. Grover, 1832, 9 Bing.128, per Lord Tenterden C. J.; 41 Dig.Shrffs 120, 762; Wilbraham v. Snow, 1670, 2 Wms Saunders 47; 41 Dig.Shrffs 121, 767; Pollock, F. op. cit. p.382; Woodland v. Fuller, 1840, 11 Ad.& El.859; 41 Dig.Shrffs 121, 763.

1093 Ash v. Dawnay, 1852, 8 Exch.237; 21 Dig.Exon.508, 843.

1094 Über Diebstahl des Eigentümers an eigenen Sachen wird später noch zu sprechen sein.

die neuerdings ventiliert wird, geht dahin, daß bis zum Verkauf und zur Übergabe der beschlagnahmten Sachen an den Erwerber, der nicht Käufer der vom Gerichtsvollzieher gepfändeten Sachen wird, sondern voll und ganz in die Rechtsstellung des Vollstreckungsschuldners in Ansehung der Pfandsachen eintritt,[1095] dem Vollstreckungsschuldner der juristische Besitz an den beschlagnahmten Sachen verbleibt - eine Auffassung, die ausnahmsweise auch früher schon in R.v.Eastall[1096] ausgesprochen worden war. So erkennt jetzt Goodeve[1097] dem Gerichtsvollzieher keinen juristischen Besitz an den beschlagnahmten Sachen, sondern nur Obhut zu. Der juristische Besitz daran verbleibt nach ihm bis zum Verkauf und zur Übergabe derselben dem Vollstreckungsschuldner und die Sachen stehen "in custodia legis", sodaß sie nicht im Wege der Privatpfändung in Anspruch genommen werden können.[1098] An anderer Stelle allerdings[1099] schreibt er dem Gerichtsvollzieher gegenüber demjenigen, der ihm die gepfändeten Sachen wegnimmt, juristischen Besitz und auch ein darauf fussendes Klagrecht zu, sodaß in Ansehung des Diebstahlsdelikts die beiden Auffassungen zum gleichen Ergebnis führen dürften. Eignet sich der Gerichtsvollzieher selbst die gepfändeten Sachen rechtswidrig animo furandi zu, so macht er sich auch nach der zweiten Auffassung eines Diebstahls zu Lasten des Vollstreckungsschuldners schuldig. Nach deutschem Recht erlangt der Gerichtsvollzieher mit der Besitznahme von Geld, Kostbarkeiten und Wertpapieren zum Zweck des Verkaufs Gewahrsam daran und macht sich, wenn er sie sich selbst rechts-

---

1095 Goodeve op.cit. p.456 mit Whitworth v. Gaugain, 1846, 1 Ph.728; 21 Dig.Exon.563, 139; 573, 1492.

1096 R.v.Eastall, 1822, Russell, W.O.: A Treatise op.cit. 8th ed. by Ross, London 1923 p.1228; 15 Dig.Repl.1067, 10 526.

1097 Goodeve op.cit. p.34 mit Holdsworth, Sir W.S. op.cit. vol.3 p.283.

1098 Wharton v. Naylor, 1848, (1848) 12 Q.B.673; 18 Dig.Distr. 343, 785; 344, 794.

1099 Goodeve op.cit. p.464.

widrig zueignet, einer Amtsunterschlagung (§§ 350, 359 StGB) schuldig, während ein Dritter, der die gepfändeten Sachen dem Gerichtsvollzieher in rechtswidriger Weise in Zueignungsabsicht wegnimmt, einen Diebstahl zu Lasten des Schuldners und Eigentümers in Idealkonkurrenz mit Verstrickungsbruch (§ 137 StGB)[1100] und eventuell auch mit Pfandkehr (§ 289 StGB) zu Lasten des Pfandgläubigers dann begeht, wenn er die Sache rechtswidrig zugunsten des Eigentümers wegnimmt, da auch der Pfändungspfandgläubiger als Pfandgläubiger i.S. des § 289 StGB anzusehen ist, soweit die Sachen, wie hier, nicht im Gewahrsam des Schuldners bleiben.[1101] Nimmt der Vollstreckungsschuldner selbst die gepfändeten Sachen dem Gerichtsvollzieher weg, so ist er lediglich eines Verstrickungsbruchs in Idealkonkurrenz mit Pfandkehr schuldig.[1102] Andere als die erwähnten vom Gerichtsvollzieher gepfändeten Sachen sind nach § 808 Abs.2 ZPO im Gewahrsam des Schuldners zu belassen; ihm gegenüber kann daher vom Dritten durch Wegnahme in rechtswidriger Zueignungsabsicht Diebstahl in Idealkonkurrenz mit Verstrickungsbruch (§§ 242, 137, 73 StGB) begangen werden, während der Schuldner selbst sich in Ansehung der gepfändeten, noch in seinem Gewahrsam befindlichen Sachen, nur eines Verstrickungsbruchs eventuell in Idealkonkurrenz mit Siegelbruch (§§ 137, 136, 73 StGB) schuldig machen kann.[1103] Im Strafgesetzbuchsentwurf von 1960 sind die beiden Strafbestimmungen in einer einzigen (§ 427) zusammengefaßt. Zu beachten ist, daß der Täter beim Verstrickungsbruch nicht die Absicht zu haben braucht, sich die Sache zuzueignen, ebensowenig die Absicht, einen Vermögensvorteil zu erlangen oder einen anderen am Vermögen zu schädigen.[1104] Es genügt das Bewußtsein, daß die Sache rechtmässig gepfändet ist und durch die Handlung der Ver-

---

1100 Schönke, A. a.a.O. zu § 242, X und § 137, VIII.

1101 Schönke, A. a.a.O. zu § 289 II, 2 mit Baumann in NJW 1956 S.1866.

1102 Schönke, A. a.a.O. zu § 137, VI.

1103 Schönke, A. a.a.O. zu § 137, VI.

1104 RGSt 41, 259.

strickung entzogen wird, sowie der Wille, dieselbe der Verstrickung zu entziehen.
Neben der Wegnahme (taking) verlangt das englische Recht auch ein Wegbringen (carrying away), für das allerdings regelmässig die geringste Verschiebung der Sache aus ihrer bisherigen Lage in der Weise, daß kein Atom seinen bisherigen Platz einnimmt, ausreicht. Da die "Wegnahme" neben der Entziehung des juristischen Besitzes auch die Begründung solchen Besitzes durch den Entziehenden erfordert, so ist nach den früheren Ausführungen heute in den Fällen des einfachen Diebstahls Beweis eines Fortbewegens nur verlangt, um festzustellen, ob der Täter die Sache in seinen Besitz tatsächlich übergeführt hat. Das deutsche Recht verlangt zwar kein Wegbringen, jedoch neben dem Bruch des fremden Gewahrsams die Begründung eines neuen Gewahrsams für den Täter oder einen Dritten (Apprehensionstheorie).[1105] Ein blosses "Berühren" (Kontrektationstheorie) reicht nicht aus, wie andererseits ein "Wegschaffen" (Ablationstheorie) oder gar ein "Bergen", d.i. eine Sicherung der erlangten Herrschaft, nicht erforderlich ist.[1106] Die Begründung des neuen Gewahrsams setzt voraus, daß der Wegnehmende die Herrschaft über die Sache so erlangt, daß sie ohne Hindernisse seitens des bisherigen Gewahrsamsinhabers verwirklicht werden kann und umgekehrt dieser ohne Beseitigung der Verfügungsgewalt des Wegnehmenden nicht mehr über die Sache verfügen kann. Dies kann auch in den bisherigen Räumen der Fall sein, z.B. bei Verstecken in den bisherigen Räumen oder bei Verbergen der im Warenhaus gestohlenen Sachen unter der eigenen Kleidung[1107] oder durch Verschwinden in der Menge. Ob der Täter dabei die Aussicht hat, seinen ausschließlichen Gewahrsam längere Zeit aufrechtzuerhalten, ist für die Frage, ob die Wegnahme vollendet ist, ohne Belang. Bei Beobachtung der Wegnahme durch den Ge-

---

1105 RGSt 66, 396; 76, 133.

1106 Olshausen a.a.O. 12.Aufl. zu § 242, 22 a; RGSt 8, 177; 14, 123; 27, 395; RG GA 27, 458; RGSt 76, 133; Urt.OLG Tübingen in SJZ 1947 S.556.

1107 RGSt 52, 75.

wahrsamsinhaber oder Dritte, z.B. dessen Angestellte, scheidet vollendeter Diebstahl nur dann aus und ist lediglich Diebstahlsversuch anzunehmen, wenn der Beobachter die Möglichkeit und den Willen hat, die Verfügung des Täters zu verhindern und auf die Erhaltung des Gewahrsams des bisherigen Inhabers hinzuwirken.[1108] Ein Beiseitelegen in Anwesenheit des bisherigen Gewahrsamsinhabers kann einen neuen Gewahrsam begründen, wenn der bisherige Inhaber niedergeschlagen und der Täter körperlich überlegen ist. Es liegt aber eine vollendete Wegnahme hierdurch nicht vor, solange der bisherige Inhaber trotzdem in der Lage bleibt, selbst oder durch einen anderen die Verfügung des Täters über die Sache zu verhindern.[1109] Die Begründung des neuen Gewahrsams kann durch den Täter selbst, aber auch durch Vermittlung eines unmündigen Kindes, eines sinnlos Betrunkenen, eines Geisteskranken oder eines gutgläubigen Dritten erfolgen, mit deren Gewahrsamserlangung der neue Gewahrsam und damit die Wegnahme vollendet ist.[1110] Für Begründung des neuen Gewahrsams in der Person eines Dritten ist nicht erforderlich, daß der Täter zwischendurch eigenen Gewahrsam erlangt. Es genügt vielmehr, daß der Täter einen anderen veranlaßt, sich die Sache zu holen und unmittelbar in den eigenen Gewahrsam zu überführen.[1111] So ist in RGSt Bd.57 S.166 unter anderem ausgeführt: "Wie man eine Sache wegnehmen kann, indem man sie aus der Verfügungsgewalt des bisherigen Inhabers in die eines Dritten bringt, ohne zwischendurch eigenen Gewahrsam daran zu erlangen (RGSt 48, 58), ebenso kann sich die Zueignungs-

---

1108 RGSt 76, 131; Urt.OLG Hamm in NJW 1954 S.523; BGH NJW 1953 S.1271; Urt. OLG Tübingen in SJZ 1947 S.556; a.A. Schönke, A. a.a.O. zu § 242, V, 2; Olshausen a.a.O. 12.Aufl. zu § 242, 23; RG GA 69, 102; RG JW 1934 S.1358; vgl. auch RGSt 52, 75; 53, 144 und 66, 394.

1109 RGSt 66, 394; vgl. auch RGSt 76, 131 mit GA 69, 102.

1110 RGSt 53, 181; 70, 212 mit 48, 59.

1111 RGSt 47, 147 und 323; 48, 58; 57, 166; 67, 324; 70, 212; RG HRR 1939 Nr.351; Frank, R. a.a.O. zu § 242, VI, 2; Olshausen a.a.O. 12.Aufl. zu § 242, 22, b; Harburger a.a.O. 1.Abt. Diebstahl S.207; Schönke, A. a.a.O. zu § 242, V, 2; Leipz.Komm. a.a.O. 8.Aufl. zu § 242, V, A, b und VI.

absicht dadurch betätigen, daß man die Sache ihrem Sachwert nach seinem Vermögen zuführt, indem man sie dem Dritten zur wirtschaftlichen Ausnützung überträgt und damit wie ein Eigentümer darüber verfügt, ohne selbst Eigentum erlangen zu wollen".[1112] Da für die Wegnahme nach deutschem Recht neben dem Bruch fremden Gewahrsams die Begründung eines neuen Gewahrsams an der Sache durch den Wegnehmenden erforderlich ist und nach dem Ausgeführten für die Gewahrsamsbegründung ein blosses Berühren der Sache nicht ausreicht, sondern die Schaffung eigener Verfügungsgewalt über die Sache erforderlich ist, andererseits aber nach englischem Recht für das "carrying away" als Beweismoment für die Besitzerlangung des Besitzentziehenden die geringste Verschiebung der Sache aus ihrer bisherigen Lage ausreicht, so werden die beiden Rechtssysteme in dieser Hinsicht sich zwar nicht decken, aber in den praktischen Ergebnissen vielfach nicht wesentlich unterscheiden. Ein Unterschied liegt z.B. in dem Fall vor, wo der Täter ein Tafelgeschirr aus einer Truhe in Diebstahlsabsicht herausnahm und es auf den Boden legte, aber überrascht wurde, bevor er es wegschaffen konnte.[1113] Hier liegt nach englischem Recht ein "Wegbringen" und damit vollendeter Diebstahl vor, während nach deutschem Recht die Begründung eines neuen Gewahrsams noch nicht als vollendet angesehen werden und daher nur ein versuchter Diebstahl angenommen werden kann. Sollte allerdings der Täter die gestohlene Sache im gleichen Raum noch versteckt haben, um sie später abzuholen, so wäre auch nach deutschem Recht vollendeter Diebstahl gegeben.[1114] "Wegbringen" und "Gewahrsamsbegründung" werden aber häufig zusammenfallen, z.B. wo der Täter ein Paket in Diebstahlsabsicht von einem Eisenbahnwagen in einen anderen schafft, um es beim Aussteigen mitzunehmen. Hier liegt ein Wegbringen, aber auch die Begründung eines eigenen Gewahrsams durch den Täter vor, der dem bisherigen Gewahrsamsinhaber, wenn auch heimlich, den Gewahrsam durch das

---

[1112] Vgl. auch RGSt 40, 10.
[1113] R.v.Simson, 1664, Kel.J.31; 15 Dig.Repl.1053, 10 373.
[1114] RGSt 52, 75.

Verbringen an einen anderen Platz entzogen hat.

C) Das Diebstahlsobjekt

Nach s.1 (1) Larceny Act von 1916 ist alles Diebstahlsgegenstand, was gestohlen werden kann. Worin dies besteht, ist aus dem Begriff des "taking and carrying away" zu entnehmen, der eine greifbare und bewegliche Sache voraussetzt. Der Begriff der Sache verlangt daher nach englischem Recht, bei der Notwendigkeit greifbar zu sein, Körperlichkeit des Gegenstandes. Dasselbe gilt auch nach deutschem Recht, wonach sich der Begriff der Sache nicht nach § 90 BGB bestimmt, sondern strafrechtlich lediglich nach den Anschauungen des Lebens zu beurteilen ist.[1115] Meinungsverschiedenheit besteht freilich über die Tragweite dieses strafrechtlichen Sachbegriffs. Nach der herrschenden Meinung ist unter "Sache" entsprechend dem natürlichen Wortlaut und dem gewöhnlichen Sprachgebrauch ein "körperlicher Gegenstand"[1116] oder doch ein "Stück oder Teil der raumfüllenden Materie in festem, flüssigem oder gasförmigem Aggregatzustand", also ein "Körper im physikalischen Sinne"[1117] zu verstehen. Weitergehende Auffassungen, die als Sache "ein sinnlich wahrnehmbares Objekt selbständiger und unmittelbarer menschlicher Herrschaft" oder "jedes Lebensgut mit Verkehrswert"[1118] betrachten wollten, wurden von der Rechtsprechung anläßlich der Entscheidung über die Strafbarkeit der rechtswidrigen Entziehung von Elektrizität abgelehnt. Da sonach beide Rechtssysteme von dem Erfordernis der Körperlichkeit der Sache als Diebstahlsobjekt ausgehen, so erklärt sich daraus die von ihnen beiderseits gezogene Folgerung, daß die Entziehung von Elektrizität, weil nicht unter den Sachbegriff zu subsumieren,

---

1115 RGSt 29, 112; 32, 178; Olshausen a.a.O. 12.Aufl. zu §242, A, 3, a; Schönke, A. a.a.O. 6.Aufl. (1952) zu § 242, IV, 1.

1116 RGSt 3, 349; 12, 313; RGSt Ver.Str.Sen.24, 50.

1117 RGSt 29, 112; 32, 179; Schönke, A. a.a.O. zu § 242, III, 1; Dalcke, A. a.a.O. zu § 242, 3.

1118 BayObLG 8, 216; Dernburg in DJZ 1, 474.

einer Sonderstrafbestimmung bedurfte, wie sie in England durch 45 & 46 Vict. c.56 s.23 geschaffen und später in das Larceny Act 1916 s.10 übernommen wurde, in Deutschland durch das Reichsgesetz vom 9.April 1900 (RGBl.I, 288) §§ 1 und 2 getroffen worden ist, dessen Bestimmungen nach dem 3.Strafrechtsänderungsgesetz vom 4.August 1953 (BGBl.I, 735) ohne sachliche Änderung in § 248 c StGB übergegangen sind. Entsprechendes wird künftig für die Atomenergie zu gelten haben. Unter den Begriff der Sache fallen hiernach nach beiden Rechtssystemen leblose Dinge jeden Aggregatzustandes, sofern sie greifbar, d.h. besitzbar sind, wie z.B. Uhren, Rundfunkempfangsgeräte u.ä., aber auch Wasser und sonstige Flüssigkeiten oder Heizdampf, ferner Leucht- und Heizgas sowie andere in gasförmigem Zustand befindliche Stoffe, z.B. Heißluft, sofern sie zu bestimmter Verwendung in Rohrleitungen oder Behältnissen gefaßt sind,[1119] ebenso auch Tiere aller Art und deren Erzeugnisse. Letztere sind daher heute, nachdem die durch das Common Law getroffenen Einschränkungen in Wegfall gekommen sind, als Sachen stehlbar, vorausgesetzt, daß die sonstigen Tatbestandsmerkmale des Diebstahls vorliegen. Nicht stehlbar, weil nicht greifbar und daher nicht unter den Sachbegriff fallend, sind alle unkörperlichen Gegenstände, wie reine, nicht in einer Urkunde verkörperte Forderungsrechte, immaterielle Rechte (Urheberrecht, Patentrecht u.ä.) und Kräfte, wie z.B. Elektrizität. Was Urkunden anbelangt, so sind heute nach englischem Recht Urkunden jeder Art Diebstahlsgegenstand, mögen sie unter die allgemeinen Strafbestimmungen des Larceny Act 1916 s.1 (3) und s.2 mit s.46 (1) oder im Falle besonders gearteter Urkunden unter die Sonderbestimmungen des Larceny Act 1916 ss.6 und 7 fallen, die in Anlehnung an die ss.27, 29 und 30 des Larceny Act 1861 und in Ergänzung derselben getroffen worden sind. Damit ist heute auch jede Art von Wertpapieren zum Diebstahlsobjekt gemacht. Ebenso wie im englischen

1119 R.v.Firth, 1869, L.R.1 C.C.R.172; 15 Dig.Repl.1085, 10 734; Ferens v. O'Brien, 1883, 11 Q.B.D.21; 15 Dig.Repl.1085, 10 735; R.v.White, 1853, Dears.C.C.203; 15 Dig.Repl.1054, 10 385 einerseits und RGSt 11, 117; 14, 121; 30, 388; 32, 185; 44, 335; 47, 324; RG GA 42, 131 andererseits.

Recht fallen nach deutschem Recht, das als mögliche Gegenstände des Diebstahls alle im gewöhnlichen Leben und Verkehr gebräuchlichen und vorkommenden beweglichen Dinge, die in irgendeiner Hinsicht ohne Rücksicht auf ihren Wert[1120] Verwendung finden können, anerkennt, Urkunden und Schriftstücke jeder Art unter den Sachbegriff des Diebstahlstatbestandes, gleichgültig, ob sie ihrer rechtlichen Natur nach oder bloß nach der Verkehrsauffassung Träger eines Rechts oder lediglich Beweismittel für das Bestehen eines solchen sind,[1121] da sie auch in letzterer Eigenschaft in den verschiedensten Beziehungen von Bedeutung sind, wie z.B. Frachtbriefe,[1122] ferner Wertpapiere jeder Art, seien es Inhaber- oder Orderpapiere, Hypotheken-, Grundschuld- oder Rentenschuldbriefe, sonstige Schuldscheine, Sparkassenbücher, Quittungen und letztwillige Verfügungen.[1123] In Übereinstimmung mit dem englischen Recht ist auch nach deutschem Recht die Stehlbarkeit von Grund und Boden ausgeschlossen; hierzu sind nach englischem Recht auch solche bewegliche Sachen zu rechnen, die in so enge Verbindung mit dem Grund und Boden gebracht sind, daß sie mit diesem die Eigenschaft der Unbeweglichkeit teilen, wie z.B. auf das Feld ausgestreuter Dünger.[1124] Nach deutschem Recht freilich, das nicht Beweglichkeit i.S. des Privatrechts, sondern nur tatsächliche Beweglichkeit der Diebstahlssache verlangt, mag letzteres mindestens zweifelhaft sein. Nicht stehlbar sind auch die mit dem Grund und Boden verbundenen pflanzlichen Erzeugnisse und festverbundenen Gegenstände, solange diese Verbindung besteht. Werden diese Grundstücksbestandteile durch die Lostrennung von Grund und Boden zu beweglichen Sachen gemacht, so sind sie nach englischem Recht, soweit es sich um

---

1120 RGSt 50, 255.

1121 RGZ 91, 137.

1122 RGSt 32, 22.

1123 RGSt 6, 117; 12, 313; 22, 2; 61, 126; 65, 259; 75, 186; RG GA 51, 10; RG GA 64, 126; RG GA 69, 123; RG DJZ 1941 S.692; Frank, R. a.a.O. zu § 242, VII, 2, a, γ.

1124 RGSt 21, 245; Carver v. Pierce, 1647, Sty 66; sub nom. Yearworth v. Pierce, 1647, Aleyn 31; 37 Dig.Pers.Prop.155, 11.

fixtures, pflanzliche Erzeugnisse und Erze aus Bergwerken handelt, nach s.8 Larceny Act 1916 mit ss.36 und 37 Larceny Act 1861, welch letztere, weil nicht in das Larceny Act 1916 übernommen, daneben in Geltung geblieben sind, und s.11 Larceny Act 1916 ohne weiteres Gegenstand des Diebstahls, während andere mit dem Grund und Boden verbundene oder einen Teil desselben bildende Sachen, z.B. Sand aus einer Grube oder einem Flußbett oder Ziegelsteine aus einer niederzureißenden Mauer, durch den, der die Trennung von Grund und Boden vollzieht, nicht gestohlen werden können, wenn er nicht nach der Trennung den Besitz daran aufgegeben hat.[1125] Im Falle solcher Besitzaufgabe erlangt der Eigentümer des Grund und Bodens, der einen daraus entspringenden akzessorischen Eigentumsanspruch, d.h. ein Recht zum Besitz auf die abgetrennte beweglich gewordene Sache hat, auch den Besitz daran, sodaß sie fortan Objekt des Diebstahls sein kann.[1126] Nach deutschem Recht werden pflanzliche Erzeugnisse und fixtures in dem Augenblick, in dem sie vom Grund und Boden getrennt und zu beweglichen Sachen gemacht werden, ohne weiteres Gegenstand des Diebstahls, gleichgültig, von wem und in welcher Weise sie als bisherige Teile unbeweglicher Sachen zu beweglichen Sachen gemacht werden. So deckt sich der Begriff der beweglichen Sache des deutschen Strafrechts in weitestem Umfang mit dem Diebstahlsobjekt des englischen Strafrechts, ohne daß ersteres freilich das Erfordernis der Besitzaufgabe seitens eines Dritten an Sachen kennt, die erst durch dessen Abtrennung zu beweglichen Sachen gemacht werden. Erfolgt die Abtrennung durch den Grundeigentümer selbst, so erlangt dieser - wie im englischen Recht, so auch im deutschen - damit Besitz und Eigentum an dem Abgetrennten (§ 953 BGB), das ihm im Wege des Diebstahls durch Dritte weggenommen werden kann.

Zum Diebstahlstatbestand gehört nach englischem wie deutschem Recht, daß der Gegenstand des Diebstahls einen Eigentümer aufweisen muß. An eigentumslosen Sachen ist Diebstahl nicht mög-

---

1125 Larceny Act 1916 Proviso zu s.1 (3) (a).

1126 R.v.Foley, 1889, 26 L.R.Ir.299; 15 Dig.Repl.1084, 6592 (Ir.).

lich. Zu den eigentumslosen Sachen gehören nach beiden Rechtssystemen insbesondere auch Tiere ferae naturae, die sich ihrer natürlichen Freiheit erfreuen, wie Wild im Wald, Fische im offenen Fluß, Teich oder Meer oder wildes Geflügel. Ausserdem fallen darunter auch die eingefangenen Tiere genannter Art, sofern sie entkommen sind und ihre natürliche Freiheit wieder erlangt haben.[1127] Sie sind herrenlos, unterliegen aber, soweit es sich um jagdbare wilde Tiere handelt, dem absoluten Aneignungsrecht des Grundeigentümers oder des sonstigen auf Grund seines Nutzungsrechts Aneignungsberechtigten.[1128] Die rechtswidrige Verletzung dieses Aneignungsrechts begründet sowohl nach englischem wie nach deutschem Recht ein Jagd- oder Fischereidelikt,[1129] nach englischem Recht allerdings in Abweichung vom deutschen Recht dann einen Diebstahl, wenn derjenige, der das Tier unbefugt getötet und an sich gebracht hatte, den Besitz daran mit der Wirkung, daß der Grundeigentümer oder sonstige Aneignungsberechtigte ihn erwarb, aufgegeben und hernach auf Grund neuen Entschlusses das Wild sich angeeignet hatte.[1130] Solche jagdbare wilde Tiere sind aber nach beiden Rechtssystemen Diebstahlsgegenstand, sofern sie gezähmt sind oder eingesperrt gehalten werden und so einen Eigentümer haben und einen Wert aufweisen, wie Wild in geschlossenen Gehegen (Parks, Tiergärten u.ä.)[1131] oder Fische in geschlossenen Gewässern.[1132] Gegenstand des Diebstahls sind nach englischem wie deutschem Recht dem Herrn entlaufene gezähmte Tiere, die, wenn

---

1127 Vgl. §§ 960, 961 BGB.

1128 Lonsdale (Earl of) v. Rigg, 1856, 11 Exch.654; sub nom. Rigg v. Lonsdale (Earl of), 1 H.& N.923; 2 Dig.Animals 209, 52; 211, 75; 25 Dig.Game 350, 22; 351, 27; 11 Dig. Comns 27, 320; Blades v. Higgs, 1861, 10 C.B.N.S.713; subsequent proceedings, 1862, 12 C.B.N.S.501; 1863, 13 C.B.N.S.844; 1865, 11 H.L.Cas.621; 15 Dig.Repl.996, 9807; Kenyon v. Hart, 1865, 6 B.& S.249; 25 Dig.Game 367, 152 and 156; 42 Dig.Str.Traf.880, 259 Annotation.

1129 Larceny Act 1861 ss.12, 13, 17 and 24; StGB §§ 292-296 a.

1130 R.v.Townley, 1871, L.R.1 C.C.R.315; 15 Dig.Repl.1079, 10 659; R.v.Petch, 1878, 14 Cox C.C.116; 15 Dig.Repl.1079, 10 658; R.v.Read, 1878, 14 Cox C.C.17; 15 Dig.Repl.1102, 10 945.

1131 RGR 1, 120; RGSt 8, 273; 26, 218; 42, 75; Recht 13 Jg.S.2321.

1132 RGSt 10, 78; 29, 216.

auch vom Haus entfernt, den animus revertendi, d.i. die Gewohnheit zur Rückkehr haben,[1133] da Besitz bzw. Gewahrsam des Inhabers an ihnen fortbestehen. Zahme Tiere und Haustiere sind wie sonstige bewegliche Sachen Diebstahlsobjekt. Ihre Wegnahme ist, auch wenn sie das Grundstück des Eigentümers verlassen, Diebstahl, es sei denn daß in dem bisherigen Zustand eine derartige Veränderung eingetreten ist, daß nach der Verkehrsanschauung eine Herrschaft des Eigentümers über die Tiere nicht mehr anzuerkennen ist.[1134] Ausser den Tieren ferae naturae in natürlicher Freiheit sind nach englischem wie deutschem Recht auch alle sonstigen herrenlosen Sachen nicht Diebstahlsgegenstand. Hierher zählen unter anderem die atmosphärische Luft oder Wasser in Bächen und Flüssen mit natürlichem Zu- und Abfluß oder im Meer wie auch an das Ufer angeschwemmtes Seegras. Nicht Diebstahlsgegenstand ist nach beiden Rechtssystemen auch der lebende menschliche Körper. Wohl aber können Teile des lebenden Menschen, wie Zähne, Haare und dergleichen, die mit der Abtrennung zu selbständigen Sachen werden und in das Eigentum der Personen fallen, zu deren Körper sie gehörten, Gegenstand des Verkehrs und damit Diebstahlsobjekt werden, wie z.B. von Friseuren aufgekaufte Haare zur Anfertigung von Perücken.[1135] So begründet das Zopfabschneiden Diebstahl, woneben auch unter Umständen Körperverletzung oder Beleidigung[1136] gegeben sein kann. Nicht Diebstahlsobjekt ist nach deutschem Recht der menschliche Leichnam, solange in ihm die menschliche Persönlichkeit noch geachtet wird.[1137] Doch will in diesem Zusammenhang auf § 168 StGB, wonach die unbefugte Wegnahme einer Leiche aus dem Gewahrsam der berechtigten Personen, d.h. der Erben, denen ein öffentlichrechtliches Verfügungsrecht zum Zweck der Bestattung zukommt, und bei bestat-

1133 RGSt 12, 310; 21, 341; Recht Jg.13 S.3014; RGR 7, 370.
1134 RG GA 48, 311.
1135 Olshausen a.a.O. 12.Aufl. zu § 242, 6; Schönke, A. a.a.O. zu § 242, III, c.
1136 RGSt 29, 58.
1137 RGSt 64, 314; vgl. auch Schmidt, E. in Ponsold: Lehrbuch der gerichtlichen Medizin, 2.Aufl., 1957 S.71, zit.bei Maurach, R.: Deutsches Strafrecht.Bes.T. Ein Lehrbuch. 3. Aufl., Karlsruhe 1959 § 26, II, A.

teten Leichen aus dem Gewahrsam der Friedhofverwaltung unter Strafe gestellt ist, sowie auf § 367 Ziff.1 StGB hingewiesen werden, wonach wegen Übertretung bestraft wird, wer ohne Wissen der Behörde einen Leichnam beerdigt oder beiseiteschafft oder unbefugt einen Teil einer Leiche wegnimmt. Im übrigen kann der menschliche Leichnam wie auch Teile desselben nach deutschem Recht Gegenstand des Verkehrs werden und dann Eigentum daran begründet werden, sodaß Diebstahl an ihnen möglich ist, z.B. Erwerb von Mumien oder Totenschädeln für ein Museum oder eine ethnologische Sammlung oder eines Leichnams zum Zwecke der Übergabe an eine Anatomie für wissenschaftliche Zwecke.[1138] Dasselbe gilt für Gegenstände, die an einer Leiche oder bei einer Leiche im Sarg, im Grab oder in einer Gruft sich befinden. So ist z.B. das Ausbrechen von Goldzähnen einer Leiche, sofern es unbefugt erfolgt, Diebstahl.[1139] In gleicher Weise ist auch nach englischem Recht der menschliche Leichnam als solcher nicht Diebstahlsgegenstand.[1140] Dagegen sind - wenigstens nach überwiegender Meinung - Skelette, ähnliche anatomische Präparate, ethnologische Schädelsammlungen, Mumien und auch Teile der Leiche, wie Zähne (zur Herstellung falscher Gebisse) Diebstahlsobjekt.[1141] Auch bleiben die Sarg- und Leichen- oder Grabtücher, deren Besitz nach dem früher Ausgeführten mit Rückwirkung auf den Zeitpunkt des Todes des Verstorbenen auf den Testamentsvollstrecker oder Nachlaßverwalter übergeht, nach englischem Recht im Eigentum des Testamentsvollstreckers oder derjenigen, die sie gekauft und den Verstorbenen beerdigt hatten, und können daher Gegenstand

---

1138 RGSt 64, 313.

1139 Urt. OLG Gera v.13.11.1948 - Ss 464/48 -, HESt 2, 166.

1140 Kenny, C.S. op.cit. 8th ed. (1917) p.192.

1141 Widersprechend Doodeward v. Spence, 1907, 7 NSW St.Rep. 727; Spence v. Doodeward, 1908, 6 C.L.R.406; 7 Dig.Burial 520 part 1, s.1, subs.1, No.1; 522 part 1, s.1, subs.3, d (Aus.). Das richterliche Komitee weigerte sich, gegen die Entscheidung, die Eigentum anerkannte, Berufung zuzulassen (Kenny, C.S. op.cit. new ed. by J.W.Cecil Turner (1952) p.231 n.13; Stephen, J.F. op.cit. art.318 p.252; bejahend auch Harris, S.F. op.cit. 17th ed. by A.M.Wilshere (1943) p.299).

des Diebstahls sein.[1142] Nach deutschem Recht ist in diesen Fällen den Erben als Gewahrsamsinhabern regelmässig Eigentum zugesprochen, sodaß an diesen Sachen auch nach deutschem Recht Diebstahl zu ihrem Nachteil begangen werden kann. Nach anderer Ansicht freilich sind sie als derelinquiert anzusehen, sodaß ein Diebstahl daran entfällt.[1143] Nicht Diebstahlsobjekt können nach deutschem und englischem Recht derelinquierte Sachen, d.h. solche Sachen sein, an denen der Eigentümer in der Absicht, auf das Eigentum zu verzichten, den Besitz aufgegeben hat (§ 959 BGB),[1144] z.B. Speisereste im Mülleimer[1145] oder Kadaver der zur Verhütung der Rinderpest getöteten und verscharrten Tiere, sofern nicht ausnahmsweise der Eigentümer keine Dereliktionsabsicht hat.[1146] Ein solcher Ausnahmefall findet sich gerade in der englischen Rechtsprechung im Falle R.v.Edwards and Stacey,[1147] wo drei Schweine, die von einem tollwütigen Hund gebissen und, um die Verbreitung von Tollwut zu verhindern, im Auftrag des Eigentümers erschossen und hinter der Scheuer mehr als drei Fuß tief verscharrt worden waren, als nicht derelinquiert erachtet wurden und daher in ihrer rechtswidrigen Wegnahme Diebstahl erblickt wurde. Auch bezüglich des Inhalts von Mülleimern findet sich ein eine Dereliktion ausschliessender Ausnahmefall in dem schon früher erwähnten Fall Williams v. Phillips,[1148] in dem Diebstahl bejaht wur-

1142 R.v.Haynes, 1614, 12 Co.Rep.113; 15 Dig.Repl.1077, 10 633; Stephen, H.J. op.cit. 19th ed. by C.H.S.Fifoot (1928), vol.4, p.84.

1143 Rotering, F.: Diebstahl. Gewahrsam, Archiv für Strafrecht und Strafprozeß (Goltdammers Archiv) Bd.47 (1900) S.249.

1144 R.v.Peters, 1843, 1 C.& K.245; 15 Dig.Repl.1050, 10 342; R.v.Reed, 1842, C.& M.306; 15 Dig.Repl.1052, 10 364; R.v. Chrystal, 1894, (1894) A.C.508, 532.

1145 RGSt 48, 123.

1146 RGR 3, 174.

1147 R.v.Edwards and Stacey, 1877, 13 Cox C.C.384; 15 Dig.Repl. 1077, 10 638.

1148 Williams v. Phillips, 1957, 41 Cr.App.R.5; 3 Dig.Supp.49, 10 336 a; vgl. S.101 f.

de. Nach englischem Recht sind als nicht derelinquiert auch solche Sachen anzusehen, die für den Eigentümer von Wert sind, auch wenn er nicht beabsichtigt, von ihnen weiteren Gebrauch zu machen.[1149] Dies wird auch nach deutschem Recht gelten, insofern es solchenfalls an einem endgültigen Eigentumsverzicht fehlen dürfte. Nach Common Law ist, weil ohne Eigentümer, ein Schatz oder aufgegebenes Wrack oder Wrackgut insolange nicht stehlbar, bis dieselben der Krone zugefallen oder von einem von ihr Ermächtigten in Besitz genommen worden sind.[1150] In Abweichung hiervon nimmt Archbold[1151] allerdings in diesen Fällen das Vorhandensein eines, wenn auch unbekannten, Eigentümers an, soweit nicht aus den Umständen eine Dereliktionsabsicht zu entnehmen ist. Bezüglich Wracks und Wrackguts wurde allerdings schon durch mehrere Statuten, zuletzt durch Larceny Act 1861 s.64 die rechtswidrige Aneignung als Diebstahl unter Strafe gestellt. Nach deutschem Recht ist, wie beim Fund so auch wohl beim Schatzfund, das Eigentum an der verlorenen Sache unverändert geblieben, bis dieselbe in Besitz genommen wird, in welchem Augenblick das Eigentum daran je zur Hälfte dem Entdecker und dem Eigentümer derjenigen Sache zufällt, in der der Schatz verborgen war (§ 984 BGB), sodaß derjenige, der den Gewahrsam erlangt und sich die Sache zueignet, Unterschlagung begeht (§ 246 StGB) und zwar nach der schon früher erwähnten neuesten Rechtsprechung auch dann, wenn Gewahrsamserlangung und Zueignung in einer Handlung zusammenfallen. Wrack und Wrackgut dürften auch nach deutschem Recht, weil als nicht derelinquiert anzusehen, stehlbar bleiben.

Nach englischem wie nach deutschem Recht muß grundsätzlich der Diebstahlsgegenstand in fremdem Eigentum, d.h. im Eigentum eines anderen als des Täters stehen, wobei es gleichgültig ist, ob dieser andere, dem die Sache weggenommen wird, der rechtmäs-

---

1149 Digby v. Heelan, 1952, (1952) 102 L.J.R.287; 15 Dig.Repl. 1057, 10 424.

1150 Blackstone, W. op.cit. vol.2 p.356.

1151 Archbold, J.F. op.cit. 32nd ed. (1952) p.548; Williams v. Phillips, 1957, 41 Cr.App.R.5; 3 Dig.Supp.49, 10 336 a.

sige Eigentümer oder Besitzer war oder nicht. Daher kann auch einem Dieb seine gestohlene Sache wieder gestohlen werden.[1152] Wenn auch kein Diebstahl an Sachen, die überhaupt keinen Eigentümer aufzuweisen haben, begangen werden kann, so steht doch andererseits nach englischem Recht - und dasselbe mag auch für das deutsche Recht gelten - der Umstand, daß der Eigentümer unbekannt und unauffindbar ist, der Annahme eines Diebstahls nicht entgegen, wie z.B. im Falle von Erzplatten, die aus alten Särgen in einer Gruft gestohlen werden. Es genügt, daß kein Zweifel darüber besteht, daß ein anderer als der Wegnehmende Eigentümer der gestohlenen Sache ist. Die Sachen können solchenfalls als solche einer unbekannten Person bezeichnet werden.[1153] Eine Ausnahme von dem obenerwähnten Grundsatz des fremden Eigentums als Tatbestandsmerkmal des Diebstahls findet sich allerdings im englischen Recht. Sie ist nur aus der besonderen Gestaltung des englischen Diebstahlsrechts erklärlich und hat im deutschen Recht kein entsprechendes Gegenstück. Die Ausnahme besteht darin, daß auch der Eigentümer einen Diebstahl an eigener Sache begehen kann, wenn er im Wege des bailment dem bailee den juristischen Besitz und das special property daran übertragen hat und ihm während der Dauer des bailment, während dessen das general property des Eigentümers ruht, die überlassene Sache in der Absicht wegnimmt, die dem bailee aus dem bailment zukommenden Rechte zu vereiteln. Es mag auf die früheren eingehenden Darlegungen zu dieser Frage hingewiesen werden.[1154] Möglich ist freilich auch nach deutschem Recht ein Diebstahlsversuch an eigener Sache als Versuch am untauglichen Objekt.[1155] Ein gewisses Analogon

1152 Oidtman, Christoph von and Reade, Arthur E. (ed.): The German Penal Code. Published by the Control Commission for Germany (British Element) for the Office of The Legal Adviser, B.A.O.R., 1950, p.61 n.1; RGSt 60, 277; 70, 7; RG DR 1940 S.105; BGH LM Nr.10 zu § 242.

1153 1 Hale 512; 2 Hale 181 and 290; Stephen, H.J. op.cit. 14th ed. by Serjeant Stephen, vol.4, p.103; 2 East P.C.651; R.v. Westbeer, 1739, 1 Leach 12; 14 Dig.Repl.353, 3421; vgl. auch Indictments Act 1915 (5 & 6 Geo.V c.90) s.7.

1154 Vgl.auch Rose v. Matt, 1951, (1951) 1 K.B.810; 15 Dig.Repl. 1073, 10 584 und Stephen, J.F. op.cit. 9th ed. p.308 and 310 n.4.

1155 RGSt 39, 433; RGR 5, 792.

bietet im deutschen Strafrecht die sogenannte Pfandkehr (§ 289 StGB), die aber nicht unter dem Gesichtspunkt des Diebstahls (§§ 242 ff StGB), sondern unter dem des strafbaren Eigennutzes (§§ 284 ff StGB) unter Strafe gestellt ist. Derjenige, dem die Sache gestohlen wird, braucht nach englischem Recht nicht bloß Allein- und Volleigentümer zu sein, er kann auch seit 31 & 32 Vict. c.116 s.1 - eine Bestimmung, die in das Larceny Act 1916 in s.1 (1) übernommen wurde - ein Mit- (Teil-)eigentümer, ja sogar nach Larceny Act 1916 s.1 (2) (iii) jemand sein, der Besitz oder Obhut oder ein Spezialeigentum an der gestohlenen Sache hat, z.B. ein Dienstbote oder ein zeitweiliger Besitzer oder sogar ein Dieb[1156] oder ein Finder.[1157] Im deutschen Recht bestimmt sich dagegen die Frage des fremden Eigentums ("fremde Sache") nach den einschlägigen Bestimmungen des bürgerlichen Rechts (§§ 929 ff BGB)[1158] oder des öffentlichen Rechts des Tatorts. Es gibt kein besonderes strafrechtliches Eigentum. So ist eine zur Sicherheit übereignete Sache für den Veräusserer eine fremde Sache, die er unterschlagen oder stehlen kann. Dagegen ist der Sicherungsnehmer vollgültiger Eigentümer. Beim Vorbehaltseigentum bleibt der Vorbehaltsverkäufer solange vollgültiger Eigentümer, bis die Bedingung für den Eigentumsübergang eingetreten ist. Bis dahin kann der Vorbehaltskäufer die Sache unterschlagen.[1159] Es kann nicht nur der Alleineigentümer, sondern an einer gemeinschaftlichen Sache nach englischem und deutschem Recht auch der Miteigentümer einen Diebstahl begehen, da Gegenstand seines Eigentums nicht die ganze Sache, sondern nur sein Anteil ist; jedoch wird hier regelmässig das Bewußtsein rechtswidriger Zueignung fehlen, soweit sich der Täter mengenmässig im Rahmen seines Anteils hält.[1160]

1156 Kenny, C.S. op.cit. new ed. by J.W.C.Turner (1952) p.235; siehe auch Anm.1154.

1157 Harris, S.F. op.cit. 17th ed. by A.M.Wilshere (1943) p.310 mit R.v.Sampson, 64 J.P.72.

1158 RGR 5, 792; 7, 531; RGSt 3, 39, 152, 347; 4, 83; 27, 135; 34, 39; 50, 183; 61, 65; 66, 406; 71, 355.

1159 Schönke, A. a.a.O. zu § 242, III, a; RGSt 61, 65; BGHSt 1, 262.

1160 RGR 6, 239; RGSt 7, 20; 21, 273; Schönke, A. a.a.O. zu § 242, III, 3, a; Dalcke, A. a.a.O. zu § 242, 1.

Das englische Recht verlangt auch, daß der Diebstahlsgegenstand einen Wert hat (Larceny Act 1916 s.1 (3)). Eine Sache ohne Wert ist also nicht stehlbar.[1161] Als wertlos wurden aber nur solche Sachen angesehen, die für niemand einen Wert haben, weil sie ohne Kosten und Mühe ersetzt werden können. Dagegen können Sachen, die nur für den Eigentümer, nicht aber für andere von Wert sind, gestohlen werden.[1162] Ein genaues Maß des Wertes ist nie festgestellt worden; doch braucht die Sache nicht den Wert der kleinsten Münze zu repräsentieren,[1163] z.B. eine Schreibfeder,[1164] ein Stück Papier in Form eines wertlosen Schecks[1165] oder ein mit Bemerkungen versehener Zettel.[1166] Bei der Art der Auslegung des Wertbegriffs ist die Beibehaltung des Werterfordernisses wenig plausibel, da er in Wirklichkeit alles einschließt, was nicht völlig wertlos ist. Deshalb bezeichnet auch Bishop[1167] dieses Moment als im amerikanischen Recht veraltet. Wie im englischen Recht, so ist auch im deutschen Recht alles stehlbar, was Eigentumsobjekt sein kann. Ob es einen wirtschaftlichen, insbesondere einen Geldwert, aufweist, ist unerheblich, da das Eigentum unabhängig vom Wert der Sache geschützt wird.[1168] Hiernach ist alles stehlbar, ausser solchen Sachen, denen die Eigentumsfähigkeit wegen völliger Wertlosigkeit fehlt, bei denen daher ein schutzbedürftiges Interesse überhaupt nicht vorliegt, wie z.B. bei

---

1161 R.v.Phipoe, 1795, 2 East P.C.599; 15 Dig.Repl.1117, 11 102.

1162 R.v.Clark, 1810, R.& R.181; 15 Dig.Repl.1081, 10 690.

1163 R.v.Perry, 1845, 1 Den.69; 15 Dig.Repl.1082, 10 702; R.v. Morris, 1840, 9 C.& P.349; 15 Dig.Repl.1077, 10 629; Kenny, C.S. op.cit. new ed. by J.W.Cecil Turner (1952) p.236 n.4; Pollock, F. and Wright, R.S. op.cit. p.233; Warburton, Henry and Grundy, Claude H. op.cit. p.287; Stephen, H.J. op.cit. 19th ed. by Fifoot, vol.4, p.85.

1164 R.v.Clarence, 1888, 22 Q.B.D.23 per Hawkins J.; 15 Dig. Repl.986, 9646.

1165 R.v.Perry, siehe Anm.1163.

1166 R.v.Bingley and Law, 1833, 5 C.& P.602; 15 Dig.Repl.1118, 11 110; R.v.Morris, siehe Anm.1163.

1167 Bishop op.cit. 8th ed. vol.II § 57.9 zit. bei Kenny, C.S. op.cit. 8th ed. (1917) p.203 n.6; Kenny, C.S. op.cit. 8th ed. (1917) p.203.

1168 RGSt 44, 210; 50, 255; 51, 98.

einem entwerteten Gewinnlos[1169] oder bei einer einzelnen Blume auf dem Feld. Praktisch kommen die beiden Rechtssysteme zum gleichen Ergebnis, da bei Geringwertigkeit höheren Grades von deutschen Gerichten ein Schutzbedürfnis in gleicher Weise verneint werden dürfte, wie solchenfalls von den englischen Gerichten an dem dort bestehenden Grundsatz "de minimis non curat praetor" wohl festgehalten wird.

D) Das Erfordernis der Rechtswidrigkeit

Nach englischem wie nach deutschem Recht muß die Wegnahme der Sache objektiv rechtswidrig sein, d.h. sie muß ohne oder gegen den Willen des Eigentümers erfolgen (Larceny Act 1916 s.1 (1)). Seine Einwilligung schließt die Rechtswidrigkeit aus.[1170] Ist der Eigentümer gleichzeitig Gewahrsamsinhaber bzw. Besitzer, so wird durch seine Einwilligung die Rechtswidrigkeit der Wegnahme durch einen Dritten ausgeschlossen. Sind der Eigentümer und der Gewahrsamsinhaber zwei verschiedene Personen, so entfällt nach deutschem Recht die Rechtswidrigkeit bei Einwilligung des Gewahrsamsinhabers wegen Fehlen eines Gewahrsamsbruchs und bei Einwilligung des Eigentümers wegen Fehlens einer rechtswidrigen Zueignung. Nach englischem Recht fehlt es im ersteren Falle an einer rechtswidrigen Besitzentziehung, sofern der Gewahrsamsinhaber juristischer Besitzer ist. Hat er aber nur Obhut und steht der juristische Besitz dem Eigentümer zu, so kann nur dessen Einwilligung die Rechtswidrigkeit ausschliessen. Im zweiten Fall fehlt es an dem Erfordernis der Wegnahme "without the consent of the owner" (Larceny Act 1916 s.1 (1)). Bemerkt muß werden, daß die Einwilligung vor oder bei der Wegnahme vorliegen muß; eine nachträgliche Einwilligung hebt die Rechtswidrigkeit nicht auf.[1171] Nach beiden Rechtssystemen kommt also ein Diebstahl solchenfalls nicht in Frage. Über die Einwilligung und deren rechtliche Bedeutung kann auf

1169 RGSt 10, 122; 69, 76.
1170 R.v.McDaniel, 1756, Fost.121; 19 St.Tr.745; 15 Dig.Repl. 934, 8949.
1171 RGSt 61, 394.

die früheren Ausführungen verwiesen werden. Die Rechtswidrigkeit entfällt auch dann, wenn der Wegnehmende ein Recht auf die Wegnahme der Sache hat, sei es auf Grund gesetzlicher oder rechtsgeschäftlicher Ermächtigung, z.B. bei Pfandverkauf,[1172] oder auf Grund der Tatsache, daß er einen uneingeschränkten und fälligen Anspruch auf sofortige Übertragung des Eigentums an der bestimmten konkreten Sache hat,[1173] nicht aber dann, wenn die Wegnahme einer Sache zu dem Zweck erfolgt, sich damit für eine Geldforderung Befriedigung zu verschaffen.[1174] Die Rechtswidrigkeit der Wegnahme kann auch dadurch ausgeschlossen sein, daß sie durch das öffentliche Wohl bedingt ist, wie z.B. eine durch Notwehr (self-defence) bedingte Entwaffnung eines Amokläufers,[1175] oder daß sie zur Durchführung der Rechtspflege notwendig ist, wie z.B. bei Pfändung von Geld, Wertpapieren und Kostbarkeiten (vgl. ZPO § 808 Abs.2). Neben dem Erfordernis der objektiven Rechtswidrigkeit ist als Teil des Schuldmoments auch das Bewußtsein der Rechtswidrigkeit der Wegnahme erforderlich. So genügt nach englischem Recht irgendein "Rechtsanspruch, der in gutem Glauben" - d.i. in der ehrlichen Annahme, ein Recht auf die Sache zu haben - "gemacht ist", mag die irrige Annahme auf einem Tat- oder einem Rechtsirrtum beruhen, wenn sie nur vernünftig ist,[1176] um die Rechtswidrigkeit der absichtlich und überlegt, also ohne Irrtum, vollzogenen Wegnahme der Sache auszuschliessen und so der Wegnahmehandlung den Diebstahlscharakter zu nehmen (Larceny Act

---

1172 RGSt 64, 90.

1173 RGSt 64, 210; RG HRR 1937 Nr.209; Dalcke, A. a.a.O. zu § 242 Anm.7; Schönke, A. a.a.O. zu § 246, VI.

1174 RGSt 1, 193; 12, 88.

1175 R.v.Pinney, 1832, 5 C.& P.254; 15 Dig.Repl.812, 7754; bezüglich Notwehr vgl. R.v.Hussey, 1924, 18 Cr.App.R.160; 15 Dig.Repl.995, 9794; R.v.Turkington, 1930, 22 Cr.App. R.91; 14 Dig.Repl.648, 6596; R.v.Deana, 1909, 2 Cr.App. R.75; 15 Dig.Repl.994, 9774; R.v.Driscoll, 1841, C.& M. 214; 15 Dig.Repl.994, 9771; BGB § 227; StGB § 53.

1176 R.v.Nundah, 1916, 16 S.R.N.S.W.482; 15 Dig.Repl.1062, 6473 (Aus.).

1916 s.1 (1)).[1177] Wenn freilich der geltend gemachte Anspruch nur ein scheinbarer Vorwand ist, um den Besitz der Sache zu erhalten oder zu behalten, so wird er keine auf Ausschluß der Rechtswidrigkeit gegründete Verteidigung bilden können.[1178] Bei offener Wegnahme wird meist angenommen werden können, daß ein aufrichtiger (wirklicher oder scheinbarer) Rechtsanspruch vorliegt.[1179] Auch bei vernünftiger Annahme, daß der Eigentümer mit der Wegnahme einverstanden sei, z.B. bei dem Nachlesen von Getreide,[1180] ist das Bewußtsein der Rechtswidrigkeit zu verneinen. Dasselbe ist anzunehmen, wenn der legitimierte oder vernünftigerweise als legitimiert zu erachtende oder offenkundige Stellvertreter des Eigentümers über einen Gegenstand desselben verfügt, z.B. ein Küchenmeister, der Speisenreste einem Bettler aushändigt, auch wenn ihm dies vom Eigentümer nicht gestattet war. Dasselbe gilt, wenn der Wegnehmende vernünftigerweise meint, daß die weggenommene Sache sein Eigentum sei[1181] und er auf deren Wegnahme ein Recht habe, ob als ein Äquivalent für sein eigenes Eigentum[1182] oder in der Absicht eines bloß zeitweiligen Zurückbehaltens, z.B. als Sicherheit für einen geschuldeten Betrag.[1183] Auch nach deutschem Recht ist neben dem Bewußt-

---

1177 R.v.Williams and Another, 1953, (1953) 1 All E.R.1068; 15 Dig.Repl.1058, 10 429; sowie die älteren Entscheidungen R.v.Hall, 1828, 3 C.& P.409; 15 Dig.Repl.1061, 10 462; R.v.Reed, 1842, C.& M.306; 15 Dig.Repl.1052, 10 364; R.v.Clayton, 1920, 15 Cr.App.R.45; 15 Dig.Repl. 1061, 10 465.

1178 Stephen, H.J.: Commentaries op.cit. 17th ed. by Jenks and Gattie, vol.4, p.94.

1179 1 Hale P.C.509; R.v.Curtis, 1925, 18 Cr.App.R.174; 14 Dig.Repl.338, 3302.

1180 Russell, W.O.: On Crime op.cit. 10th ed. by J.W.Cecil Turner, vol.2, p.1207; Steel v. Houghton, 1788, 1 Hy Bl.51; 2 Dig.Agric.60, 345; R.v.Price, 1766, 4 Burr. 1925; 2 Dig.Agric.61, 347.

1181 R.v.Hall, 1828, 3 C.& P.409; 15 Dig.Repl.1061, 10 462.

1182 R.v.Boden, 1844, 1 C.& K.395; 15 Dig.1117, 11 096; R.v. Daniels, 1915, 11 Cr.App.R.101; 14 Dig.Repl.556, 5462.

1183 R.v.Wade, 1869, 11 Cox C.C.549; 15 Dig.Repl.1061, 10 470.

sein, daß die Sache in fremdem Eigentum oder Gewahrsam steht, das Bewußtsein erforderlich, daß die Verletzung des fremden Gewahrsams und Eigentums rechtswidrig ist. Es muß der Täter wissen oder doch bei Anspannung seines Gewissens erkennen können, daß das, was er zu tun im Begriffe ist, ein Unrecht ist.[1184] So ist in gleicher Weise wie im englischen Recht dieses Bewußtsein der Rechtswidrigkeit ausgeschlossen, wo der Täter vernünftigerweise sich irrtümlich für den Eigentümer hält[1185] oder die Sache für herrenlos ansieht.[1186] Dasselbe gilt, wo der Täter vernünftiger-, aber irrigerweise annimmt, daß der Gewahrsamsinhaber und Eigentümer die Wegnahme gestattet habe.[1187] Hierher gehören auch die Fälle, in denen der Täter auf Grund seiner jederzeitigen Ersatzbereitschaft - nicht blosser Ersatzabsicht - bei vertretbaren Sachen, insbesondere Geld, mit dem Einverständnis des Eigentümers rechnet.[1188] Auch wo der Täter in vernünftiger, aber irriger Weise annimmt, einen Anspruch auf Übereignung der weggenommenen Sache zu haben, ist er über die Voraussetzung eines Umstandes, der die Rechtswidrigkeit der beabsichtigten Zueignung - nach dem Gesetz - ausschliessen würde, also über einen von der Rechtsordnung anerkannten Rechtfertigungsgrund, der als Tatbestandsirrtum anzusehen ist und daher Straflosigkeit begründet, im Irrtum.[1189] Zusammenfassend kann gesagt werden, daß auch in der Frage der objektiven und subjektiven Rechtswidrigkeit der Wegnahme die beiden Rechtssysteme im wesentlichen zu den gleichen praktischen Ergebnissen kommen.

1184 BGHSt 2, 194.
1185 RGSt 42, 44.
1186 RGSt 43, 42; 58, 312.
1187 RGSt 42, 44; 44, 209; Schönke, A. a.a.O. zu § 246, VII.
1188 RGSt 21, 366; RG HRR 1937 Nr.1562.
1189 Schönke, A. a.a.O. zu § 242, VII, 2, c.

E) Die Beraubungs- und Zueignungsabsicht (animus furandi)

Auf der subjektiven Seite des Diebstahlstatbestandes gehen die beiden Rechtssysteme in mehrfacher Hinsicht verschiedene Wege. Der animus furandi des englischen Rechts, der als Beraubungsabsicht oder - wie früher dargetan - als Beraubungs- und Zueignungsabsicht zu bezeichnen ist, ist die Absicht, den Eigentümer seines Eigentums in vollem Umfang und auf die Dauer zu berauben (Larceny Act 1916 s.1 (1)) und ihn so zu schädigen, die Absicht also die volle Herrschaft über die Sache sich anzumassen, um über sie wie ein Eigentümer verfügen zu können.[1190] Eine solche eine Beraubungs- bzw. Zueignungsabsicht beweisende Verfügung ist auch darin zu erblicken, daß jemand ein Tier an einem so entfernten Ort losläßt, daß es nicht in der Lage ist, den Weg zum Eigentümer zurückzufinden oder einen Kraftwagen an beliebiger Stelle dem Zugriff jedes Dritten zugänglich zurückläßt. Hiervon gehen Kenny[1191] und die englische Rechtsprechung[1192] aus. Zum gleichen Ergebnis kommt die deutsche Rechtsprechung wie auch das Schrifttum, die aber in diesem Fall eine Zueignungsabsicht als gegeben ansehen.[1193] Das Erfordernis einer Gewinn- oder Bereicherungsabsicht (lucri causa), wie sie in älterer Zeit verlangt war,[1194] kam im Lauf der Zeit in Wegfall, nachdem dieselbe nicht mehr auf Vermögensteile beschränkt blieb und auf diese Weise schon stark verwässert war. In R.v.Cabbage[1195] wurde das Tatbe-

1190 R.v.Holloway, 1849, 5 C.& P.525; 15 Dig.Repl.1060, 10 454; R.v.Webb, 1835, 1 Mood.C.C.431; 15 Dig.Repl.1059, 10 453; R.v.Thurborn, 1849, 1 Den.C.C.387; sub nom. R.v.Wood, 4 New Mag.Cas.27; 15 Dig.Repl.1049, 10 332; R.v.Guemsey, 1858, 1 F.& F.394; 15 Dig.Repl.1058, 10 436.

1191 Kenny, C.S. op.cit. new ed. by J.W.C.Turner (1952) p.245; R.v.Oliver, 1921, Transvaal 120.

1192 Kenny, C.S. op.cit. 8th ed. (1917) p.210 mit R.v.Addis, 1844, 1 Cox C.C.78; 15 Dig.Repl.1059, 10 440 und R.v.Laforte, 1922, Cape 487.

1193 BGHSt 13, 43; BGH NJW 1953 S.1880 mit RGSt 64, 259; Dalcke, A. a.a.O. zu § 242, 7; Schönke, A. a.a.O. zu § 242, VII, 2, a,α.

1194 R.v.Jones 1846, 1 Den.188; 15 Dig.Repl.1059, 10 451; R.v. Guemsey, 1858, 1 F.& F.394; 15 Dig.Repl.1058, 10 436.

1195 R.v.Cabbage, 1815, R.& R.292; 15 Dig.Repl.1059, 10 449.

standsmerkmal des lucri faciendi gratia endgültig aufgehoben. Eine Bestätigung hiervon findet sich unter anderem in R.v. Richards[1196] und R.v.Godfrey.[1197] Zwar wurde noch einige Zeit im Falle der Verfütterung von Futter des Dienstherrn an dessen Pferde durch den Dienstboten das Erfordernis des lucri gratia mit der Begründung beibehalten, daß dadurch die Arbeit des Dienstknechtes erleichtert werde. Als mit dem Wegfall der Bereicherungsabsicht die Beraubungsabsicht allein zur Begründung eines Diebstahls für ausreichend anerkannt wurde, wurde der Härte wegen dieser Diebstahlsfall aus dem Bereich des Diebstahls herausgenommen und durch das besondere Statut des Misappropriation by Servants Act von 1863 (26 & 27 Vict. c.103) s.1 mit s.5 unter Strafe gestellt, während dieselbe Handlungsweise seitens eines Dritten nach wie vor Diebstahl begründet. Nach deutschem Recht, nach dem es in diesem Fall ohnehin an der Absicht der Zueignung, d.i. der Einverleibung in das eigene Vermögen des Wegnehmenden, fehlte und daher Diebstahl ausschied, wurde dieser Tatbestand gleichfalls, jedoch lediglich als Übertretung, in § 370 Ziff.6 StGB mit Strafe belegt. Auch das deutsche Recht hat, in gleicher Weise wie das englische, beim Diebstahl vom Erfordernis einer gewinnsüchtigen Absicht oder Bereicherungsabsicht i.S. einer wirklichen Vermögensbereicherung abgesehen,[1198] wie denn überhaupt weitere Zwecke, die über die mit der Wegnahmehandlung erstrebte rechtswidrige, d.h. durch keinen in der Rechtsordnung gegebenen Rechtsgrund gerechtfertigte, Zueignung hinausgehen, ebenso wie das Motiv, gleichgültig sind, wie z.B. eine Weitergabe der Sache an einen Dritten.[1199] Insoweit stimmen somit die beiden Rechtssysteme überein. Dagegen geht, wie schon angedeutet, der Zueignungsbegriff des deutschen Rechts über den animus furandi als die Absicht völliger und dauernder Beraubung und damit Schädigung des Eigentümers hinaus, indem für die Zueignung der Sache oder ihres Sachwerts - z.B. bei Verheizung von Brennmateria-

1196 R.v.Richards, 1844, 1 C.& K.532; 15 Dig.Repl.1059, 10 450.
1197 R.v.Godfrey, 1838, 8 C.& P.563; 15 Dig.Repl.1058, 10 437.
1198 RGSt 5, 7; 21, 293; 25, 172; 67, 266; DR Jg.7 S.269.
1199 RGSt 44, 209; 49, 142; Schönke, A. a.a.O. zu § 242, VII, 2, c.

lien,[1200] Benützung einer Fahrkarte oder Theaterkarte,[1201] Abhebung des in einem Sparkassenbuch eingetragenen Geldbetrags, auch wenn der Abhebende die Absicht hat, das Buch dem Eigentümer wieder zurückzugeben,[1202] oder Zurückgabe einer ausgebrannten Batterie[1203] - die Überführung in das Vermögen des Wegnehmenden verlangt ist.[1204] Notwendig ist also, daß die Absicht des Täters darauf gerichtet sein muß, sich die Sache zuzueignen, d.h. seinem eigenen Vermögen einzuverleiben, und es liegt daher kein Diebstahl vor, wenn der Täter (als Vertreter) über die fremde Sache nicht zu eigenem Nutzen, sondern für einen Dritten (den Vertretenen) verfügen will.[1205] Wenn allerdings der Täter (Vertreter) daneben auch irgendeinen Vorteil im weitesten Sinne, wenn auch nur einen mittelbaren, für sich erstrebt, so ist eine Zueignungsabsicht i.S. des § 242 StGB und damit Diebstahl gegeben. Allerdings wird von anderer Seite[1206] die Absicht für ausreichend angesehen, die Sache sich oder einem Dritten zuzueignen, sei es zu eigenem oder fremdem Nutzen. Schönke[1207] stimmt dem unter der Voraussetzung zu, daß der Täter durch seine Verfügung dem Dritten gegenüber als Schenkender oder sonst Quasiberechtigter auftritt, sodaß also die Übergabe an den Dritten Zueignung "für sich" sein kann. Nach dem dargelegten Zueignungsbegriff des deutschen Rechts ist

---

1200 Schönke, A. a.a.O. zu § 242, VII, 2, a,β; R.v.Richards, 1844, 1 C.& K.532; 15 Dig.Repl.1059, 10 450; R.v.Poole and Yates, 1857, Dears.and B.345; 15 Dig.Repl.1060, 10 456.

1201 R.v.Beecham, 1851, 5 Cox C.C.181; 15 Dig.Repl.1060, 10 460.

1202 RGSt 41, 43; 61, 127.

1203 Schönke, A. a.a.O. zu § 242, VII, 2, a,α.

1204 RGSt 61, 233; 62, 17, 174; 64, 259, 415; 65, 147.

1205 RGSt 57, 199; 61, 233; 62, 17; 64, 406; 67, 216, 266; 68, 305; RG DR 1943 S.756; Urt.OLG Bremen in MDR 1948 S.260; BGH GA 1953 S.84; Dalcke, A. a.a.O. zu § 242, 6.

1206 Frank, R. a.a.O. zu § 242, VII, 2, a,β; Urt.OLG Celle in Hannov.Rpfl. 1947 S.34; Urt. OLG Braunschweig in JBlBraunschweig 1947 Sp.270.

1207 Schönke, A. a.a.O. zu § 242, VII, 2, d.

also ein Diebstahl in den Fällen zu verneinen, in denen die Absicht des Täters darauf gerichtet ist, die weggenommene Sache alsbald zu zerstören oder zu beschädigen[1208] oder sich alsbald durch Wegwerfen oder sonstige Dereliktion ihrer wieder zu entäussern.[1209] Im englischen Recht dagegen ist in diesen Fällen, wie auch im Falle der beabsichtigten sofortigen schenkweisen Übergabe an einen Dritten nach obigen Ausführungen Diebstahl zu bejahen.[1210] Übereinstimmend verlangen beide Rechtssysteme eine Absicht voller und dauernder Beraubung des Eigentümers, also eine volle Herrschaft über die Sache.[1211] Die blosse Besitzentziehung auf Zeit (furtum usus) begründet nach englischem wie deutschem Recht keinen Diebstahl.[1212] Aus diesem Grund mußte auch die blosse unbefugte Benützung eines Fahrzeuges zu einer Vergnügungsfahrt, soweit kein Diebstahl an Benzin oder Öl in Betracht kam, um strafbar zu sein, durch Sonderbestimmung unter Strafe gestellt werden.[1213] Andere Fälle straflosen Gebrauchsentzugs sind unter anderem die Wegnahme von Akten zur blossen Einsichtnahme,[1214] ferner die Wegnahme eines entlaufenen Hundes, lediglich um die für die Wiederzuführung an den Eigentümer ausgesetzte Belohnung zu erhalten.[1215] Dasselbe gilt, wo jemand Gegenstände ei-

1208 RGSt 4, 537; 9, 382; 11, 239; 35, 355; 61, 232; 64, 250; RG GA 54, 420; RG HRR 1927 Nr.193 und 1860; Schönke, A. a.a.O. zu § 242, VII, 2, a, β.

1209 RGSt 35, 357.

1210 R.v.Wynn, 1849, 1 Den.365; 15 Dig.Repl.1059, 10 452; R.v. Jones, 1846, 1 Den.188; 15 Dig.Repl.1059, 10 451.

1211 R.v.Holloway, 1849, 5 C.& P.525; 15 Dig.Repl.1060, 10 454; R.v.Webb, 1835, 1 Mood.C.C.431; 15 Dig.Repl.1059, 10 453.

1212 R.v.Phillips and Strong, 1801, 2 East P.C.662; 15 Dig.Repl. 1059, 10 439; R.v.Crump, 1825, 1 C.& P.658; Kenny S.C.I. 284; R.v.Dickinson, 1820, R.& R.420; 15 Dig.Repl.1058, 10 433; Kenny, C.S. op.cit. new ed. by J.W.C.Turner (1952) p.245; RGSt 24, 22; 64, 259; 65, 215; 66, 259; DJZ 1929 S.740.

1213 Road Traffic Act 1930 (20 & 21 Geo.V c.43) s.28; VO gegen unbefugten Gebrauch von Kraftwagen und Fahrrädern v.20.10. 1932 (RGBl. I, 496), übernommen auf Grund des 3.Strafrechtsänderungsgesetzes v.4.8.1953 (BGBl. I, 735) als § 248 b in die Neufassung des StGB v. 25.8.1953 (BGBl. I, 1083).

1214 RG JW 1922 S.293.

1215 RGSt 55, 59.

nes Fräuleins an sich nimmt, in der Absicht, sie zu bestimmen, nach diesen Sachen zu fragen und ihm so Gelegenheit zu geben, sie zu veranlassen, mit ihm unzüchtige Handlungen vorzunehmen[1216] oder wo ein Dienstmädchen den Schmuck der Dienstherrin an sich nimmt, um ihn bei bestimmter Gelegenheit zu tragen und ihn dann zurückzugeben. Das deutsche Recht kennt noch als einen zweiten Fall eines strafbaren furtum usus die Gebrauchsanmassung des § 290 StGB - ein Delikt, das dem englischen Recht fremd ist. Die Verpfändung einer fremden Sache schließt dagegen sowohl nach englischem wie nach deutschem Recht den animus furandi bzw. die Zueignungsabsicht nur aus, wenn bei der Verpfändung sowohl die feste Absicht der Einlösung und Zurückgabe wie die Fähigkeit oder mindestens eine vernünftige Annahme dieser Fähigkeit seitens des Verpfändenden nachzuweisen ist.[1217] Die Zueignungsabsicht muß nach deutschem Recht bei der Wegnahme selbst vorliegen; eine nachträgliche Zueignungsabsicht ist nicht ausreichend, um Diebstahl zu begründen,[1218] wohl aber Unterschlagung (§ 246 StGB). Nach englischem Recht muß der animus furandi gleichfalls im Zeitpunkt des "taking" vorliegen. Da aber das "taking" neben der rechtswidrigen Besitzentziehung den Besitzerwerb seitens des Besitzentziehers umfaßt, kann, sofern Besitzentziehung und Besitzerwerb zeitlich nicht zusammenfallen, bei Fortdauer der rechtswidrigen Besitzentziehung (continuous trespass) auch ein bis zur Vollendung des "taking" gefaßter animus furandi nach R.v. Riley,[1219] dessen Regelung noch heute als geltendes Recht anzu-

---

1216 R.v.Dickinson, 1820, R.& R.420; 15 Dig.Repl.1058, 10 433; Archbold, J.F. op.cit. p.519; vgl. auch R.v.Bailey, 1872, L.R.1 C.C.R.347; 15 Dig.Repl.1058, 10 438.

1217 R.v.Pheteon, 1840, 9 C.& P.552; 15 Dig.Repl.1059, 10 444; R.v.Medland, 1851, 5 Cox C.C.292; 15 Dig.Repl.1059, 10 448; R.v.Trebilcock, 1858, D.& B.453; 15 Dig.Repl.1059, 10 445; R.v.Wynn, 1849, 1 Den.365; 15 Dig.Repl.1059, 10 452; Kenny, C.S. op.cit. 8th ed. (1917) pp.211, 212 and 191; ähnlich RGSt 2, 22; 26, 230; RG GA 47, 449; RG DR Jg.6 S.80.

1218 RGSt 52, 147; 54, 229; 61, 394.

1219 R.v.Riley, 1853, Dears.C.C.149; 15 Dig.Repl.1049, 10 333.

sehen ist, Diebstahl begründen. Keine Zueignung ist nach deutschem Recht die blosse Sachentziehung, die gegeben ist, wenn die Sache dem Eigentümer nur entzogen wird, ohne daß sie gebraucht oder vernichtet wird, z.B. Fliegenlassen eines Kanarienvogels, Ausströmenlassen von Gas, Befreiung von Fischen aus Fischbehältern oder Wild aus einem Park oder Versenken von Sachen in einen Fluß oder Stossen in einen Abgrund, lediglich um den Eigentümer zu ärgern oder zu schädigen, aber auch die Wegnahme von Sicherheiten, um ein Pfand für eine Forderung in die Hand zu bekommen.[1220] Hier liegt nach deutschem Recht keine strafbare Handlung vor, sondern lediglich eine Vermögensschädigung, die nur der zivilrechtlichen Ausgleichung überlassen ist.[1221] Auch nach englischem Recht ist im letztgenannten Falle der Sachentziehung kein Diebstahl anzunehmen, da die Wegnahme nicht in der Absicht völliger und dauernder Beraubung des Eigentümers erfolgt ist, sondern nur in der Absicht, den Schuldner durch Zurückbehaltung der weggenommenen Sache zu belästigen, bis er seine Schuld bezahlt,[1222] wohl aber in den sonstigen Fällen der Sachentziehung in der Absicht dauernder Beraubung und Schädigung.

F) Das bailment und seine Beurteilung nach dem deutschen Strafrecht

Nach den früheren eingehenden Darlegungen ist als bailment die zeitweilige Übertragung des juristischen Besitzes und Spezialeigentums seitens des Generaleigentümers an einen anderen, den bailee, unter der Voraussetzung zu verstehen, daß die identische Sache an den Generaleigentümer zurückübertragen oder nach dessen Weisung anderweitig darüber verfügt wird. Dabei wird re-

---

1220 RGSt 64, 250; Schönke, A. a.a.O. zu § 242, VII, 2, a,γ.

1221 RGSt 13, 28; 64, 250; RG HRR 1927 Nr.193; Liszt, F.von a.a.O. 25.Aufl. (1927) § 127; Olshausen a.a.O. 11.Aufl. (1927) zu § 303, 4, b.

1222 Schinnerer, E.: Vergleichende Studie zwischen larceny und deutschem Diebstahlsrecht, Zeitschrift für die gesamte Strafrechtswissenschaft Bd.57 (1938) S.354 unter Berufung auf R.v.Jones, 1925, 19 Cr.App.R.39; 14 Dig.Repl.645, 6543; Kenny, C.S. op.cit. 12th ed. p.211.

gelmässig die Überlassung auf vertraglicher Grundlage beruhen, wie auf Miete, Hinterlegung, Leihe, Auftrag, Verpfändung oder Werkmiete,[1223] muß es aber nicht. Die zu bailment überlassene Sache kann in doppelter Weise Gegenstand eines Diebstahls werden: Einmal durch rechtswidrige Zueignung seitens des bailee selbst in Form des larceny by a bailee und sodann durch Wegnahme seitens eines Dritten, ja, wie früher schon näher dargelegt, seitens des Generaleigentümers selbst. Was das erstere Verhältnis anbelangt, so entspricht dem Diebstahl des englischen Rechts die erschwerte Unterschlagung oder Veruntreuung des deutschen Rechts (§ 246 Abs.1 Halbs.2 StGB), da die übergebene Sache dem Besitz- oder Gewahrsamsinhaber anvertraut, d. h. kraft eines Rechtsgeschäfts mit der Verpflichtung überlassen ist, sie zurückzugeben oder zu bestimmten Zwecken zu verwenden, insbesondere sie einem Dritten abzuliefern.[1224] Es besteht nach BGHSt Bd.9 S.90 kein Anlaß, den genannten Tatbestand der erschwerten Unterschlagung dem der Untreue anzugleichen, bei der ein besonderes über die vertraglichen Beziehungen hinausgehendes Treueverhältnis vorausgesetzt wird. Beispielsweise ist auch die gemietete Sache i.S. des § 246 Abs.1 Halbs.2 StGB anvertraut, ohne daß die vertraglichen Beziehungen zusätzliche Merkmale aufweisen müßten.[1225] Anvertrauen liegt auch beim Kauf unter Eigentumsvorbehalt und bei der Sicherungsübereignung, bei der dem Sicherungsgeber die übereignete Sache zum Gebrauch überlassen wird, vor. In beiden Fällen besitzt der Gewahrsamsinhaber die Sache auf Grund eines Vertrauensverhältnisses und darf sie nur in bestimmtem Rahmen verwenden.[1226] Ob ein Anvertrauen bei sittenwidrigen Verhältnissen möglich ist oder nicht, ist zweifelhaft. Soweit der Eigentümer die Sache einem anderen in sittenwidriger Weise anvertraut hat, z.B. Geld zum Ankauf von Diebeswerkzeug, wird die Frage im allgemeinen bejaht,[1227] aber

1223 Coggs v. Bernard, 1703, 2 Ld Raym.909; 3 Dig.Bailm.53,1; 60, 47; 67, 96; 72, 133; 85, 99; 89, 219; 90, 227.
1224 BGHSt 9, 90; Dalcke, A. a.a.O. 37.Aufl. (1961) zu § 246,6; Schönke, A. a.a.O. 6.Aufl. (1952) zu § 246, X, 2; RGSt 4, 386; 6, 117; 11, 85; 29, 239; 40, 223.
1225 BGHSt 9, 90.
1226 Schönke, A. a.a.O. zu § 246, X, 2.
1227 RG GA 48, 445; BGH NJW 1954 S.889; Urt.OLG Braunschweig in NJW 1950 S.656.

vom Reichsgericht dann verneint, wenn die Übergabe der Sache durch einen Dritten den Interessen des Eigentümers zuwiderläuft, wenn z.B. der Dieb seine Beute von einem anderen verwahren läßt.[1228] Schönke verneint in beiden Fällen das Anvertrauen.[1229] Gleichgültig ist, ob der Gewahrsam vom Eigentümer - was die Regel ist - oder für diesen von einem Dritten erlangt wird. Was die rechtswidrige Zueignung durch den Besitz- oder Gewahrsamsinhaber anbetrifft, so ist zu beachten, daß nach englischem Recht für die Zueignung i.S. des larceny by a bailee eine Verfügung erforderlich ist, die eine objektive Schädigung der sachenrechtlichen Stellung des bailor bewirkt, z.B. Übertragung des Eigentums an der veräusserten fremden Sache.[1230] Nach neuester Rechtsprechung freilich ist, wie früher schon dargetan, an der sachenrechtlichen Schädigung des bailor durch die Zueignung des bailee nicht mehr festgehalten, vielmehr ein conversion nicht bloß bei vollzogenem Verkauf, sondern auch schon bei versuchtem Verkauf unter Anbieten des Kaufgegenstandes bejaht und so eine Annäherung an die deutsche Rechtsauffassung herbeigeführt worden.[1231] Nach deutschem Recht braucht für die rechtswidrige Zueignung i.S. des § 246 StGB keine körperliche Verfügung über die Sache zu erfolgen, vielmehr genügt es, daß der Täter die Absicht, die Sache seinem Vermögen einzuverleiben, d.h. die Herrschaft über die Sache gleich dem berechtigten Eigentümer und mit dessen Ausschluß auszuüben, in einer Handlung oder Unterlassung äusserlich erkennbar zum Ausdruck bringt,[1232] also den Zueignungswillen durch eine nach aussen erkennbare Handlung, die ein unmittelbares tatsächliches Gewaltverhältnis i.S. des § 872 BGB zum Ausdruck bringt, betätigt. Erforderlich ist also zur Zueignung eine Betätigung des

---

1228 RGSt 40, 223; Frank, R. a.a.O. zu § 246, VI, 1; Olshausen a.a.O. 12.Aufl. (1944) zu § 246, B, 15, b.
1229 Schönke, A. a.a.O. zu § 246, X, 2.
1230 Lancashire Waggon Co.Ltd v. Fithug, 1861, 6 H.& N.502; 21 Dig.Exon.501, 755; 43 Dig.Trov.482, 193; Cooper v. Willomatt, 1845, 1 C.B.672; 3 Dig.Bailm.106, 316; 110, 345.
1231 Rogers v. Arnott, 1960, (1960) 2 All E.R.417 et seq.
1232 RGSt 4, 404.

Zueignungswillens in objektiv erkennbarer Weise.[1233] Eine Verschlechterung der Rechtsstellung des Eigentümers ist nicht erforderlich. Auch rechtlich wirkungslose Maßnahmen, wie z.B. Veräusserung an Bösgläubige oder Handlungen, bei denen selbst die Besitzverhältnisse unverändert bleiben, wie Ableugnung des Besitzes oder Kaufabschluß, ja sogar unter Umständen ein Verkaufsangebot, reichen aus.[1234] Freilich ist noch strittig, ob schon in der Kundgabe des Zueignungswillens eine Verwirklichung desselben gefunden werden kann oder ob eine besondere Betätigung der Zueignungsabsicht notwendig ist, insbesondere, wenn es sich um Zueignung des Teils einer Sachgesamtheit handelt. Im Schrifttum wird speziell in diesem Fall die Auffassung vertreten, daß eine Kundgabe des Zueignungswillens hier nicht zureiche, und gefordert, daß eine Betätigung und Verwirklichung dieses Willens hinzukommen müsse, z.B. durch Aussonderung von Kommissionsware zum Zweck des Verkaufs.[1235] Dieser Auffassung hat sich das Reichsgericht in einer Entscheidung, veröffentlicht in der Juristischen Wochenschrift 1934 S.614, angenähert, indem es ausführte, daß, wenn sich die Betätigung des Zueignungswillens nicht auf einen bestimmten Gegenstand beziehe, nur eine Kundgabe, aber keine Verwirklichung dieses Willens vorliege. Das Reichsgericht hat aber später[1236] diese Auffassung aufgegeben und erklärt, daß es für die Verwirklichung des Zueignungswillens genüge, wenn der Täter einen Teil einer aus vertretbaren Sachen bestehenden Sachgesamtheit, der der Menge nach bestimmt sei, aber vom Rest noch nicht abgesondert sei, zum Kauf anbiete. Denn auch in dem Angebot eines solchen Teils einer Sachgesamtheit komme der Wille des Anbietenden zum Ausdruck, über die Sache - und zwar über die Sachgesamtheit - wie ein Eigentümer zu verfügen. Dies ist heute die herrschende, vom Schrifttum allerdings mitunter noch bekämpfte, Meinung. Je nach-

1233 RGSt 65, 147; 73, 254.
1234 RGSt 17, 59; 58, 230; 59, 174; 67, 79; 73, 254 unter Bezugnahme auf Urt.v.12.3.1925 - 2043/25; BGHSt 1, 264; Urt.OLG Braunschweig in NJW 1947 S.109; 1949 S.477.
1235 RGSt 67, 74.
1236 RGSt 73, 254.

dem man der einen oder anderen Auffassung zustimmt, macht sich derjenige, der in Kenntnis hiervon die Sache rechtswidrigerweise an sich bringt, einer Hehlerei oder einer Beihilfe zur Unterschlagung schuldig.[1237] Beim rechtswidrigen Verbrauchen oder Verzehren der fremden Sache ist nach beiden Rechtssystemen die verlangte Zueignung gegeben; desgleichen in der Verpfändung einer fremden Sache, wenn der Verpfänder den Umständen nach davon ausgeht, die Pfandsache nicht rechtzeitig wiedereinlösen zu können. Dagegen liegt straflose Gebrauchsanmassung vor, wenn der Verpfänder in der Lage und gewillt ist, aus sofort verfügbaren Mitteln die Sache rechtzeitig, insbesondere dann wieder einzulösen, sobald der Eigentümer die Sache benötigt.[1238] Bei der Pfändung liegt eine Zueignung nur vor, wenn der Täter die fremde Sache dem Gerichtsvollzieher zur Verfügung stellt; das Geschehenlassen der Pfändung reicht nicht aus, da es an einer Rechtspflicht zum Einschreiten fehlt.[1239] Für die Frage, ob die Zueignung der Besitz- oder Gewahrsamserlangung nachfolgen muß oder mit ihr zusammenfallen kann, mag auf die früheren Ausführungen Bezug genommen werden. Auch gelten bei der Unterschlagung für die Zueignung an einen Dritten dieselben Grundsätze, die nach den früheren Ausführungen beim Diebstahl zugunsten eines Dritten dargelegt worden sind. Das Erfordernis, daß der Täter sich die Sache zueignet, bedeutet, daß er die Sache oder ihren wirtschaftlichen Wert dem eigenen Vermögen einverleibt. Dies kann aber auch in der Weise geschehen, daß der Täter sie einem Dritten zu eigentumsgleicher Nutzung überträgt. Geschieht

---

1237 NJW 1947 S.109 ff.

1238 RGSt 66, 156; RG HRR 1934 Nr.1328; RG JW 1937 S.2391; BGH NJW 1959 S.584, JZ 1959 S.493; BGHSt 12, 299; R.v. Pentland, 1906, C.C.C.Sess.Pap.CXLV, 419; R.v.Medland, 1851, 5 Cox C.C.292; 15 Dig.Repl.1059, 10 448; R.v.Trebilcock, 1858, D.& B.453; 15 Dig.Repl.1059, 10 445; Fenn v. Bittleston, 1851, 7 Exch.152; 3 Dig.Bailm.106, 317; Parker v. Godin, 1728, 2 Str.813; 43 Dig.Trov.485, 218; R.v.Poyser, 1851, 2 Den.233; 3 Dig.Bailm.107, 320; R.v. Wynn, 1887, 16 Cox C.C.231; 15 Dig.Repl.1059, 10 446.

1239 Schönke, A. a.a.O. zu § 246, V, 2 mit Urt.OLG Oldenburg in NJW 1952 S.1267.

dies gegen Entgelt, so führt er damit den wirtschaftlichen Wert in sein Vermögen über und eignet sie sich so zu. Es kann aber der Täter die Sache ihrem wirtschaftlichen Wert nach auch dadurch sich zueignen, daß er sie einem Dritten unentgeltlich überläßt. Hierbei ist jedoch Voraussetzung, daß er davon einen Nutzen oder Vorteil im weitesten Sinne, wenn auch nur mittelbar, hat,[1240] zum mindesten im eigenen Namen über die Sache verfügt.[1241] Deshalb eignet sich eine fremde Sache zu, wer sie einem Dritten schenkt, sei es daß er sie selbst übergibt oder dem Dritten gestattet, sie wegzunehmen.[1242] Sein Nutzen liegt darin, daß er unter Einsparung einer Aufwendung aus dem eigenen Vermögen freigebig ist, mag eine gesellschaftliche oder sittliche Pflicht vorliegen oder nicht,[1243] mag eine nahe oder weniger nahe Beziehung des Täters zum Dritten bestehen oder nicht.[1244] Idealkonkurrenz zwischen erschwerter Unterschlagung und Untreue ist möglich (§§ 246 Abs.1 Halbs.2, 266, 73),[1245] sofern ein Treuhandverhältnis, welches rechtlicher oder tatsächlicher Art sein kann, begründet ist, das seinem Wesen nach Treuverpflichtungen erzeugt, die über die allgemeinen Pflichten aus einem Vertragsverhältnis hinausgehen, z.B. Hingabe eines Sparbuches zur Verwahrung, verbunden mit der Ermächtigung, nach Bedarf Geld für den Auftraggeber abzuheben.[1246] Es muß bei der "Wahrung fremder Vermögensinteressen" an Pflichten oder Pflichtenkreise gedacht werden, die sich ihrer Dauer nach über eine gewisse Zeit oder ihrem Umfang nach

---

1240 BGH NJW 1954 S.1295.

1241 RGSt 61, 228; 62, 15; 67, 334; BGHSt 4, 76.

1242 Dalcke, A. a.a.O. zu § 242, 7.

1243 BGHSt 4, 236.

1244 RG JW 1936 S.659; BGH LM Nr.9 a zu § 350.

1245 RGSt 63, 407; 69, 58, 336; 73, 374; RG JW 1938 S.2336; BGHSt 3, 289; 4, 177; 5, 187; Dalcke, A. a.a.O. zu § 266, 13; Schönke, A. a.a.O. zu § 266, XII.

1246 RGSt 71, 91; RG JW 1937 S.1804; RG HRR 1939 Nr.1446; Urt. OLG Braunschweig in NJW 1950 S.656; BGHSt 1, 189; 4, 170; 5, 64, 188.

über blosse Einzelfälle hinaus erstrecken, sodaß der Verpflichtete für ihre Erfüllung einen gewissen Spielraum, eine gewisse Bewegungsfreiheit und Selbständigkeit hat, mag auch der Pflichtenkreis hinter dem eines Vormundes oder sonstigen Vermögensverwalters mehr oder weniger zurückbleiben und sich mehr einer einzelnen Geschäftsbesorgung nähern. Jedoch scheiden untergeordnete oder mechanische Tätigkeiten aus.[1247] Die Pflichtverletzung kann in jeder rechtlichen oder sachlichen Einwirkung bestehen, die das anvertraute Vermögen unmittelbar oder mittelbar beeinträchtigt und beschädigt. Eine Bereicherung des Täters braucht nicht eingetreten noch beabsichtigt zu sein. Hiernach greift die strafbare Untreue weit in das Gebiet der Unterschlagung hinein und begründet in solchen Fällen dann Idealkonkurrenz zwischen Untreue und erschwerter Unterschlagung.
Was das Verhältnis des Dritten zum bailee anbelangt, so macht sich nach englischem Recht der Dritte, der die Sache dem bailee rechtswidrigerweise wegnimmt, eines einfachen Diebstahls i.S. von s.1 (1) Larceny Act 1916 schuldig. Dasselbe gilt auch, wenn der Generaleigentümer selbst während des Bestehens des bailment dem bailee den juristischen Besitz rechtswidrigerweise entzieht, da das Spezialeigentum des bailee dem Generaleigentum des bailor, das während dieser Zeit ruht, vorgeht.[1248] Nach deutschem Recht begeht der Dritte durch die Wegnahme der Sache aus dem Gewahrsam des bailee Diebstahl, während der Eigentümer durch die Wegnahme der in seinem ausschließlichen Eigentum stehenden Sache sich keines Diebstahls schuldig machen kann, da es an dem Erfordernis der "fremden" Sache fehlt.[1249] Dagegen kann ein Delikt der Pfandkehr (§ 289 StGB) in Betracht kommen, falls der Eigentümer seine eigenen Sachen dem bailee als Nutzniesser, Pfandgläubiger oder Inhaber eines Gebrauchs- oder Zurückbehaltungsrechts - gleichgültig, ob diese Rechte auf Gesetz oder Vertrag beruhen - in rechtswidriger Absicht, d.h. in

---

[1247] BGHSt 13, 315.

[1248] Rose v. Matt, 1951, (1951) 1 K.B.810; 15 Dig.Repl.1073, 10 584.

[1249] Schönke, A. a.a.O. zu § 242, III, 3, a.

dem zielgerichteten Willen des Täters unter Vereitelung des fremden Rechts die eigene und unbeschränkte Verfügungsmöglichkeit wiederherzustellen, wegnimmt.[1250] Die herrschende Meinung nimmt an, daß hier das Wegnehmen nicht im Sinne des § 242 StGB verlangt ist, sondern schon dann gegeben ist, wenn die Sache dem tatsächlichen Machtbereich eines anderen so entzogen wird, daß diesem die Ausübung der genannten Rechte unmöglich gemacht wird. Dieser Auffassung ist auch das Reichsgericht, das beim sogenannten "Rücken des Mieters" Pfandkehr bejaht.[1251] Anderer Ansicht ist Schönke,[1252] der aus der gegenüber §§ 288 und 137 StGB erhöhten Strafandrohung für § 289 StGB Verletzung bestehenden Gewahrsams, also Gewahrsamsbruch, fordert und daher dem Inhaber besitzlosen Gewahrsams, wie Vermieter und Verpächter, nur den allgemeinen Schutz des § 288 StGB zugestehen will. Dalcke[1253] verlangt Vereitelung des dem Berechtigten zustehenden Gebrauchsrechts durch Bruch seines Gewahrsams oder - wo das Recht auch ohne Gewahrsam besteht, wie beim gesetzlichen Vermieter- oder Verpächterpfandrecht - durch Bruch des besitzähnlichen Verhältnisses des Berechtigten zur Sache. Er kommt so zu demselben Ergebnis wie die obenerwähnte herrschende Meinung.

G) Teileigentum

Wie schon früher dargelegt wurde, konnte der Teileigentümer, weil der Besitz nur einer einzelnen Person oder mehreren als Gemeinschaft zustehen konnte und daher jeder Teileigentümer Besitz an der ganzen Sache hatte, keine rechtswidrige Besitzentziehung und daher nach Common Law auch keinen Diebstahl begehen. Das praktische Bedürfnis zwang - in gleicher Weise wie beim bailment - zu der in Larceny Act 1916 s.1 Proviso zu (1) be-

---

1250 RG DR Jg.6 S.594.

1251 RGSt 25, 117; 27, 222; 37, 126; 38, 174.

1252 Schönke, A. a.a.O. zu § 289, III; Frank, R. a.a.O. zu § 289, III.

1253 Dalcke, A. a.a.O. zu § 289, 3.

stimmten Ausnahme, sodaß heute jeder Teileigentümer, der sich rechtswidrigerweise die gemeinsame Sache zueignet, einen Diebstahl begeht. Es kann aber, wie früher schon ausgeführt, der alleinige Besitz an der gemeinsamen Sache einem der Teileigentümer als bailee von den übrigen Teileigentümern übertragen werden. In diesem Fall kann sowohl der bailee unter den Teileigentümern selbst durch rechtswidrige Zueignung sich eines Diebstahls (larceny by a bailee) schuldig machen; es kann aber auch jeder Teileigentümer in gleicher Weise wie ein Fremder einen einfachen Diebstahl dadurch begehen, daß er die Sache dem bailee während der Dauer des bailment in rechtswidriger Zueignungsabsicht wegnimmt, da das special property des bailee dem general property der übrigen Teileigentümer, das während dieser Zeit ruht, vorgeht. Nach deutschem Recht kann bei Mitgewahrsam aller Teileigentümer jeder derselben, der die gemeinschaftliche Sache in rechtswidriger Zueignungsabsicht an sich nimmt, sich eines Diebstahls schuldig machen, da der Bruch des Mitgewahrsams dem des Alleingewahrsams gleichsteht und jeder Miteigentümer nur einen Anteil an der gemeinschaftlichen Sache hat. Ist von den Miteigentümern einem derselben der Alleingewahrsam an der gemeinschaftlichen Sache übertragen, wie etwa zum Zweck der Verwaltung oder auch der Verfügung über die gemeinsame Sache, so kann dieser selbst durch rechtswidrige Zueignung sich einer erschwerten Unterschlagung (§ 246 Abs.1 Halbs.2 StGB), unter Umständen in Idealkonkurrenz mit Untreue (§ 266 StGB) schuldig machen, während jeder andere Miteigentümer ebenso wie ein Fremder sich eines Diebstahls dadurch schuldig machen kann, daß er dem Gewahrsamsinhaber die gemeinsame Sache, an der er einen Anteil besitzt, in der Absicht rechtswidriger Zueignung wegnimmt.

III. Schlußfolgerungen

Im Hinblick auf den grundsätzlichen Unterschied des Wegnahmebegriffs in den beiden Rechtssystemen ist in diesem Punkt an eine

Angleichung oder Annäherung nicht zu denken. Die vom englischen Schrifttum mehrfach hervorgehobenen Schwierigkeiten, die sich aus der Verbindung des Wegnahmebegriffs mit dem Begriff des juristischen Besitzes im englischen Recht gezeigt haben und die auch zu den Entwürfen eines Strafgesetzbuches von 1878 und 1879 Anlaß gegeben hatten, haben der englischen Rechtsprechung mitunter mehr oder weniger erzwungene Auslegungen des geltenden Rechts abgenötigt, um dasselbe dem natürlichen allgemeinen Volksempfinden anzupassen. Da in England selbst immer wieder eine Behebung dieser Schwierigkeiten, die auch durch das Larceny Act von 1916 nicht voll ausgeräumt werden konnten, durch gesetzliche Festlegung befürwortet wird, ist die englische Regelung des Wegnahmetatbestandes für eine deutsche Strafrechtsreform ohne Interesse. Es wird vielmehr, wie dies auch in den verschiedenen Entwürfen eines neuen deutschen Strafgesetzbuches durchweg geschehen ist, an dem Begriff der Wegnahme als eines Gewahrsamsbruchs in Verbindung mit der Begründung neuen Gewahrsams festzuhalten sein. Allerdings wäre zu erwägen, ob nicht der Gewahrsam nur dem zugesprochen werden sollte, der infolge eines bestehenden Näheverhältnisses tatsächlich und ausschließlich auf die Sache einzuwirken und über sie zu verfügen in der Lage ist, und nicht demjenigen, der ohne Fortbestand des Näheverhältnisses bisher hierzu in der Lage war und den Willen hat, auch weiterhin über die Sache verfügen zu können, wie bei Abwesenheit des Eigentümers auf Reisen oder bei einem längeren Krankenhausaufenthalt oder bei vergessenen oder versehentlich liegengelassenen Sachen. Das Reichsgericht, das sich ursprünglich der weiterreichenden Auslegung des Gewahrsamsbegriffs angeschlossen hatte,[1254] näherte sich in späteren Entscheidungen[1255] der engeren Auslegung, indem es in den Fällen, in denen Sachen in Behördenräumen versehentlich liegengeblieben sind, an ihnen Gewahrsam der Amtsstelle und nicht des bisherigen Inhabers angenommen hat. Bemerkt soll werden, daß die engere oder

---

1254 RGSt 38, 444; vgl. auch Olshausen a.a.O. 12.Aufl. zu § 242, 13, a.

1255 RGSt 50, 46; 54, 231.

weitere Auslegung des Gewahrsamsbegriffs vor allem in dem Fall praktische Bedeutung besitzt, in dem eine Sache einem Untergebenen zum Transport übergeben wurde und er sie unterwegs sich rechtswidrig zueignete, wie auch im Fall der nachträglichen Zueignung einer verlorenen Sache durch den Finder. Hier ist je nach der weiteren oder engeren Auslegung des Gewahrsamsbegriffs Diebstahl oder Unterschlagung anzunehmen. Sollte freilich im letztgenannten Fall der Finder die Sache schon im Zeitpunkt der Gewahrsamserlangung durch Ansichnahme derselben sich zueignen, so könnte er damit keinen Gewahrsamsbruch und so auch keinen Diebstahl begehen. Ja, er würde sich auch keiner Unterschlagung nach der bisher herrschenden Meinung, die verlangt, daß die Gewahrsamserlangung der Zueignung vorausgehen muß, schuldig machen und ginge sogar völlig straflos aus. Neuerdings freilich hat die Rechtsprechung, auch die des Bundesgerichtshofs,[1256] diese Auffassung offenbar aus kriminalpolitischen Gründen trotz der entgegenstehenden Fassung der gesetzlichen Bestimmung aufgegeben und auch in dem Fall der Gleichzeitigkeit von Gewahrsamserlangung und Zueignung Unterschlagung bejaht. Bei Festhalten an dieser Rechtsprechung würde auch die erwähnte Ausdehnung des Gewahrsamsbegriffs bei vergessenen bzw. versehentlich liegengelassenen Sachen überflüssig, da derjenige, der die gewahrsamlose Sache in rechtswidriger Zueignungsabsicht an sich nimmt, nicht straflos bleiben würde, sondern sich zwar keines Diebstahls, wohl aber einer Unterschlagung schuldig machen würde. Nach englischem Recht, das in diesen Fällen Diebstahl bejaht, ist es anders, da hier nicht auf den tatsächlichen Besitz, sondern auf den juristischen Besitz abgestellt ist, der durch das versehentliche Liegenlassen nicht ohne weiteres erlischt. Dasselbe gilt beim Verlieren einer Sache, sofern der Finder bei der Ansichnahme der Sache einen Schlüssel zum Ausfindigmachen des Verlierers besitzt, d.h. die Mittel hat, die bei ihm vernünftigerweise die Annahme der Bestimmbarkeit des Eigentümers hervorrufen. Bei Neuschaffung eines deutschen Strafgesetzbuches ist es geboten, eine

---

[1256] BGH LM zu § 246 Nr.3; BGHSt 2, 317; 4, 77.

klare Rechtslage zu schaffen und die bisher nur durch die Rechtsprechung recht und schlecht ausgefüllte Lücke auch durch entsprechende Fassung der Gesetzesbestimmung zu schliessen. Schon der Entwurf eines Strafgesetzbuches von 1925[1257] sah bei der Unterschlagung (§ 301) - im Gegensatz zur Veruntreuung (§ 300) - von dem Erfordernis des Besitzes oder Gewahrsams ganz ab und stellte lediglich auf die Zueignung einer fremden beweglichen Sache in unrechtmässiger Bereicherungsabsicht, also auf die Eigentumsverletzung, ab, womit die obengenannte Lücke für die Fälle der Gewahrsamserlangung durch Fund, Naturereignisse oder Irrtum oder bei Mittäterschaft ohne Gewahrsam des Mittäters geschlossen werden sollte. Entsprechend will § 333 des Entwurfs eines Strafgesetzbuches von 1927[1258] im Anschluß an das Schrifttum die genannte Lücke dadurch schliessen, daß er die Zueignung einer fremden beweglichen Sache, "die sich nicht im Gewahrsam eines anderen befindet", in unrechtmässiger Bereicherungsabsicht unter Strafe stellen und außerdem in § 334[1259] die rechtswidrige Zueignung einer fremden beweglichen Sache als solche - ohne Bereicherungsabsicht - mit Strafe belegen will. Auch hiernach wäre also die genannte Lücke geschlossen worden. Der neueste Entwurf eines Strafgesetzbuches (E 1960)[1260] schließt sich dieser Auffassung insofern an, als er bei der Unterschlagung von der bisherigen Voraussetzung des Besitzes oder Gewahrsams überhaupt absieht und lediglich auf Eigentumsverletzung abstellt. Wie schon im Schrifttum angeregt, soll so die Unterschlagung jede rechtswidrige Zueignung fremden Eigentums umfassen, die nicht

1257 Entwurf eines Allgemeinen Deutschen Strafgesetzbuches nebst Begründung. Veröffentlicht auf Anordnung des Reichsjustizministeriums, Berlin und Leipzig 1925.-In: Materialien zur Strafrechtsreform Bd.3, Bonn 1954, 1 Teil, 26.Abschn., S.32.

1258 Entwurf eines Allgemeinen Deutschen Strafgesetzbuches mit Begründung und 2 Anlagen (Reichstagsvorlage v. 14.5.1927), Berlin 1927.-In: Materialien zur Strafrechtsreform Bd.4, Bonn 1954, 26.Abschn., S.35.

1259 Entwurf eines Allgemeinen Deutschen Strafgesetzbuches mit Begründung und 2 Anlagen (Reichstagsvorlage v. 14.5.1927), Berlin 1927.-In: Materialien a.a.O. S.35.

1260 Entwurf eines Strafgesetzbuches (E 1960), Bundestags-Drucksache 2150 v. 3.11.1960 § 240 mit Begründung S.376.

schon unter die anderen Bestimmungen über Diebstahl, Raub, Betrug, Erpressung oder Untreue fällt, sodaß also die Unterschlagungsbestimmung als Auffangtatbestand lediglich subsidiären Charakter aufweist. Auch damit würde die obengenannte Lücke geschlossen und so einem bisherigen Mangel abgeholfen.
Eine Ergänzung des Wegnehmens durch ein Wegbringen, wie im englischen Recht gefordert ist, erübrigt sich im deutschen Recht, da die Wegnahme im Sinne des deutschen Diebstahlsbegriffs als eines Gewahrsamsbruchs, verbunden mit Begründung neuen Gewahrsams für den Täter oder einen Dritten durch ersteren, das nach englischem Recht zusätzliche Wegbringen einschliessen dürfte, insofern nach der englischen Rechtsprechung die geringste Verschiebung der Sache aus ihrer bisherigen Lage zum Wegbringen ausreicht und andererseits nach der deutschen Rechtsprechung das blosse Berühren der Sache zur Begründung des neuen Gewahrsams nicht genügt.
Der Begriff der Sache als greifbarer körperlicher Gegenstand deckt sich im wesentlichen in beiden Rechtssystemen mit der Folge, daß Naturkräfte wie elektrische Energie schon bisher einer sondergesetzlichen Regelung unterworfen worden sind. Hieran wird auch fortan - unter Ausdehnung auf Energien anderer Art - festzuhalten sein, zumal der gesetzliche Tatbestand der Energieentziehung sich keineswegs mit dem Diebstahlstatbestand deckt. Dem entspricht auch § 243 des Entwurfs eines Strafgesetzbuches von 1960,[1261] der - anders als beim Diebstahl - Bereicherungsabsicht verlangt, während bei Fehlen der Bereicherungsabsicht, aber bei Vorliegen der Absicht, denjenigen, dem die Energie entzogen wird, zu schädigen, nach § 251 Sachentziehung gegeben ist, die aber im Entwurf von 1960 nicht unter dem ersten Titel "Diebstahl und Unterschlagung", sondern unter dem dritten Titel "Sachbeschädigung und Sachentziehung" unter Strafe gestellt ist.
Auch bezüglich des Werts des Diebstahlsobjekts, der zwar im englischen Diebstahlstatbestand, nicht aber im deutschen aufgeführt ist, könnte es sich nur darum handeln, ob auch bei einer Neufassung der Gesetzesbestimmung im neuen deutschen Strafgesetzbuch

1261 Entwurf eines Strafgesetzbuches (E 1960) a.a.O. § 243.

die Werteigenschaft eingefügt werden sollte. Da aber nach beiden Rechtssystemen auch der minimalste Wert, sofern nur die Eigentumsfähigkeit daran nach der geltenden Rechtsprechung nicht ausgeschlossen erscheint, zur Begründung des Diebstahlsdelikts ausreicht, kann die Aufnahme des Merkmals "Wert" besser unterbleiben und die Feststellung der Verneinung eines Diebstahls wegen völliger oder annähernd voller Wertlosigkeit und damit wegen mangelnder Eigentumsfähigkeit, wie bisher, der Rechtsprechung überlassen bleiben. Dabei ist aber zu beachten, daß eine wertlose oder an Wertlosigkeit grenzende Sache durch die Art ihrer Verwendung, z.B. durch Beschreiben eines Papierstücks mit einer wichtigen Notiz, Wert erlangen und so Diebstahlsgegenstand werden kann.

Wie schon oben dargelegt, besteht ein wesentlicher Unterschied zwischen dem englischen und deutschen Recht auf der subjektiven Seite des Diebstahlstatbestandes. Übereinstimmend gehen die beiden Rechtssysteme davon aus, daß eine Bereicherungsabsicht oder gewinnsüchtige Absicht, wie sie als lucri faciendi gratia dem früheren englischen Recht eigen war, für den Diebstahlstatbestand neben der Zueignungsabsicht bzw. der Beraubungs- und Schädigungsabsicht nicht in Frage kommt. Zwar haben die Entwürfe eines neuen deutschen Strafgesetzbuches von 1925, 1927 und 1930 im Gegensatz zum bisherigen Recht nach österreichischem und schweizerischem Vorbild wieder auf eine ergänzende Bereicherungsabsicht abgestellt. Allein der neueste Entwurf von 1960 läßt diese Voraussetzung - wie schon der Entwurf von 1936 in Übereinstimmung mit den Beschlüssen der amtlichen Strafrechtskommission von 1935 - wieder fallen, zumal der Gesetzgeber sonst gezwungen wäre, wie es in dem Entwurf von 1927 auch geschehen ist, einen ergänzenden Tatbestand der unberechtigten Aneignung aufzustellen, womit nur eine Erschwerung der Rechtspflege ohne wesentliche Änderung erreicht würde.[1262] Während das deutsche Diebstahlsrecht eine Absicht fordert, einem anderen, sich oder - was bisher bestritten ist, aber durch den Entwurf von 1960 in § 235 festgelegt werden soll - einem Dritten eine Sache widerrechtlich zuzueignen,

1262 Entwurf eines Strafgesetzbuches (E 1960) a.a.O. Begründung von § 235 S.369.

verlangt das englische Recht nur eine Absicht, den Eigentümer dauernd der Sache zu berauben und ihn so zu schädigen. Letzteres schließt so auch die widerrechtliche Sachentziehung in der Absicht, den Eigentümer dauernd zu schädigen, ein. Im deutschen Strafrecht dagegen ist bei Festhalten an der rechtswidrigen Zueignungsabsicht die Sachentziehung nicht unter den Diebstahlstatbestand zu subsumieren. Ihre Straflosigkeit wurde, mindestens unter gewissen Voraussetzungen, als eine ungerechtfertigte Lücke empfunden. Um diese Lücke zu schliessen, muß man entweder die Zueignungsabsicht, wie im englischen Recht geschehen, durch die Beraubungs- und Schädigungsabsicht ersetzen, - eine Änderung in der Rechtsprechung, die seinerzeit vom englischen Schrifttum als Fortschritt empfunden wurde, da so auch die Fälle sofortiger Zerstörung oder alsbaldiger schenkweiser Weitergabe an einen Dritten unter den Diebstahlstatbestand gebracht werden konnten, während nach deutschem Recht, wie früher dargetan, in diesen Fällen regelmässig kein Diebstahl anzunehmen ist, oder man muß die Sachentziehung unter eine besondere Strafsanktion stellen. Da die Behandlung der Sachentziehung als Diebstahl sich häufig als Härte herausstellen möchte, wenn es sich z.B. nur darum handeln würde, dem Eigentümer einen Schabernack anzutun oder ihn bloß zu ärgern, erscheint es zweckmässiger, die Sachentziehung unter Einschluß der ohne Bereicherungsabsicht vollzogenen Energieentziehung bei Absicht erheblicher Schädigung des Eigentümers oder eines Dritten unter eine besondere Strafbestimmung zu stellen. Dies war bereits im Strafgesetzbuchsentwurf von 1925 in § 304 und in demjenigen von 1927 in § 337 vorgeschlagen und ist jetzt auch im Entwurf von 1960 in § 251 in neuer Fassung vorgesehen. Eine dauernde Entziehung ist hierbei nicht gefordert, da sie sonst den praktischen Bedürfnissen nicht genügen würde, z.B. bei nur vorübergehender Entziehung zum Schaden des Eigentümers in der Absicht sofortiger Rückgabe nach Erreichen der Schädigungsabsicht. Dabei ist es unerheblich, ob die vorübergehende Sachentziehung sich nur als zeitweilige Zurückhaltung oder als zeitweilige Gebrauchsanmassung darstellt. Hierbei handelt es sich allerdings - mangels einer Zueignungsabsicht - nicht um Diebstahl, sondern um ein der

Sachbeschädigung gleichzustellendes Delikt, wie es denn auch im Entwurf von 1960 unter dem dritten Titel "Sachbeschädigung und Sachentziehung" läuft. Als Gebrauchsanmassung kennen beide Rechtssysteme lediglich den unbefugten Gebrauch eines Fahrzeugs. Die bislang noch im deutschen Strafgesetzbuch enthaltene "Gebrauchsanmassung" des § 290, die dem englischen Recht schon bisher unbekannt war, ist im Entwurf von 1960 mit Recht ebenfalls gestrichen, da sie richtiger unter die gewerberechtlichen Strafbestimmungen einzureihen ist.
Ein der Pfandkehr (§ 289 StGB) des deutschen Rechts entsprechende Bestimmung kennt das englische Recht nicht, das vielmehr wenigstens einige der darunter fallenden Tatbestände als Diebstahl behandelt, wie oben beim bailment dargelegt wurde. Freilich wäre dieser Ausweg für das deutsche Recht nicht gangbar, da er mit den Besonderheiten des englischen Besitzrechts zusammenhängt. Es empfiehlt sich daher auch die besondere Strafbestimmung, wie sie im Entwurf 1960 in § 268 vorgesehen ist, beizubehalten, zumal nach ihr eine Zueignungsabsicht nicht verlangt ist, sondern nur die Verletzung des Rechts des Pfandgläubigers, Nutzniessers oder sonstiger Personen in ähnlicher Rechtsstellung erstrebt wird.

Der Vergleich der beiden Rechtssysteme hat gezeigt, daß das englische Diebstahlsrecht in seiner heutigen Gestalt zwar manche dem deutschen Strafrecht analoge Züge aufweist, bei seinem andersartigen Aufbau aber für eine Angleichung wenig Anhaltspunkte bietet. Vielleicht dürfte man aber die Hoffnung hegen, daß der englische Gesetzgeber bei der schon mehrfach geforderten Reform der Vermögensdelikte eine Angleichung an die kontinentalen Rechtssysteme, insbesondere an das deutsche Diebstahlsrecht, in Erwägung ziehen möchte.

QUELLENNACHWEIS

A) Englische und amerikanische Quellen

I. Englisches und amerikanisches Schrifttum

Archbold, J.F. — Archbold's Criminal Pleading, Evidence and Practice in Criminal Cases, 20th ed. by W.Bruce, London: Sweet & Maxwell Ltd. 1886; 32nd ed. by T.R.F.Butler and M.Garsia, London: Stevens & Sons Ltd. incl. 9th Supp. by T.R.F. Butler and M.Garsia, London: Stevens & Sons Ltd. 1952.

Beal, E. — The Law of Bailments, embracing Deposits, Mandats & c., London: Butterworth & Co. 1900.

Benjamin, J.P. — The Law of Sale of Personal Property, 4th ed., London: Sweet & Maxwell Ltd. 1888.

Blackstone, Sir W. — Commentaries of the Laws of England, 4th ed. by R.M.Kerr, London: Murray Publ.Ltd. 1876.

Buckland, W.W. and McNair, A.D. — Roman Law and Common Law. A Comparison in Outline, 2nd ed. by F.H.Lawson, Cambridge University Press 1952.

Carter, P.B. — Taking and the Acquisition of Possession in Larceny, The Modern Law Review vol.14 (1951) pp.27-32.

Clerk, J.F. — Title to Chattels by Possession, The Law Quarterly Review vol.7 (1891) pp.224 et seq.

Clerk, J.F. and Lindsell, W.H.B. The Law of Torts, 11th ed. by J.Burke and P.H.B.Allsop, London: Sweet & Maxwell Ltd. 1954; App.to 11th ed. by F. M.Drake, London: Sweet & Maxwell Ltd. 1956.

Cross, R. Larceny and the Formation of a Felonious Intent after Taking Possession, The Modern Law Review vol.12 (1949), Notes of Cases, pp.228 et seq.

Cross, R. Larceny De Lege Lata, The Law Quarterly Review vol.66 (1950) pp.497 et seq.

Cross, R. Larceny by an Owner and Animus Furandi, The Law Quarterly Review vol.68 (1952) pp.99 et seq.

Cross, R. Stealing through a Mistake, The Law Quarterly Review vol.72 (1956) pp.181 et seq.

Cross. R. and Jones, P.A. An Introduction to Criminal Law, 2nd ed., London: Butterworth & Co. 1949.

Dalton, M. The County Justice, containing the Practice, Duty and Power of the Justices of the Peace, 1742.

Edwards, J.Ll.J. Possession and Larceny, Current Legal Problems vol.3 (1950) pp.127 et seq.

Edwards, J.Ll.J. Stealing One's Own Property, The Modern Law Review vol.14 (1951), Notes of Cases, pp.215 et seq.

Edwards, J.Ll.J. Malice and Willfulness in Statutory Offences, Current Legal Problems vol. 4 (1951) pp.247 et seq.

Edwards, J.Ll.J. Mens Rea in Statutory Offences, London: Macmillan & Co.Ltd. 1955 (English Studies in Criminal Science, edit. by L.Radzinowicz and J.W.C.Turner, vol. VIII).

Eversley, W.P. — Law of the Domestic Relations, 6th ed. by L.J.Strange, London: Sweet & Maxwell Ltd. 1951.

Garnier, R. — La Notion de "Trespass" en droit anglais, Paris: Rousseau et Cie 1927.

Goodeve, L.A. — Modern Law of Personal Property, 9th ed. by R.H.Kersley, London: Sweet & Maxwell Ltd. 1949.

Goodhart, A.L. — Three Cases on Possession.-In: Goodhart, A.L.: Essays in Jurisprudence and the Common Law, Cambridge University Press 1931 ch.IV pp.75 et seq. (reprinted from "The Cambridge Law Journal" vol.III (1928) pp.195 et seq.).

Grueber, E. — A Difficulty in the Doctrine of Consideration, The Law Quarterly Review vol.2 (1886) pp.33 et seq.

Hamson, C.J. — The Effect of a Secret Fraudulent Intent, The Law Quarterly Review vol. 51 (1935) pp.653 et seq.

Harris, S.F. — Principles of Criminal Law, 13th ed., London: Sweet & Maxwell Ltd. 1919; 17th ed. (Principles and Practice of the Criminal Law) by A.M.Wilshere, London: Sweet & Maxwell Ltd. 1943.

Hemmant, M. (ed.) — Select Cases in the Exchequer Chamber before all the Justices of England, vol.II (1461-1509), London: Quaritch Ltd. 1948 (Selden Society Publications vol.64).

Holdsworth, Sir W.S. — A History of English Law, 2nd ed.,vol.3, London: Methuen & Co. 1923.

Holmes jr., O.W. — The Common Law, 41st Printing, Boston: Little Brown & Co. 1948; 43rd Printing, Boston: Little Brown & Co. 1949.

Jones, Sir W. — An Essay on the Law of Bailments, Dublin: Printed by Graisberry and Campbell, for H.Watts 1790.

Jowitt, Earl — The Dictionary of English Law, edit. by C.Walsh, London: Sweet & Maxwell Ltd. 1959.

Keeton, G.W. — The Elementary Principles of Jurisprudence, 2nd ed., London: Pitman & Sons Ltd. 1949.

Kenny, C.S. — Outlines of Criminal Law, based on lectures delivered in the University of Cambridge by C.S.Kenny, 8th ed., Cambridge University Press 1917; 15th ed., Cambridge University Press 1936; 16th ed. by J.W.C.Turner, Cambridge University Press 1952.

Kerr, M.R.E. — The Time of Criminal Intent in Larceny, The Law Quarterly Review vol.66 (1950) pp.174 et seq.

Kiralfy, A.K.R. — The Problem of a Law of Property in Goods, The Modern Law Review vol.12 (1949) pp.424 et seq.

Landon, P.A. — In: The Law Quarterly Review vol.72 (1956), Reviews and Notices, p.422.

Lawson, F.H. — Introduction to the Law of Property, Oxford: Clarendon Press 1958.

Marshall, O.R. — The Problem of Finding, Current Legal Problems vol.2 (1949) pp.68 et seq.

Morier-Genond, J. — Le Trespass. Etude de droit anglais, Diss.Lausanne, Lausanne: Imprimerie Henri Jannin 1958.

Oidtman, Chr. von and Reade, A.E. (ed.) — The German Penal Code. Published by the Control Commission for Germany (British Element) for the Office of The Legal Adviser, B.A.O.R., 1950.

Paton, G.W. — Bailment in the Common Law, London: Stevens & Sons Ltd. 1952.

Phillips, O.H. — A First Book of English Law, 4th ed., London: Sweet & Maxwell 1960.

Pollock, Sir F. — The Law of Torts, a Treatise on the Principles of Obligations arising from Civil Wrongs in the Common Law: to which is added the Draft of a Code of Civil Wrongs prepared for the Government of India, 13th ed., London: Stevens & Sons Ltd. 1929; 14 th ed. (Pollock's Law of Torts: A Treatise on the Principles of Obligations arising from Civil Wrongs in the Common Law) by P.A.Landon, London: Stevens & Sons Ltd. 1939.

Pollock, Sir F. and Wright, R.S. — An Essay on Possession in the Common Law, Parts I and II by F.Pollock, Part III by R.S.Wright, Oxford: Clarendon Press 1888.

Prevezer, S. — English Criminal Law Reform and The American Model Penal Code, Current Legal Problems vol.11 (1958) pp.62 et seq.

Prevezer, S. — Criminal Appropriation, Current Legal Problems vol.12 (1959) pp.159 et seq.

Russell, Sir W.O. — A Treatise on Crimes and Misdemeanours, 8th ed. by R.E.Ross and G.B.McClure, London: Stevens & Sons Ltd. 1923; 10th ed. (On Crime: A Treatise on Felonies and Misdemeanours) by J.W.C.Turner, London: Stevens & Sons Ltd. 1950.

Salmond, Sir J.W. — Observations on Trover and Conversion,

The Law Quarterly Review vol.21 (1905) pp.43 et seq.

Salmond, Sir J.W. — Jurisprudence on the Theory of the Law, 7th ed., London: Sweet & Maxwell Ltd. 1924; 9th ed. by J.L. Parker, London: Sweet & Maxwell Ltd. 1937.

Salmond, Sir J.W. — Salmond's Law of Torts, a Treatise on the English Law of Liability for Civil Injuries, 10th ed. by W.T.S. Stallybrass, London: Sweet & Maxwell Ltd. 1945.

Scurlock, J. — The Element of Trespass in Larceny at Common Law, Temple Law Quarterly vol.22 No.1 (July 1948) pp.12-45.

Smith — Larceny by Finding Out, Criminal Law Review 1956 p.516

Stephen, H.J. — (New) Commentaries on the Laws of England, vol.4, 11th ed. by Serjeant Stephen, London: Butterworth & Co. 1890; 14th ed. by E.Jenks, London: Butterworth & Co. 1903; 16th ed. by E.Jenks, London: Butterworth & Co. 1914; 17th ed. by E.Jenks and V.R.M. Gattie, vol.4 by V.R.M.Gattie, London: Butterworth & Co. 1922; 19th ed. by C.H.S.Fifoot, London: Butterworth & Co. 1928; new ed., London: Butterworth & Co. 1945.

Stephen, Sir J.F. — A History of the Criminal Law of England, London: Macmillan & Co. 1883.

Stephen, Sir J.F. — A Digest of the Criminal Law (Crimes and Punishments), 6th ed. by H. Stephen, London: Macmillan & Co.1904; 9th ed. by L.F.Sturge, London: Sweet & Maxwell 1950.

Story, J. — Commentaries on the Law of Bailments,

4th ed., London: Kingston 1832.

Strond, D.A. — Mens Rea or Imputability under the Law of England, London: Sweet & Maxwell Ltd. 1914 (Book Review in The Law Quarterly Review vol.31 (1915), Reviews and Notices, p.451).

The Law Quarterly Review — vol.46 (1930), Notes, pp.135-137.
vol.59 (1943), Notes, pp.139, 198-199.
vol.61 (1945), Notes, pp.333-334.
vol.62 (1946), Notes, p.320.
vol.66 (1950), Notes, pp.286-287.

The Modern Law Review — vol.14 (1951), Notes of Cases, pp.205-230.
vol.15 (1952), Notes of Cases, pp.79-85.

The Solicitor — vol.14 (1947), No.3 (March).

Treitel, G.H. — The Nature of Trespass, The Modern Law Review vol.15 (1952) pp.84-85.

Turner, J.W.C. — Larceny and Trespass. The Case of Riley, The Law Quarterly Review vol. 58 (1942) pp.340-355.

Turner, J.W.C. — A Modern Approach to Criminal Law, London: Macmillan & Co.Ltd. 1945 (English Studies in Criminal Science, edit. by L.Radzinowicz and J.W.C. Turner, vol.IV).

Underhill, A. — A Summary of the Law of Torts or Wrongs, independent of Contract, 15th ed. by R.Sutton, London: Butterworth & Co.1946.

Unger, J. — Motive and Intent in Criminal Law, The Solicitor vol.14 (1947) p.152.

Wharton, F. — Wharton's Criminal Law, 12th ed. with large additions by J.C.Ruppenthal,

Rochester, N.Y.: The Lawyers Co-operative Publishing Company 1932.

Williams, J. — Principles of the Law of Personal Property, 17th ed. by T.C.Williams, London: Sweet & Maxwell Ltd. 1913; 18th ed. by T.C.Williams, London: Sweet & Maxwell Ltd. 1926.

Williams, T.C. — The True Nature of a Pawnee's Interest in Goods Pawned, The Law Quarterly Review vol.31 (1915) pp.75-83.

Williams, J.E.H. — Stanley v. Powell in the Court of Appeal, The Modern Law Review vol.15 (1952) pp.79 et seq.

Williams, G. — Criminal Law - Larceny - Receiving, The Modern Law Review vol.15 (1952) pp.222-223.

Winfield, P.H. — Inevitable Accident, The Law Quarterly Review vol.42 (1926) pp.50-51.

Winfield, P.H. — The Province of the Law of Tort, Cambridge University Press 1931 (Tagore Law Lectures, 1930).

Winfield, P.H. — Mistake of Law, The Law Quarterly Review vol.59 (1943) pp.327 et seq.

Winfield, P.H. — A Textbook of the Law of Tort, 3rd ed., London: Sweet & Maxwell Ltd. 1946.

Winfield, P.H. and Goodhart, A.L. — Trespass and Negligence, The Law Quarterly Review vol.49 (1933) pp.359 et seq.

II. Englische Entscheidungssammlungen

A.C. } App.Cas. } (preceded by date)	Law Reports Appeal Cases (House of Lords)	since 1890 current
A.& E. } Ad.& E. } Ad.& El. } Ad.& Ell. }	Adolphus (J.L.) and Ellis (T.F.), King's Bench, 12 vols.	1834-1842
Aleyn	Aleyn's Reports King's Bench, 1 vol.	1646-1649
All E.R.	All England Law Reports	since 1936 current
B.& Ad.	Barnewall (R.V.) and Adolphus (J.L.), King's Bench Reports (continued by Adolphus & Ellis), 5 vols.	1830-1834
B.& Ald.	Barnewall (R.V.) and Alderson (E.H.), King's Bench Reports, 5 vols.	1817-1822
B.& C.	Barnewall (R.V.) and Cresswell (C.), King's Bench Reports, 10 vols.	1822-1830
B.& S.	Best (W.H.) and Smith (G.J.P.), Queen's Bench Reports, 10 vols.	1861-1870
Beav.	Beavan (C.), Reports of Cases in the Rolls Court, 36 vols.	1838-1866
Bell C.C.	Bell (T.), Crown Cases Reserved, 1 vol.	1858-1860
Bing.	Bingham (P.), Reports in the Common Pleas Courts and others, 10 vols.	1822-1834
Bing.N.C.	Bingham (P.), New Cases in the Common Pleas and other Courts, 6 vols.	1834-1840
Hy Bl.	Henry Blackstone, Reports to Common Pleas and Exchequer Chamber	1788-1796
Wm Bl.	William Blackstone (Sir), King's Bench and Common Pleas Courts Reports, 2 vols.	1746-1779

Bos.& P.	Bosanquet (J.B.) and Puller (C.), Reports of Cases in the Court of Common Pleas, Exchequer Chamber and in the House of Lords, 3 vols.	1796-1804
Bos.& P. New Rep.	Bosanquet (J.B.) and Puller (C.), New Reports, Court of Common Pleas and other Courts, 2 vols.	1804-1807
Bulstr.	Bulstrode (E.), Reports in King's Bench, 1 vol.	1610-1626
Burr.	Burrow (Sir J.), Reports King's Bench, 5 vols.	1756-1772
C.B.	Common Bench Reports, 18 vols.	1845-1856
C.B.N.S.	Common Bench Reports, New Series, 20 vols.	1856-1865
C.C.C.Sess.Pap.	Central Criminal Court Cases (Sessions Papers), Proceedings, Commissions of the Peace, Oyer and Terminer, and Gaol Delivery for London and Gaol Delivery for County of Middlesex, Old Bailey, 76 vols.	1729-1834 and 1834-1913
C.L.R.	Commonwealth Law Reports (Aus.)	
C.P.D.	Law Reports Common Pleas Division, 5 vols.	1875-1880
C.& K.	Carrington (F.A.) and Kirwan (A.V.), Reports at Nisi Prius, 1 vol.	1841-1853
C.& M. / Car.& M.	Carrington (F.A.) and Marshman (J.R.), Reports at Nisi Prius, 1 vol.	1841-1842
C.& P.	Carrington (F.A.) and Payne (J.), Reports at Nisi Prius, 9 vols.	1823-1841
Cab.& El.	Cababé (M.) and Ellis (C.G.), Queen's Bench Division Reports, 1 vol.	1882-1885
Camp.	Campbell (Lord), Reports N.P., 4 vols.	1807-1816
Ch. (preceded by date)	Law Reports, Chancery Division	since 1890 current
Ch.D. and L.R.Ch.D.N.S.	Law Reports Chancery Division and New Series, 45 vols.	1875-1890

Cl.& F.	Clark (C.) and Finnelly (W.), Cases heard in the House of Lords upon Appeals and Writs of Error, 12 vols.	1831-1846
Co.Rep. Coke	Coke (Sir E.), Reports (K.B., C.P., Exch. etc.), 13 parts, 6th ed. by J.H.Thomas and J. F.Fraser, 6 vols.	1572-1616 1826
Cox C.C.	Cox (E.W.), Reports of Cases in Criminal Law	since 1843 current
Cr.App.Rep.	Cohen's Criminal Appeal Reports	since 1908 current
Cr.M.& R.	Crompton, Meeson and Roscoe's Reports Exchequer, 2 vols.	1834-1835
Cro.El.	Croke (Sir G.), Reports tempore Elizabeth, Queen's Bench and Common Pleas, 1 vol.	1582-1603
Dears. Dears.C.C.	Dearsly (H.R.), Crown Cases Reserved for consideration and decided by the Judges of England, 1 vol.	1852-1856
Dears.& B. D.& B.	Dearsly (H.R.) and Bell (T.), Crown Cases Reserved, 1 vol.	1856-1858
Den. Den.C.C.	Denison (C.M.), Crown Cases Reserved, 2 vols.	1844-1852
Dig.	The English and Empire Digest with complete and exhaustive annotations being a complete digest of every English case reported from early times to the present day	since 1919 current
Dig.Repl.	The English and Empire Digest, Replacement Volumes	
Dig.Supp.	The English and Empire Digest, Cumulative Supplement Volumes	
E.R.	English Reports and English Reports Annotated, 178 vols. and 10 vols.	1220-1865 and1866-1869
E.& B.	Ellis (T.F.) and Blackburn (C.) Reports Queen Bench, 8 vols.	1852-1858
East	East (Sir E.H.), Term Reports in King's Bench, 16 vols.	1800-1812

East P.C.	East (Sir E.H.), Pleas of the Crown or Principles and Practice of Criminal Law, 2 vols.	1803
Ex.D.	Law Reports, Exchequer Division, 5 vols.	1875-1880
F.& F.	Foster (T.G.) and Finlason (W. F.), Reports at Nisi Prius and at the Crown Side on Circuit with select decisions at Chambers, 4 vols.	1856-1867
Fost.	Foster's Crown Cases, 1 vol.	1708-1760
H.L.Cas.	Clark (C.), House of Lords Reports, 11 vols.	1847-1866
H.& N.	Hurlstone (E.T.) and Norman (J. P.), Reports Exchequer, 7 vols.	1856-1862
Hale P.C.	Hale (Sir M.), Pleas of the Crown, 2 vols.	1678, 1682, 1685, 1694, 1716, 1759, 1773, new ed. 1800
Hawk.P.C.	Hawkins (W.), Pleas of the Crown, 7th ed. by Thomas Leach, 4 vols.	1795
	8th ed. by John Curwood, 2 vols.	1824
Hob.	Hobart, Reports Common Pleas, 1 vol.	1627-1631
Ir.R. (preceded by date)	Irish Reports	since 1893 current
Ir.Rep.C.L.	Irish Reports, Common Law, 11 vols.	1866-1877
	and	since 1878 current
J.P.	Justice of the Peace for the Use of Magistrates and their Clerks, Weekly	since 1837 current
	thereby Dig.of Cases	1862-1882, 1883-1908, 1909-1930, since 1931 current
Jur.	Jurist Reports; Weekly periodical containing Reports in all	

	the Courts, Statutes of Session etc., 18 vols.	1837-1854
Jur.N.S.	Jurist Reports, New Series, 12 vols.	1855-1867
K.B. (preceded by date)	Law Reports King's Bench	1901-1952
Keb.	Keble's Reports, 3 vols.	1661-1677
Kel.	Kelyng (Sir John), Report of divers Cases in Pleas of the Crown (with directions for Justices of the Peace, 1670 -1707), 1 vol.	1662-1707
Kenny S.C.I.	Kenny (Courtney Stanhope), A Selection of Cases Illustrative of English Criminal Law, 6th ed., Cambridge, University Press 1925	
L.J.K.B. / L.J.Q.B.	Law Journal King's Bench or Queen's Bench, 115 vols. and	1831-1946 since 1947 current
L.J.M.C.	Law Journal Magistrates' Cases	1831-1896
L.J.R. (preceded by date)	Law Journal Reports	1947-1949
L.R.C.C.R.	Law Reports Crown Cases Reserved, 2 vols.	1865-1875
L.R.C.P.	Law Reports Common Pleas, 10 vols.	1865-1875
L.R.Ex. / L.R.Exch.	Law Reports Exchequer, 10 vols.	1865-1875
L.R.H.L.	Law Reports House of Lords, 7 vols.	1866-1875
L.R.Ir.	Law Reports (Ireland), Chancery and Common Law, 32 vols.	1877-1893
L.R.Q.B.	Law Reports Queen's Bench, 10 vols.	1865-1875
L.R.Q.B.D. / Q.B.D.	Law Reports Queen's Bench Division, 25 vols.	1875-1890
L.T.	Law Times, Weekly Reports	since 1843 current
L.& C.	Leigh (E.C.) and Cave (L.W.) Crown Cases Reserved, 1 vol.	1861-1865

Leach Leach C.C.	Leach (T.) Cases in Crown Law, determined by Twelve Judges, by King's Bench and by Commissioners of Oyer and Terminer and General Gaol Delivery, 2 vols.	1730-1814
Leon. Leon.Cases	Leonard (W.), Reports and Cases of Law in the Courts of Westminster (King's Bench, Common Pleas and Exchequer), 4 parts	1552-1615
Lew. Lew.C.C.	Lewin's Crown Cases on the Northern Circuit, 2 vols.	1822-1838
M.& S.	Maule (G.) and Selwyn (W.), Reports in the King's Bench, 6 vols.	1813-1817
M.& W.	Meeson (R.) and Welsby (N.), Reports Exchequer, 16 vols.	1836-1847
Mod.Rep.	Modern Reports or Select Cases adjudged in the Courts of King's Bench, Chancery, Common Pleas and Exchequer, 12 vols.	1669-1755
Mood. Mood.C.C.	Moody (W.), Crown Cases Reserved for consideration and decided by the Twelve Judges of England, 2 vols.	1824-1844
N.S.W.St.Rep. S.R.N.S.W.	New South Wales State Reports (Aus.)	
New Mag.Cas.	New Magistrates' Cases (Bittleston, Wise and Parnell), 5 vols.	1844-1850
Newsp.The Times Newsp.The Times L.R.	Newspaper "The Times" Law Reports	current
Owen	Owen's Reports King's Bench and Common Pleas, 1 vol.	1557-1614
P (preceded by date)	Law Reports Probate, Divorce and Admiralty Division	since 1890 current

Park.	Parker (Sir T.), Reports of Cases concerning the Revenues, Court of Exchequer, 1 vol. with Appendix of Cases	1743-1767 1678-1717
Peake	Peake (T.), Reports Nisi Prius, 1 vol.	1790-1794
Ph.	Phillips (T.J.), Reports in Chancery, 2 vols.	1841-1849
Q.B. (preceded by date)	Law Reports Queen's Bench Division	1891-1901 since 1952 current
R.& R.	Russell (W.O.) and Ryan (E.), Crown Cases Reserved for consideration and decided by the Twelve Judges of England, 1 vol.	1800-1823
Ld Raym.	Raymond (R., First Baron), Reports King's Bench and Common Pleas, 3 vols.	1694-1732
T.Raym.	Raymond (Sir T.), Reports, King's Bench, Common Pleas and Exchequer, 1 vol.	1660-1683
Sim.	Simons (N.), Reports of Cases in the Court of the Vice-chancellor, 17 vols.	1826-1852
Smith	Smith (J.B.), Reports King's Bench, 3 vols.	1803-1806
St.Tr. and St.Tr.N.S.	Complete Collection of State Trials and Proceedings for High Treason and other Crimes and Misdemeanours, 34 vols. and 8 vols.	1163-1820 1820-1858
Stark.	Starkie (T.), Reports at Nisi Prius, 3 vols.	1814-1823
Staunford P.C.	Staunford (Sir W.), Les Plees del Coron	1557-1583
Str.	Strange (Sir J.), Reports of Cases in the Courts of Chancery, King's Bench, Common Pleas and Exchequer, 2 vols.	1716-1747
Sty.	Style (W.), Practica (Register or Accomplished Attorney, consisting of Rules, Orders and	

	Observations concerning the Practice of the Common Law in the Court of Westminster, particularly the King's Bench (1.vol. 1646-1655); Continuation by John Lilly (J.) with Supplement 2nd ed. 1745), 1 vol.	1646-1655
T.L.R.	The Times Law Reports	1884-1950
T.L.R. (preceded by date)	The Times Law Reports	since 1951 current
T.R.	Term Reports (Durnford (C.) and East (Sir E.H.), King's Bench Reports), 8 vols.	1785-1800
T.& A.	Turner and Armitage: A Selection of Cases on Criminal Law, Cambridge University Press 1953	
Taunt.	Taunton (W.P.), Reports in the Common Pleas and other Courts, 8 vols.	1807-1819
Tyr.& Gr.	Tyrwitt and Granger's Reports Exchequer, 1 vol.	1835-1836
Ves.jun.	Vesey (Francis jun.), Reports of Cases argued and determined in the High Court of Chancery, 19 vols.	1789-1817
W.L.R.	Weekly Law Reports	since 1953 current
Warburton	Warburton, Henry and Grundy, Claude H.: A Selection of Leading Cases in the Criminal Law, 5th ed., London: Stevens & Sons Ltd. 1921	
Wms Saunders	William'sNotes to Saunders' (Sir E.) Les Reports des Divers Pleadings et Cases en le Court del Bank le Roy en le temps del Reign de le Roy Charles II, 2 vols.	1686

III. Englische Statuten und Jahrbücher

Statute against Fraudulent Bailees (Embezzlement)	21 Hen.VIII c.7	1529
Evidence Act	3 Will.& Mary c.9	1691
. . .	5 & 6 Will.& Mary	1694
False Pretences Act	30 Geo.II c.24	1757
Embezzlements Act	39 Geo.III c.85	1799
Embezzlement by Bankers etc.	52 Geo.III c.63	1812
Larceny Act	7 & 8 Geo.IV c.29	1827
Night Poaching Act	9 Geo.IV c.69	1828
Game Act	1 & 2 Will.IV c.32	1831
Night Poaching Act	7 & 8 Vict. c.29	1844
Common Law Procedure Act	15 & 16 Vict. c.76	1852
London Hackney Carriage Act	16 & 17 Vict. c.33	1853
Punishment of Frauds Act (Fraudulent Trustees (and Bankers) Act)	20 & 21 Vict. c.54	1857
Larceny Act	24 & 25 Vict. c.96	1861
Poaching Prevention Act	25 & 26 Vict. c.114	1862
Misappropriation by Servants	26 & 27 Vict. c.103	1863

Larceny (Recorder's) Act	31 & 32 Vict. c.116	1868
Debtors Act	32 & 33 Vict. c.62	1869
Metropolitan Public Carriage Act	32 & 33 Vict. c.115	1869
Married Women's Property Act	33 & 34 Vict. c.93	1870
Pawnbrokers Act (Unlawful Pawning Act)	35 & 36 Vict. c.93	1872
Infants Relief Act	37 & 38 Vict. c.62	1874
Conspiracy and Protection of Property Act	38 & 39 Vict. c.86	1875
Ground Game Act	43 & 44 Vict. c.47	1880
Electric Lighting Act	45 & 46 Vict. c.56	1882
Married Women's Property Act	45 & 46 Vict. c.75	1882
Factors Act	52 & 53 Vict. c.45	1889
Married Women's Property Act	56 & 57 Vict. c.63	1893
Sale of Goods Act	56 & 57 Vict. c.71	1893
Crime Act N.S.W. (Aus.)	63 & 64 Vict. s.124	1900
Ground Game (Amendment) Act	6 Edw.VII c.21	1906
Forgery Act	3 & 4 Geo.V c.27	1913
Indictments Act	5 & 6 Geo.V c.90	1915
Larceny Act	6 & 7 Geo.V c.50	1916

Road Traffic Act	20 & 21 Geo.V c.43	1930
Law Reform (Married Women and Tortfeasors) Act	25 & 26 Geo.V c.30	1935
Transport Act	10 & 11 Geo.VI c.49	1946
Civil Aviation Act	10 & 11 Geo.VI c.70	1946
Criminal Justice Act	11 & 12 Geo.VI c.58	1948
Homicide Act	5 & 6 Eliz.II c.11	1957

Year Book 11 & 12 Edw.III (Rolls Ser.) 641. Lib. Ass. ann. 12 f.37 pl.32 (The Forester's Case) (1338)

Year Book 22 Edw.III, 22 Lib.Ass., f.107 pl.99 (1348)

Year Book 48 Edw.III f.20 pl.16 (1374)

Year Book 33 Hen.VI f.26 pl.12 (1455)

Year Book 10 Edw.IV f.14 pl.9 (1470)

Year Book 13 Edw.IV f.9 Pasch. pl.5 (The Carrier's Case) (1473)

Year Book 3 Hen.VII f.12 pl.9 (1486)

Year Book 21 Hen.VII f.14 Hil. pl.21 (1504)

Year Book 18 Hen.VIII pl.11 (The Case of Peacocks) (1526)

B) Deutsche Quellen

I. Deutsches Schrifttum

Binding, K. — Lehrbuch des Gemeinen Deutschen Strafrechts, Bes.Teil, Bd.1, 2.Aufl., Leipzig 1902.

Dalcke, A. — Strafrecht und Strafverfahren, 36.Aufl. bearb. von Fuhrmann und Schäfer, Berlin 1955; 37.Aufl. bearb. von Fuhrmann und Schäfer, Berlin 1961.

Frank, R. — Das Strafgesetzbuch für das Deutsche Reich, 18.Aufl., Tübingen 1931; Nachtrag "Die Strafgesetzgebung der Jahre 1931 bis 1935", hrsg. und erläutert von Schäfer und v.Dohnanyi, Tübingen 1936.

Goldschmidt, J. — Aus der Lehre vom Diebstahl, Archiv für Strafrecht und Strafprozeß (GA) Bd.47 S.352.

Grünhut, M. — Das englische Strafrecht.-In: Das ausländische Strafrecht der Gegenwart.Hrsg. von Mezger, Schönke und Jescheck. Dritter Band, Berlin 1959 S.133 ff.

Hagel, K. — Das Larceny Act 1916, erläutert auf der Grundlage der höchstrichterlichen Rechtsprechung und verglichen mit den Bestimmungen des Deutschen Strafgesetzbuches unter besonderer Berücksichtigung der Entscheidungen des Reichsgerichts und des Bundesgerichtshofs, 4 Bände, Stuttgart 1960 (im Archiv ungedruckter wissenschaftlicher Schriften bei der Deutschen Bibliothek in Frankfurt (Main) und auf Mikrofilm beim International Documentation Centre, Tumba, Schweden).

Harburger, H. — Diebstahl und Unterschlagung (Abschn. 19 des II.Teils des RStrGB), 1.Abteilung: Diebstahl, 2.Abteilung: Unter-

	schlagung.-In: Vergleichende Darstellung des Deutschen und Ausländischen Strafrechts. Vorarbeiten zur Deutschen Strafrechtsreform. Herausgegeben auf Anregung des Reichs-Justizamtes von den Professoren Birkmeyer, van Calker, Frank, von Hippel, Kahl, von Lilienthal, von Liszt und Wach. Bes.Teil, VI.Bd.: Raub und Erpressung. Sachbeschädigung. Diebstahl und Unterschlagung. Strafbarer Eigennutz. Bearb. von Frank, Harburger, Nagler, Schmoller und Kriegsmann. Berlin 1907 S.187 ff., 333 ff.
Kielwein, G.	Die Straftaten gegen das Vermögen im englischen Recht, Bonn 1955 (Rechtsvergleichende Untersuchungen zur gesamten Strafrechtswissenschaft, Neue Folge H.15).
Kohlrausch, E.	Vermögensverbrechen und Eigentumsverbrechen.-In: Das kommende deutsche Strafrecht. Besonderer Teil. Bericht über die Arbeit der amtlichen Strafrechtskommission, hrsg. von F.Gürtner, Berlin 1935 S.297 ff.
Leipziger Kommentar	Kommentar zum Reichsstrafgesetzbuch, begründet von Ebermayer, Lobe und Rosenberg. Bd.II, 6.u.7.Aufl. hrsg. von Nagler, Berlin 1951; Bd.II, 8. Aufl. bearb. von Jagusch und Mezger, Berlin 1958.
Liszt, F. von	Lehrbuch des deutschen Strafrechts, 25.Aufl. hrsg. von Schmidt, Berlin 1927.
Mannheim, H.	Deutsche Strafrechtsreform in englischer Sicht, München-Berlin 1960.
Maurach, R.	Deutsches Strafrecht. Bes.Teil. Ein Lehrbuch, 3.Aufl., Karlsruhe 1959.
Mezger, E.	Deutsches Strafrecht. Ein Grundriß, 2.Aufl., Berlin 1941.

Mühlmann, E. u. Bommel, G. — Das Strafgesetzbuch an Hand der höchstrichterlichen Rechtsprechung für die Praxis erläutert, Straubing 1949.

Olshausen, J. von — Kommentar zum Strafgesetzbuch, 11. Aufl. bearb. von Lorenz, Freiesleben, Kirchner, Gutjahr und Niethammer, Bd.II, Berlin 1927; 12.Aufl. 3.Lieferung, Berlin 1944.

Rotering, F. — Diebstahl. Gewahrsam, Archiv für Strafrecht und Strafprozeß (GA) Bd. 47 S.249.

Schinnerer, E. — Vergleichende Studie zwischen larceny und deutschem Diebstahlsrecht, Zeitschrift für die gesamte Strafrechtswissenschaft Bd.57 S.346 ff.

Schönke, A. — Kommentar zum Strafgesetzbuch, 6.Aufl., München-Berlin 1952; 9.Aufl. fortgeführt von Schröder, München-Berlin 1959.

Schuster, E. — Großbrittanien und Irland.-In: Die Strafgesetzgebung der Gegenwart in rechtsvergleichender Darstellung; das Strafrecht der Staaten Europas. Bearb. im Auftrag der internationalen kriminalistischen Vereinigung, hrsg. von F. von Liszt. Bd.1, Berlin 1894 S. 609 ff.

Soltmann, A. — Der Gewahrsamsbegriff in § 242 StGB, Strafrechtliche Abhandlungen, hrsg. von Lilienthal und Schötensack, 1934, H.349.

Wertheim, C. — Wörterbuch des englischen Rechts, Berlin 1899.

. . . . . . — Entwurf eines Allgemeinen Deutschen Strafgesetzbuches nebst Begründung.

Veröffentlicht auf Anordnung des Reichsjustizministeriums, Berlin und Leipzig 1925.-In: Materialien zur Strafrechtsreform, Bd.3, Bonn 1954, 1.Teil, 26.Abschn., S.32 ff.

Entwurf eines Allgemeinen Deutschen Strafgesetzbuches mit Begründung und zwei Anlagen (Reichstagsvorlage v.14.5.1927), Berlin 1927.-In: Materialien zur Strafrechtsreform, Bd. 4, Bonn 1954, 26.Abschn., S.35 ff.

Entwurf zu einem neuen Strafgesetzbuch vom Stand v.1.Juli 1936, Berlin 1936.

Entwurf eines Strafgesetzbuches (E 1960), Bonn 1960 (BT-Drucksache 2150).

II. Deutsche Entscheidungssammlungen

BGH LM	Nachschlagewerk des Bundesgerichtshofs, hrsg. von Lindenmaier, Möhring u.a.
BGHSt	Entscheidungen des Bundesgerichtshofs in Strafsachen
BGHZ	Entscheidungen des Bundesgerichtshofs in Zivilsachen
BayObLG	Entscheidungen des Bayerischen Obersten Landesgerichts in Strafsachen
GA	Goltdammers Archiv für Strafrecht
HESt	Höchstrichterliche Entscheidungen in Strafsachen. Sammlung von Entscheidungen der Oberlandesgerichte in Strafsachen
HRR	Höchstrichterliche Rechtsprechung auf dem Gebiet des Strafrechts
RGR	Rechtsprechung des Reichsgerichts in Strafsachen
RGSt	Entscheidungen des Reichsgerichts in Strafsachen
RGZ	Entscheidungen des Reichsgerichts in Zivilsachen
RMG	Entscheidungen des Reichsmilitärgerichts
SeuffArch	Seufferts Archiv für Entscheidungen der obersten Gerichte in den Deutschen Staaten

C) Abkürzungen

C.L.Pr.	Current Legal Problems
Crim.L.R.	Criminal Law Review
Harv.L.R.	Harvard Law Review
L.Q.R.	The Law Quarterly Review
M.L.R.	The Modern Law Review
Temp.L.Q.	Temple Law Quarterly
Yale L.J.	Yale Law Journal
DJ	Deutsche Justiz
DJZ	Deutsche Juristenzeitung
DR	Deutsches Recht
HannovRpfl	Hannoversche Rechtspflege
JBl Braunschweig	Justizblatt für Braunschweig
JW	Juristische Wochenschrift
JZ	Juristenzeitung
LZ	Leipziger Zeitschrift
MDR	Monatsschrift für Deutsches Recht
NJW	Neue Juristische Wochenschrift
NdsRpfl	Niedersächsische Rechtspflege
Recht	Das Recht
SJZ	Süddeutsche Juristenzeitung

FSC
www.fsc.org
MIX
Papier | Fördert
gute Waldnutzung
FSC® C083411

Kolibri 360 GmbH
Ferdinand-Jühlke-Straße 7
99095 Erfurt, Deutschland
produktsicherheit@kolibri360.de